A FUTURE FOR AMERICAN STUDIES

美国研究的未来

著 [美]约翰·卡洛斯·罗 (John Carlos Rowe)

译 蔡新乐

中国社会科学出版社

图书在版编目(CIP)数据

美国研究的未来/[美]约翰·卡洛斯·罗著;蔡新乐译.
—北京:中国社会科学出版社,2008.7
(知识分子图书馆)
书名原文:A Future for American Studies
ISBN 978-7-5004-6657-4

Ⅰ.美…　Ⅱ.①罗…②蔡…　Ⅲ.美国—研究　Ⅳ.D771.2

中国版本图书馆 CIP 数据核字(2007)第 203877 号

策划编辑　郭沂纹
责任编辑　史慕鸿
责任校对　周　昊
封面设计　每天出发坊
技术编辑　李　建

出版发行　中国社会科学出版社
社　　址　北京鼓楼西大街甲 158 号　　邮　编　100720
电　　话　010—84029450(邮购)
网　　址　http://www.csspw.cn
经　　销　新华书店
印　　刷　北京君升印刷厂　　　　　装　订　广增装订厂
版　　次　2008 年 7 月第 1 版　　　印　次　2008 年 7 月第 1 次印刷
开　　本　640×960　1/16
印　　张　21.75　　　　　　　　　　插　页　2
字　　数　270 千字
定　　价　37.00 元

《知识分子图书馆》编委会

总 序

1986—1987 年，我在厄湾加州大学（UC Irvine）从事博士后研究，先后结识了莫瑞·克里格（Murray Krieger）、J. 希利斯·米勒（J. Hillis Miller）、沃尔夫冈·伊瑟尔（Walfgang Iser）、雅克·德里达（Jacques Derrida）和海登·怀特（Hayden White）；后来应老朋友弗雷德里克·詹姆逊（Fredric Jameson）之邀赴杜克大学参加学术会议，在他的安排下又结识了斯坦利·费什（Stanley Fish）、费兰克·伦屈夏（Frank Lentricchia）和爱德华·赛义德（Edward W. Said）等人。这期间因编选《最新西方文论选》的需要，与杰费里·哈特曼（Geoffrey Hartman）及其他一些学者也有过通信往来。通过与他们交流和阅读他们的作品，我发现这些批评家或理论家各有所长，他们的理论思想和批评建构各有特色，因此便萌发了编译一批当代批评理论家的"自选集"的想法。1988 年 5 月，J. 希利斯·米勒来华参加学术会议，我向他谈了自己的想法和计划。他说"这是一个绝好的计划"，并表示将全力给予支持。考虑到编选的难度以及与某些作者联系的问题，我请他与我合作来完成这项计划。于是我们商定了一个方案：我们先选定十位批评理论家，由我起草一份编译计划，然后由米勒与作者联系，请他们每人自选能够反映其思想发展或基本理论观点的文章约 50 万至 60 万字，由我再从中选出约 25 万至 30 万字的文章，负责组织翻译，在中国出版。但

1989 年以后，由于种种原因，这套书的计划被搁置下来。1993
年，米勒再次来华，我们商定，不论多么困难，也要将这一翻译
项目继续下去（此时又增加了版权问题，米勒担保他可以解
决）。作为第一辑，我们当时选定了十位批评理论家：哈罗德·
布鲁姆（Harold Bloom）、保罗·德曼（Paul de Man）、德里达、
特里·伊格尔顿（Terry Eagleton）、伊瑟尔、费什、詹姆逊、克
里格、米勒和赛义德。1995 年，中国社会科学出版社决定独家
出版这套书，并于 1996 年签了正式出版合同，大大促进了工作
的进展。

　　为什么要选择这些批评理论家的作品翻译出版呢？首先，他
们都是在当代文坛上活跃的批评理论家，在国内外有相当大的影
响。保罗·德曼虽已逝世，但其影响仍在，而且其最后一部作品
于去年刚刚出版。其次，这些批评理论家分别代表了当代批评理
论界的不同流派或不同方面，例如克里格代表芝加哥学派或新形
式主义，德里达代表解构主义，费什代表读者反应批评或实用批
评，赛义德代表后殖民主义文化研究，德曼代表修辞批评，伊瑟
尔代表接受美学，米勒代表美国解构主义，詹姆逊代表美国马克
思主义和后现代主义文化研究，伊格尔顿代表英国马克思主义和
意识形态研究。当然，这十位批评理论家并不能反映当代思想的
全貌。因此，我们正在商定下一批批评家和理论家的名单，打算
将这套书长期出版下去，而且，书籍的自选集形式也可能会灵活
变通。

　　从总体上说，这些批评家或理论家的论著都属于"批评理
论"（critical theory）范畴。那么什么是批评理论呢？虽然这对
专业工作者已不是什么新的概念，但我觉得仍应该略加说明。实
际上，批评理论是 60 年代以来一直在西方流行的一个概念。简
单说，它是关于批评的理论。通常所说的批评注重的是文本的具
体特征和具体价值，它可能涉及哲学的思考，但仍然不会脱离文

本价值的整体观念，包括文学文本的艺术特征和审美价值。而批评理论则不同，它关注的是文本本身的性质，文本与作者的关系，文本与读者的关系以及读者的作用，文本与现实的关系，语言的作用和地位，等等。换句话说，它关注的是批评的形成过程和运作方式，批评本身的特征和价值。由于批评可以涉及多种学科和多种文本，所以批评理论不限于文学，而是一个新的跨学科的领域。它与文学批评和文学理论有这样那样的联系，甚至有某些共同的问题，但它有自己的独立性和自治性。大而化之，可以说批评理论的对象是关于社会文本批评的理论，涉及文学、哲学、历史、人类学、政治学、社会学、建筑学、影视、绘画，等等。

　　批评理论的产生与社会发展密切相关。60 年代以来，西方进入了所谓的后期资本主义，又称后工业社会、信息社会、跨国资本主义社会、工业化之后的时期或后现代时期。知识分子在经历了 60 年代的动荡、追求和幻灭之后，对社会采取批判的审视态度。他们发现，社会制度和生产方式以及与之相联系的文学艺术，出现了种种充满矛盾和悖论的现象，例如跨国公司的兴起，大众文化的流行，公民社会的衰微，消费意识的蔓延，信息爆炸，传统断裂，个人主体性的丧失，电脑空间和视觉形象的扩展，等等。面对这种情况，他们充满了焦虑，试图对种种矛盾进行解释。他们重新考察现时与过去或现代时期的关系，力求找到可行的、合理的方案。由于社会的一切运作（如政治、经济、法律、文学艺术等）都离不开话语和话语形成的文本，所以便出现了大量以话语和文本为客体的批评及批评理论。这种批评理论的出现不仅改变了大学文科教育的性质，更重要的是提高了人们的思想意识和辨析问题的能力。正因为如此，批评理论一直在西方盛行不衰。

　　我们知道，个人的知识涵养如何，可以表现出他的文化水平。同样，一个社会的文化水平如何，可以通过构成它的个人的知识能力来窥知。经济发展和物质条件的改善，并不意味着文化水平会同步提高。个人文化水平的提高，在很大程度上取决于阅读的习惯和质量以及认识问题的能力。阅读习惯也许是现在许多人面临的一个问题。传统的阅读方式固然重要，但若不引入新的阅读方式、改变旧的阅读习惯，恐怕就很难提高阅读的质量。其实，阅读方式也是内容，是认知能力的一个方面。譬如一谈到批评理论，有些人就以传统的批评方式来抵制，说这些理论脱离实际，脱离具体的文学作品。他们认为，批评理论不仅应该提供分析作品的方式方法，而且应该提供分析的具体范例。显然，这是以传统的观念来看待当前的批评理论，或者说将批评理论与通常所说的文学批评或理论混同了起来。其实，批评理论并没有脱离实际，更没有脱离文本；它注重的是社会和文化实际，分析的是社会文本和批评本身的文本。所谓脱离实际或脱离作品只不过是脱离了传统的文学经典文本而已，而且也并非所有的批评理论都是如此，例如詹姆逊那部被认为最难懂的《政治无意识》，就是通过分析福楼拜、普鲁斯特、康拉德、吉辛等作家作品来提出他的批评理论的。因此，我们阅读批评理论时，必须改变传统的阅读习惯，必须将它作为一个新的跨学科的领域来理解其思辨的意义。

要提高认识问题的能力，首先要提高自己的理论修养。这就需要像经济建设那样，采取一种对外开放、吸收先进成果的态度。对于引进批评理论，还应该有一种辩证的认识。因为任何一种文化，若不与其他文化发生联系，就不可能形成自己的存在。正如一个人，若无他人，这个人便不会形成存在；若不将个人置于与其他人的关系当中，就不可能产生自我。同理，若不将一国文化置于与世界其他文化关系之中，也就谈不上该国本身的民族文化。然而，只要与其他文化发生关系，影响就是双向性的；这种关系是一种张力关系，既互相吸引又互相排斥。一切文化的发展，都离不开与其他文化的联系；只有不断吸收外来的新鲜东西，才能不断激发自己的生机。正如近亲结婚一代不如一代，优种杂交产生新的优良品种，世界各国的文化也应该互相引进、互相借鉴。我们无须担忧西方批评理论的种种缺陷及其负面影响，因为我们固有的文化传统，已经变成了无意识的构成，这种内在化了的传统因素，足以形成我们自己的文化身份，在吸收、借鉴外国文化（包括批评理论）中形成自己的立足点。

今天，随着全球化的发展，资本的内在作用或市场经济和资本的运作，正影响着世界经济的秩序和文化的构成。面对这种形势，批评理论越来越多地采取批判姿态，有些甚至带有强烈的政治色彩。因此一些保守的传统主义者抱怨文学研究被降低为政治学和社会科学的一个分支，对文本的分析过于集中于种族、阶级、性别、帝国主义或殖民主义等非美学因素。然而，正是这种批判态度，有助于我们认识晚期资本主义文化的内在逻辑，使我们能够在全球化的形势下，更好地思考自己相应的文化策略。应该说，这也是我们编译这套丛书的目的之一。

在这套丛书的编选翻译过程中，首先要感谢出版社领导对出版的保证；同时要感谢翻译者和出版社编辑们（如白烨、汪民安等）的通力合作；另外更要感谢国内外许多学者的热情鼓励和支持。这些学者们认为，这套丛书必将受到读者的欢迎，因为由作者本人或其代理人选择的有关文章具有权威性，提供原著的译文比介绍性文章更能反映原作的原汁原味，目前国内非常需要这类新的批评理论著作，而由中国社会科学出版社出版无疑会对这套丛书的质量提供可靠的保障。这些鼓励无疑为我们完成丛书带来了巨大力量。我们将力求把一套高价值、高质量的批评理论丛书奉献给读者，同时也期望广大读者及专家

学者热情地提出建议和批评，以便我们在以后的编选、翻译和
出版中不断改进。

王逢振

1997 年 10 月于北京

献给克里斯汀

目 录

前　言

　　以下诸章是在 1987 年到 2000 年之间为满足不同的场合的需要写成的，起初并没有收入此书结集出版的打算。我已经将这些文章分成了两大部分，并且对它们做了适当修改，以便使它们以适宜的方式可以比较连贯持续地对作为一个研究领域的美国研究的未来指向做出反思。我尽可能地对这些论文进行了修订，希望它们今天看起来可读性更强，并且能够对有可能已经不再流行的历史事件以及大众著作语境化。在进行这样的修改的过程中，我有趣地发现，最为陈旧的资料，并不是从大众文化和通俗文化或地方新闻当中引用来的那些，而是某些方法论和学院性的话语及其修辞陈规。文化研究的批评家们，经常呼吁人们关注这种研究所处理的大众和通俗文化的稍纵即逝。但是，引起我注意的却是，任何特殊的研究对象的稍纵即逝，与其说属于这一研究对象的内在性质，不如说是在特定的历史时刻对它做出解释的阐释学实践活动的内在特性。那么，我们就不应该为稍纵即逝的诸多人类制作之物以及现象与经典的文化产品和现象之间存在的差异忧心忡忡，而是应该更多地关注我们对我们的历史性的例证进行语境化的时候运用的方法和理论。

　　我将本书分为理论研究方法和文本例证，以回应美国研究的健康的怀疑主义：有关抽象的理论与它强调的东西——历史的相关性与支持这样的相关性的详细的文本分析。出于同样的原因，我认为，新的美国研究的特色是，对给予这一学科以更大的一致性的，并有助于有关教师为适应诸多不同的机构和教学环境而开发出一致的教学课程的需要的兴趣。收入这本书的第一部分的那些理论论文，的确表达了一个总的论点：传统的美国研究过去经常对批评理论有抵制情绪，尤其是源自欧洲大陆的结构主义和后结构主义的很多哲学思想。传统的美国研究总是出现排他主义的倾向性，促使这一领域的教师们摒弃在美国以外开发出的诸多理论与模式，即使这些研究方法跟这一领域具有相当程度的相关性。在另外一些情况下，对物质文化和社会—经济诸多力量的某种过分限定，过去总是造成这个领域里的知识分子们对缺乏历史特殊性和确实性的理论产生不信任。

收入这本书的第二个部分的文本例证，并不希望以某种有力的或系统的方式，解决理论部分提出的所有建议。这本书，并不是一幅地图或规划，要指示拥有这么纷纭复杂的专业以及联合性的学科的这一领域该怎样组织。我甚至不愿提出要求，趋向现代理论家们想象出的"有机知识分子"这一理想。恰恰相反，我倒是想将我的工作呈现为，一个起初接受美国历史与文学领域的训练的学者的那种工作，他过去沿着美国研究的包容性十分强大这一指向展开研究，并且在这领域里已经遇到了对于个人的研究工作以及教学活动至关重要的种种挑战。正如这本书的标题所暗示的，如果说这本书并不是为新的美国研究制定的某种系统性的规划的话，那么，它何以提出要求吸引读者的注意呢？在某个层面上，这本书是一种智性的自传，只是少了个人的轶闻趣事以及好恶悲戚：我作为一个学者，在学术生涯起步之时，兴趣主要集中在美国文学方面，因为个人受过这方面的教育；而正是这种教育使我后来逐渐移向美国研究，因而也就显示出了，这两个领域之间以前就存在的冲突是怎样被跨越的。从另一个层面上看，我在批评理论领域接受过的训练，作为对促进美国研究避开比较陈旧的排他主义的模式所含有的狭隘的地区主义的挑战和刺激，也发挥着突出的作用。此外，在另一种意义上，这本书在使理论、文学史、通俗文化研究、媒体以及视像研究之间存在的诸多交叉点同一起来这一方面，自有其价值；因为，我深深地感到，所有这些也都是新的美国研究所要强调的一些最为重要的领域。

我非常感谢威廉·墨菲，他目前在蓝登书屋工作。他当年还在明尼苏达大学出版社的时候，曾经第一个同我讨论过这本书的设想。同时我还要感谢理查德·莫里森，他在明尼苏达一直对这本书的出版大力支持。全球美国研究领域里的很多同行，以无数种方式帮我推敲过这本书的有关问题。在这个方面，我要特别感谢林顿·巴里特、苏珊尼·查维兹-西尔维、埃莫瑞·爱略特、温福雷德·夫拉克、瑟尔玛·福特、吉尔斯·岗恩、海因兹·伊克斯塔特、凯瑟林·凯尼、保罗·劳特、福朗克·伦特里奇亚、冈特·冷泽、乔治·里普西茨、斯蒂文·梅罗克斯、杰伊·默赫林、帕特拉克·欧唐纳尔、唐纳德·皮斯、马克·波斯特、盖布里尔·什瓦布、雪莱·斯特里比、契瑞尔·沃克以及罗宾·维格曼。不论您是否了解，您中间的每一位都直接而且在实质上为这本书的成型做出了贡献。

收入本书的这些论文有些部分以前曾经以不同的版本形式发表过，下边就是这些文章或章节。我非常感谢出版人允许将它们重新印刷出来：《美国研究的未来：美国文化的比较模式》（A Future for American Studies：The Comparative U. S. Cultures Model），收入冈特·冷泽（Günter Lenze）与克劳斯·J. 米里奇（Klaus J. Millich）编，《美国研究在德国：欧洲语境与跨文化关系》（*American Studies in Germany：European Contexts and Intercultural Relations*，New York：St. Martin's Press，1995），第262—278页；《后现代研究》，收入斯蒂文·格林布拉特（Stephen Greenblatt）与吉尔斯·岗恩（Giles Gunn）编，《重新划定边界：

英语与美国文学研究的转型》 (*Redrawing the Boundaries*：*The Transformation of English and American Literary Studies*，New York：Modern Language Association of America，1992)，第 179—208 页；《后国家民族主义、全球主义与新的美国研究》 (Post-Nationalism，Globalism，and the New American Studies)，载《文化批判》 (*Cultural Critique*，40；Fall 1998)，第 11—28 页；《霍桑的鬼魂在亨利·詹姆斯的意大利：雕塑形式、浪漫叙事以及性行为在 19 世纪的作用》 (Hawthorne's Ghost in Henry James's Italy：Sculptural Form，Romantic Narrative，and the Function of Sexuality)，载《亨利·詹姆斯评论》 (*Henry James Review*，20：2，Spring 1999)，第 107—134 页；《现代艺术与后现代资本的发明》 (Modern Art and the Invention of Postmodern Capital)，载《美国季刊》 (*American Quarterly*，39，Spring 1987)，第 155—173 页；《元影视：我们后现代经济之中的虚构性与大众媒体》 (Metavideo：Fictionality and Mass Media in Our Postmodern Economy)，收入罗伯特·坎·戴维斯 (Robert Con Davis) 与帕特拉克·欧唐纳尔 (Patrick O'Donnell) 编，《白人论白人：文本间性与当代美国小说论文集》 (*White on White*：*Essays on Texuality and Contemporary American Fiction*，Baltimore，Md.：The Johns Hopkins University Press，1989)，第 214—235 页；及《"把它全都带回家"：美国对越南战争的再制作》 ("Bringing It All back Home"：American Recyclings of the Vietnam War)，收入里亚纳德·特恩豪斯 (Leonard Tennenhouse) 与南希·阿姆斯特朗 (Nancy Armstrong) 编，《再现的暴力：文学与暴力史》 (*The Violence*：*Literature and History of Violence*，New York：Routledge，1989)，第 197—218 页。

绪　论

　　如果我们关注的是，"美国研究协会"（the American Studies Association）乃至整个世界其他同类性质的一些专业组织，在最近很多年会上提交的论文题目涉及的广度以及讨论的热烈程度，"美国研究国际协会"（the International Association of American Studies）2000 年在巴里吉奥（Bellagio）正式建立，这一领域里出现了诸多令人欣喜的新的著作和论文，以及全球范围内通过国际互联网进行的学术以及教学方面的有关交流；那么，我们就会认为，美国研究前途光明，尽管从事这方面研究的学者们还要面对新的千年带来的种种挑战。不过，如果我们关注的是，世界范围内致力于美国研究的各种院系有许多已经关门大吉，或者是并入其他学科的专业，或者是尽管竭尽全力试图增添新的博士或其他别的研究生学位［授予权］但却举步维艰，甚至就整体而论都是经费不足或者得不到相关的结构和大学的重视；那么，我们就会认为，从机构设置上来说，美国研究的未来立足不稳，前途未卜。在美国研究这一领域，专家们的学院职位市场，目前反映出的似乎不是这一领域的学术探讨的要求，而是机构设置的需要。从事这一专业的年轻的学者，大多数都不会在从事美国研究的项目或者院系之内找到职位，但却可以到历史、英语、妇女研究，媒体研究和影像研究，种族研究以及文化研究的其他新增的项目之中一试身手，或许他们有时还会在诸如人类学、民俗学、政治学等社会科学领域里找到就业机会。

　　在美国研究这一领域里，学术探讨呈现的强劲的思想活力，同它的体制之内森严壁垒的局面之间出现的反差，不免让人惊慌失措。不过，正如我要在本书正文诸章中指出的那样，这种局面不应该造成热心提倡这一学科的学者们顽冥不化，促使他们以卫道士的姿态，一心要建立学科规范和基本方法，［而不思通融变易。］早在 1979 年，吉因·威斯就曾反复指出，自从 20 世纪 20 年代和 30 年代"帕里顿范式"（Parrington paradigm）消亡以来，美国研究就"一直在走下坡路"。他认为，既然学科本身朝不保夕，我们今天就应当小心谨慎一些，以免在研究的方法及研究的对象方面出现剧烈的变化，进而导致失误。① 毋庸置疑，曾经是美国研究的基石的以达成共识为基础的思想史，将不再是这一领域里可能性的，或者说值得追求的目标。而且，为了学术探讨以及交流的需要，就要用种种富有活力的术语，去研究诸如殖民主义或后殖民主义，后民族主义，多元文化主义，文化混合主义，后工业时代的阶级区分，新地域主义，以及由种族性、性别和性经验所决定的主体的立场等等核心问题。

　　此外，从事美国研究的学者们，也没有必要任凭通常总是受同这一领域关联并不密切的特殊的局部情况影响的体制性的政治的左右，使我们以敌对的态度同那些本来跟我们所从事的工作具有互补性的其他学科和研究方法进行竞争。很明显，美国研究正经历着种种极其重大的、有潜在意义的变化。在这样的时期，我们的任务应该是，向这些学科和研究方法讨教学习。在今后几十年里，众多大学或学院里从事美国研究的项目和部门，究竟如何

---

　　① 吉因·威斯（Gene Wise），《美国研究领域的"范式戏剧"：运动的文化和机构史》（"Paradigm Drama" in American Studies：A Cultural and Institutional History of the Movement），载《美国季刊》（American Quarterly，31：3，Bibliography Issue，1979），第 314 页。

界定它的边界，发展前景怎样，基本上都将取决于这一领域内的学者以及教师们在学术探讨上、课程设置上以及教学法方面，同诸如历史、英语以及美国文学、比较文学、拉丁美洲研究、拉丁美洲人与奇卡诺人［墨西哥裔美国人或生活在美国但讲西班牙语的拉丁美洲人的后裔］研究、妇女研究、人类学、风俗学、政治学、波普文化、批评理论、媒体及影视研究、艺术史以及跟西半球的研究相关的外国语言及文学项目（尤其是诸多各自不同的土著美洲人的语言、西班牙语、葡萄牙语、法语、德语、荷兰语、日语、汉语、朝鲜语以及越南语等方面的）等领域内具有类似思想倾向的同事们的联合呼应的成功程度。

　　"新的"美国研究早已成为一种比较主义的学科，它目前正在重新组织它的研究课题及其课程设置。与此同时，比较文学领域的专家们，也正在向旧的世界文学范式发起挑战，并且尝试运用像"全球文化"这样的观念。① 这两个领域，都是在对民族文化及其历史研究的基础上建立起来的。由于民族—国家过去一直被视为最为突出的社会形式，所以这种发展是可以理解的。因为美国研究把它的理性探讨课题重新构思为，对西半球的诸多不同类型的社会的研究，以及对组成这一广阔地区的不同的边界区域，如太平洋边缘地区（the Pacific Rim）、非洲和欧洲组成的大西洋地区的研究；所以，它将成为真正的"后民族国家主义的"学科，其比较方法同从事其他学科的比较研究的学者们所运用的方法相互重叠，并且将因此从中受益。出现这样一种正面的发展，当然意味着，比较文学将要拓宽它陈旧的欧洲中心模式，并

---

　　① 见查尔斯·伯赫玛（Charles Berheimer）编，《多元文化主义时代里的比较文学》（*Comparative Literature in the Age of Multiculturalism*, Baltimore, Md.: Johns Hopkins University Press, 1995）及 J. 希利斯·米勒（J. Hillis Miller），《跨过大学里的文学研究》（Literary and Studies in the Transnational University），收入约翰·卡洛斯·罗（John Carlos Rowe）编，《"文化"与各种学科的问题》（*"Culture" and the Problem of the Disciplines*, New York: Columbus University Press, 1998），第45—67页。

对其文学模式进行重铸，以求将全球诸多文化以及它们不同的符号系统揽入自己的领域之中。如果要完成这一后民族国家主义的、跨文学的研究工作，这两个学科就都有必要有力地批判，它们本身对诸多民族神话的贡献，以及一直对现代文化帝国主义贡献良多的某些民族文化的特权化方面的贡献。

也许有些批评家会争论说，这样一种比较主义的尺度，早已成为美国研究的至关重要的方面了；而另外一些人则会抱怨，比较文学从来都不是属于欧洲中心性质的，也不是以不同民族的文学的研究为中心来建造其结构的。首先，我要说的是，"新的"美国研究所承担的任务，不应该使"老的"美国研究妖魔化，尤其不能在对过去或现在的研究方法进行概括的基础上这样做。不论是比较研究，还是文化研究，在早期的从业人员那里以及与他们相关的种种运动之中，都存在着可以让人产生兴趣的很多研究办法。① 对于这个学科来说，如果说它希望在未来功成名就，那么，它就应该既同其他补充性的研究方法相结合，同时也有必要对以往［研究人员］的努力予以尊重，因为他们对他们那个时代的社会正义及其理解做出了较大的贡献，因此是我们时代的先驱。② 由于同样的原因，我们也就不应该回避新的动向，不应该贬低它的正当要求，不

① 例如，吉因·威斯在《美国研究领域的"范式戏剧"》第337页，提及20世纪70年代的"新文化研究"，把它看作是这一领域新的活力的成功的证据，并且预示了90年代的文化研究的模式。同样的，威斯的同代人以及佩服他的研究成果的人，通常总是将它看作是对美国研究的一种威胁。见杰伊·默赫林（Jay Mechling），《美国文化研究的一些新的基本原理》（Some［New］Elementary Axioms for an American Cultur［al］Studies），载《美国研究》（*American Studies*，38：2，Spring 1997），第12—18页——在一个题为"文化研究的贫困"的部分之中，尽管默赫林强调指出，他对"文化研究"并没有抱有"敌意"，但这一部分还是在有关文化研究对美国研究的传统领域和目的的威胁问题上充满了焦虑。

② 冈特·冷泽（Günter Lenze），《"人种学"：美国文化的研究与后现代人类学》（"Ethnographies"：American Cultural Studies and Postmodern Anthropology），载《前景》（*Prospects*）1991年第16期，第1—40页，研究成果让人惊叹。它提醒我们，早期的"美国研究"的学者和流派的进步的目的，尤其是在他（它）们对作为一个概念和有组织力的研究领域的"文化"的处理上。

能因为出于想象就认为它曾经遭受到有关批评就也去批评它忽视历史。历史很少重复自身，尽管在不同的时期以及不同的危机之间存在着重要的影响以及亲合性；而且，为了提高更新的研究方法的效率，我们还有可能明智地将这样的时期和危机统一起来。

　　具有比较性质的美国研究，不仅必须探讨对西半球的诸多不同类型的社会的理解、它的战略边界区域或"边缘"等问题，它还应该用比较的方法探讨任何地理——政治单位将自身界定为民族、国家、区域、社团或群体等内在的社会关系问题。国内与国外之间种种社会关系的联系，在这样的实体的历史的既成和持续性的神话的意义上，应该被纳入研究范围。这意味着，美国研究既然要担负起这一项后民族国家主义的使命，它就也应该严肃地对待曾经有助于决定这一领域的研究对象的那些国家的历史。基于同样的原因，某一国家，尤其是美国，就再也不能被视为美国研究的独特地域。我们应该相互一致地运用术语字典，以提醒读者和学生注意：美国跟美洲或美洲国家不是同义词；而且，后两个名称也不包含像构成加拿大的那些民族和社团。① 我们应该时刻关注，经常使用的术语可能产生的政治性后果，就像从事公民权利、同性恋、妇女以及国际劳工运动的社会活动人士在他们各自的改革运动之中要做的那样。

　　新的美国研究的比较的性质，在思想和政治方面可能提出很多问题。正如本书正文诸章之中所要讨论的，比较性的文化研究常常可能强化，而不是改变，民族的和文化的等级制度，甚至于会对它要批判和克服的某种文化帝国主义有所帮助。在第一章里，

————————

　　① 我指的是加拿大的"民族"［国家］，包括魁北克民族主义运动以及加拿大印第安人对民族自决权的权利要求。见亚当·维斯曼（Adam Weissman），《解读美国和加拿大的多元文化主义：人类学的与认知的》（Reading Multiculturalism in the United States and Canada: The Anthological vs. the Cognitive），那是在比较性的美国研究领域内有关加拿大重要性的一个精彩论述，载《多伦多大学季刊》（University of Toronto Quarterly，69：3，Spring 2000），第689—715页。

我将要指出，保罗·劳特运用比较性的方法研究合众国的诸多不同文化，在别的方面还值得称道，可一旦触及西半球研究，便潜在地脱离了对象。所以，他的比较方法不能为我们所用。可是，如果采取别的视角进行研究，劳特的研究成果还是具有吸引力的。不过，劳伦斯·布埃尔最近对美国革命以后"后殖民的"美国的最新研究，进一步模糊了美国的殖民主义行为在国内与国外的同时发展。① 而朱丽叶·克里斯蒂娃，为了对作为后现代的法国、大不列颠及美利坚进行比较，则将美国的多元文化局面极其复杂的历史简化为"一些移民问题"，因而完全忽视了本土人的权利斗争，以及诸多散居的人的真实处境。比如说，奴隶制，就完全不同于常规意义上的迁移。② 对于克里斯蒂娃来说，美国的多元文化主义，只是一个走错了路线的移民及国家问题；原因是，"新移民岛"展示的是"孤独症患者向其原始价值的回撤"。③

在援引埃拉·萧哈特的研究成果时，安尼亚·龙巴指出，"在西方的学术机构里，'后殖民的'这一术语的可接受性本身的一个负面含义"是，它"有助于牵制诸如'帝国主义'及'地理政治'等更为激进的术语"。④ 这样的研究方法，看上去似乎是要将美国的少数族裔当作后殖民的主体或者说仅仅是作为"移民"来研究，但实际上可能会加重我们对国内的殖民主义的持续性的效力的低估或轻视。正像吉萨·马克苏恩最近在她为C. 理查德·金的《后殖民美国》写的书评中所指出的那样，

---

① 劳伦斯·布埃尔（Lawrence Buell），《作为一个后现代现象出现的美国文学》（American Literary Emergence as a Postcolonial Phenomenon），载《美国文学史》（American Literary History）1992 年第 4 期，第 411—442 页。

② 朱丽叶·克里斯蒂娃（Julia Kristeva）著，里昂·S. 罗迪埃兹（Leon S. Roudiez）译，《没有民族国家主义的民族》（Nation without Nationalism，New York：Columbia University Press，1993），第 10 页。

③ 同上书，第 11 页。

④ 安尼亚·龙巴（Ania Loomba），《殖民主义/后殖民主义》（Colonialism/Postcolonialism，London：Routledge，1998），第 14 页。

"对美国历史所采取的后殖民研究视角所产生的正面效力的欣赏……应该同毫无历史根据的断言——美国是一个殖民国家——区分开来"。①

　　后殖民和文化研究的方法，如果专门致力于美国，也有可能导致对新的比较主义的诸多多元语言现实（polylingual realities）产生忽视，尽管我们本来就应该明白今天对美国文化进行的研究必然是多元语言的。② 此外，如果美国研究和比较文化以及文学研究要联合起来，还有另外一条道路可走（我喜欢用比较文化研究这个术语）。这便是，对作为它们各自领域不可分割的一个组成部分的外语及文化课程，以及学者和学术部门之间国际交流的大力提倡。我在本书正文诸章中，将遵循诸如玛丽·路易丝·普拉特的"接触区域"，以及保罗·杰伊对埃多阿德·格里桑特的"文化地带"的修改版等启发性模式。这些理论模式，都在根本上依赖于，由要加以分析的文化定位和协商构成的不同的语言及符号学。③ 它们必然要依靠语言，尽管它既是文化理解的

────────────

　　① 吉萨·马克苏恩（Gesa Mackenthun），《美国的麻烦的后殖民性：从外国得到的一些反思》（America's Troubled Postcoloniality: Some Reflections from Abroad）（即出，手稿第3页）。另见 C. 理查德·金（C. Richard King）编，《后殖民的美国》（*Postcolonial America*，Urbana, Illinois: University of Illinois Press, 2000），第10页。他解释说，他编辑的作品集有多重的目的，其中包括"多元的、或许甚至是相互冲突的有关后殖民的美国的各种版本，作为某种全球性条件的这一时期的美国同后殖民性的关系，及其对有关美国帝国主义的占优势的批评的多种暗示意义"。

　　② 见瓦纳·舒勒斯（Werner Sollors）与马克·歇尔（Marc Shell）编，《美国文学多语言作品集》（*The Multilingual Anthology of American Literature*，New York: New York University Press, 2000），以及我在本书第3章对他们的编著的讨论。

　　③ 见第一、三章对玛丽·路易丝·普拉特（Mary Louise Pratt）的讨论；保罗·杰伊（Paul Jay），《"美国"的神话与定位的政治学：现代性、边界研究与复数美国的文学》（The Myth of "America" and the Politics of Location: Modernity, Border Studies, and the Literature of the Americas），《亚利桑那季刊》（*Arizona Quarterly*, 54: 2, Spring 1998），第181页：Paul［认为］，"Gilroy 的定位相当于埃多阿德·格里桑特所说的'文化地带'，民族边界之间的某种空间——身份与文化以在文学以及其他形式的表述之中有迹可寻的、合成的样式在那里发展出来"。尽管杰伊对格里桑特的"文化地带"的改造，对新的美国研究很有价值，但是它书卷气太浓，所以有必要进行进一步的理论上的经营以及实践性的实证，这样才能使它适合作文化的符号学的一个范畴。

媒介又是它的障碍。同时，这些模式还提醒我们，几乎对任何一种主题的比较研究，都牵涉到对从各种特别的语言一直到符号代码整个范围内的不同再现系统之间的翻译的严肃处理。对于从事美国研究以及比较研究的学者来说，语言研究不仅仅是对有用的工具的习得，而且还是各个学科必不可少的一个组成部分。

我对所谓的"语言模式"的强调，以及美国研究要同比较文化研究相互结合的呼吁，这两个方面都意味着，应该更进一步依靠符号学的以及后结构主义的方法。而一旦这样，也就超出了美国研究传统的范围限制。在 20 世纪 90 年代前半期对美国研究出现的变化进行的思考中，诺曼·耶特曼注意到，新的一代的学者们是如何"自我—自觉并突出地"展示它的"各种理论假设"的，并且不断征引诸多学者，像"米歇尔·福柯，雷蒙德·威廉姆斯，斯图亚特·霍尔，罗兰·巴特，朱丽叶·克里斯蒂娃等，［尽管］不论从背景上来看，还是在研究的实质上，他们甚至都与美国无关"。① 耶特曼还认为："美国研究的新的几代学者，当然已经以某种理论假设趋向他们的研究兴趣的实质问题。"不过，他又正确地指出，这些先驱人物，通常都对理论模式十分敏感，尤其是对那些从本领域之外的学者以及同对合众国的研究没有直接关系的论题之中引出的模式。② 我们不应该因此就下结论说，美国研究中存在着一种反理论倾向。这是因为，对于这一领域的学者们来说，放弃理论模式，可以有许多不同的解释；此外，还可以拿跨学科的适用性来加以辩护。例如，20 世纪 40 年代和 50 年代的美国研究学者们，

---

① 诺曼·耶特曼（Norman Yetman），《美国研究，从文化概念到文化研究?》（American Studies from Culture Concept to Cultural Studies?），载《美国研究》（American Studies，38：2，Spring 1997），第 5 页。

② 同上。

之所以要放弃盎格鲁—美国的新批评的理论主张；20 世纪 30 年代的美国研究，之所以试图"在文学的文本的阅读过程中，超越美学—语文学的方法，以及占主导地位的对历史的政治和社会—历史聚焦的种种限制"，那样做当然都有十分充分的理由。①

为避开其他理论方法所造成的种种局限，美国研究的学者们以其自身的努力，已经在研究工作之中使用过一系列有影响的理论模式。不过，与此同时，这样做给人留下的印象是：反理论，并且一味关注历史性的特殊因素。现在一般被归入后现代和后殖民的标题下的、向那些理论方法提出的挑战，造成的一个后果是，我们对美国研究中的不同的理论主张应加以重新研究，尤其是当用它们来反击其他理论模式的时候。在某个层面上，出于与这一领域密切相关的原因并且由于美国研究为美国的民族国家主义及全球化的利益所做的微妙的政治工作，美国研究之中存在着一种本土主义的倾向。不过，如果向某种本土美国研究（an au-tochthonous American Studies）求助，那就不仅忽略了这一领域内业已取得的纷纭复杂、互不相同的研究成果——这是我在本书正文诸章要重点探讨的核心论题——而且也会经常成为批评家们以正当的理由攻击的目标。这是因为，对于美国研究来说，许多"民族的"传统，很明显是从其他文化以及其他思想传统借鉴来的。

例如，就拿我曾经在别处批评过的自由主义的爱默森传统来说吧。它深深根植于欧洲的浪漫主义，尤其是德国的唯心主

---

① 冈特·冷泽，《美国研究》（American Studies），收入乔治·库瑞恩（George Kurian）、迈尔斯·奥维尔（Miles Orvell）、杰伊·默赫林及约翰尼拉·巴特勒（Johnella Butler）编，《格罗里尔美国研究百科全书》（*Grolier Encyclopedia of American Studies*, New York：Grolier Press，forthcoming，2001），手稿，第 1 页。

义哲学。① 与帕里·米勒的研究成果相联系的"清教徒起源论",也是无法同更为广阔的思想和宗教的欧洲宗教改革运动,中产阶级的兴起,以及工业资本主义在欧洲殖民主义之中扮演的那种角色相互分离开来的。② 尽管"清教徒起源论"自称是排他主义者,但是,它的种种理论假设都同欧洲的现代性观念、现代化以及扩张的资本主义进程的发展,具有密不可分的联系。③ 同样的,20世纪50年代和60年代的神话象征法,假若没有诸如柯尔律治、施莱格尔、黑格尔、卡莱尔等英国和欧洲大陆的诸多思想家对象征的理论化,假若没有在像维多利亚时期的学术里程碑——如詹姆斯·乔治·弗雷泽爵士的《金枝》之中达到巅峰的启蒙时代的知识分子们的综合性的神话收集学(mythography),很难想象会有20世纪50年代和60年代的神话—象征法。即使是美国的实用主义,在 C. S. 皮尔斯,威廉姆·詹姆斯以及约翰·杜威等人的著作中所表现出的、被奉为唯一具有独创性的美国哲学,也同样在希腊的诡辩派哲学家、亚里士多德、伯克利、休姆、德国的唯心主义,以及其他大量的非本土来源和影响之中,才能找到它自身的知识的世系。

----

① 约翰·卡洛斯·罗,《在爱默森的墓边:经典美国文学的政治学》(*At Emerson's Tomb: The Politics of Classic American Literature*, New York: Columbia University Press, 1997),第1—16页。另可参见拉瑞·瑞伊诺里兹(Larry Reynolds),《欧洲革命与美国的文学复兴》(*European Revolution and the American Literary Renaissance*, New Haven: Yale University Press, 1988)。

② 埃米·卡普兰(Amy Kaplan),《"只能跟美国呆在一起":美国文化研究之中的帝国的"缺席"》("Left Alone with America": The Absence of Empire in the Study of American Culture),收入埃米·卡普兰与唐纳德·E. 皮斯(Donald E. Pease)编,《美国的帝国主义的文化》(*Culture of United States Imperialism*, Durham, N. C.: Duke University Press, 1993),第5—11页。

③ 拉塞尔·J. 莱辛(Russell J. Reising),《没有用处的往昔:美国文学的理论和研究》(*The Unusable Past: Theory and the Study of American Literature*, New York: Methuen, 1986),第56页:"这样,清教徒就同存在主义所说的孤独的人十分相近,[因为二者都]悲剧性地孤立于世界,并且在没有中介的情况下承担面对现实的责任。"

20 世纪 70 年代和 80 年代那些试图改造欧洲大陆的哲学，使之适用于美国文化的理论的学者们，他们的一个目的是，向作为根本美国特色的非理论构成的本土传统的主张发起挑战。① 不管是谈论美国也好，写作美国也罢，只要是采取统一的形式，对后结构主义者来说，就早已成为虚构了：不论是以在任何再现行为中发挥作用的所指的幻象为基础，还是在民族共识这样的特殊例子之中，情况都是如此。假如考虑到，美国明显的多元文化和跨民族的构成成分，以及它的革命性的起源所要求的极快的民族合法化；那么，美国特别的、如果不是独一无二的引人注目的地方，便是有关它的民族一致性的种种虚设、想象的性质。回顾一下后结构主义者在 20 世纪 70 年代和 80 年代的主张，一定很有意思。他们不论是在美国研究的学科内部还是外部，都在强调，美国文化，尤其是它的文学，典型地代表了后结构主义理论的关键信条。②

美国研究本来具有自身存在的价值。但是，这些理论主张，将会像这一领域之中的某些从业人员主张的那样，坚持认为民族的独一无二特性属于虚构，进而将美国的排他主义视为虚假之物并使之永恒化。把美国作为现代主义者与后现代主义者相互争夺的场所，对它进行重铸，这样做会引出另外一种危险的后果：那就是将现代化进程既等同于合众国，又等同于它的民族［国家］

---

① 见约瑟夫·N. 里德尔（Joseph N. Riddel），《倒放的钟：威廉·卡洛斯·威廉斯的反诗学》（*The Inverted Bell*：*The Counter-Poetics of William Carlos Williams*，Baton Rouge, La.：Louisiana State University Press, 1974），及约翰·卡洛斯·罗，《穿过海关：19 世纪美国的小说与现代理论》（*Through the Custom-House*：*Nineteenth-Century American Fiction and Modern Theory*，Baltimore, Md.：The Johns Hopkins University Press, 1982）。

② 例如，可参见乔纳森·阿拉克（Jonathan Arac）、沃拉德·高兹奇（Wlad Godzich）及沃里斯·马丁（Wallace Martin）编，《耶鲁批评家们：美国的解构》（*The Yale Critics*：*Destruction in America*，Minneapolis：University of Minnesota Press, 1983）。

形式。保罗·杰伊以几位非美国的知识分子——譬如加勒比的埃多阿德·格里桑特、英国的文化研究学者保罗·杰伊,以及墨西哥的哲学家埃德蒙·奥高尔曼——为蓝本,争论说,现代性应当从"引向对'新世界'的'发现'、征服和殖民化的各种意识形态、经济以及技术的整体"这个方面去理解。① 这样对"美国的现代性"进行的再概念化,拓宽了这一课题,以至于将几个美洲国家以及加拿大都囊括了进来。同时,如果这样做,也就跨出了历史的框架,将前—民族〔国家〕的殖民主义〔者〕的和帝国主义〔者〕的实践行为,以及他们与之遭遇并打乱的美国文化进程也涵盖在其中。这样一来,学者们便无法忽视商业主义、帝国主义、散居问题、现代主义以及民族主义之间的关系。杰伊采用的方法,不再是对作为现代性的美国的抽象的形式化,而是将现代性定位于一个不可避免的复杂的历史之中:"当然了,这样做要重新修改研究现代性所用的传统的方法:它打上的是启蒙运动的时代特色,与此同时既意味着对**新世界**的'发现'标志着现代性的划时代的契机,还意味着**旧世界**在这一发现的语境之中、以加速现代性出现的种种方式被重新界定。"②

对美国在现代性的历史中所扮演的种种角色的这种再概念化,无法避免一种新的美国排他主义,但是它也完全可以作为一个版本为我们所接受。并不是有关美国的独一无二特性的所有的例证,都是应该遭到声讨的。欧洲向西半球的征服航程,实际上确实依赖过一开始就使扩展成为可能的某些技术发展,并且创建了既是现代性又是民族主义的标志的种种横跨大洋的帝国。如果将这种现代性理解为"不仅是科学的、技术性的以及政治意义上的进步",而且还是"灾变"和"动乱",我们或许就有能力

---

① 见保罗·杰伊,《"美国"的神话与定位的政治学》,《亚利桑那季刊》(1998 年春季号),第 174 页。

② 同上。

将传统上的现代性（工业主义及民族主义）和后现代性（现代
性崩溃所导致的种种后工业的、后殖民的以及后民族的负面结
果）的有限的运用，重新定位于这二者都属于的那种更为阔大
的历史之中。① 在这些更为阔大的历史的、文化的以及理论的语
境之中，学者们当然会面临学术焦点、课程涵盖面以及教学法的
效果等带来的很多挑战。但是，在以前互不相关的知识领域里，
通过努力，他们将找到种种新的联系的可能性。

　　学者们在对我们今天称之为"现代主义的"并接受进这种
更为阔大的历史框架的众多的文学的和美学的运动进行解释的同
时，一定要考虑在某种现代化进程之中的这样的先锋派所扮演的
角色：他们总是依赖于斯图亚特·霍尔所说的"西方和其余"
所形成的人为的二元性：

　　　　假若不存在其余（或者说它内在的"他者们"），西方
　　就不可能将自身认可并再现为人类历史的顶峰。"他者"的
　　形象，被驱赶到概念的世界的边际，并且作为被建构成的西
　　方所代表的一切东西的绝对的对立面、否定之物，再一次出
　　现在西方以内的文明、文雅、现代性以及发展的话语中心。
　　"他者"是"黑暗"的一面——被遗忘的、受压抑的并且被
　　否定的；启蒙以及现代性的反面形象。②

　　① 见保罗·杰伊，《"美国"的神话与定位的政治学》，《亚利桑那季刊》
（1998 年春季号），第 174 页。
　　② 斯图亚特·霍尔（Stuart Hall），《这种其余与那种其余：话语与权利》（The
Rest and the Rest：Discourse and Power），收入斯图亚特·霍尔、戴维·休伯特（David
Hubert）及肯尼斯·汤普森（Kenneth Thompson）编，《现代性：现代美国简介》
(Modernity：An Introduction to Modern America，Cambridge，Mass：Blackwell Publishers，
1996)，第 221 页。在这篇论文之中，"In the Beginning All the World was America"（泰
初，整个世界都是美国）这一部分十分有趣。因为，斯图亚特·霍尔在这里分析了，
征服及殖民主义的排他主义的话语，是如何在对西方现代化的语境里的美国和加拿
大的研究之中被批判性地揭示出来的。

从这样的现代性实践如何制造殖民主义的、帝国主义的、后殖民主义的以及新殖民主义的态度和价值观念来说，对美国和加拿大的研究其本身就是对霍尔描述的文明的那种双极建构（the bipolar construction）及其"他者们"的一种反抗行为。假若不把它声称要征服、清除并且改造的所有的民族、所有的文化以及所有的地域纳入考虑范围，就不可能理解现代化。当然了，如果我们从"文明化"的冲动所引出的排他性的视角去对待这种阔大复杂的历史，那么，不论我们对这种目的坚持什么样的批评态度，我们都会有制造出霍尔的那种双极的倾向性。但是，如果我们认真对待现代性以及它的他者们之间的辩证关系，根据在西半球及其相关的文化区域里可以确认的各种不同类型的反抗、改造以及可替换性的社会构成，后一种抽象化就可能呈现出文化性的以及历史性的特殊性。

这样一种或者说一套互补性的方法，也将会有助于我们理解在历史基础更为坚实的语境之中最近出现的诸多社会的以及文化的现象。例如，以种种新的通讯技术、新的生产方式以及后一民族〔国家〕的社团组织及其联系为其显著特色的全球化，就不应该再理解为一种排他性的后现代现象。可以肯定，后工业的经济实践一直对跨国资本主义以及从第一一直到第四世界的相关等级制度施加着相当大的影响力，但是，经济的国际化是早期的现代欧洲扩展和征服进程的主要动力之一。

当然了，美国研究的学者们，一定要注意全球化的现代与后现代进程之间的重要的区别。现代帝国主义经常依赖于以竞争性的国家为基础的国际等级制度，尽管弗雷德里克·布埃尔曾经争论说"为了在一个被强化的全球化的时代继续存在下去"，"民族〔国家〕的文化"一直对自身进行再概念化，而这一全球化

是以民族［国家］经济的作用不断缩小为标志的。① 布埃尔指
出，后现代的全球化的批评家们，已经在对现代的国际化的分析
之中对某些关键概念进行了再界定，以便认可这些模式的持续
性，与此同时仍然将它们的显著的区别也纳入考虑范围。布埃尔
在对肯尼亚作家恩格·格·瓦·西昂奥（Ngūgī wa Thiong'o）的
批评著作进行评论时写道："恩格·格对'第三世界'这一范畴
去领域化（deterritorializing），放弃作为分析单位的民族—国家，
并且启用边界骚扰（boundary violation）的修辞，所以已经写出
了：第三世界遍布整个世界。"②如果不理解有关民族进步和
"发展"的漫长历史，就不应该采用这样的策略，特别是当这些
策略由经济的及文化的扩展来度量的时候。因为我们旨在超越，
而不是放弃，这种"作为分析单位的民族—国家"，所以仍然有
必要将种种新—民族国家主义、对权利的别的地方性要求以及全
球性霸权等十分复杂的，通常总是相互矛盾的力量纳入考虑范
围。我们当然也应该认可国家形式的继续存在，并且像克里斯蒂
娃讲的那样，"在不廉价卖清它的资产的条件下"，对它进行批
判。不过，我们对她所做的预言"在国家［民族］内部以及外
部……即将来临的世纪经济的、政治的以及文化的未来将会破
产"持谨慎的态度。③ 在 21 世纪里，国家形式当然将经历戏剧
性的变化，而其他社会的、经济的以及政治性的组织也将向国家
的霸权性发起挑战。

　　在我们要扩大批评视角的同时，也应该考虑国家的社会性
的、政治性的以及文化性的可替代之物的更为阔大的范围。弗

---

　　① 弗雷德里克·布埃尔（Frederick Buell），《民族文化与新的全球系统》（*National Culture and the New Global System*, Baltimore, Md. : The Johns Hopkins University Press, 1994），第 12 页。
　　② 同上。
　　③ 朱丽叶·克里斯蒂娃，《没有民族国家主义的民族》，第 50 页。

雷德里克·布埃尔下结论说："对边界的运用，不是要析离，而是要连接。这已经成为集合新的联盟以求成功地处理世界体系的后民族［国家］的片段化和再建构的基础。"①在另一个语境中，唐纳德·E.皮斯坚持认为："'突然出现的全球—地区主义'话语……竭力反对殖民主义者运用某种种族中心性质的无意识之内的形象来建构'他者'的力量"，因此将"帝国主义……作为一个时期，定位于全球化进程的一个阶段之中。这一全球化进程，由于打破了被称为民族—国家的所有地理—政治实体的一致性，因此使它们具有向其他民族—国家的交互联系开放的能力"。② 这些视角，已经导致了论述美国在全球化研究中的角色问题的重要的新的著作的产生。不过，我们应当对以抽象的标准为基础的政治联合体有所警惕。这样的"边界—跨越"以及比较性的联结，不管怎样产生吸引力，它们毕竟也有可能促成霸权化的观点——比如说具有它最为陈腐的形式的"旅游理论"——从全球意义上来说，这种观点与全球性的商品跨国公司市场很难有多少差别，在为具有巨大差别的市场生产同样的产品的同时不过是改变了一下它们的广告口号罢了。全球主义的热心提倡者如弗朗西斯·福山，对种种新的社会的和政治的平等所能带来的前景大加赞美，但与此同时又忽视了跨国资本主义如何使社会—经济的不平等不断恶化。③ 在新的全球语境之中，这样的不平等通常总是被视为不可见的或者说无关紧要的。其原因就在于，它们并没有在那些国际性的媒介之中流通，而各种产品以及其他再现符号却能依赖这些媒介取

---

① 弗雷德里克·布埃尔，《民族文化与新的全球系统》，第341页。

② 唐纳德·E.皮斯，《美国文化与帝国主义的新视角》（New Perspectives on U. S. Culture and Imperialism），见《美国的帝国主义的文化》，第26页。

③ 弗朗西斯·福山（Francis Fukuyama），《历史的终结与最后的人》（The End of History and the Last Man，New York：Avon Books，1992）。

得它们的主要价值。

美国研究传统上声称，大众以及通俗媒体是这一研究不可或缺的领域。对于有的学者来说，对可视性的以及电子性的媒体具有广泛基础的研究，通常总是意味着对后现代社会的特别的强调。因为，在这样的社会中，印刷媒体已经不再决定传播及解释学的范式。的确，美国研究中对大众传媒及通俗文化的大力强调，目前还属于同后结构主义理论及后殖民主义的和文化研究的方法交互联合以及可能性的联盟的另一个方面。我们也应当承认，对非印刷媒体的相对而言属于最近兴起的学术兴趣，部分上派生于这样的媒体在全球化的当代进程之中所发挥的核心作用。今天，社会习惯，不论是在什么样的地方，都是以"商标与产品"的全球化和"全球性媒体"这二者为前提条件的，它们都鼓励人们"不断深入地'定居'于一个全球性的网络之中"。①同样的，从事新的全球性媒体研究的人，应当拓宽有关由印刷主导的现代性的传播的以及解释性的实践活动，以便尽可能将呈现出与非印刷的可替换性媒体的新的意义的，诸如口语体、建筑、图表学（包括绘画以及摄影学）、音乐、舞蹈、宗教仪式、日常行为和象征性活动，以及其他符号性模式纳入研究范围。

我认为，这样的结果伴随着对印刷主导的欧美现代性的种种后现代的批判已经出现，而且一般总是引发艺术家和学者们对土著美国人、非洲裔美国人以及卡诺奇人的、以前一直属于边缘化的口语体和行为性的实践活动产生新的欣赏。例如，霍斯顿·贝克、卡瑞·耐尔森、迈克尔·诺斯、西耶格林德·莱姆克以及林顿·巴里特最近在对非洲裔美国人的研究中，就坚持认为，在现代主义者吸收音乐、舞蹈以及民间故事讲述（folktelling）的时候，人们对它进行的社会批判及美学试验的

---

① 弗雷德里克·布埃尔，《民族文化与新的全球系统》，第119页。

态度是十分超然的。① 土著美国研究学者，如杰拉德·维泽诺
及阿诺德·克拉帕提，已经运用了后现代主义理论及实践，去
为欧美的印刷传媒进行历史性和文化性的定位，并且也就因此
为处于土著美国人的许多文化传统的核心的口语体、音乐、舞
蹈以及仪式赢得了可信性和合法性。② 不过，这些回顾性的研
究也存在着一些局限，其中包括某种混乱的倾向。这种倾向即
使有时会有所减弱，比如在将土著美国人的文化传统与后现代
的先锋派等同的时候。不过，为了在我们的课程设置、教学以
及学术研究之中，把构成任何历史时期的富有生命力的现实
的、具有更大规模而且纷繁多样的传媒再现出来，或许也不得
不冒这样的风险。

美国研究传统上对非印刷传媒的重大作用的强调，已经将对
电信、电子计算机以及传播的国际互联网形式的研究统统包罗进
来。当然了，对这些技术的广泛的社会运用，相对来说还是新
的。所以，我们可以预言，未来的学术研究将建筑在诸如兰迪·
巴斯、N.凯瑟林·海莉斯以及马克·波斯特等领袖人物的著作

---

① 小霍斯顿·贝克（Houston Baker, Jr.），《现代主义与哈勒姆文艺复兴》
（*Modernism and the Harlem Renaissance*, Chicago, Ill.: University of Chicago Press,
1978）；卡瑞·耐尔森（Cary Nelson），《抑制与恢复：现代美国诗歌与文化记忆的政
治学，1910—1945》（*Repression and Recovery: Modern American Poetry and the Politics of
Cultural Memory, 1910—1945*; Madison, Wisconsin: University of Wisconsin Press,
1989）；迈克尔·诺斯（Michael North），《现代主义的方言：种族、语言与 20 世纪文
学》（*The Dialect of Modernism: Race, Language and Twentieth Century Literature*, New
York: Oxford University Press, 1994）；西耶格林德·莱姆克（Sieglinde Lemke），《原始
现代主义：黑人文化与跨大西洋现代主义的起源》（*Primitive Modernism: Black Culture
and the Origins of Transatlantic Modernism*, New York: Oxford University Press, 1998）；林
顿·巴里特（Lindon Barrett），《黑人性与价值观念：看到双重》（*Blackness and Val-
ue: Seeing Double*, New York: Cambridge University Press, 1999）。
② 例如，可参见杰拉德·维泽诺（Gerald Vizenor）编，《叙事的机会：论述本
土美国文学的后现代主义的话语》（*Narrative Chance: Postmodern Discourse on Native A-
merican Literature*, Albuquerque, N. M.: University of New Mexico Press, 1989）。

的基础之上。[①] 我们认为，不应简单地将对这些新的技术的研究，草率地添加进与现代性相关的、诸如摄影、电报、电信、录音、电影、电视以及录像等传媒的习惯性的全套技能之中。马克·波斯特一直坚持认为，电子计算机时代的后现代技术，通常总是依赖于对哲学的和心理学的主体、它所占据的公共及私人空间以及它与他者们形成的种种社会—政治的关系的再概念化。在波斯特看来，现代主义的知识分子，用异化、去人性、商品化以及其他相关的术语对人—机关系进行的批判，不再能准确描述主体—构成的种种新的状况："目的不是要对由媒体组成的所有主体的性质进行评价，而是要敞开对它们的形式的一种分析；而且是以一种有可能将控制的内在机制揭示出来的形式来进行的。"[②] 为了理解后现代状况以及技术，美国研究的学者们不仅要考虑后结构主义的方法论的相关性；而且，为了达到这一目的，我们还必须拓宽我们研究的资料来源，以便将信息和电子计算机科学、社会科学、传播以及媒体与音像研究领域内的专家们的成果纳入研究范围。

　　美国研究继续拓宽它的研究范围，以便将当代诸多研究领域以及焦点问题引入。随着这种研究的加深，我们将会有更为充足的理由对美国历史和文献在这一领域之内的中心地位进行批判。在对美国神话的各种不同类型的评估之中，神话与象征派过去一直对文学以及美学标准具有过分限定的倾向；而"清教徒起源

---

　　① 兰迪·巴斯（Randy Bass），《询问的发动机：使用技术教育美国文化的手册》（*Engines of Inquiry: A Practical Guide for Using Technology to Teach American Culture*）。这是"美国十字路口规划"（American Crossroads Project）的一个合作性出版物（Washington, D. C. Georgetown University Press, 1997）；马克·波斯特（Mark Poster），《第二媒体时代》（*The Second Media Age*, Cambridge: Polity Press, 1995）；N. 凯瑟林·海莉斯（N. Katherine Hayles），《我们怎样才能变成邮递员：电脑空间、文学与信息之中的模拟身体》（*How We Become Postman: Virtual Bodies in Cyberetics, Literature, and Information*, Chicago, Ill.: University of Chicago Press, 1999）。

　　② 马克·波斯特，《第二媒体时代》，第 11 页。

论"通常总是在策略上将宗教同文学的乌托邦混淆起来，尤其是在后来的从业人员改造模式以使其适用于美国的文艺复兴的时候。[①] 就美国研究之中以前的诸多学派对历史和文学问题的过分限定，导致了对经济、政治、人类学以及媒体力量在使美国社会成型方面的作用的严重忽视论，我们应当努力拓宽这一领域的学科研究范围以避免类似的局限。而就学术视点本身的拓宽已经为向美国研究中的历史和文学的核心地位发起挑战提供了帮助（通常总是通过声称处理的是以前的从业人员忽略或使之边缘化的竞争性的跨学科项目）来看，我们应该考虑相关的研究成果，如妇女研究、非洲裔美国人、土著美国人、奇诺卡人、亚裔美国人、拉丁美洲人以及加拿大人研究等，因为它们可能有助于我们对美国研究作为一个多学科而不是跨学科的领域进行再思考。

同样的，美国研究不断变化的体制性的以及学术性的形势，不能成为我们在任何一个未来美国研究项目之中贬低美国历史和文学的理由。尽管这两个学科［对于美国研究］不一定再是根本性的，但它们毕竟在这一领域里要继续发挥着应有的作用。从纯粹实践的角度来看，许多美国研究的学者在全世界的历史和英语系里占据着职位，而这样的系就其部门组织来看，往往是规模最大而且也最有影响力的。美国文学领域里的美国历史学家以及专家们，通常总是同种族、同性恋以及妇女研究项目的研究人员直接合作，这也是他们的合作性的职位、团队教学以及跨—目录

---

① 我这里说的是清教徒起源派对从 F. O. 麦西埃森（F. O. Matthiessen）的《美国的文艺复兴：爱默森和惠特曼时代的艺术与表达》（*American Renaissance: Art and Expression in the Age of Emerson and Whitman*, New York: Oxford University Press, 1941）一直到塞克万·波考维奇（Sacvan Bercovitch）的《赞同的仪式：美国的象征建构之中的诸多转换》（*The Rites of Assent: Transformations in the Symbolic Construction of America*, New York: Routledge, 1993）等著作的影响。至于对这一学术谱系的精彩的批评及历史叙述，可参看莱辛，《没有用处的往昔：美国文学的理论和研究》，第49—92页。

表课程所产生的结果之一。不论是美国历史还是美国文学，它们都经历过相当规模的修订，这是对以民族身份为基础的学术专门化的批判的反应。当然了，这可能意味着，在某些方面，是对民族主义以及排他主义的强有力的、甚至于非常刺耳的辩护。但是，从另一些方面来看，有关学科知识的这种危机，倒是为知识的新的配置创造出重要的契机。我在第一、三以及四诸章中将强调指出，美国研究的未来不应该专门建立在这一学科的体制意义上的既成领域之中；知识上的、课程设置上的以及学术上的联系和联盟，只有在教师队伍和历史及文学（包括英语和比较文学）以及种族、妇女、同性恋、拉丁美洲以及加拿大的研究项目之中才会真正成为可能。

我为美国历史和文学所做的辩护，部分上是由我本人在这两个领域之内接受的训练以及工作所激发出来的。[①] 在本书里，在援引的文本的例子之中，六章之中有三章主要处理的是文学方面的例子，尽管是局限于满足美国研究之中传统的标准要求的，诸如视觉的和可塑性的艺术（第五章），经济生产的模型的种种变化（第六章），以及20世纪30年代左翼的先锋派诗歌的政治作用（第七章）等跨学科的语境之中。在某种意义上，本书作为我个人的努力，是诚实地面对并同美国历史、美国文学以及美国研究的专家们的长期以来总是无法道出的分歧相妥协的结果。长期以来存在的敌意，总是以地区性的、体制性的政治为动力，但现在则已逐渐减弱。这是一个令人鼓舞的现象。历史学家们当然已经受到种种后现代主义的以及后结构主义的理论的威力强大的影响，其中包括那些模糊了文本性的文学的同它的其他形式之间

---

① 我曾经在约翰霍普金斯大学学习历史和英语双重专业，1967年从这一专业毕业，1972年在布法罗的纽约州立大学得到英语博士学位。我之所以决定在布法罗攻读这一学位，而没有到布朗（Brown）去选"美国文明"专业，是因为经济方面的因素，而不是学术问题。

的常规边界的理论。① 大多数历史学家今天都已经认可，文化作为历史理解的一个范畴具有核心作用。为了将其他美洲国家以及加拿大纳入研究范围，同时也为了研究美国文学的文学功能而不仅仅是纯粹的美学作用，新历史主义、女性主义、批评种族理论、后殖民主义与文化研究，通过拓宽它的研究范围，已经在根本上使它的研究转型。② 同样的，种种新的人类学研究方法，也已经促进了美国研究的学者们去欣赏日常生活之中有名无实的非文学实践活动的美学作用。③ 新的多学科以及跨领域的种种方法，也已经加重对一度被建设成为学科边的东西的破坏，并且不断鼓动一种决定性地依赖于"对分析性的总体化的、对以新的方式进行的使文化总体化的相应的拒绝"的对话主义。④

不应该忽略，这些解构中心的、不具备总体化能力的方法，给美国研究业已拓宽的研究范围带来的种种危险。学科兴趣的来回漂流浮动，可能是缺乏学术活力或者说理论框架缺席的征兆。⑤

---

① 例如，可参见乔伊斯·埃普里拜（Joyce Appleby）、林·洪特（Lynn Hunt）与玛格丽特·雅各布（Margaret Jacob），《讲述有关历史的故事》（*Telling the Truth about History*，New York：W. W. Norton，1994），及马克·波斯特（Mark Poster），《文本的使动者："历史终结"之处的历史》（Textual Agents：History at "The End of History"），收入约翰·卡洛斯·罗编，《"文化"与各种学科的问题》（"*Culture*" *and the Problem of the Disciplines*，New York：Columbia University Press，1998），第199—277页，以求有关后结构主义如何影响当代历史学的争论性的论述有所了解。

② 这正是我在《文学的文化与美国的帝国主义：从美国革命到第二次世界大战》（*Literary Culture and U. S. Imperialism：From the Revolution to World War II*，New York：Oxford University Press，2000）之中所做的努力。

③ 见冈特·冷泽，《"人种学"》（"Ethnographies"），及詹姆斯·克里夫德（James Clifford）与乔治·马卡斯（George Marcus）编，《写作文化：人种学的诗学与政治学》（*Writing Culture：The Poetics and Politics of Ethnography*，Berkeley，Ca.：University of California Press，1986）。

④ 弗雷德里克·布埃尔，《民族文化与新的全球系统》，第259页。

⑤ 杰伊·默赫林，《美国文化研究的一些新的基本原理》，第12页："文化研究，正如时下人们所做的，出现了这样的倾向：对几个关键术语具有种种贫乏的理解（或者说低理论化的［undertheorized］版本），其中包括'文化'、'历史'、'话语'以及'阶级'。"

如果在理论上坚持顽固的、纯粹的"非总体化",在它对政治的总体主义,其中包括法西斯主义、官僚资本主义、军事的和司法的独裁主义的各种比较狡诈阴险的形式做出回应的时候,学术知识的权威性就有可能遭到削弱。就像艾提恩尼·巴利巴、伊曼努尔·沃勒斯坦以及三好将夫在不同的语境之中所强调指出的,总体性的一种修正的概念,在反对跨国资本主义的后现代的、去中心的、易变的以及仍然玩世不恭的操作方面,可能会成为一件至关重要的武器。① 另一方面,知识生产的新的形式,即使是在传统上致力于社会批评及改革的领域里,并从它们口口声声所追求的更广泛的民主和必然改革的人权的虚幻观念上来看,也有可能以同它们的批评意向相反的方式,为全球化的进程做出贡献。同样的,美国研究被拓宽的范围,应该警告我们要有耐心,并且能够允许各种学科的新的形成方式,以便使它们在不依赖于比较陈旧的、已经过时的范式的情况下,能对总体性以及乌托邦的有关理论发挥作用。在这一语境之中,我们或许可以向后殖民主义学者们学习,因为他们呼唤人们关注:不断出现的国家的以及其他后殖民主义的现象表现出来的不相一致的历史发展;作为证据,这些情况可以说明,"对'后殖民主义的'的任何一种定义,如果牺牲了所有的他者的利益,它们就都会没有权利说自己是正确的;因此,有关身份、定位以及文化/批评的实践的各种各样交互关联的模态,都既是可能的,有时也是必需的"。②

---

① 见艾提恩尼·巴利巴(Etienne Balibar)与伊曼努尔·沃勒斯坦(Immanuel Wallerstein)著,艾提恩尼·巴利巴、克里斯·特纳(Chris Turner)译,《种族、民族、阶级:含混的身份》(*Race*, *Nation*, *Class*: *Ambiguous Identities*, New York: Verso Press, 1991);三好将夫(Masao Miyoshi),《转让之中的象牙塔》(*Ivory Tower in Escrow*),《边界》(*Boundary*, 2, 27:1; 2000),第41—42页。

② 巴特·莫尔-吉尔波特(Bart Moore-Gilbert),《后殖民理论:语境、实践、政治》(*Postcolonial Theory*: *Contexts*, *Practices*, *Politics*, London: Verso, 1997),第203页。

　　这样的不同模式的交互关联将要求相当规模的工作，而不仅仅是希望方法的自由的多样性魔幻性地生产出有关一致性的许多术语，并且在一个不可捉摸的将来进行分析。例如，马克思学的以及新马克思学的种种理论，就必须将后现代状况，包括阶级界限（因此还有阶级斗争的所有术语）、劳动及其同价值生产、商品化和具体化等的关系，纳入研究范围。对这些关键术语以及其他一些术语，一定要进行再概念化；同时，也要把它们的诸多历史差异看成是这种项目的一个组成部分：为了引导我们的批评实践，它们可以想象出有关总体性以及乌托邦的种种适宜的理论。为了新的目的，对于比较陈旧的概念，可以加以作用再设（re-functioning），比如说一些学者最近就已经为全球政治主义提出了新的界定和运用方式。布鲁斯·罗宾斯坚持认为，一种新的"全球政治学"有可能从一个多元文化的社会的"一般规范和多元的可译性"之中得到发展，与此同时也就避免了我们使之同现代主义的全球政治主义联系起来的种种普遍性。①

　　我们也应该强调指出，经验主义的根据能够有助于我们将根本异质的学科和实践联系在一起，如果说依靠它自身还不能对各种相互竞争的主张进行裁定，并且对学科内部的分歧进行协调提供不出共同的基础的话。经验主义的根据，一定总是依照用来收集及组织这样的根据的各种方法和模式来评估的。从政治角度来看，没有任何一种数据是中立的、价值空缺的。科学数据是文本性的，取决于各种科学活动之中复杂的推论性的实践——我们对这样的实践活动，才刚刚开始解释和理解。不管怎样，我们应当承认，美国研究之中大量的工作，假若没有可以使这种工作既令

---

　　① 布鲁斯·罗宾斯（Bruce Robbins），《序言》（Introduction），彭奇（Pheng Cheah）与布鲁斯·罗宾斯，《宏观政治学：在民族之外思想并感受》（Cosmopolitics：Thinking and Feeling beyond the Nation，Minneapolis，Mn.：University of Minnesota Press，1998），第12—13页。

人信服，又可以更好地同社会、自然、物理以及卫生保健科学等其他学科相互对话，其他统计、临床、人口统计以及其他形式的经验主义根据，它也就没有办法再进行下去。其他类型的根据，也有可能鼓励我们去批判性地思考美国研究的学者们使用的十分频繁的文本根据。历史学和文学著作，还有可视性意象，不应该被看作是对它们所处的时代或者它们用来证实的问题的自我—明证的再现。这样的著作的读者或观看人是谁，数量是多少？它们是怎样，在什么地方，发表、展览和消费的？如果不能得到这样的数据，那么合作性的探索的首创精神，就有可能有助于我们回答这些问题。从考虑根据的可替换性的形式（包括科学的数据）入手，使我们对文本性档案发起挑战，我们也才有可能开始更为集中地解决类似由某些观点的通俗性在持续存在的价值观念的构成之中扮演角色等艰难的理论问题。例如，如果数以百万计的观众以一周的时间为基础观看一个电视情景剧，而重要的小说或者有影响力的诗歌经过多少年之后只有几千人阅读，同这两种情况是否有什么关系？

　　我不能自称，已经在以下诸章之中对所有这些问题都已进行了探讨。任何一位学者，都没有能力对各不相同的许多要求一一做出回应，尽管美国研究——经过学院之外的宏观政治的各种层面上的合作性的探讨，而且这种探讨作用必然不断得到加强；同时这一领域之内以及平行的领域里相关的课程设置、国际规模的各种专业组织以及有关自由教育提出了不少新的政治主张等等——势必面对这些要求。这本书的前半部分我的理论论文，旨在激起同样致力于对美国研究的范围的拓宽并将它的关系结合在互补性的领域之内的同事们的兴趣，并向他们发起挑战。在这本书的后半部分，我所列举的文本例子，其意旨并不在于为新的美国研究提供一个版图或者说指南，而是要刻画出：一个个体性的学者是如何尽力处理某些较大的问题的——这些问题是在这个绪论以及第一部分中有关理论的诸章里提出的。

我是根据所举的例子的时间顺序来安排这本书的第二部分的。开篇是对 19 世纪的霍桑和亨利·詹姆斯满怀焦虑用可视性的和语言的艺术做出的反应进行的探讨，末尾讨论的则是大众传媒和公众对我们最近发生的政治危机之一的反应：有关伊丽安·冈萨雷斯的监护问题引发的国际性的、家庭的争执。对这几章做出的并不严格的顺序排列，也同样突出了我本人的学术进展：从主要从事文学研究，到对为重大的文化事件以及价值观念做出贡献的许多不同的媒体的更为宽泛的概念分析。第五、六以及第七诸章，主要是从文学文本个案研究出发探讨美国文化；而第八章和第九章分别讲的是电视和电影；第十章研究新媒体、国际互联网、外交政策以及法律。论述霍桑、亨利·詹姆斯以及穆瑞耶尔·卢克伊瑟的那几章是在过去的两年里写成的；而研究电视、电影的几章是在 20 世纪 80 年代晚期重新写成的。探讨文学性的和可视性的文化的更富传统性的跨学科研究工作，可以也应该与对其他媒体的研究并存共在。的确，美国研究使这些不同的传媒之间的沟通成为可能；不然的话，这种研究就会流通于完全不同的专业领域之中，并且因此由不同的读者来解读。

即使在我们对我们的知识遗产持批评态度的时候，美国研究的未来，也应该建立在传统研究方法的基础之上，并且还要赋予传统方法以新的意义。出于这方面的某种原因，我并没有在这本书的一开始对学科进行历史回顾。假若回顾的话，我就要对前人以及同代的学者做出批判性的断语，这样也就无法探讨完整的语境以及特殊的历史紧要事件，而这些著作正是在这样的语境及事件之中产生的。以下诸章并无意分析这样的历史，不论同类的著作如何重要，延续那种历史也一样重要。

第一部分

理论方法

第一章

美国研究的未来：
美国文化的比较模式

  我是一个边界妇女。我是在两个文化——墨西哥文化（外加一种沉重的印第安文化的影响）和盎格鲁文化（身为我们自己的疆界之内的一个被殖民的民族中的一员）——之间长大成人的。在整个一生当中，我一直横跨在特亚斯（tejas）墨西哥边界与他者之间。这是一个存在着很多矛盾的地方，并不是一个能让人生活得很舒服的疆域。仇恨、愤怒以及剥削，是这片风景突出的特色。不过，对于这样的梅索蒂斯［女混血儿］，总还算有所补偿，而且也还有些欢乐。（1）居住在边界上，生存于边缘中，同时保持着一个人变动不居的、多元的身份和整体性，这就像是试图在一种新的元素、一种"异己的"元素之中游泳一样。作为人类进一步的进化的一个参与者，而且要被"触发"（worked on），有一种兴奋存在。我具有这种意识：某种"能力"——不仅仅是我个人具有，而且每一个边界居民身上也都拥有，不论他们是有色还是无色人种；与此同时，主导性的意识的区域正在被激活，正在醒来。很奇特，是吧？

  ——格劳利亚·安扎杜瓦，"序言"，《边界地区/边疆：新女混血儿》（旧金山：老处女/姑妈笛子，1987），n. p.

致力于美国研究的国际性的学者社团组织，有必要脱离开这一领域传统上对民族国家主义的关注，转变态度，探讨"美国"在新的全球性政治、经济、技术和文化环境之中表意所要采取的各种方式，因为这些方式预示着我们的后现代的以及很有可能还包括后民族［国家］的未来。鉴于系统性地研究"美国身份"或"民族性格"业已形成漫长的传统，在过去的二十年里人们对这样一种狭隘的地域性的民族国家主义，从它的意识形态的种种后果的角度，一直在进行行之有效的批评，因此我们有必要把这种工作继续下去。不过，在以后的几十年时间里，我们还必须通过构建出文化内与文化外的从属关系的各种术语［条件］，来弥补这方面研究的不足。这样，我们就可以成功地超越单一语言和单一文化的"美国"神话，而这个神话本来就是一种政治性的，也属于思想上的时代错误。

如果我们要处理新的美国研究的纷纭复杂的文化内和文化外的区域，那么，我们就必须修正这一领域的传统性的跨学科的方法，使之在广度上成为比较性的。从这一点上看，美国的学者们，有很多东西应向非美国籍的美国研究学者学习。此外，我想呼吁，美国研究的国际专业机构应该进一步同美国的美国研究协会加强合作。新的美国研究国际协会，应该将这样的合作和协作视为它的主要任务之一；而且，它还应该运用目前可以利用的诸多技术途径促进这样的专业团体和中心之间的交流、推动它们之间的规划。我的有关美国研究领域里的国际的和美国的研究学者们之间应改善学术和专业关系的呼吁，对美国研究，以及拉丁美洲、葡萄牙裔美洲人、加勒比以及加拿大等研究领域里的知识分子都一样适用。

新的美国研究更加关注它参与其间的国际社会，也对这样的社会更为敏感。这样一种新的美国研究，它的挑战性的前景也含有某些危险。在发展必须包括一种后民族〔国家〕的和比较性的"美国研究"的很多文化的及理论的维度之内的实践性的课程的过程之中,这些危险没有一个不属于我们要面临的巨大的困难。由于新的美国研究对自由主义的教育的实践活动和组织之中出现的变化起着至关重要的作用,所以我们的研究领域总是受到来自政治保守派们的越来越强烈的攻击。我们对这些攻击不能视而不见,尽管有人建议我们这样无所顾忌。即使政府更换,这样的攻击也不会消失。诸多文化战争并没有结束,它们不过是在不同的战场上酣然进行着罢了。美国研究所必需的变化,将专注于并且鼓励美国以及西半球的多元文化。但是,知识分子对变化的抵制,是根深蒂固的,即使这样的抵制总是以无知和异想天开的解释为基础。所以,我要建议,我们如果愿意致力于一种新的、比较性质的美国研究,就必须携起手来、一道工作,因为这样可以既有助于教育我们的学生,也有助于教育那些抵制我们最为强烈的批评者。自从威廉·本尼特 1984 年发表《收回一份遗产》、第一次发起逐渐为人所知的反对"政治的正确性"的运动以来,新的美国研究的学术和教学目的,已经成了主要的、有时也是唯一的攻击目标。① 可以肯定,诸如本尼特以及迪耐什·德苏扎这样的非学院人士,由于对美国学术界发生的诸多实际变化所知甚少,所以他们的保守性的批评,就目前来说,对学生统计学以及人文学科和社会经验的快速"全球化"似乎使之成为必然的诸多改革很少会产生直接的冲击。在研究课程设置的会议以及美国研究协会的聚会上,即使是对支持美国的文学和文化研究使用比较传统的模式的,也很少援引本尼特和德苏扎的观点。不过,即

① 威廉·本尼特(William Bennett)的《收回遗产:有关高等教育中的人文学科的一个报告》(*To Reclaim a Legacy: A Report on the Humanities in Higher Education*, Washington, D. C.: National Endowment for the Humanities, 1984)是他身为国家人文学科捐赠基金的主管向国会作的 1984 年的授权报告。

便他们的影响力是采用一种比较间接的、最终隐蔽的方式，但毕竟还可以感受得到：也就是说，在经常听到的对教育的语用学的呼吁之中，在将多元文化主义作为美国文化研究的概念性的、课程之中的以及方法论意义上的地平线的、总是十分隐蔽但又越来越明显的批判之中，可以感受出来。①

　　不管激进的民主在有希望成为一种后民族国家的时期，其诸多理想怎样动人，这样的理想总会被认为是幼稚的、不实际的，因而自始至终遭受批评。但是，激进民主的可以运行性理论总是可以建立在边缘性及有限性的一种修辞之上。这样的修辞有时被集体性地辨识为边界话语，而且在大部分都是由有关美国民族〔国家〕身份诸多单一逻辑的（而且总是明显性地单一语言的）神话和叙事产生的。就此而论，它们在无意之中支持了保守性的批评，尽管这样的批评是社会性的乌托邦投射出来的。此外，支持它们的学术计划，本身仅仅是精神分裂症倾向越来越强、越来越破碎、专业分工越来越细的后现代时期，急不可耐以回归传统价值规律的形式要求重新组织导致的后果。

　　在一篇既令人愤怒又精妙绝伦的论文之中，霍米·巴巴试图打开《民族与叙事》（罗特里奇，1990）之中收集的各种各样的文化的和学科的跨越，而不是就此得出结论。《散开民族：时间、叙事与现代民族的种种边界》，将解构理论嫁接进同去殖民化的历史相联系的"后现代移民"的文化之中。巴巴以一种精

---

　　①　我在《新的教育学》（The New Pedagogy，载 South Atlantic Quarterly，91；Spring 1992，pp. 765—784）一文里指出，保守派对"政治正确性"的攻击，应该激发处于诸多不同层次、代表着范围广泛的不同的研究方法或途径的、进步的批评家和教师们去寻找统一、一致的术语，而不是在我们之间继续进行总是异见纷呈的争论。因为，那样做会给美国国内的保守派们以更为充足的理由，去攻击"文科教育"的课程设置改革的"不连贯性"和"分裂状态"。我认为，美国文学和美国研究这些领域里的进步的教育工作者之间形成的这样一种政治统一性，应该属于这项全盘计划的一个组成部分。但就目前而论，局面十分严峻。因为，我们不仅要回应对"政治正确性"依然是甚嚣尘上的攻击，而且还要把它当作文科教育的一个不可分割的组成部分。

心设计的反系统的及修辞上游戏性的方式，在他的文本的文本间性之中（当然了，从整体来说，也是在编辑的这卷书里），趋近一种"文化的混合"观念。后者可以为后民族的社团组织既提供社会性乌托邦，也能为它们提供解释模式：

> 文化差异的种种边疆，在混合永远也不单单是一个预先给予的身份或本质的问题这个意义上，总是迟到或者居于次要地位。混合是生活的复杂性，因为它打断了对生命的完整性的再现。在少数族裔话语之中，它是有关任意的符号——"起源的欠缺"——的时间的一个重复的实例；因为，通过这一符号，文化意义的所有形式，都会由于自身的阐明抵制总体化而向翻译开放……在向文化翻译的无休止的冲击之中，意义的混合的场所，在文化的语言之中裂开了一个缝隙；这意味着，由于符号在游戏当中跨过了文化场所，所以相似性一定不会模糊这一事实：这一符号的重复，在每一个特殊的社会实践活动之中，都是不同的、判然有别的。①

如果我们认真对待这一文化混合的观念，尤其是在它的非总体性的和不再述行的维度方面；那么，课程设计或者安排就可能仅仅揭示出现代欧美大学及其理性的启蒙模式的种种局限性。巴巴这里的意思是，后现代的批评理论，以及即使没有被欧美的理性启蒙模式排除在外，也是被边缘化了的那些文学和文化，仅仅是在协调一致地实践那些学科和文化超界活动。而这样的超界活动，既解构了启蒙模式（还有这一模式的部门性的和学科—专业性的诸多边疆），与此同时也在其自身的实践之中实现了新的、混

---

① 霍米·巴巴（Homi Bhabha），《散开民族：时间、叙事与现代民族的种种边界》（DissemiNation：Time, Narrative, and the Margins of the Modern Nation），收入霍米·巴巴编，《民族与叙事》（*Nation and Narration*，New York：Routledge, 1990），第314页。

合性的求知和交流形式。我们这里所表述的只是它的基本版本。但是，这些形式有时被不恰当地归入批评理论，有时被划分到文化研究，甚至是少数族裔文学当中。欧美教育模式的种种局限，并不仅仅局限于美国和欧洲，因为有许多后殖民国家依然如故依赖着它们以前的殖民国家所组织的教育体系。巴巴的思想革命，不仅需要第一世界的学术结构的转型，而且也需要第二、三世界的教育结构转型，因为后者依然依附于，虽然通常是不明显地，启蒙的假设以及平庸的、按照教条施教的人。

巴巴极有可能是正确的。但是，就目前来看，这样的知识所造成的种种结果，在美国的学院历史之中，假若不能被完全理解为高等教育的话，有可能是灾难性的。为了回应批评家们站在有理的立场上并借助于教育的语用学所发出的抱怨——四年制的本科教学（因为其中只有两年可以完全用在某一个专业上）不可能有效而且负责地讲授美国的多元文化，我们必须提出计划，制定出更加统一的后民族的社团组织的概念，而不是再依赖于早已过时了的种族和性别本质主义方面的观念。

我这里希望对旨在发展美国研究的后民族课程的其他两个模式加以探讨。其中一个模式对美国国内的不同文化进行比较，另一个模式则使我们有办法将美国的多元文化主义置入国际性的、跨国的以及潜在地属于后民族［国家］的语境之中。第一个模式指的是保罗·劳特有关可以看作是一种根本上"比较性的学科"的"美国的文学"的设想。这一设想首先在现代语言学会的论文集《重新界定美国文学史》的首篇论文之中提出。① 这篇

---

① 保罗·劳特（Paul Lauter），《美国的各种文学：一种比较性的学科》（The Literatures of America：A Comparative Discipline），收入 A. 拉翁尼·布朗·罗夫（A. LaVonne Brown Ruoff）与小杰瑞·沃德（Jerry Ward, Jr.）编，《重新界定美国文学史》（*Redifining American Literay History*，New York：Modern Language Association，1990），第 9—34 页。以下引文将直接在文中附加页码。

论文是他的著作《正典与语境》之中的论点的浓缩，也是新的
希斯美国文学作品选之中那本同样重要的著作的论点的浓缩。在
这篇论文中，有可能几乎是第一次将美国视为"多元文化"，并
将大学本科的教学置入其中。① 第二个模式是玛丽·路易丝·普
拉特对她在《职业91》之中所说的"接触区域的艺术"的理论
化。这一模式，将她在1987年的论文《语言学的乌托邦》之中
提出的语言学模式，运用于她本人参与斯坦福的核心课程"文
化、观点、价值"时所遇到的课程及教学法方面的种种问题之
中。斯坦福新设的核心课程，是有关斯坦福对它的西方文明的传
统教学课程的修改所引发的机构性的争论，以及后来出现的民族
性的争论所产生的最终结果。人们曾经提议，应该在斯坦福设立
文化意义上多样化色彩更浓的核心课程。的确，有很多人认为，
正是威廉·本尼特对这些提议的批评，标志着现在被称为教育领
域里的"政治的正确性"的国际争论的开始。②

在将普拉特的"接触区域的艺术"运用到劳特提出的非常
有道理、但最终依然属于民族国家主义的、比较性的模式之中以
前，我想明确地指出，我的目的并不在于运用这两个理论，而把
巴巴的后结构主义模式抛在一边，而是最终要把这些方法中每一
个方法都存在的局限性辨别出来，以便为后民族国家主义时期的
美国文化的比较研究提出一个系统性更强的研究纲要。因为，这
三种理论，尽管理论本身具有显著的差异，但都一样致力于多元

① 保罗·劳特（Paul Lauter），《正典与语境》（Canons and Contexts，New York：Oxford University Press，1991）；保罗·劳特主编，《希斯美国文学作品选》（The Heath Anthology of American Literature），第3版，2卷本，（Boston，Mass.：Houghton Mifflin Co.，1998）。

② 玛丽·路易丝·普拉特（Mary Louise Pratt），《接触区域的艺术》（Arts of the Contact Zone），收入《职业91》（Profession 91），第33—41页。以下引文将直接在文中附加页码。普拉特，《语言学的乌托邦》（Linguistic Utopias），收入尼格尔·法布（Nigel Fabb）等编，《写作的语言学》（The Linguistics of Writing，Manchester：Manchester University Press，1987），第48—66页。

文化方面的课题（以及这种教育模式之中内在的激进民主），也都一样致力于必然是合作性质的探讨——因为，这一领域显然包括了一系列的学科和文化，而这是某一个学者所无法把握的；此外，它们也都一样站在新的立场关注我们的研究同教育理论和实践的关系。

今天，我们中间很少会有人不同意保罗·劳特的观点："'主要作家'的非常有限的正典"——不论这些作家是不是恰好就是来自新英格兰的白种男性——必须被美国文学和文化的、文化意义上多样性更强、因而基本上属于比较性的方法取代。不过，劳特的比较模式，毕竟遵循着世界文学的比较陈旧的研究方法，及其虽然令人仰慕但又不切合实际的对"相互区别的文学传统、因而也就相互区别的（而且也是不断变化的）社会现实"的再现目标。不管是将这样一种比较研究方法运用于世界文学还是美国文化的微观世界，都要接受不同文化的个别特性，进而根据结构主义的二元性阐明异同之处。几个文本可以再现出文化的自足，对此可以以某种信心加以预言。如果承认了这一点，那么，这一模式便没有什么不对的地方——除了它的提喻性的、以部分代整体的修辞的内在的种种局限性之外，而这是它通过就要被再现出来的个别文化的不可能的多样性产生的转折所导致的必然结果。①

————————

① "文化界定"（cultural definition）这个问题，是由世界文学的比较文学学者通过接受了民族国家的自我定义而有效地解决的。巴巴的论文集的标题《民族和叙事》（*Nation and Narration*）对于那些按照"世界文学"模式工作过的比较文学学者来说是完全熟悉的。所以，埃里奇·奥尔巴赫（Erich Auerbach）的《西方文学中对现实的再现》（*The Representation of the Reality in the Western Literature*；Willard R. Trask 译，Princeton，N. J.：Princeton University Press，1953；原德文本1846年出版）之所以能在比较文学的"世界文学"范式占据核心地位，便是完全可以理解的了。这是因为，这部著作雄辩有力地证实了不同民族的（也可以读作"现代的"，因为这些术语显而易见是相同的）"文学"从西方更为广阔的神话和美学来源之中的出现，为这些各自不同、互有差异的文化提供了共同的基础。通过对民族文学（法语的、德语的、

劳特并没有在他有关美国文学的比较研究的提议与目前已经过时的世界文学模式之间提出任何明显的联系，或许部分原因是，他明白后者如何在损害确实曾塑造了美国以及西半球的其他几个美洲国家以及加拿大的很多别的文化影响的情况下，倾向于强调欧美传统和民族文学。的确，劳特的比较模式，其中一个很吸引人的地方是，它聚焦于，在塑造本土的美洲人、非洲裔美洲人、奇卡诺男人／女人、欧美人、华裔美洲人、日本裔美洲人以及其他种族人的不同文学和文化实践的过程之中，不同的文化背景以及影响。对于劳特来说，在民族［国家］建立之中发挥根本作用的欧洲传统，在一个复杂的社会的成型和转型之中的、很多不同的文化传统之间，只扮演着一个角色。

无论如何，劳特的比较模式，如果只就它承认美国国内所再现出来的诸多文化的异质性以及这些文化的历史发展的种种差异（因而还有它们的文化形式的相应的发展）而言，它也预示着一种有代表性的课程的教学大纲，甚至是依照累计（或添加）的形式排列的选择性更强的有代表性的文本。正是不同的美国文化的学院样品这一观念，促使政治正确性的批评家们，对新的多元文化主义的"不负责任的"课程设计展开了批评。可以肯定，这些批评家们可能会引证西方的正典的异常的（因而也是排斥

英语的以及西班牙语的）以及它们共同的西方美学（及神话的）的遗产的明显的差异的辨别，奥尔巴赫得以将欧洲艺术家和批评家们的世界主义的、跨国界的意图，同二次世界大战之后的年代里的民族主义情绪和课程设置的复兴与再肯定调和了起来。可以肯定，奥尔巴赫的意图是跨国界性的，充分体现了高潮现代派（the high moderns）的精神（他当然应该被认为是这些人物中间重要的一分子）。不过，就像其他很多现代作品一样，《模仿》展示出的是它自身的空间（或者叙事），这是国家民族主义的一个替代物，所以或许很多现代派可能都会希望它的历史是有限的。但是，那些论证了某些国家民族主义者如何在一种共同的"西方传统"之内并且通过这种传统发现他们特殊的身份的现代派们，通常总是帮助合法的民族国家及其美学的意识形态，而这些现代派们则有可能认为那是褊狭的。比如说很多移居国外的美国人，像亨利·詹姆斯、T. S. 爱略特、格特鲁德·斯坦因以及欧内斯特·海明威都持这种观点。

性的）课程，以比较多元文学研究的正在发展之中的课程。所以，我们有必要引用劳特的话，以维护我们自己的观点："这个国家的完整的文学史，既需要对相互区别的文学传统、因而也就相互区别的（而且也是不断变化的）社会现实的平行性的叙述，也需要对它进行综合性的叙述。我们目前只是处于这样一种复杂的历史的创造的开端。"（上引书，第12页）实际上，劳特为我们提供的，主要是对那些"相互区别的文学传统"的平行性叙述进行阐明时所需要的比较方法，而我们目前急切需要的则是对"相互区别的文学传统的综合性的叙述"所要求的更有说服力的比较方法。

实质上，新的多元文化主义需要的是，具有自己的逻辑叙事的、它自己的知识代码。不过，这样一种"综合性的"叙述，以及它将要明显地或者仅仅凭借暗示筹划出来的那种正典或多种正典，一定要避开某种肤浅的多样主义或欺骗性的同化主义所导致的种种危险。劳特的比较方法，将多样主义视为它的社会理想，是在冒简单化的风险——美国国内的每一个个别的文化群体，都有权得到它的认可及研究。劳特假定，一个群体之所以可以被辨认出来，很大程度上取决于它自身的文化叙事的实践。统治阶级对这样的社团组织的压迫、边缘化或者仅仅是忽视，有可能已经阻碍了它的文化发展，但这并不是这样的群体的文化特殊性的不可分割的一个组成部分。因此，在美国国内，不同的文化群体之间，存在着一种"不平衡的文化发展"。劳特建议，我们应该将这种情况纳入研究范围，以求认可像美国战后的南方对奴隶们读书识字的种种禁令，如何可以解释诸如"威廉·维尔斯·布朗的《克罗特尔》（1853）、弗兰克·维布的《加利一家与他们的朋友》（1857）、马丁·德拉尼的《黑人》（1859）以及哈里特·维尔逊的《我们的黑人》（1859）"等早期非洲裔美洲［美国］人的小说，"令人痛心地不发达、在某些地方甚至于十分粗糙而且具有宣传品一样的"性质（上引书，第 13 页）。

劳特声称，从欧美小说的大传统的角度去阅读这些非洲裔美洲［美国］人的小说，必然会认为非洲裔美洲［美国］人的例子是次要的，如果说与像《红字》和《白鲸》这样的同时代的作品或者明显是从欧美的文化传统之中衍生出来的其他作品等相比显而易见并不低下的话。因此，劳特争论说，试图将欧美的正典小说扩大到布朗、维布、德拉尼以及维尔逊，这样的努力模糊了"毫无疑问是对这样的著作的主要的文化影响的东西：黑人奴隶的诸多叙事的既定传统、非洲裔美洲［美国］人的讲述故事和传说的口头传统以及《汤姆叔叔的小屋》（1852）"（上引书，第 13 页）。劳特认为，遵循道格拉斯 1845 年出版的《叙事》、雅各布的《一个黑人女孩生平中的事件》（1861），以及从西部非洲和加勒比一直到战后南方的民间叙事传统，来阅读这样的"早期的黑人小说"，要比按照从伊丽莎白时代的流浪汉小说一直到同笛福和菲尔丁密切相连的小说的崛起的文学传统来解释这些作品好得多。这种看法当然是正确的。

劳特文中对斯托夫人的《汤姆叔叔的小屋》一笔带过。这意味着，某种比较主义的方法，如果自始至终完全束缚在美国国内的个别的文化的特殊性以及它们之间不平衡的发展上边的话，要摆脱它还是可以找到道路的。劳特认为，奴隶的"叙事以及斯托夫人的小说，有助于建立并扩展一种读者。对他们来说，阅读与写作是同社会激进主义活动密不可分的。这样的读者对英雄的和具有冒险精神的黑人男性和妇女的形象做出回应，并且愿意面对种种压迫的复杂的现实，尤其是黑人妇女的、性方面遭受压迫的现实。他们也完全接受黑人作家这个观念——而在战后的美国，对很多人，甚至是黑人来说，这是一个有问题的概念"（上引书，第 13 页）。道格拉斯、斯托夫人、雅各布以及类似的作家的作品形成了，对废奴主义运动这一政治激进主义活动之中的种族和性别等复杂的问题的综合性的叙述，以及白种人及非洲裔美洲［美国］男人和妇女、通常是在历史的危机以及个人危机的状况下、进行的文学的和其他纯文学活动为之服务的种种政治和历史目的。如果承认了这一事实，那么，对这三部作品、三位作家，我们就找到了一种综合性的比较方法的模式。

　　某种比较主义的碎裂化，总是在美国国内的诸多不同文化的文化特殊性之内，发挥作用。上述观点，仅仅是对避开这样的碎裂化的途径的表示。我希望，在玛丽·路易丝·普拉特的"接触区域的艺术"这一概念的帮助下，提出建议：我们怎样才可能发展出对美国文化和文学的一种综合性的比较研究，使它有可能避免多元文化的多样主义以及大熔炉式的同化所设置的种种陷阱。我这里提出的模式，也具有这样的优点：它可以提出许多普遍性的问题留待理论解决，而不是盲目接受劳特的观念——多元文化的研究，所要研究的不同的社团组织，其中每一个都总是需要不同的美学的和文化的理论。可以肯定，不同的文化发展出不同的解释学的和哲学的范式，但是也有可能发展出共同的术语［条件］，以便理解这样的范式的相互交叉：这些术语［条件］，整个浸透了在心理及修辞上试图殖民他者的种种意识形态方面的意图。

　　普拉特将"接触区域"界定为，"多种文化，通常在诸如殖民主义、奴隶制度或者这些东西依然存留于当今世界很多地方的结果等权利高度不平衡关系所形成的语境之中，相互遭遇、冲撞和斗争的社会空间"（普拉特，第 34 页）。普拉特是凭借着一个真实的文本 El primer nueva corónica y buen gobierno（《第一部新编年史与好政府》）来展开她的"接触区域"这一观念的。这一个文本可以"追溯到 1613 年秘鲁的库斯克城［秘鲁南部城市，11 世纪初起至 16 世纪是印加帝国的首都］，但是距印加帝国因西班牙人侵入而土崩瓦解已有 40 年时间"。文本上签的毫无疑问是一个印加当地人的名字:菲利普·格瓦曼·波马·德·阿亚拉（Felipe Guaman Poma de Ayala），是用"盖丘牙［南美印第安人的一个分枝］语和虽不合语法但尚可表意的西班牙语的混合物"写成的，采用的是书信的形式——"是一位不知名但明显有文化的印加人，写给西班牙的国王菲利普三世的"。这封"信"，"文字部分有 800 页，加有文字说明的素描部分长达 400 页"（上引书，第 34 页）。[1]

对于普拉特来说，波马·德·阿亚拉的文本的文本间性品格，与其说属于作品本身的文学性，还不如说是属于将它生产出来的社会和历史状况。我这里说的文本生产，指的不仅是文本的实际构成以及物质再生产，而且还指它的接受——就《第一部新编年史与好政府》这一个案来说，是指它的被忽视。[2] 普拉特

---

[1]　普拉特对这一文本的讲解，加上对罗莱娜·阿多诺（Rolena Adorno）在她的《格瓦曼·波马·德·阿亚拉:殖民地秘鲁的写作与抗争》（*Guaman Poma de Ayala*: *Writing and Resistance in Colonial Peru*, Austin, Texas: University of Texas Press, 1986）之中向学术界做的再介绍，本身就是"接触区域的艺术"的令人迷醉、发人深省的佳例。

[2]　普拉特指出，格瓦曼·波马的文本是在 1908 年被"一位名叫理查德·比耶茨奇曼（Richard Pietschmann）的研究秘鲁的学者"发现的，他"当时正在研究哥本哈根的丹麦皇家档案"，恰好碰到了这份手稿。普拉特唯恐我们把它当作是新历史学家们有关日常社会生活的某个稀奇古怪的文本的另一个"奇闻"，所以将文本"无人过问"同一经"介绍"给学术界便马上被认可等情景联系了起来。"比耶茨奇曼就他的发现写了一篇论文，并于海拉姆·彬哈姆（Hiram Bingham）再发现马楚·皮楚（Machu Picchu）一年以后，于 1912 年在伦敦公布于众。"研究美国的学者们召开的国际会议对它的接受情况，很明显是极其混乱的。25 年之后，这部作品的复制版才在巴黎问世。一直到 20 世纪晚期，由于实证主义的阅读习惯让位于释义性研究，殖民精英论被后殖民的多元论所取代，西方学者才找到了解读格瓦曼·波马的《新编年史与好政府》的办法，进而将它视为一个非凡的跨文化的绝好样板。文字一直存在，只是迟到了 350 年。这是一个奇迹，一个让人恐惧的悲剧（普拉特，第 33—34 页）。

指出，在文本之内，我们可以看到"自传人种学、跨文化、批判、协作、双语主义、中介、戏仿、谴责、想象性的对话、当地人话语的表达方式"，以及"误解、不理解、废弃不用的文字、没有人读过的杰作、意义的绝对的异质性"——这两方面，都是"接触区域"的"艺术"和"危险"（普拉特，第37页）。正如普拉特所指出的，正是这些矛盾本身，"今天在美国的跨国化了的大都市里存在于我们之间"，并且因此还将17世纪西班牙殖民主义的多元文化问题同我们本身所处的后殖民的和后现代时期的类似问题结合了起来。

普拉特将"接触区域"概括为，民族〔国家〕的被想象出来的社团组织的单一语言和高度理想性的空间的替代物。在她对本尼迪克特·安德森的《被想象出来的社团组织：对民族国家主义的起源和传播的反思》（1984）的改编之中，普拉特指出："作为被想象出来的社团组织，现代民族〔国家〕的原型……以人们对语言以及言语社团组织的思想的方式被反映出来。许多评论家都已经指出，现代人将语言视为代码和特殊能力，这种观点呈现出一个统一的、同质的社会世界；语言在这样的世界之中，作为共同拥有的遗产——精确地说，是作为想象出社团组织的一种用具存在着。普遍性地共同拥有的读写能力的意象，也是这幅图画的组成部分。语言的原型性的显示，一般总是被视为单一的语言，甚至是单一方言的环境之中，个体成年本地人面对面（比如在索绪尔的著名的范式之中就是这样）的言语——简单地说，就是在语言和社会意义上最具同质性的实例。"（上引书，第38页）普拉特对这一模式加以批评时，采取的方式同小E. D.赫希在《文化遗产》之中所做的保守性的呼吁具有直接的关联。后者不仅呼吁回归单一语言教育的标准，而且呼吁对教育测试进行中心化。① 不过，赫希的后卫行动，不可能有大的作为，而只能使在全球化进程之中越来越左右日常经验的、多种语言的、跨文本的、异质性的"文化言语行为环境"放慢速度，尽管是以不可预测的、危险的以及潜在意义上极端暴力的方式。②

我认为，我们已经开始围绕着"接触区域"的一种精雕细刻的和有所发展的理论，建构一种新的比较性的美国文化的课程及正典。这里，我还不至于大胆狂妄、愚不可及地费尽心机，去描绘这样的历史连一个细节也不放过，甚至把适用的文

---

① 小 E. D. 赫希（E. D. Hirsch, Jr.）的《文化遗产》（*Cultural Literacy*, Boston, Mass. : Houghton Mifflin Co, 1987）虽然没有敲明叫响同保守派们对"政治性正义"的攻击联系在一起，但是"文化遗产"这一观念本身既要取决于"民族文化"的单一性，又要受制于国家民族主义的单一语言主义（monolingualism）。以下的章节是很有代表性的："尽管国家民族主义在某些全世界的政治努力当中不免令人遗憾，但对民族文化的把握对于把握每一个现代民族［国家］的标准语言具有根本的意义。这一点对于教育政策来说是很重要的，因为教育家们常常强调多元文化的教育的种种好处。这样的研究就其自身来说，的确是有价值的。它谆谆劝导，要人忍耐，并且就我们自身的传统和价值观念提供了一种视角。但是，不管它多么令人称道，它都不应该成为民族［国家］教育的主要的焦点。不应该听任它把我们的学校本应承担的责任排挤在一边，或者说干扰这种责任的履行，以免影响我们的后代通过教育对美国文化的继承。学校要进行文化熏陶（acculturation），这才是主要的、根本性的责任。就自身所处的社会的行为方式进行教育，过去总是而且目前仍然是教育我们的后代的根本问题。既不能让他们步入狭隘的部落文化，也不能让他们进入一个超越性的文化世界，而是应当把一个国家［民族］的文化遗产教给他们。"（见该书第18 页）这段话里无意之中吐露出来的种族中心主义，同对"美国传统文化的继承"的不假反思的承诺紧密联系了起来。但是，对美国目前显而易见多元文化的现实之中"我们自己的社会"和"我们的孩子"的复杂情景视而不见，结论毕竟是想当然的。不过，我们不应当自以为是地指责这种情调之中含有的狭隘地区主义和时代错误，而是有必要拿出例证取而代之，充分说明目前的现状是"几个社会［并存］"，而没有"狭隘的部落文化"、"超越性的世界文化"以及"民族［国家］的文化遗产"。

② 正如普拉特在《接触区域的艺术》（*Arts of the Contact Zone*），第33—41页所指出的，我们面临的一个问题是，我们用于交流的是异常抽象的"言语行为"模式。与此同时，单一语言的和单一文化的国家民族主义思想，凭借着"单一语言学"的范式也巧妙地得到加强。根据它们在其中发生的跨文化的情景来判断，言语行为很明显在结构和功能上是不同的。

本也一一点出。可我可以列举出几个例证。普拉特坚持认为，
"接触区域的艺术"不仅牵涉到对交流的基本言语行为环境以
及形式上和谐一致的文本的性格的再思考，而且也包括教学的
观念和意图本身。普拉特《职业91》之中的论文的结尾，主
要讨论的是，她将波马·德·阿亚拉的文本之中的殖民的"接
触区域"，翻译进斯坦福的当代人文科学的课堂之中的"接触
区域"。

　　普拉特的翻译中有三个对我要论述的观点十分重要，因为
新的美国研究的文化言语行为，将一定是多学科的和多元文化
的，也一定会牵涉到新的交流模式，因此也就有赖于更加宽
泛、更少美学意味的文本性的概念。如果真是这样的话，那
么，教育的环境就一定要把这一点纳入范围，不仅力图分析并
制服于理性的理解——其意识形态效力经常不断被解构的启蒙
方法——学生们极有可能在日常生活之中要加以运用的方方面
面的社会和文化经验，如果说上面提及的霍米·巴巴混合性的
文化已经成为后民族［国家］的多元文化主义。那么，我们选
择的种种文本以及文本效果，就必须以特别有效的方式，与已
经界定了美国历史并且有可能在未来面对学生的社会对立和协
商［发生］的场所相认同。

　　将"接触区域"视为阈限性的区域或边界地带，不同的文
化在其中与它们的邻居相互遭遇、协商——以暴力的或其他方
式。如果从这个角度进行再构思，传统美国研究之中研究的
"文学的"文本，忽然之间同社会和文化的表达方式的其他非文
学形态产生了直接的亲合性。我们可以看一下像玛丽·罗德森的
《玛丽·罗德森夫人的囚禁与恢复自由的叙事》（1682）这样一
个有关囚禁的叙事。这一叙事经常被当作援引宗教修辞及神学，
以使囚禁之中的遭难经验理性化的课本的范例。不过，这一文本
本身尽管忽视了接触区域，但却包含着食物交换、食物储备、分

享餐饭以及诸如此类的事情。通过这些事情，玛丽·罗德森逐渐理解了囚禁她的那些人，以及在殖民者的军队捣毁了那拉甘塞特的食物供应之后这些人自身遭受的痛苦。尽管其中含有对它的无数的美国传说的过分限定，但约翰·施米斯对他第一次会见波哈坦的记述，还是表现出了异常的推理上的不确定性或不一致性。当然了，这样的不一致性以及矛盾，总是被征服者们完全抑制着，或者是通过武装力量或帝国力量的某个成规性的符号的种植残酷地加以解决。迈拉·杰黑伦从阿兹特克人［墨西哥中部的一个民族，其文明程度在殖民主义者到来的16世纪达到顶峰］和西班牙议会的殖民性的遭遇概括出，一个"共同的特性。它恰好是他们的相互遭遇的共同性，他们建立的共同的立场，而这些对双方而言都是新的。此外，由于这一特性，他们既不类似，也不是相互有别的，而是不可避免地相互关联的。的确，由于他们的关系，既不是相似的，又不是相异的"。①

　　这样的跨文化对峙，人们过去经常是从人类学的角度加以处理，但它明显是同几乎任何一个想象出来的社团组织的任何一种历史之中的其他有界定力量的时机具有关联。在选择文本，以再现并因而区分出区域的重要的时机的过程之中，应当成为某种标准的东西不一定是历史事件的自明性，尽管有可能出现这样的情况：有些人会将征服、殖民化、革命、废奴运动、再建构、显现的命运、印第安人迁移、现代化以及其他类似的既定事件，当作是新的文化史的人们习以为常的神话素。但是，寻求代表着某些不同的"接触区域"的、有趣的问题文本的努力，有可能带我

---

　　①　迈拉·杰黑伦（Myra Jehlen），《为什么欧洲人渡过海洋？17世纪的一个谜语》（Why Did the Europeans Cross the Ocean? A Seventeenth-Century Riddle），收入埃米·卡普兰（Amy Kaplan）和唐纳德·E. 皮斯（Donald E. Pease）编，《美国帝国主义文化》（Cultures of United States Imperialism，Durham, N. C.：Duke University Press, 1993），第54页。

们跨越这种历史的种种惯常性的范畴。麦尔维尔的《泰皮》，与其说是美国浪漫主义者出版的第一本著名的著作，不如说已经成为捕捉美国殖民主义的早期堂吉诃德式行为的努力：在这一个案中，同法国人和英国人在马克萨斯群岛（乃至整个南太平洋）的行动步调一致。

由于这样的冲突及不一致与其说属于特殊的文本，不如说属于社会环境；所以，我们在选择文本的时候，就不应该有过多的局限，这样就可以教那些形式上和谐、再现出它所处时代或者任何时代的特别成功的解决方法，或者在别的角度暗示出想象性的解答的那些东西。可以肯定，我们在择选某些文本的时候，头脑里应该带有这些观念，因为我们需要把它们当作模式（而不是例证）以使其为教学服务——使学生协商他们自己的多元文化的"接触区域"。可以肯定，在历史意义上提供出可信的解决办法及替代物的那些文本，其价值极有可能得到肯定，尽管它们也必须被语境化。道格拉斯 1845 年的《叙事》，就在读写能力、北部的自由主义资本主义方面，提供出一个切实可行的替代物，可以取代南方奴隶制的系统性的剥削和控制。它"协商""接触区域"，采用的方式适合它所处的时代，尽管由于在有关北部资本主义问题上相应忽视性别差异与摇摆不定而有所限制而且产生了局限性。不过，这样的局限性，极有可能使我们能够构建出这些"接触区域"的更好的课程叙事，因为道格拉斯 1845 年对自由与奴隶制之间、种族主义与民主之间的边界的协商之中存在的种种局限本身，让人联想到哈里特·雅各布的《一个黑人女孩生平中的事件》。在这里，道格拉斯的局限性正好得到增补。这样，就可能对"接触区域"加工提纯，以便在这一例证之中将白人奴隶主与非洲裔美国［美洲］人奴隶以及男性与妇女之间的不一致或冲突包括进来。

因此，现行的文本和课程以及课程设置，就应该按照"接触区域"这一观念设计出来。因为,在美国,文化对峙过去是通过它历史地加以协商的。在我看来,这样的课程应该主要被视为理论和方法课。因为,在这样的课程之中,推理性协商的各种不同的形式,有可能从牵涉到的不同文化之中被抽离出来,以便在命题以及历史意义上为这样的问题提供出有论证可能性的答案。对于这样的理论和方法课程至关重要的,不是它们在本科生主修科目或者研究生课程进度表之中的定位——像有关先天或后天的理论定位这样的争论,在某种意义上阻碍了人们对更加重要的问题的关注——而是它们最低限度的双重文化的维度。当然了,同样重要的可能是,美国研究课目的惯常性跨学科目标。而"接触区域"的跨文本场所,本身就已经需要几种不同学科的研究方法的支持。当然了,这样的学科应该从牵涉的各种文化之中抽离出来,而不是像我们在美国或欧洲将提出的理论运用到文化之中那样,因为同样的理论极有可能在实践过程之中发挥出微妙的殖民性质的影响作用。

我认为,这些"接触区域"的研究方法课,不应该取代专门研究美国多种社团组织的历史特殊性和内在发展的课程,除非在这样的情况下这种比较法能够**更好地再现**特殊的文化。如果注意到,人们对很多社团组织,如何从牵涉进它们的历史建构之中的几种接触区域的角度已经研究得相当透彻,那是很有趣的事情。小亨利·路易斯·盖茨已经很有说服力地指出,任何非洲中心式甚或非洲裔美国〔美洲〕人的民族国家主义研究方法都不能恰当地再现出非洲裔美国〔美洲〕人的多重性、文本间性和混合性,就此而论,非洲裔美国〔美洲〕人的文化研究就属于上述情况。格洛里亚·昂扎杜阿以类似的方式,在她自己的著作《边界地区/边疆:新女混血儿》(1987)之中,为墨西哥西南部边疆地区的奇卡诺/女混血儿社会讲话。别的奇卡诺艺术家和批评家们,也都一样曾在《被称为我的脊背的这座桥》这本论文集中表达过类似的观点。利萨·罗提出非洲裔美国［美洲］人的"移民行为"这一概念，可以视为另一种途径。因为，通过它，少数族裔主体可以凭借混合、克里奥尔化以及文本间性来确定他或她自己的身份，而所有这些都可以归入一般可以归入"接触区域"这一标题之下。①

实际上，有关美国国内的混合文化，最有说服力的论点，通常来自那些社团组织之中最有能力表达自己、最有能力进行批评的作家们。这样，从有关社团组织的自身的"接触区域"的艺术来看，这些作家给予对很多不同的社团组织的研究以可信性。像谭恩美和汤亭亭这样的作家，就属于"跨文化的"作家的最佳范例，但她们也有权声称构成了"华裔美国人"的特殊的文化内的身份。莱丽·黑斯里普的《当天地变了地方：一个越南妇女的奥德塞》以类似的方式，能言善辩地讲述了很多越南裔美国人在移民之后所必需的特别的分化、跨越以及混合。

即使那些文化特殊性没有专门依靠巴巴提出的"接触区域"以及历史性混合的诸多形式而得到合理的再现的社团组

---

① 小亨利·路易斯·盖茨（Henry Louis Gates, Jr.），《有意味的猴子：非洲裔美洲人的文学批评理论》（*The Signifying Monkey*: *A Theory of African-American Literary Criticism*, New York: Oxford University Press, 1988）。格劳利亚·安扎杜瓦（Gloria Anzaldúa），《边界地区/边疆：新女混血儿》（*Borderlands/La Frontera*: *The New Mestiza*, San Francisco, Ca.: Spinsters/ aunt lute, 1987）及契瑞耶·莫拉伽（Cherríe Moraga）与格劳利亚·安扎杜瓦，《被称为我的脊背的这座桥：激进的有色女性作品》（*This Bridge Called My Back*: *Writings by Radical Women of Color*, Watertown, Mass.: Persephone Press, 1981），在她对《边界地区/边疆》的书评 Algo secretamente amado 中（载诺玛·阿拉冈［Norma Alarcón］、安娜·卡斯提诺［Anna Castillo］与契瑞耶·莫拉伽编，《第三类女性：拉丁美洲的性行为》［*Third Woman*: *The Sexuality of Latinas*, Berkely, Ca.: Third Women Press, 1989]），第 151 页。莫拉伽批评安扎杜瓦"行话"连篇，文体姿态"累赘"或者说"矫揉造作"。但是，她也承认这本书对于"混血儿意识"来说是"安扎杜瓦预见的新文化（la neuva culture）的一种蓝图"（第 155 页）。利萨·罗伊（Lisa Lowe），《移民行为：论亚洲裔美国［美洲］人的文化政治》（*Immigrant Acts*: *On Asian-American Cultural Politics*, Durham, D. C.: Duke University Press, 1996）。

织，它们也很有可能因为这一模式提出了比较的视角而从中受益。"接触区域"当然已经界定了各种本土美国人在四百多年的时间里的历史经验。要想主要从这一角度来研究他们，仍然会忽视特殊的美国民族长达千年的诸多文化传统，以及他们传播、持存这样的传统的不同的媒介。但是，前哥伦比亚的诸多文化，是可以从它们的多重"接触区域"加以研究的。这一点，倒不会有多少问题。如果我们回忆起，阿兹特克人如何残暴地在他们自己"对墨西哥的征服"之中对其他民族进行殖民侵略，那就会有助于我们更深入地理解，那 500 名装备太差、食不果腹的西班牙人，是如何招募到那么多部落的勇士，去围攻特诺奇提特兰（Tenochtitlan）的。可以肯定，美洲国家之中的本土人民之间的"接触区域"，通常也包括和平共处以及领土的完整性等形态。而这些都是值得研究的。因为，它们能够为我们的学生提供出，"在邻居那里生存"的其他方式。而且，欧美殖民主义者为摧毁西半球的本土民族而采取的征服和控制手段，持续了将近 500 年。在这近 500 年的历史之中，要想从这样的"接触区域"角度研究种族方面的课目，机会很多，其细节自然用不着一一解说。不过，还是这样的文化接触和协商，成了近年来美洲印第安人生产出来的、最有表达力的文学［文献］的突出的特色。比如说，斯考特·莫马笛、路易丝·俄德里奇、路易斯·欧文、吉拉德·维泽诺、詹姆斯·维尔奇以及莱斯列·西尔克等人的作品之中，就以各种不同的跨文本性表达出了这些东西。

当然了，这种研究方法，非常便于研究那些边疆地区：它们将传统的"美国研究"之中的"美国"，同经常被这个学科题目忽略甚至于贬低的好几个美洲国家区分开来；也很便于对按照美国的西部、北部以及东部被界定出来的那些版图进行研究，并且再一次将亚洲、加拿大、非洲和欧洲人的边界地区揽入视野，这样才能构建出一个多元文化的美国的被想象出来的、乌托邦式的社会。从这一点来看，我通过改造巴巴、劳特以及普拉特的方法得到的比较主义的研究方法，从它的扩展和收缩能力来看，具有很强的适应性这种优点。这种比较主义的研究方法，非常有利于拉丁美洲和欧洲研究的学者和批评家们的既定的方法。就此而论，"比较美国文化"领域的课程，或许同拉丁美洲以及欧洲文化领域的课程发展出实际的联系。在某种意义上，这种可能性还是存在的。比如说，这一模式之中并不存在任何因素，阻碍欧美的移民方面的传统意义上的学术研究和课程。实际上，其中含有很多东西反倒是在鼓励这样的学术活动，同非洲裔美国［美洲］人的以及亚洲裔美国［美洲］人的移民研究和谐一致地展开。

或许，这些"接触区域的艺术"，将有助于我们逐步阐明，在我们所处的后民族国家主义的时代互相之间构成的邻里关系之中生存所需要的条件［术语］。多纳·哈拉维指出，到 20 世纪这样的晚期，在真正的后工业时代的早期的几十年时间里，我们已经成为电子人，"嵌合体，机器与生物体的理论化了的和虚构的混合物……电子人是我们的本体论，它给予我们的是我们的政治学。电子人是想象与物质现实两方面的一种浓缩的形象，因为这两方将结构历史转换的任何可能性的诸多中心联合了起来"。①我猜想，她的看法是正确的；此外，我们最好不仅要接受我们的被虚构的身份和社团组织的状况，而且也应该接受它们的种种可能性。电子人当然要向我们所处的后现代时期讲话，或许至少是

① 唐纳·哈拉维（Donna Haraway），《电子人的一个宣言：20 世纪 80 年代的科学、技术和社会主义的女性主义》（A Manifesto for Cyborgs: Science, Technology, and Socialist Feminism in the 1980s），收入林达·J. 尼克森（Linda J. Nicholson）编，《女性主义/后现代主义》（Feminism/Postmodernism，New York: Routledge, 1990），第191 页。

让我们心惊胆战,以便我们从迷梦中醒来,意识到应该用一个更好的名称,去取代我们过去给我们制作的东西。①

---

① 奥尔巴赫在《模仿》的结尾处热切期盼"地球上的人类的共同生活"(第552页)。可以肯定,奥尔巴赫的跨民族 [国家] 的梦想,正如我在前面所指出的那样,仍然属于现代主义;但它又是多元文化理想和模式的预见。对于这样的预见,我们目前已经开始理论化,并且追随着民族国家主义进行实践。被奥尔巴赫想象为"不断趋近的统一和简单化"的东西,有可能有助于理解我们今天听到的有关向"共同的文化"回归的论点。不过,我在本文中展开的"边疆地区"以及"接触区域",奥尔巴赫从他个人出发也能理解。《模仿》之中的"签名"一直是对这种边界化的实证:"1942 年 5 月与 1945 年 4 月间写于伊斯坦布尔。首次出版于 1946 年,伯尔尼,瑞士。"

第二章

后现代性与新的美国研究

　　尽管最近的美国研究的学术与批评活动成果迭出，可以认为是在方法上具有后现代的特色或者与"后现代的"文化学派及运动相关——比如从后现代的文学试验一直到建筑、音乐、舞蹈、可视性艺术以及表演艺术，但是这一领域并没有以核心式的方式接受后现代性。不论后现代是几个有用的方法之一，还是美国研究要处理的多个历史时期之中的一个，它在过去都被简单地处理为传统的方法和研究对象的常备节目的一种添加。但是，后现代性以概括的方式描述出了这样的社会—经济状况：我们身为美国研究的学者在这里工作，特别是当我们把这一术语理解为——它指的是，就社会、政治、经济以及文化的界定而论，一个以具有重大意义的各种变化为特色的时期。"后工业主义"可能无法囊括所有这些变化，但它直接表达了那些正在从后现代的和后结构主义的方法论之中、从作为美国中产阶级的替代之物的后现代的文化活动的种种可以想见的可能性之中消失的东西。同样的，作为特别突出的社会、经济以及文化秩序的后现代性，其种种特色本身，使得保守性的文化分析也显得不合时宜了。情况有可能是，对于后现代性来说，目前需要的是一种更为协调的、跨学科的研究方法。果真如此的话，这样一种分析就极有可能是绝妙的检测例证，可以说明这样的主张：新的美国研究应该拿出对纷纭复杂的历史现象的跨学科的和多学科的描述。作为一种社会—境界的转型，后现代性也暗示了后国家民族主义所关注的问题，是同跨国资本主义的种种过程以及共产主义的国际主义的不断衰落相互一致的。对于后一点，现在可以把它主要理解成一种现代现象。

不过，在本章中，我要集中讨论的是，美国国内的后现代性以及它对后民族国家主义的影响。这样做，既是由于对这种显而易见不太好把握的题目的讨论需要某种焦点，而且还因为如果对全球范围的后现代性加以讨论的话，我并没有必要的技能。我要探讨的是美国国内的后现代性的三个不同的方面：1965 年与 1975 年之间逐渐支配美国小说的文学试验主义；1975 年与 1985 年之间美国的后结构和解构主义学术研究方法；从 20 世纪 50 年代开始一直到今天显而易见开始改变社会和个人行为的、服务业及与信息相关的产业对它的支配力不断增强的"后工业社会"的普遍梗概。这里的时间划分具有相当程度的任意性；而且，我这里做的划分意在强调文学的、批评界的以及社会—经济性的后现代主义的离散性（discreteness）。所以，请允许我在一开始就说清楚，我对这些离散性的后现代主义的版本时段的划分，设计出来最终是要在它们之间建构出一种工作关系，而不是屈从于那种人们耳熟能详的托词："后现代性"，就它本身绝对的含混性或策略上的不确定性的状况来看，只能是一个无法界定的概念。

后现代作家在 20 世纪 60 年代末和 70 年代早期，接受了这样的指控：小说已经死亡，而且他们在告别时祝愿它一路顺风。最为引人注目、也最为坦白的后现代派们主要从事于散文小说的写作活动，而且，他们一般都喜欢用"虚构"，而不是"小说"。罗拉德·苏肯尼克的《长篇小说及其他短篇小说的死亡》其标题就暗示，要把对社会现实，心理与社会经验之间的复杂关系，以及左右我们有生命力的现实的根本条件的再现——小说传统上所关心的东西，统统抛在一边。后现代派们攻击"现实"和"现实主义"是神话化了的术语。在过去，现代派们曾经试图对日常生活、合度的行为的业已为人接受的惯例，进而也包括人们一致认为的、业已确定的有关现实的术语［条件］，进行批评。后现代派们则声称，要通过完全抛弃现实，去超越他们的现代派祖先。"现实是一个可以拜访的绝妙去处，"约翰·巴斯1967年在一次采访中说，"但是，我可不愿住在那儿——至少不愿在那儿住很长时间。"① 反现实主义、逆现实主义（约翰·巴斯）、词汇自我虚设（fabulation）（罗伯特·舒勒斯）、奇异的空想（泽维坦·托多罗夫）、超虚构（雷蒙德·费德曼）；［所有这些］只是用来描述后现代派们对文学现实主义及社会现实的反抗的术语中的几个例子。

正如巴斯在他1967年的著名论文《枯竭的文学》之中所主张的那样，文学本身已经"枯竭"。② 有吸引力的情节被一用再用，几个世纪的文体革新与形式试验，使得当代作家既没有新的东西可说，又没有新的东西可写。当然了，这里的"没有"正是后现代派们的出发点，因为它本身就是通向新的文学"宝库的钥匙"，因此也是巴斯所说的，"替代的文学"。③ 后现代文学采用已被人用过的术语来做文学批评，并且又将这些术语转换成呼唤它的革命的种种口号。文学是"没有"，而这样的"没有"却能把我们从过度物质性的世界拯救出来；存在的深渊，被转变成了文学性想象的虚幻的地理布局。罗拉德·苏肯尼克的《出

---

① 约翰·昂克（John Enck），《约翰·巴斯访谈录》（Interview with Bath），载《当代文学》（*Contemporary Literature*，Spring 1967），第34页。

② 巴斯，《枯竭的文学》（The Literature of Exhaustion），原载《大西洋》（*The Atlantic*，August 1967）；收入《星期五著作：论文及其他非虚构》（*The Friday Book*：*Essays and Other Non-Fiction*，New York：G. P. Putman's Sons，1984），第72页。

③ 巴斯，《替代的文学》（The Literature of Replenishment），原载《大西洋》（January 1980）；收入《星期五著作：论文及其他非虚构》，第193—206页。

去》（1973）由几个"自我删除的"人物组合而成，叙事文学性地移向"空白"，移向马拉梅所谓的"纯粹的诗歌"的"处女性的"白纸。托马斯·品钦的《V.》（1960）聚焦于对一个稍纵即逝的女性人物的探求。这一人物在叙述过程之中被转换成了一架机器，在文本快结束的时候给拆散了。约翰·巴斯的《在开心屋中消失》（1968）用一个"框架—故事"做开头：其中只含有垂直印在首页的"很久很久以前，有……"以及垂直印在第二页的"一个故事，是这样开始的"。这种文学的麦比乌斯圈绝境，用文字表现了出来。"框架—故事"还包含有常规的提示："删去带点的线。缠绕一次结尾，将 AB 缠在 ab 上，CD 缠在 cd 上。"① 巴斯的"为印刷、录音、活的声音所制作的虚构"的文字集合，其余部分的"内容"完全"包裹"在故事讲述的没完没了的麦比乌斯圈之中。

尼采在《道德的谱系》（1887）中写道："人与其说拥有意图的空虚，不如说空有意图。"这成了后现代主义派们专心致志致力于空虚、缺席、琐碎、枯竭、熵以及空白的一个绝妙口号。② 个体的社会和历史异化，曾经是现代派们的一个中心主题。现在，对于后现代派们来说，它竟然成了一个形式上的建筑障碍［石料］（building block），一种虚构性的资料（donnée）。现代派们曾经聚焦于现代工业社会的社会性瓦解。有关碎片、异化、颓废等文学主题，被现代派们用来再现社会现实以及日常生活的故障。他们的作品之中依然还存在着对文学"现实主义"的残余的专注。而后现代作家们则试图将现代

---

① 巴斯，《在开心屋中消失：为印刷、录音、活的声音所制作的虚构》（*Lost in the Funhouse: Fiction, for Print, Tape, and Live Voice*; Garden City, N. Y.: Doubleday and Co., Inc., 1968），第1—2页。

② 弗雷德里希·尼采（Friedrich Nietzsche）著，弗朗西斯·戈尔菲因（Francis Golffing）译，《悲剧的诞生和道德的谱系》（*The Birth of Tragedy and The Genealogy of Morals*, Garden City, N. Y.: Doubleday and Co., Inc., 1956），第299页。

的城市生活的种种状况，转化成文学创造的可能，以及对这些压抑的环境的一种终极性的价值重估。他们似乎是一心致力于"否定的否定"，或者说凝神关注着文学的无意义，艺术家的边缘化，以便将这些否定性的性质转变成肯定性的优点。这样做导致的结果是，具有极端的自我意识的文体被推向语言的真正的极限。后现代文学的特点是，它对它自身生产的可能性的专心致志的执著。在通向每一个后现代的虚构的大门口，都赫然用大字写着：为什么要写，为什么要读？

后现代文学的确对这些问题做出了回答，而且在当时似乎还令人振奋地具有革命意义。我们之所以写作，那是因为我们被我们对语言的运用所限定；人，人—工艺（homo faber），只不过是他对自身的再现。对语言的自我意识的使用，是要将人从常规的束缚之中解救出来，从习惯性的和非反思的言语行为之中解放出来。无论是好是坏，都是我们怎样表达自己，界定着我们自己。因此，文学的技术，不仅仅属于文学研究的较小的范畴，而且还是解开人的知识的一把钥匙。我们怎样理解，最终要比我们已经理解了什么更为重要。或者换一个版本说，我们理解的什么，只不过是我们怎样理解的一种功能。因为，文学并不像其他形态的生产那样，它是从现存的语言的原材料开始的；所以，文学作者必须更注意日常语言发挥作用的种种方式，更注意促成任何先锋派美学运动的语言的比较特别的文学性运用。就实质而论，文学作家是一种语言学专家，但属于一种根本上不同的种类，而不是致力于对语言借以发挥作用的基本规则的分析的学院式的专家。文学作者只是通过对语言的运用才理解语言。这样，只有以非常规的文体及先锋式的形式破坏语言，他才能理解语言的种种常规。

后现代作家像他们的现代派先行者一样，坚持文学语言的特殊性质可以使平常的东西陌生化，因此也就提供了机会，同城市居民大众的个体存在的自动化（automation）搏斗。无怪乎，现代和后现代的叙事主人公一般总是一位艺术家，或者至少是"富有诗意性的"、敏感的人物。但是，就文学影响大规模的社会变革而论，后现代的作家们通常比现代派们更加摇摆不定。现代主义的乌托邦维度同其主要作品之中表达的种种野心是相称的。例如，庞德的《诗章》、威廉的《帕特森》、爱略特的《四个四重奏》以及福克纳的"约克纳帕塔法"叙事，都以不同的形式表达了对由描写经济、政治、科学、宗教、心理以及哲学问题的文学作品引发的主要的社会变化的称赞。有很多现代派的叙事，尽管同传统的叙述形式（traditional epics）大为不同，但这些叙事都具有那种叙述方法有关一个被拯救的或理想性的社会秩序的乌托邦景观的特点。

后现代主义作家们更加现代，部分原因是他们目睹了现代主义者们的社会野心的破灭。法兰克福学派作家，特奥多·阿多诺，在二次世界大战结束后不久写道："奥斯维辛之后，再写诗，不免令人厌恶。"[①] 诸如叶芝、托马斯·曼以及爱略特等现代派，他们都曲折地"预见"，虽然一次世界大战余波未息，但人类已经置身于恐怖与毁灭的控制之中。不过，没有任何人会预想到，会发生纳粹种族灭绝的野蛮大屠杀行为。在其意欲将西方社会从它们自身的毁灭的潜在可能性之中拯救出来的文学努力当中，诸如埃兹拉·庞德和温德海姆·路易斯等现代派们，在法西斯的"解决办法"之中找到了某些有吸引力的东西。因此，美国的后现代主义作家对文学的功能和内容十分轻视，尽管他们最具煽动力的作品是在这一个时期——大致上是在 1965 年到 1975 年之间——问世的。在这个时间，正如胡艾伊·牛顿所强调指出

---

① 特奥多·阿多诺（Theodor Adorno）著，塞缪尔与希耶瑞·维伯（Samuel and Shierry Weber）译，《棱镜》（Prism, London: Spearman, 1967）。

的，"如果不能成为解决办法的组成部分，就将成为问题的组成
部分"。这一时期的严重问题——民权、女性的权利以及越南战
争——推动了一个强大有力的新左派的政治联盟的产生。不过，
后现代的种种试验在作品之中也使这些问题边缘化了。约翰·巴
斯、约翰·霍克斯、威廉·加斯、威廉·加迪斯、J. P. 唐利维、
罗拉德·苏肯尼克——这里只是提几个广为人知的名字——在这
一时期对越南战争、妇女及少数族裔的权利、美国国内发起的反
对非洲裔—美国人的巷战（"种族暴乱"）以及反战激进主义不
置一词。像诺曼·梅勒和菲利浦·罗斯这样的作家属于少数的例
外。他们在 20 世纪 50 年代使自己的事业得以确立。此时，坚持
存在主义观念的现实主义尽管对"荒诞"和被异化的个体具有
它资产阶级的成见，但却保持着对明显在萨特和加谬作品之中曾
经表现出它的特色的欧洲模式的、社会及政治现实的再现某种程
度上的执著。

　　即使是这些后现代文学的超政治规则的少数例外，他们也运
用后现代派们的技巧，以隐晦的、通常总是含糊的方式，来处理
具体的政治问题。梅勒的《黑夜的武器》（1968）将 1967 年向
华盛顿的反战大进军当作它的主题，而他的《为什么我们要到
越南去?》（1967）则把战争至少是当作话题，尽管是一个有名
无实的话题。不过，在这两部作品中，梅勒都议论说，正是我们
由于没有能够运用我们最令人瞩目的文化神话去理解我们内心深
处的冲动的错综复杂状况，这方面的失败才把我们引向东南亚的
战争，引向国内的纷争。梅勒强调指出，这方面的理解首先可以
凭借文学的手段，仅能按照诗的逻辑通过隐喻的联系，得以实
现。他欲使文学技巧顺应现代主义的文学野心和乌托邦主义。同
样的，梅勒嘲讽自由主义的改革者和思想家，并且对它们加以滑
稽戏仿，其中也包括他自己的数个第二个自我，针对的是他们对
非常深刻复杂的问题的肤浅的把握。就这一点来看，他同他的许

多后现代同代人观点类似。因为后者在保护文学的同时，以怀疑主义的态度，把政治激进主义视为耐心观察我们几乎毫无希望的社会和政治问题的一种方式。

　　之所以这么小心谨慎，一个原因是后现代的试验主义者们常常被迫无奈只好同影响力不断加强的大众媒体相互竞争。电视和电影不仅是越南战争和反战运动的观察员，他们还自称是这些东西的大玩家，风风火火闯了进来。反战示威者们在游行示威当中展示北越的旗帜，而简·方达在河内，西贡警察头目处决一个越共［越南战争时期越南南方共产党游击队的成员］嫌疑，一个被凝固汽油弹烧伤的浑身赤裸的越南女孩等等新闻照片，产生的不仅仅是新闻报道方面的重大意义。不论是游行示威的人，还是大众媒体，尽管二者之间总是相互矛盾，但他/它们都运用大众媒体非常经济地去捕捉、表达这样的历史时刻以及特殊的政治问题。对大众媒体的这种运用，本身就包含着文学界的艺术家们通常所主张的**象征性的行为**的一种形态。这样做的一个结果是，文学对当代政治和社会问题的回应，通常总是坚决要求为当代事件寻找一种更为严重复杂的谱系。托马斯·品钦的《万有引力之虹》（1973）以及罗伯特·库瓦的《公众在燃烧》（*The Public Burning*，1976），是人们耳熟能详的后现代主义的文学努力的例子，可以用来解释越南战争。如果仅仅议论说，这些极富政治意味而且引发争议的左派作品来得太迟了，因而无法在新左派的联盟之中形成一种文学的分歧，那样说是不够的。《万有引力之虹》名义上写的是二次世界大战，但实际上有可能是一部探讨我们是怎么陷入越战之中的伟大作品。但是，作品对政治和历史问题的再现十分复杂，而且还跟我们的心理生活千缠百绕混合在一起；所以，抵抗，或者说品钦作品的最后一部分的标题"反暴力"，似乎至多也只是不可捉摸，至少仍属于文学成规。在类似的意义上，库瓦用《公众在燃烧》追溯理查德·尼克松在政界崛起执掌大权的踪迹，一直到对共产主义恶意弥漫的麦卡锡时期。政治迫害在对被定罪的间谍朱里叶和爱瑟尔·罗森伯格电刑处死的过程中达到了高潮。这样的迫害预示着，我们在东南亚的特殊帝国主义的耻辱印记。不过，不管是在品钦，还是在库瓦的作品中，越战时期种种特别的事件，只是在行文之中略有提及，似乎这些小说之中分析的历史动因所产生的后果——越南战争、种族主义、性别歧视以及20世纪70年代不断高涨的严酷的阶级差别——行文中根本没有提到。

后现代派们对现代派没有实现的对时代进行价值重估的野心满怀谨慎，所以特地主张为我们的社会境况提供一种更加详尽的批评性的理解。有的有创造性的作家变得学院化了，因为他们是以不断增多的专业学科（intellectual principles）以及通常属于他们自己的专门化的语言为基础，来提出特别的主张的。毫无疑问，某些试验性的作家对学院问题的兴趣，其原因可以追溯到占据学院或大学的位置的作家越来越多，但是这一点只能被认为是一个因素。当代人文科学研究中多学科的兴趣，在很大程度上，至少可以在后现代的文学试验之中找到一个最新的起源。后现代派们主张，应该去理解语言如何凭借语句成规的战略性的畸变（deformation）发挥作用。这是要说明，任何有意义的社会变化都要依赖我们的语言知识，以及它对思想和价值观念的决定作用。同样的，这种知识引导出人们熟悉的、与特别的社会及政治实践相关的一种理性的怀疑主义。这样的怀疑主义的修辞性补足是反讽——这是后现代的文学试验的鲜明的文体特色。

现代派们试图对被城市及工业生活毁灭的个人主义再定义，甚至是救赎。不管情况是多么变化无常、相互矛盾或者说纷纭复杂，现代派艺术家们都是在紧紧抓住他的意识或者说他的文体的特殊的完整性不放手，尽管免不了站立不稳。后现代派们则对个人主义的这种救赎力量没有这样的信心，尽管他们对"主体的死亡"的回应和诊断复杂多变，非常不一致。从哲学角度来看，后现代的主体，是一种语句性的或符号性的虚构，半是由通过正常的发展和文化移入获得的语言建构的，半是由语言在具体的环境——言语行为之中的运用建构的。因此，自我表达提供的只是有限的自由和悖论性的认同。唐纳德·巴萨尔默短篇小说中的人物，当代社会的"垃圾"，用流行的陈词滥调说话，因此在本体论意义上被界定为报废产品。品钦小说中的人物，名字起得像是白痴，譬如说《49 号签的呼喊》（*The Crying of Lot 49*, 1967）中的主人公的前任丈夫 Mucho Maas，或者是像消费的货物，比如说 Stanley Kotecks。巴斯的《凯马拉》［Chimera，希腊神话中狮头、羊身、蛇尾的吐火怪物］中的人物，源自人们耳熟能详的神话——山鲁佐德，柏修斯，泊勒洛丰——意思是，身份［认同］对于把我们区别开来的神话叙事的依赖性是多么强。巴斯本人在《1001 夜》中以精灵的形象出现，同后现代的假设——作者只不过是终极意义上的小说、历史的叙事之中的另一个人物——保持一致。像詹姆斯·泼迪的《玛尔可姆》（1959）中的人物玛尔可姆，或者说杰兹·寇辛克的《就在那儿》中的园丁"机会"，不过只是空白或思想激进的天真人物，完全由他们遭遇的历史性的虚构的来决定。

这样的历史主义的否定性后果，是对历史的一种贬低，部分原因是后现代的美学似乎是抽象地去理解整个历史进程。具体的细节是了无情趣。另一方面，这样的历史主义激发出了一种几乎是学究式的执著，要去精确地再现历史故事，即使是在最具游戏特色的试验之中。学者仍然在寻找被收编进《万有引力之虹》中的精确的历史材料，虽然这些材料早已被融进了品钦这部作品集之中的短篇小说的字里行间。巴斯对《1001 夜》和希腊神话所作的变体虚构，在任何意义上都算不上稀奇古怪。因为，就学术而论，它们依赖的是这些叙事的合法版本。伊什梅尔·里德的

《胡言乱语》（1972）运用脚注、照片以及参考文献以求论述，比如说，他有关爵士乐、哈莱姆的文艺复兴、美国对海地的占领以及联邦政府对马加斯·加维的迫害及最终驱逐等的虚构性的历史，为使非洲裔美洲［美国］人被压抑的历史变得逐渐可读，制定出一种办法。

　　里德的建议——后现代主义的作者功能（author-function）可以发挥作用，以展示出在别的方面被压抑的历史——很多后现代试验主义论者也是同意的。当然了，小说过去总是主张应发挥特殊的**历史**作用，一般而言，是要再现被职业历史学家忽视的历史的那些方面。不过，后现代主义美学的历史学的假设是，历史的文本特点使历史本身变得有延展性了，因而使得文学修改和改编成为可能。这种观点不仅在相当程度上夸大了1965年到1975年之间有创造力的作家的真正的历史权威性，而且也激起了在对更为具体的、政治上相关的现代历史的再解释的领域里，对历史的文学基础机构的探索。像众多先锋运动一样，后现代主义似乎是专心致志去展示它自己的美学原则的普遍性。在《枯竭的文学》中，巴斯提出，后现代文学的显著的自我意识，是所有文学的特色，因而也就是所有故事讲述形式的起源。后现代派们，通常总是出于使呼唤我们回忆所有人类的经验的神话诗的源头这一目的，成了对人们熟悉的神话进行再制作的行家能手。许多后现代派们，都在强调非洲裔美国［美洲］人的历史的神话维度，目的在于得出两个陈腐的最终的结论：我们的日常生活被我们信以为真、信以为实的虚构所支配；我们可以拿这样的故事做游戏，以求在另外一种宿命论的历史之中，找到某种有限的自我表达。但是，这种情况不是没有例外。比如里德就现代非洲裔美国［美洲］人的历史是如何、为什么在过去被白人统治阶级压制所做的叙述，就是这样。好的神话与坏的神话之间的区别，以一种清晰的、尽管也是可疑的、种族主张为基础：好的神话传播出的是，人类的起源因而也就是虚构的起源；而坏的神话遮掩了这样的起源，与此同时又强调它们的真实性和现实性。好的神话鼓励进一步的精心经营和修改，因此始终顺应历史的以及人类的变化。坏的神话，阻碍修正，并且着意强调普遍性。这种观点根本上是后现代文学对这一指责的答辩：它的美学原则使得区分文学与宣传品之间的差别变得很难。宣传品，后现代派们争论说，是坏的文学。

　　当然了，并不是所有对历史的运用都是这么奇特地被后现代作家超美学化或去历史化的。在大约 1975 年以后，出现了一种一向被忽视的历史题目和问题回归的趋向，在广泛的范围内激活了美国国内各种各样的文学、历史、电视以及电影制作。在这样的制作中有一大批都属于电影和电视纪录片、文献电视片、暴力目睹纪实片（traumatic witness）以及自传等版本。它们同其他很多复兴的新体裁一样，属于新的现实主义。不过，这样的文化制作，有很多都由于对后现代的社会—经济的环境的意识而被改变，以至于这种现实主义的种种文体和修辞与后现代的先锋派，而不是 19 世纪后期的盎格鲁-美国［美洲］人的文学自然主义和现实主义，具有更多的共同之处。汤亭亭的《女勇士》（1976）和《中国人》（1980），采用了既具有历史的精确性又明显属于虚幻的手法，再现了华裔美国人的经验，暗示了在至少三种不同的、互相重叠的文化之中长大成人的相互冲突的种种现实。路易斯·俄德里奇有关欧极布瓦人［Ojibwa，北美印第安人的一支］在北达科塔和明尼苏达的保留地之内之外生存状况的小说，尤其是《爱药》（1984）和《轨迹》（1988）也将日常生活中的虚幻性的方方面面，定位于土著人同欧美人之间存在的各种政治的、经济的和文化的冲突之中。但是，俄德里奇是用一种完全是历史性的方式，来写这部文学著作的。唐·德里罗的小说，也由于他把文学当作历史知识的一种特别的样式来加以辩护而具有突出的特色。德里罗的《里布拉》（1988）讽刺渥伦委员会（the Warren Commission）以及尼克拉斯·布朗奇为解决约翰·肯尼迪被暗杀的神秘事件做出的努力，但德里罗的小说是一种可替换性的解释形式。在这里，重要历史人物之间的真实的和或然的关系，为这一暗杀事件提供了一种想象性的历史。好莱坞的电影，比如说《猎鹿人》（1978）和《回家》（1979），以及《现代启示录》（1980）为越南战争提供了可替换性的历史"解释"，采用的文体可以看出是后现代的，而且还让人注意到有助于描绘这场战争的种种后现代的要素。

后现代文学对历史的权威性的提倡，不是后现代小说引人注目的多元起源的和跨学科的特色的唯一的基础。先锋派文学运动一般都摒弃传统的体裁和正典，声称要超越它们的局限。尤其是现代派们，他们故意跨越传统意义上的起源的边界。庞德声言，福楼拜是他的"真正的帕涅罗泊"［希腊神话中奥德修斯忠实的妻子］，而斯蒂文森坚持诗歌的"基础性的散文"。威廉特地为他的诗歌选择"反诗歌"的题目，而爱略特的《荒原》对学术研究的脚注及评论，比如杰西·维斯顿的《从仪式到罗曼司》，进行讽刺戏仿。后现代派们，也混合了体裁，跨越了体裁的界限；但是，他们却给予散文小说特殊的特权。盎格鲁-美国人的新批评派们常常声称，抒情诗是根本的文学形式，其他诗歌甚或散文体裁建立在它的基础之上。而后现代的试验主义者们则认为，个体诗歌声音的抒情性庆贺，既是文学的时代错误，又是哲学的时代错误。在被认同为后现代派的当代诗人——比如说约翰·阿什伯利和 A. R. 阿蒙斯——中间，抒情诗成了丧失和悲悼的诗歌，而且常常是对诗歌自身的声音。后现代写作占主导地位的形式，有可能必然具有混杂物的特色。在这种混合物里，以前占据主导地位的体裁，例如抒情诗、史诗以及现实主义小说，被融为一体了。

后现代派对哲学和语言学——或"语言的理论"——的兴趣，具有非常重要的地位，在很多情况下，都促成了它的许多文学作品的主体和主体思想。在这些学科范围之内，后现代作家生产出了大量的非虚构性的作品。威廉·加斯的《论阴郁：一个哲学探讨》（1976）和瓦尔克·波西的《瓶中的信息》（1975）是具有典型性的。当然了，文学作者们在不同的时期，也写过批评和非虚构散文，而先锋的文学运动则尤其以美学宣言、"新写作"作品选集、先前的文学运动的批评性阅读以及对当代人的评头论足著称于世。现代派们曾经生产出了卷帙浩繁的这种著作，其中大部分促进了 20 世纪文学批评的学术实践以及学院的机构建设。不过，后现代派们主张，他们是要把理论与实践进行特殊的结合的，因此常常围绕着理论问题和难题来创作虚构性的作品。约翰·巴斯的《凯马拉》就是对神话、文学叙事和普通语言的运用之间的关系所做的扩展性的反思。罗伯特·库瓦的《世界棒球组织，J. 亨利·沃，所有者》（1968），可以把它视为对社会学性质的游戏运动的一个贡献。一个特别的原因是，这样的理论步维特根斯坦的后尘，以语言游戏为基础，意在建立起人类的知识。品钦的小说对热力学中的熵、信息学中的熵以及隐喻性或文学性的语言等的可能性的交叉进行再审视。约翰·霍克斯以及瓦尔克·波西的很多小说，都对诸如俄底浦斯的三角关系、性欲与死的愿望，以及升华等弗洛伊德精神分析学的关键术语进行了重新评价。

在这种语境之中，有关后现代作品倾向于"学院化"的广为人知的陈词滥调，具有相当的意义。尽管现代派也写文学批评和非虚构性散文，但他们对学院化的写作持怀疑态度，所以将这种写作同威廉在《春天与一切》（1925）之中要称之为"坚持剽窃的传统论者们"的东西联系在一起。即使是讽刺或戏仿学院化的写作一本正经、思路狭窄的时候，后现代派们也对写作的学术的和批评性的方式显示出特别的兴趣。另一方面，后现代派们之所以被学院化的问题所吸引，那是因为，这是对他人对他们策略性地不去写比较专门的著作所做的批评的一种答辩。拉塞尔·亚格比的有关美国知识分子从政治活动家到学院化的专家的转型的论点，可能会由于他对 20 世纪 30 年代左派的怀恋而瑕疵顿见。但是，有关美国的大学过去总是容纳并控制异见而不是制造异见的场所的论点，还是具有一定的真实性的。①

　　不过，要进一步理解后现代作家与学院的亲密的工作关系，还有一种某种意义上更为积极的方法。几乎与作为一种和谐的运动的后现代文学的出现同时——也就是说，在 1965 年到 1975 年之间，这个国家的人文科学中的种种学科，经历了一场深刻的变化。其主要成因可追溯到，在欧洲发展起来的结构主义和后结构主义理论的影响。通常，人们将结构主义和后结构主义传入美国的日期定为 1966 年 10 月在霍普金斯大学召开的会议"批评的语言和人类的科学：结构主义的争论"。尽管这次会议集中探讨的是其中包括"人的科学"在内的几个学科的结构主义者们的著作，但会议的题目中的"争论"是中心点，主要讨论的是两位后现代派的论文。一篇是尤金尼欧·唐那托写的论文，《批评的两种语言》；另一篇是雅克·德里达的论文《人文科学之中的结构，符号，以及游戏》。②

　　到了 20 世纪 80 年代中期，我们将它等同于雅克·德里达的

---

　　① 见拉塞尔·亚格比 (Russel Yagbi)，《最后的知识分子：学院化时代的美国文化》(*The Last Intellectuals：American Culture in the Age of Academe*，New York：Basic Books，1987)。

　　② 尤金尼欧·唐那托 (Eugenio Donato)，《批评的两种语言》(The Two Languages of Criticism)，及德里达，《人文科学话语之中的结构，符号，以及游戏》(Structure, Sign, and Play in the Discourse of the Human Sciences)，收入理查德·麦克西 (Richard Macksey) 与尤金尼欧·唐那托编，《批评的语言及人的科学：结构主义的论战》(*The Language of Criticism and the Sciences of Man：the Structuralist Controversy*，Baltimore：Md. ：The Johns Hopkins University Press，1970)，第 89—97、247—264 页。

解构的那种后结构主义的方法，通常已经被认为是针对"后现代写作"提的。但是，在 1966 年，在后现代文学与后结构主义理论之间并没有产生任何直接的关系。后现代的试验主义者们追随的是他们的现代派先驱，因而对文学史的比较研究法有特别的兴趣，着意强调的是世界主义的传统胜于民族国家的传统。对后现代派们来说，有影响力的著作很少能适应现行的对美国文学正典的界定。约翰·巴斯对 18 世纪的流浪汉叙事的拼贴之作《杂草要素》，就是以俄伯涅扎·库克的实际存在的作品为蓝本的。库克是当时殖民地的马里兰的一位小诗人，但是小说本身非常自觉地引用了塞万提斯、斯莫里特、斯维夫特以及菲尔丁，以求发展出一条明晰的美国情节，但其讲述故事的方式则又有欧洲特点。约翰·霍普金斯以同样的方式参照了纷纭复杂的资源，诸如富兰尼瑞·欧坎南、蒯维托、哈斯曼斯以及塞林等都是他引用的对象。在《万有引力之虹》中，品钦的引用范围从詹姆斯一世时期的戏剧一直延伸到魏玛时代的亨利·亚当斯和日尔曼电影。尽管如此，后现代派们的文学影响及可替换性的正典，大有以欧洲主宰一切的倾向。而且，后现代派们密切关注的也总是这样的作品和运动，因为它们对后结构主义而言具有重大的意义：譬如，象征主义、颓废派，以及高潮现代派。可以肯定，拉丁美洲文学"大爆炸"中的作家，也对美国的后现代的直言不讳主义者们产生了巨大的影响。但是，通常的原因是，他们都赞成从欧洲模式派生出来的美学观点和文体。

　　后结构主义帮助促进了人文学科的发展，尤其是同文学实践本身更为贴近的文学的研究，使有的学科彻底打乱了特色鲜明的文学生产（例如，创造性）同文学接受及理解（专业的或随意性的阅读和解释）之间存在的种种传统性的边界，使之无望再出现。后结构主义者们，跟后现代的试验主义者们一样，坚持对社会和心理现实进行根本性的语言建构。雅各·拉康的著名声明"无意识同一种语言的构造一样"，在有效的修改中被解读为："无意识是一种语言。"这种主张不仅可以在拉康的作品中找到大量证据，而且也可以在弗洛伊德本人的著作中找到证据。① 对于后结构主义来说，语言决定思想并且赋予思想以形式；但是，只有依据意指使其概念化成为可能的实践，真理与现实才是可解的。结构主义语言学运用的建筑材料，一直是菲德南德·德·索绪尔的命题：语言凭借符号发挥作用，而每一个符号都是由一个声音图像、或者说传播的材料方式——能指和一个概念性的图像或智力性的指示物——所指组成的。能指与所指之间的差异关系，被德里达修改成众能指的不可化约的延异。这样一来，任何言语行为的概念性的和智力性的"指示"，只有作为对一种可能是没完没了的所指**链条**的压缩或约束，才是可以理解的。因此，"观念"和"概念"，只能被解释为所指的"混合物"，而由哲学家们为"理解"复杂的观念建立起来的分析程序（尤其是在盎格鲁-美国分析哲学的传统之中）一下子被转换成了种种修辞策略。

假定当代存在着对以下观点的大肆批评——后结构主义，或者更准确地说，解构，是围绕着语言的一种超历史范型运作的；那么，我们也应该记着，后结构主义攻击结构主义，它的理由就是后者对历史语言的运用的复杂性视而不见。从理论上说，德里达将结构主义的符号转换成可以称为"痕迹"和"延异"的东西，那是由对语言做出的根本上的**历史性**的理解所促成的。实际上，后结构主义声称，思想、真理、现实以及意义本身，离开了生产它们的社会—历史状况，就无法予以适当地把握。而这样的

---

① 这是拉康本人在很多场合提供的一个"修改"，尽管口号及明喻已广为人知。《文字在无意识之中的作用》，收入阿兰·希瑞顿（Alan Sheridan）译，《书写：一个选本》（*Ecrits: A Selection*, New York: W. W. Norton Co., 1977），第170页。拉康争论说："无意识既不是原初性的，也不是本能性的；它对基本之物（the elementary）的所知，只有能指的种种元素（the elements of the signifier）。"

状况，也可以运用到理解或分析之中。人类经验的每一个方面都成了"文本"——也就是说，成了一个表意的系统，其中包括我们用之于解释这些文本的阅读和解释行为。理解实际上是解释的一种行为，而分析常常生产出增补性的意义。

后结构主义像后现代的先锋派一样，常常被指责为种族相对主义者或激进的怀疑论者，但它实际上将学术研究的可靠性赋予了这种道德信念：我们对我们运用语言的方式越是自觉，就越有可能改进我们的社会和人类关系。因此，后结构主义似乎提供出了同文学的后现代派们的伦理学相互一致的一种道德上的正当理由，但是在这一点上两种运动之间存在着巨大的差别。解构主义理论家们强调任何交流行为之中的抑制的不可避免，揭露了后现代派对好的神话和坏的神话所做的文学区分的天真性质。没有任何一个作家可以有效地控制他或她的作品的接受及运用。每一个文本，不管有多么激进，始终受惠于曾经激起它的反叛的那种语言（因而还有社会秩序）。即使是对这种情况有所了解，最为谨慎的解构主义作家也依然如故抓住他/她的信息的"意向"不放，因此"自我—解构"也就变成了逻辑的不可能性。这样，解构便抛弃了后现代文学在文学和宣传品之间所做的干脆利落的区分，并且向后现代文学对强劲的自我意识的道德强调的可能性发起挑战。这样做不仅使自我意识的可能性本身成了问题，而且还把自我意识当作带有极为特别的社会—历史的位点（lo-cus）——现代资本主义文化——的另一种神秘化。

可以肯定，最有影响力的后结构主义者——德里达、拉康、福柯——是以非常深奥的文学文体来写作的，即使他们的主题是哲学、心理学和思想史。他们采用的形式，以激进的方式向正常学科范围之内的学术写作的传统发起挑战。德里达的《格拉斯》（1974），印成两栏，左边包括对黑格尔的评述，右边是对热奈的批评。它通常总被当作后现代文学的一个例子。这部著作的标题《格拉斯》（Glas），在法语里的意思是"丧钟"，指的是我们西方的现代性的丧钟，因为它为从黑格尔到热奈的历史过程而"鸣"。《格拉斯》不仅是印在两栏的一本书，它还是意在对西方语言的写作和阅读的惯常线性加以解构的一种努力，而且还以许多相关的方式圆满完成了这一任务。摘引的资料及脚注都被插入栏内，而且是用小一号的字印出；而评论［正文］则作为批注印成大一号的字，置入两栏之间。缝隙、椭圆以及其他种种悬置话语和正式表述的方式，进一步加强了这样一个多重性的、跨文本的文本的非线性。《格拉斯》在20世纪70年代绝妙地预示了，我们现在称之为电脑超文本（computer hypertext）的东西。凭借着它，音乐、形象以及写作，都可以通过激光影碟技术加以合成。但是，其他后结构主义理论家们是在图示意义上以更加隐蔽的方式，来完成这样的多媒体、跨文本的工作的。拉康用不可能按照学术论著的惯常累计方式阅读的、蜂拥而来、不断移位的隐喻，来取代弗洛伊德的精神分析所用的分析范畴。福柯则从普遍性地相互解释其修辞的潜文本及秘密契合的文学、可视艺术、医药、人类学、语言学、政治学以及心理分析的具体个案研究之中摘引资料，来合成文本。到20世纪70年代末、80年代初，像伊丽莎白·布拉斯的《美丽的理论：当代批评的话语景观》（1982）这样的著作，就是以已经开始被称为"后现代理论"的东西的诗歌和文学价值为探讨对象写成的。①

---

　　① 德里达为宣传 Glas 给 Editions Galilée 写的广告性的便条，以这种方式描述这个文本："首先，有两栏。删除上边的，也删去下边的。另外，把两栏内的也砍掉：切割，排除，包裹。乍一读来，写的似乎是两个文本，一个同另一个相对；或者说，有一个，没有另外一个——二者之间没有联系。如果以某种仔细谨慎的方式来读，就前文本、物体、语言、文体、节奏以及法律来说，这也是实情。一边的辩证法，另一边的巨大的［运动］，异质性的而且难以识别地倚赖于它们的效果，有时候近乎幻觉。在二者之间，另一个文本的铃舌，讲出另一种'逻辑'：用葬礼、渗透、限制、死亡……等专有名词。"伊丽莎白·布拉斯（Elizabeth Bruss），《美丽的理论：当代批评之中的话语的奇观》（Beautiful Theories：The Spectacle of Discourse in Contemporary Criticism，Baltimore，Md.：The Hopkins University Press，1982）。

后结构主义着意对人类现实的文本性加以强调。因此，它的根本的历史性实际上就在于，向作为一种学院性学科的文学研究发起挑战，意义深远。文学之所以作为一种特殊的话语而存在，真正的原因是，我们宁愿对语言的所有运用的风格化特色不屑一顾。对于作为一种学科而存在的文学，我们必须在工具性的语言和隐喻性的语言之间做出区分。与此同时，也要把内涵的意义与外延的意义，字面的和隐喻的，非虚构和虚构的，创造性的或表达性的与学术性或说明性的写作区分开来。如果说文学仅仅是所有语言—运用的一种功能，在任何言语行为之中都相对前台化或后台化了，那么，就一定要对文学的种种现存制度以及对它的研究加以解构，以便揭示出它们借以使下列虚假的区分和危险的等级制度合法化的种种方式：高等艺术优于通俗文化和民俗艺术；不朽的经典与新闻报道，抗议性的及说教式的作品；原创性的和先锋派胜过保守性的。

从理论上说，后结构主义批评占主导地位的文学正典，它们主宰着20世纪文学研究方面的课程设置，与此同时排斥并贬低通俗文化和大众文化。后结构主义坚持认为，任何交流行为都不可避免地具有政治性的动机，产生政治性的结果。在理论上，它就以这种方式，来支持少数族裔、妇女以及其他边缘化了的社会团体寻找自己的声音、写作以及文学的主张。如果说解构在社会的标准话语范围之内并且通过这样的话语，曾经有助于揭露社会压抑的话；那么，那些受压抑以及遭排斥的人，就会用理论上同解构的更宏大的社会政治学目标和谐一致的方式来发言。不过，就同边缘性的社会及政治团体的理想的结盟而论，还有一种后结构主义的逻辑，我认为过分干脆，也太学院化了。如果说解构能够使文本的他性讲话的话，那么，他者的发言似乎就是解构的一种合乎逻辑的结果。解构本身传授的是，没有任何这样的逻辑的必要性（这毕竟是分析哲学的一个范畴），能够成为真正历史的环境之中不同的团体间的政治联盟的基础。从在普通交流当中被压抑的东西的他性，到他者之间的这种滑动，模糊了实际社会之中的他者们的特殊性。他者的普遍性，表示的是有可能对种族、性别、阶级、文化以及历史的差异不予理会的一种总体化的系统。

在 1966 年与 1975 年之间，一般来说，女性主义者、从事种族性及少数族裔研究的学者、从事通俗文化及大众文化的学者——实际上，美国研究所囊括的许多领域和方法［论］，都对解构主义及后结构主义有这样的怀疑情绪。许多从事美国研究的学者认为后结构主义的研究方法属于欧洲中心主义，所以弃而不用；但与此同时，他们本身又都为那个时期的很多美国研究的例外主义的设想（exceptionist assumptions）辩护。但是，这个国家在当时，之所以对后结构主义进行批判，还有其他一些不得不如此的原因。美国女性主义尤其对后结构主义怀有戒心，因为它声称从黑格尔和尼采通过弗洛伊德、德·索绪尔一直到拉康和海德格尔的男性理论家所形成的另外一种神圣的传统，才是先驱者。我这样说，意思并不是，美国的女性主义者仅仅是批评这个事实：解构的主要先驱者们恰好是男性，尽管有时有人会这么说。女性主义者们以另一种方式争论说，这些思想家们的设想是由他们的欧洲文化塑造的，所以也就不可避免地反映了那些文化的父权价值观念。拉康的对弗洛伊德的修正性的解释，仍然依赖社会移入过程当中的菲勒斯（俄底浦斯范型）的中心性。德里达对黑格尔和德·索绪尔的富有成效的解构，很少关注性别问题，即使黑格尔曾经连篇累牍为资本主义的性别等级制度辩解，德·索绪尔运用十分性别化的语言，比如说法语，似乎"阳性"和"阴性"仅仅属于语法，而与政治了无干系。

出于同样的原因，从事种族性和少数族裔文化研究的学者也将后结构主义对压抑和排斥的处理，视为十分深奥难解的，通常总属于过于心理语言学性的问题，而不是设计出来专门处理种族主义及国内外种种殖民主义持续的影响的概念。跟女性主义者们一样，这些学者也注意到，后结构主义的知识分子谱系，主要由欧洲白人思想家、通常总是指在欧洲殖民主义扩展的进程当中从事写作的思想家组成。黑格尔的欧洲中心论，弗洛伊德精神分析的资本主义指向，以及结构主义语言学不可避免的种族中心主义，都已被后结构主义者们充分解构，足以使有色人种的思想及写作在真正的意义上表达出来。

大约在 1975 年到 1985 年之间，解构虽然在学术研究之中的运用已经占据主导地位，但在向女性主义及研究少数族裔和非欧洲文化的学者的种种怀疑挑战方面，并没有什么大的作为。尤其值得注意的是，把它运用到这个国家的文学研究中的情况：解构并没有抛弃既成的文学正典和作家们，而是致力于对这些正典性的象征物（canonical figures）的修正性的解读，偶尔也会对不太重要的作品和作家做些增补性的解释。后结构主义的理论家们承认这样的正典的力量，也认可拒绝接受这些作品及其价值是不可能的；与此同时，他们争论说，必须对他们加以解构，这样才能揭示出他们的意识形态的设想。至于究竟"他们"是谁，是存在争议的。原因是，对诸如爱默森和麦尔维尔、雪莱和特洛罗普、莎士比亚等正典作家进行的许多解构性的解读，只是含有把他们从使其作品常规化的批评及研究传统之中拯救出来的意思。通常，这些作家只有在符合解读者的兴趣、被解读为归属为现代或后现代的情况下，才能从这样的传统的限制之中解放出来。

文学解构或解构的超美学化，一般同 1975 年到 1985 年之间风行一时的耶鲁学派相提并论。之所以这么称呼，是因为当时耶鲁的解构评论家，杰弗里·哈特曼、J. 希利斯·米勒、保罗·德曼以及哈罗德·布鲁姆显赫一时。1975 年德里达成了耶鲁的常客，而耶鲁学派随着《解构与批评》这一类似宣言的东西的出版，也就宣布了自身的存在。不过，将"美国的解构"同耶鲁学派视为同一，甚至将耶鲁的这五位理论家观点完全等同的批评倾向，都已经成为容纳并控制后结构主义理论的途径办法。①

1979 年以后，如果我可以把《解构和批评》的出版日期当作一个启发性的转折点的话，解构开始分流，派生出文学和政治学两个版本。在解构对这个国家的人文学科的学术研究施加影响的第二个十年里，"文学解构"赢得了最为广泛的欢迎，尽管政治学解构，尤其是在它的女性主义版本中，正在深刻改变着人文学科的传统性的研究和实践，特别是通过设立妇女研究及性别研究的课程并因此建立独立的学院机构。通常，建立这样的研究机构，是为了纠正英语、历史以及美国研究之中对这些问题的漠然态度。妇女研究及性别研究方面的教学主题，具有直接的社会和政治重要性，因而总是引来大批学生注册入学，并且使之兴味盎然：这种研究向大学的既成结构及传统的自由主义教育的种种目的（和排外行为）发起挑战。种族及少数族裔的学术研究和教学法，通常也保持着类似的目标，旨在改变作为一种体制的教育和大学。这样的项目总是坚持多学科研究，并且向分散的专业，如文学研究、历史学、哲学、语言学、心理学、社会学以及人类学等的根基本身发起挑战。

另一方面，解构，在它的超美学化的版本中，相对而言容易理解，也容易实践。而且也以这种形式为美国大学的微观政治范围之内的特殊的、通常属于保守性的意图服务。任何一个文本，都会引人关注它的比喻性的维度，它外在的风格；在这样做的时候，它也是在向普通语言的指示性功能挑战。文学作者以其自己

①　欲参阅对"耶鲁学派"的精彩的批评性解读，可读乔纳森·阿拉克（Jonathan Arac）、伍拉德·高兹奇（Wlad Godzich）和沃拉斯·马丁（Wallace Martin）编，《耶鲁批评家：美国的解构》（The Yale Critics: Deconstrction in America, Minneapolis, Mn.: University of Minnesota Press, 1983）。

的特色反抗批评性的解释，常常以主张原创性和天才为基础坚持文学的盈余（literary excess）。从这一点来看，文学已经是在对市场（marketplace）的语言进行批评性的阅读，如果在精确的意义上不算是解构性阅读的话。解构对惯常性的文学价值的适应性，也是由1975年到1985年之间美国的专业性文学研究的社会—经济环境引发的。解构，在它超美学化的版本中，推动了文学研究——部门建立、系别设置、课程安排——的再合法化。而这个时候，这个国家的人文科学里的最为正式的学科，正面临着注册人数、主修学生以及以前常见的增补者日益减少的局面：注册学生不断减少，学院职位日渐萎缩，各项活动的基金逐渐枯竭。比如说，在妇女研究及性别研究领域里的种种新的令人鼓舞的研究项目，总是脱离了美国研究、英语或者说历史领域里比较传统的课程，只好死命去争取有限的"启动基金"，而另一方面则要同具有能力保护自己的预算和机构的常设部门及项目不断竞争。

到了20年代的中期，以前的历史主义的和形式主义的研究方法，已经在很多方面使人们对文学以及文学作者失去了兴趣。解构显而易见给他/它们带来了新的兴趣。这种新兴的兴趣，通常同后现代文学先锋派的所主张的那种相仿。不论是对后现代，还是解构们来说，可以证明文学作为核心性的社会话语其地位日渐削弱的东西俯拾即是。就像后现代试验主义者们从前把"枯竭的文学"作为"新的文学"的悖论性根据接受下来一样，文学的解构也声称，正典文本的枯竭需要大力度的修正性研究方法。解构评论家们一般都将这种学术上的枯竭的原因归结为以前的批评方法思路狭窄，因而试图用一种将文学、哲学、历史和语言学置入宽阔了许多的对话之中的文本间性，以恢复传统文本的活力。

这些学者并没有以严肃的态度去对待西方文学的特殊的历史

环境。文学的捍卫者们也总是认为，小说的死亡的说法是夸大其词。他们以多项统计数据试图说明，通俗小说及严肃小说的销售量是在不断上升；而有关不断持续的就学热及比较性的人员统计方面的研究也似乎可以证明，自从 19 世纪以来阅读的人数是在持续增长。实际上，很少有解构批评家对入学率或者说读者人数方面的统计有什么兴趣。对于他们来说，只有一个事实是有意义的：人类过去是用符号在世界上发挥作用的，而且因而现在也还会这样去做。这样，我们如何去阅读这些符号、怎样对这些符号做出解释，不论它们是以文学文本还是以银行声明的形式出现，都决定着我们求知和存在的方式本身。文学的版本过去出现过变化，将来也要出现变化。不过，对语言的本质和功能所做的根本性的文学反思，是要永远存在下去并说明问题的。

但是，有关文学已经死亡的论点，同统计数字了无干系，而与究竟该怎样接受并阅读文学关联密切。通常被称为“起居室的战争”的越南战争，其后果之一是，电视被转化成了社会争论的主要媒介。不仅是电视新闻，而且还有情节剧、情景喜剧以及警匪片，在 20 世纪 60 年代末和 70 年代初的电视上，都以“新现实主义”的形式专门描写主要的社会和政治问题。通俗电影也以不断提高的权威性，描写 70 年代的社会和政治问题。新的技术，比如说越南战争时期发明的便携式迷你存储器，加大了对世界范围内的新闻事件的覆盖面，也大大加快了传播速度。电视和电影纪录片，以及情节戏剧，在这同一时期越来越受人欢迎。①

---

① 这一时期电视上的“新现实主义”最为人熟悉的例子是，探讨在种族主义及性别歧视主义长盛不衰的情况下工人阶级的复杂处境的《都在家里》（All in the Family），以及聚焦于女性主义对资产阶级家庭的巨大影响的《毛德》（Maud）。至于纪录片最近对文献电视片的影响，可参阅我的《从纪录片到文献电视片：20 世纪80 年代电视上的越南》（From Documentary to Docudrama：Vietnam on Television in the 1980s），载《体裁 21》（Genre 21，Winter 1988），第 451—477 页。

具有阅读能力的人数，可能会比照同一类人物以及其他很多人看电视或电影的小时的数目计算出来。总的说来，这样的统计没有能计算出，文学作品对那些阅读这些作品的人的生活行为起到了什么样的影响。对于最悲观的文学预言家们来说，文学影响的日渐减退，反映在文学技巧的蜕化之中。正如尼尔·波斯曼在娱乐至死所论述的，电视和电影这样的媒体本身阻碍了复杂的修辞和深入的探讨。尽管新的时代的电视对从总统的讲话到重要的体育活动事件等等一切事情都可能做出解释，但波斯特曼和其他人还是坚持认为，我们的求知能力本身正在被电影对浓缩性的描述、而不是扩展开的讨论和争论的要求所左右。

对于像波斯特曼这样的传统型的知识分子以及文学解构来说，阅读和解释都需要智力劳动——这是苦活儿——暗含的意思是，电视和通俗电影采用的形式会阻碍它们。同样的，很多后结构主义者都认为，这种辛苦的工作会带来报偿：赋予读者某种能力——终极意义上较大的政治力量。波斯特曼的这种力量赋予的观念，极其谨慎、保守：受过教育的公民是好公民，因为他/她可以做出聪明的决定。文学解构通常提供的是一种野心更大、但也更加难以捕捉的政治奖赏：要理解一个文化如何再现自身，能使你跻身于文化的秘密权威，把你转化成雪莱对诗人的幻想"世界为被认可的立法者"。

不过，在1965年到1985年之间，不论是后现代文学，还是后现代理论，都没有兑现赋予政治力量的筹码，如果参照大众媒体的影响来加以权衡的话。恰恰相反，大众媒体不断蚕食既定的知识和学院的边界。到了70年代中期，脱口秀已经从主要是宣扬新的电影、新书以及电视节目的一个论坛——也就是说，从它的主要的广告功能——变成了用于公众讨论社会问题的另一种形式的论坛。无可否认的是，这种新的形式演变成了文化上的歇斯底里的时尚。比如说那个时期的《杰拉德》节目，或者说新近出现的聚焦于各种各样的社会病理学问题的《杰尼·琼斯》《杰里·约翰斯》节目，以及小默顿·唐尼抗议性质的"市政厅"演出。但是，80年代更加谨慎的节目，从《默利·得里菲因》节目一直到《唐那回耶》，今天在《欧普拉！》和《罗西耶·奥唐那节目》之中作用再次得以发挥，有趣地导致了媒体从对表演业的鼓动向社会性论坛转变。这些脱口秀更有趣的地方是，表演业鼓动和社会争论有助于将更进一步的可信性给予好莱坞在严重社会问题上的权威地位。出现的一个结果是，观众们不断指望从电影和电视中寻求对传统上由严肃小说、专业历史学家以及政治科学家们探讨的那些题目的讨论。

主张电视关心社会和价值观念引发的热潮的另一个结果是，美国研究，同电影研究项目一道，必须将电视当作一个更加重要的研究领域包容进来。尽管许多英语和比较文学的研究项目已经开始把更多的探索电影、电视以及录像课程包容进来，但是大多数又都保留了建立在以印刷为基础的媒体和理论研究方法之上的课程的核心地位；不管它们在一般意义上多么激进、怎样适应印刷文本性。如果要对新的电子媒体将如何转换这些学科以及相关的学科做出判断，目前看来还为时过早。但是，文学研究方面的课程，大多数在评价新的媒体的影响方面变化不大，这一点似乎是显而易见的，尽管媒体对美国研究的课程和学者的影响的研究已经在很大程度上改变了这一领域的范围，也改变了对研究者们政治批评和政治政策问题的责任感。

解构，即使从它狭隘的文学形式来看，的确导致了美国大学的教学和文学研究的种种微观政治变化。不应该怀疑主义地把所有这些变化都视为，是对文学和人文学科的研究已经被重重包围的处境的反抗。人们总是爱批评，解构坚持认为，任何一个特定的文本都具有本质上无限的表意潜能，因而要求进行错综复杂的甚至于巴洛克式的解释，即使是最简短的文本也不放过；这样一来，解构就进一步加深了学术的专门化。实际上，解构坚决反对的，正是伴随着 20 世纪文学研究的专业化出现的各种类型的再分类。后现代理论依靠的是，数量有限的理论文本，这些文本一般都向相关的专业提出了挑战。我这里用数量有限，意思并不是要认可一般对解构的批评，说它主要是以黑格尔、尼采、弗洛伊德、德·索绪尔、胡塞尔以及海德格尔的著作为基础建构起来的。也就是说，现代的及男性的哲学，为包容精神分析和语言学向哲学理解的传统目标发起的挑战被迫改变自身。要想为解构列举出主要人物，那个名单将会很长。而且，决不会只有这六位思想家。不过，尽管会有许多变化，但也总会存在走捷径跨过学科和历史专门化的某种"阅读的名单"。

尽管文学研究中的再分类一直到今天依然故我，但解构毕竟已经促进了跨越历史和类属界线的争论，为文学题目设定了框架，而且采用的方法也总是对很大范围的专业研究者具有重大的意义。这一张平常的批评理论"阅读名单"，有一个负面的后果：总是机械性地将这些理论文本用之于特殊的文学作品，而不去仔细考虑理论与文学实践之间的历史差异。德里达和拉康对乔叟、莎士比亚以及弥尔顿的解读，到目前为止，已经像人们对乔伊斯、贝克特以及品钦的解读一样，已经没有奇异之处。而文学解构为了反击经常出现的批评——这样的解读无视历史差异，往往把他们信奉的理论模式奉为普遍有效的东西，而且通常总是拿几位主要的后结构主义理论家来做挡箭牌。

但是，批评理论内部存在争论，观念比较传统的学者因其习以为常的实践和价值观念受到虚假的挑战的威胁而奋起还击，所以批评理论的共同语言被撕裂开来，也很难在学院之外引起反响。而且，1965 年到 1985 年之间，对于学者来说，真正的战斗，尤其是在人文科学领域里，包括来自大众媒体的挑战、美国大学里出现的学潮，由于它们关系到教育和学术问题，所以为适应知识分子同公众之间的争论以及作为专业训练的教育同为谋生手段才接受的教育之间的现代分类，结果只是做了十分有限的调整。自从 20 世纪 30 年代以来，在经历了许多不同的占主导地位的学派和运动的出现之后，美国研究仍然坚持它的社会批判和理性的实践主义的目的没有动摇，并且将这一个信息十分有效地传达给了好几代学生。这一时期的许多美国研究学者，之所以不愿将"批评理论的政治学"包容进来，一个原因极有可能是，他们认识到理论公开的政治目标微不足道，它的社会批判过分局限于学院化的政治，而它在高等教育当中所引起的普遍好评明显起因只是文学性的。

　　以上我以过去时的形式所论述的，只是想说明，不论是"后现代文学"还是"后结构主义"，尤其是它的文学版本，都是我们最近的历史的组成部分。现在我要自觉地转向现在。这个时期，其他形式的女性主义和少数族裔研究，特别是在它们一般被描述为"后现代"的情况下，间接地表明了美国文学和文化的传统性的实践和研究之中发生了更为重大的变化。我前面已经提及，对后结构主义的普遍怀疑，女性主义者和研究种族及少数族裔文化的学者们，在 20 世纪 70 年代和 80 年代也都赞同。[1] 我认为，这种不信任，由于 1965 年到 1975 年之间后现代试验主义文学中对性别和种族的描述而变得更加复杂。这不仅是因为这些试验主义者都是男性白人，而且还因为他们的作品的父权意义根深蒂固，种族主义意味往往也很浓厚。威廉·加斯的《维利·

---

　　① 在《理论的种族》（The Race for Theory）中（载《文化批判 6》，*Cultural Critique* 6，Spring 1987），巴巴拉·克里斯钦（Barbara Christian）指出，批评理论之中的精英主义，尤其是在它的后结构主义的版本里，同它的论点以及方法是密不可分的；而且，解构的"困难"和"强词夺理"是把"批评理论"作为白人的、种族中心主义的学科保持下去的途径。克里斯钦既批评"新的哲学家们"（拉康、福柯、德里达等等），又批评大陆的女性主义者们。他认为，后者模仿这些"新的哲学家们"的文体和论点；即使对他们对性别的问题视而不见进行批评的时候，也是如此。克里斯钦的论点是，或许是有意为之，非辩证性的。克里斯钦强调的是后结构主义理论含有内在的种族主义，而不是后结构主义没有能够精确阐述它自己有关对种族和性别的批判的理论的种种含义。通过这种方式，克里斯钦根本贬低了，曾经受到后结构主义重大影响的、许多当代女性主义和非洲裔美国［美洲］人研究的学者的极有价值的作品。此外，克里斯钦所提出的向文学作品以及"表现性的"创造的自明价值的"回归"的呼吁，是建立在把后现代对"文学"的批判的政治目的视为再现的独立形态这样一种误解的基础之上。

马斯特寂寞的妻子》（1971）就是一个令人吃惊的例子。这部作品把叙事本身隐喻化为"维利·马斯特寂寞的妻子"，吸引读者去"玩"她的身体。而她的身体，在某一个地方组成了文本的折叠的反面。后现代文学的试验主义中的臭名昭著的性别歧视，加斯算不上唯一的例子。巴斯的《凯马拉》看上去是正面描述女性主义者们的要求。因为，他使斯凯赫里扎德和她的姐妹顿亚扎德扮演起了技艺娴熟的故事叙述人的角色，并且描述了［神话］英雄人物珀尔修斯，是从拯救他的人埃及女祭司卡莱克萨向波西德的多数派民众讲述的故事里，才领会到生命的意义的。

实际上，这些女性主义人物，不过是现代主义者们的女性化的缪斯，男性想象的另一个自我。在约翰·霍克斯的小说中，解放了的性行为总是产生可怕的结果，而妇女也总是被极为保守地再现成衰弱无力的牺牲品或者是邪恶的诱惑者。在后现代文学中，对非洲裔美洲［美国］人的处理也存在类似的问题。品钦有关西南部非洲德国殖民主义统治下的赫雷罗人［居住在纳米比亚和博茨瓦纳游牧民族中的一员］部落有组织的灭绝的版本，虽然承认种族灭绝是殖民主义的意识形态不可或缺的组成部分，但赫雷罗人在《V.》和《万有引力之虹》里都被转换成了西方文化之熵的真正体现。他们的"黑色"成为一个符号，代表着他们虚无主义地拒绝繁殖后代的"决定"；这样，对欧洲殖民主义者的蔑视使他们付出了惨重的代价，因而只能是逐渐消亡。巴斯的《凯马拉》比较自由地为埃及、希腊—罗马、伊斯兰以及基督教的神话的共同的、但又是被抑制的起源辩解，但他的比较神话学使白种人中产阶级的文化遗产以非常不同的历史、种族和政治性的维度有效地合法化了。巴特的《1001夜》、顿亚扎迪亚德的版本，本身就是资产阶级的多愁善感的罗曼司。就像维利·马斯特的"寂寞的妻子"一样，穆斯林的文化身体，在这里也可以"拿来玩"。

人们总是声称，解构的结束也就是文化批评的开始。但是，我们仍然有必要不再去重犯自由主义的革命为历史变革设定的模式所犯的种种错误。美国的当代文化批评，深深扎根于 20 世纪 20 年代和 30 年代的法兰克福学派的社会探索的种种理论、英国伯明翰学派的社会批判和物质分析、60 年代的新左派政治联盟，以及女性主义和黑人激进主义者的政治著作。所有这些对美国研究的影响也是显而易见的，但是法兰克福学派的著作有可能是例外。正如我上面所指出的，新左派承认后现代的"对再现的批判"是它的方法和目标的基础，但这种批判使批评性写作依附于政治活动。尽管新左派充满理想主义精神，也不免天真，但却认为，争取再现的控制权的斗争并不属于学术界内部的争论，而是大众媒体、政府机构以及各种各样政治势力之间的一场公开的斗争。在这些方面，新左派追随着在对新崛起的欧洲法西斯及战后消费资本主义进行批判的法兰克福学派的政治步伐，仿效着在政治上和文化上执著于工人阶级组织的伯明翰学派的先导作用。

出于同样原因，新左派通俗神话学具有微妙的、渗透一切的力量。所以，它以意在养育政治实践主义的作品的形式生产出了自己的"后现代作品"。《麦尔考姆·X 的自传》（1965），艾尔德雷吉·克里夫的《冰上灵魂》（1968），弗朗西斯·菲茨杰拉德的《湖中之火》（1973）以及凯特·米里迪的《性的政治学》（1971），只是这种"另类"现代主义的几个例子。每一部作品都是以自己的方式，在众多做文化神话学工作的文本的广泛范围之内并通过这样众多的作品，处理种族、阶级、性别或文化身份的社会建构。这些作家探讨的文本的意识形态**艺术性**——从不经意的言语习惯，一直到对外政策的传闻报道；也包括既定的文学经典著作——就是，需要对再现进行批判的东西。反战运动、黑人穆斯林和黑豹党以及妇女国家组织所要求的政治力量赋予，由于我们对解读我们使种族主义、性别歧视主义或民族国家主义内在化和个体化——驯化——的方式进行批评性的阅读的努力而得到了补足。出于同样的原因，"后现代"和"后结构主义"这样的术语本身，尤其是在学者们有意交替性地使用它们的情况下，有可能把对新左派的政治学至关重要的某些作品以及作者排斥在外。

20世纪60年代和70年代的黑人艺术中的许多作品，在任何意义上都不属于形式上的"后现代"。正如我已经指出的，那个时期的许多非洲裔美国［美洲］艺术家，都理解后现代小说含有白人的、资产阶级的、男性的种种假定。伊什梅尔·里德可能致力于那种小说试验主义的问题，但《胡言乱语》同样是对在后现代小说之中苟延残喘的现代主义的种种美学理想的一种批判。70年代的黑人女性作家，其政治和历史的执著点是显而易见的；例如，爱丽丝·瓦尔克、托尼·莫里森以及托尼·卡德·班巴拉，就明显是在专注于这种意识形态假定："黑人"意思就是"黑人男性"，即使是用"黑人女性"，指的也是"异质性别的黑人女性"。不过，尽管她们的作品是创新性的、别具一格的，但是却不适合后现代的试验主义的保守性的学术界定，即使这些作家同其他理解文化再现如何力量强大的社会批评家结成同盟。

这里有必要回顾一下，"文化批评家"这个术语，在60年代和70年代经常使用，用来指作为活动家的作家，特别是在她或他脱离了风行一时的学院化倾向以及文学先锋派的自恋主义的情况下。在他为克里夫的《冰上灵魂》所做的"序言"里，麦克斯维尔·格什马尔写道："克里夫仅仅是在今天从事写作的最优秀的文化批评家中间的一个。我这里讲的从事写作的文化批评家，也包括正规意义上的社会学学者，以及当代那些虚构主义者们，因为他们大体上已经抛弃了这种文学领域，转而培植对敏感性的崇拜。"① 新左派的后现代政治的残余的因素，依然故我对

---

① 麦克斯维尔·格什马尔（Maxwell Geismar），《序言》，《冰上灵魂》（*Soul on Ice*，New York：Nell Publishing，1968），第 xii 页。

当代文化批评发挥着重大的影响。不过，公正地说，新左派和黑人艺术运动的作品，尽管不论从政治学还是文学形式来看都十分激进，但是与后现代试验主义及后结构主义相比，学术界给予它们的关注却小得多。不过，在所有这些不受重视的领域里，美国研究，跟美国的女性主义以及非洲裔美国［美洲］人研究一样，由于对新左派及黑人艺术运动的关注是值得信任的，但不应视为后现代的可替代版本。对于大多数美国研究的学者来说，只有把新左派同 20 世纪 30 年代的左派的遗产联系起来，它才可能显示出重要意义；而之所以要研究黑人艺术运动，根本原因在于，这一运动揭示出了非洲裔美国［美洲］人从废奴运动到民权运动的抗议的历史连续性的实质。当然了，从事美国研究的学者们将最近类似的活动定位在它们的历史语境之中，是很恰当的。不过，将新左派、第二波女性主义、黑人艺术、黑人国家民族主义，以及 70 年代很多相关的政治及文化权利运动视为后现代主义的一种可替换性的版本，以及对政治和文化领域的现代主义的反应，对它们的理解也有了相当的进展。

在 20 世纪 80 年代和 90 年代，女性主义和后殖民研究的学者们，挪用并且在很多情况下重新发挥了后结构主义理论的作用，以批评由种族、阶级、性别以及性行为继续维持的等级制度，以及美国国内和整个世界的新殖民主义实践。无可否认的是，这些方面的影响，过去并没有和谐一致地一起发挥作用；而且，女性主义和文化批评领域的很多先锋派的工作，都忽略了后结构主义或者是强烈地批评它的种族中心主义和抽象化。但是，在另外一些情况下，也出现了后现代政治、理论和文化表达的一种建设性的、尽管也是不稳定的混合。我认为，将后现代政治学和后结构主义相联系最成功的努力，可以追溯到大陆的女性主义对美国的女性主义的影响。尤其是像露丝·伊瑞格瑞、朱丽叶·克里斯蒂娃、埃莱娜·西苏这样一些大陆女性主义者的作品，运用后结构主义保守性的批评以纠正它对性别和种族的忽视，目的是**修改**后结构主义为把性别和种族作为主要问题纳入进去的那些基本假设。

大陆女性主义对后结构主义的挑战，依赖的是对解构的主要主张中的一个的某种详尽阐明：经验显而易见不可否定的物质性，实际上是由语词物质（verbal materia）建造成的。身体本身、身体的生物学以及自然通常总是再现的效果。这样，**性别**而不是**性**行为问题，就应该从它们的生产的特殊的历史和文化状况角度来理解。一般将语词生产同更真实的生产形式相互等同。这种骗人的、游戏性的对等，对于后结构主义性的女性主义，具有十分重要的政治性意义。如果所有的人类生产都应该从**再现**的角度加以理解——也就是说，理解成已经被某些解释学的假设和价值观塑造成型，那么，所谓的自然的生产和再生产［繁殖］就应该被认为，不仅对任何简单的经济系统，而且对文化生产的更加精密复杂的"经济"，都会具有核心作用。女性对她自己的身体的生产性政治的、经济的、心理的以及法律的权利要求，百结相连地同女性对那个身体的再现联系在一起。生产，再生产，以及再现，占有了同一个身体，既是物质上个别的又属于文本性的身体。

女性身份在父权社会中的建构，依赖着经济学、生物学、法学、心理学、社会学以及各种各样的艺术所形成的一种复杂的文本间性。就此而论，它看上去是一个适当的场所，可以根据种族、性行为、宗教以及阶级，来理解其他社会边缘化的实践。而且，因为后现代女性主义既坚持语言的可以开发的力量，又坚持它的解放性的潜能；所以，它试图以边缘社会群体对文化再现的享用利用为基础，为这些群体建造出一种同盟政治学。从这一点来看，解构的抽象的"逻辑必然性"，意欲在他者的话语之中，找到一种共同起因，以反对真正的著作的形式化了的、指示性的、中心化的话语；这种必然性，本身以更具特殊政治意味的形式消耗着自己的精力。由于由各种形式的社会和心理压抑所构成，女性及少数族裔一定要讲述他性，后者极大地威胁着父权性的、欧洲的声音和意识。

在这个方面，后现代的女性主义已经不再承认，同理查德·斯罗金与理查德·德瑞农对经典性的美国研究的学术进行的反帝国主义性质的批判具有亲和力，而是拓宽思路凭借像性别和性行为这样的概念武器将身体的殖民化容纳进来。女性在西方国家的民族活动和文化传统之中的被边缘化本身，一直促进着某种战略性的民族国家主义，以及同其他受各种形式的殖民主义控制压抑的人民的相互认同。女性的身体总是被处理成一种有待征服的"领土"，或者是一片可怕的"黑大陆"亟须启蒙。在这里，隐喻的实在性，本身就是解构的一个关键概念，变得可以理解了，因为对女性身体的隐喻化已经在整个历史之中产生出了实在的效果。当然了，如果说后现代女性主义在与其他边缘化的群体相认同方面是独一无二的话，那就太天真了。19 世纪的妇女权利激进主义者们，坚定不移地为奴隶制的废除做出了努力，世纪之交的参政权扩大论者们则与工人阶级活动家以及一般意义上的下层阶级结成同盟。①

---

① 理查德·斯罗金（Richard Slotkin）有关西方意识形态向外扩张的三部曲——《通过暴力再生：美国边疆的神话集，1600—1860》（*Regeneration through Violence：The Mythology of the American Frontier*，*1600—1860*；Middletown，Ct.：Wesleyan University Press，1973）、《致命的环境：工业化时代边疆的神话，1800—1890 年》（*The Fatal Environment：The Myth of the Frontier in the Age of Industrialization*，*1800—1890*；New York：Atheneum，1985）以及《枪战能手的国家：20 世纪美国的边疆神话》（*Gunfighter Nation：The Myth of the Frontier in Twentieth-Century America*，New York：Atheneum，1992）——通常总是由于对这样一种意识形态之中的妇女的角色的相对忽视而遭到批评。理查德·德瑞农（Richard Drinnon）的《面对西部：印第安仇恨和帝国建造的形而上学》（*Facing West：The Metaphysics of Indian-Hating and Empire Building*，Minneapolis，Mn.：University of Minnesota Press，1980），是另一部以忽视所研究时期的性别关系和等级制度而著称的美国研究的经典著作。安尼特·克罗德尼（Annette Kolodny）在《土地的俗人：美国生活和文献中作为经验与历史的隐喻》（*The Lay of the Land：Metaphor as Experience and History in American Life and Letters*，Chapel Hill，N. C.：University of North Carolina Press，1984）中批判性地仔细研究了美国作家使自然"女性化"的各种不同的方式，因而将父权与领土控制、性别的等级制度与帝国主义的意识形态种种目的结合了起来。

　　这种有利于女性主义的激进活动的历史传统，是后现代女性主义之所以胜过政治倾向不那么明显的后结构主义版本的原因。解构声言它在其中发挥作用的传统与反传统，一般来说，始终是理性历史（Geistesgeschichte）的一个版本，即使解构发挥作用以求揭示出这种理性历史的意识形态。不过，即使是对唯心主义的历史的政治含义进行这样的批评性解读，也会倾向于把解构的历史性的特权化地位作为一种先锋派运动加以强调。

　　同后现代的女性主义一样，最近的非洲裔美国［美洲］文化研究，也是从一种抛弃美国的民族国家主义思想的政治批判和激进主义的传统之中产生出来，因而常常寻求同种种跨国的和后殖民的运动的联盟。非洲裔美国［美洲］的学术研究和理论的后现代的维度，公开承认它从民权运动和新左派，以及非洲裔美国［美洲］激进主义和文化的自我界定的漫长传统（包括同后殖民的和泛非运动的联系）之中汲取过营养。在 20 世纪 80 年代，非洲裔美国［美洲］文化理论家们，为女性主义的工作增砖添瓦，发展出了一种既变化多端又和谐统一的文化差异的理论和政治学，为种族批评理论，也为对美国国内的殖民主义的批评论述建立了基础。1984 年，小亨利·路易斯·盖茨编出了《黑人文学和文学理论》，1985 年又编出了批评理论论文专集《“种族”，写作与差异》。这两本论文集收入的论文，都明显将结构主义及后结构主义的理论同非洲裔美国人及非洲裔美国文学和文化的研究结合起来。盖茨的《有意味的猴子》（1988）和他以非洲裔美国人及非洲裔美国文学为题编的《美国现代语言学协会会刊》（1990 年 1 月）专集，也重新使后结构主义理论发挥作用：这些文章将后结构主义理论同非洲裔美国人的和西非文化的实践嫁接起来，目的既在于让这些理论跨越自身的欧洲地平线，也是为了使非洲裔美国人学术研究同流行的理论范式有所亲近。对于盖茨来说，美国和欧洲学者对国内殖民主义（美国国内的

奴隶制和社会—经济的种族主义）和国外的殖民主义以及"第
三世界"的后殖民建构的研究，都是相关的问题。

　　这部著作中的关键的一个理论联系是，把人类学作为一种西
方学科对它进行的批评性解读——这一学科的专业活动曾经推动
了各种类型的殖民和后殖民控制的合法化。这种批评人类学，从
诸如保罗·雷因诺、詹姆斯·克利福德，乔治·马卡斯以及其他
许多后现代人类学家的理论著作之中汲取营养，进而完善了后现
代非洲裔美国文化理论。① 在非洲裔美国文化理论对后现代文学
的和人类学的理论借用的过程中，解构成了揭露美国社会的种族
主义无意识及其与欧洲殖民主义更加深刻的复杂关系的一种有用
工具。这种对殖民话语的批判，试图对控制的外显性的政治形式
被内在化、被保留——也就是说，**被心理化**——所采用的种种方
式做出解释。文学、各种艺术、学科，以及诸多文化活动，都总
是在这种工作之中扮演着关键性的角色，以至于对意识形态的批
判要依靠对个别的边界的一种解构——这些边界，将各种不同的
学科分离开来；正因为这个原因，种族主义、性别歧视主义以及
殖民主义才得以永存。尽管这种专对殖民话语的批评理论从解构
对美学意识形态的批判之中吸收了不少东西，但它还是同非洲裔
美国文化的学术研究和政治激进主义的传统形式结成了联盟，这
使得它具有特别的权威性。目前，这些新的理论继续在非洲裔美
国文化界定的学术传统之中发挥作用。这种情况，不仅在像
《黑人文化和文学理论》以及《"种族"，写作与差异》这样的
理论论文集——合作性的著作之中，而且也在诺顿非洲裔美国文
化文学作品选集这样有影响力的作品集以及像《黑人文学，
1927—1940》这样的档案之中，都是十分明显的。

---

　　① 詹姆斯·克利福德（James Clifford）与乔治·E. 马卡斯（George E. Marcus）
编，《写作文化：人种学的诗学及政治学》（*Writing Culture：The Poetics and Politics of
Ethnography*，Berkeley，Ca.；University of California Press，1986）。

当然了，非洲裔美国人的历史和文化长期以来一直就是美国研究这一专业的组成部分，但也总是属于美国的不同种族文化的自由主义多元叙述的一个组成部分。现在某些多元文化理论的种种局限，可以追溯到某些美国研究课程试图凭借几部代表性的作品对不同社团和身份加以比较和对比。非洲裔美国人及妇女研究，在 20 世纪 70 年代在制度化上得到发展，80 年代继续在第二代理论指向上又有所前进。这是对业已建立起来的种种学科，其中包括美国研究的反应，原因是它们没有能以适当的方式再现种族、性别以及阶级问题。美国研究有可能强调过美国社会的多元文化的某些方面，但在做这样的探讨时总是试图将不同的历史、社团以及身份合并进一种包揽一切的美国神话和象征系统之中。70 年代末和 80 年代的女性主义者及非洲裔美国人的研究学者们，对这种合并奋起反抗。他们采用的方式是，对后结构主义理论加以改造，以使它适用于对妇女及非洲裔美国人研究至关重要的特殊历史与领域。对奇卡诺人（以及后来的奇卡诺妇女）及亚洲裔美国［美洲］人研究、学术项目的发展，也可以采纳类似的论点。因为这样的研究曾在美国研究方面的成果的强有力的促动下，试图以再现性的、通常总是虚假的方式将它们，纳入建立在民族性的推论基础之上的课程和研究计划之中。美国研究过去紧紧抓住作为分析的地平域的"民族"［国家］不放。就这一点来看，它忽略了种族的和妇女的文化的跨国［民族］的联系及其后民族国家主义的目标。

不过，就它自身而言或在它的内部，并不能认为解构具有可以让我们联想起种族的及妇女的研究的项目、后殖民理论以及文化批评等的纷纷出现那样的戏剧性变化。作为 80 年代越来越受欢迎的一种解释活动，解构主要导致了一场先锋运动的种种合作：宣言、共同的问题、鼓励跨越学科和再专业化分类的探讨的一个"阅读名单"。不过，它也并没有完全摆脱属于自由资本主义文化的纯学术研究以及批评论点的种种模式。如果说教学和教学法都是由我们的探讨问题习惯塑造成型的话，那么，大学课堂上文学课程的结构以及种种等级制度，从根本上讲，都不会被解构改变。后现代女性主义、种族批评理论、后殖民理论以及文化批评，引发了合作性的学术研究，促进了团队教学的、多学科性的课程，借此已经向学者型的作家和课堂教师的主体地位发起了挑战。这些研究，通过对特殊的知识和政治的先例的承认，能够平衡先锋派的吸引力同传统的权威之间的关系，尤其是在这样的传统一般是指抵制及批判的反传统的情况下。新的探索领域的教学法和课程造成的结果，自然应该在美国研究中引起相当的变化，因为美国研究历来的传统是，把社团活动及为政治服务当作它的教育使命及其正式的学位项目的组成部分。但是，对此有所补充，才可能是公平的：80年代和90年代的美国研究，并不像妇女的及种族的研究那样动作迅速，朝着可替换性的教学法的方向前进——特别是朝着那些专门设计出来，以质疑自由主义的、现代大学的教育目标前进：培养独立的个体（或"公民—主体"），并在某种勤勉有加的、超政治的氛围之中进行这样的培养。

女性主义、非洲裔美国人理论、其他少数族裔文化以及殖民话语的批评研究等形成的这种联盟，所造成的结果依然存在、清晰可见。但是，它们未来很有可能不仅对人们的所**教**、所写，而且也会对大多数美国大学的部门结构本身产生深远的影响。目前，在人文学科及其专业设置形式的再建设方面，已经出现相当专业的讨论：一方面是因为，后现代批评理论以其各种不同的版本，不断向这些分散的知识型的专业分类发起了挑战；另一方面是因为，由于高等教育领域的过分的专业化，究竟学者在界定十分狭窄的领域里指导研究项目是否适当，这一问题已经引发了热烈的讨论。到目前为止，官方就放弃既定部门的结构已经发出了种种十分可怕的警告：［说它会导致］经济危机，有损于政府的行政管理，［导致］非理性的任期规定，对密切相关的重点项目以及致力于妇女的及少数族裔研究的项目造成毁灭性的代价。[①]我们在时刻牢记这些警告的同时，也必须认真倾听后现代女性主义及文化批评极力要告诉我们的东西："人文科学"的部门分类已经过时。此外，由于有关课程要用来讲解像美国研究领域里的问题，所以不得不尽心去做跨学科的和交叉性的研究并采用相关的教学方法。在这种情况下，形势尤其严峻。

不过，目前的人文科学内的种种学科，不论我们做出还是没有做出专业性的决定，它们都一样会在以后的二十年里在结构上出现意义重大的甚至于极端性的变化。我之所以要做出这样一个极有信心的预测，是因为这个预测让我联想到了我最后要探讨的后现代的范畴问题。这一问题，一直困扰着从 1965 年到 1975 年间的文学试验主义到当代的女性主义、非洲裔美国人文化的研究人员以及从事其他少数族裔话语及文化研究的学者的研究之中的，那些专门化倾向更强的后现代主义。所有的社会现实本质上**文本性**的性质，以及有意味的系统的巨大的力量——也就是说，属于再现的——并不是什么新的发现，或者人文主义的洞见，而是在后现代工业社会本质本身意义上的发现与洞见。70 年代早期的后现代派，极力赞颂我们目前称之为"信息时代的"东西种种不可化约的隐喻性质，甚至对它盲目崇拜；因为，在这个时代里，只有通过与工业社会完全不同的方式才能把握信息；而且，语言不论是指示所谓的自然的物体还是人造的事物，其工具

---

① 小亨利·路易斯·盖茨与耐利耶·麦克伊（Nellie McKay）编，《诺顿非洲裔美国人文学选集》（*The Norton Anthology of African American Literature*，New York：W. W. Norton Co.，1996）；小亨利·路易斯·盖茨编，《黑人文学，1827—1940》[*Black Literature*，*1827—1940*，光盘版（CD-ROM），Alexandria, Va.：Chadwyck-Healey Inc.，1994]。

性都似乎是毫无疑问的。在二次世界大战之后的美国的以服务及信息为中心的经济中,很少有"商品"能在生产及消费它们的修辞之外得到理解。我的意思并不仅仅是说,广告已经成为这样一个大的行当,以至于在铺天盖地的广告后边、在通过气氛渲染、炮制流行以及提升品位等手段达到的真正的实用性背后,我们再也看不到什么东西了。尽管广告不仅对我们的经济而且对我们的文化概念变得越来越重要了,但是,它只不过是一个次要的效果,一种不可避免的副产品,一种意义要重大得许多的生产形式的一个副产品。

今天,或者以语言或者用假设更为物质性的材料生产出来的东西,是用它的流通而不是其消费的范围来加以度量的。具有无限的可生产性的文本,曾经被后现代派和后结构主义者们梦想成了一种理性,现在成了被复活的资本主义乌托邦意象,空前地健康,而且很有可能赢得一度被梦魇般投射进我们的终极妄想狂、冷战的红色威胁之中的某种地理政治学的控制。早期后现代派们所提供的作为反抗被自动化的反应和非人化的资本主义世界的形式的所有的东西,现在在后现代经济的大型购物中心已经垂手可得。电视给我们提供的已不是陈词滥调,不是《唐那·里德》和《把它交给卖力的人吧》中被理想化了的资本主义,而是新的家庭表演的多形态的多样性,在这样的节目里,几乎每一个组合都是有关正在消亡的家庭的空洞概念的副产品。中上等阶级少数族裔家庭(《考斯比节目》),白人雅皮士(《三十多岁的人》),性别角色转变的家庭(《谁是老板?》),绝对非核心性的家庭(《我的两个爹爹》和《满屋子》)同拿它们开玩笑、对它们大加讽刺的节目,如《罗西尼》和《同孩子们一起结婚》互相竞争,场面很是热闹。票房收入丰厚的、有关越南战争的艺术性的电影,比如说《现代启示录》以及《回家》,还有《猎鹿人》调动情绪,使人在史泰龙的极富进攻性的兰博身上寻找到了答案。而后者引出的问题又在自由主义意味更强、尚武精神更浓、父权作用更重的《野战排》中找到了答案。接下来，《野战排》在由同一个导演奥利弗·斯通执导的《生于7月4日》和《天与地》之中，寻找到了自身产生的问题的答案。的确，20世纪80年代和90年代高科技制作的动作片这种流行的体裁，受到了来自"越战作用"以及被苏珊·杰福兹解释为美国文化的后女性主义的"再男性化"的东西的强烈的影响。① 当然了，电影和电视都在大多数美国大学里建立起了研究学科，但是这样的学术设置对美国研究的影响——对它的体裁和正典——相对来说仍然不大，假设说这些媒体对形成文化再现和民族身份的流行概念产生了戏剧性的影响的话。

后现代自由主义者们经常引用无休无止的谈话和争论，作为文本主义的环境的道德性［的证明］：大众媒体上充斥着这样的谈论，不论商业频道，还是脱口秀节目，都是这样。杰瑞·斯普林格极富进攻意味地将广告团体搬上舞台，那种不加修饰的风格巧妙地得到处理，因而也被观众所容忍。这同时说明，媒体可以再现［代表］任何立场，也能够允许任何形式的探讨。赫伯特·马考斯称它是任何广告立场的自由主义的娱乐活动，它们本质上不会改变体制，不会改变晚期资本主义的"压抑性的容忍"。好也好，坏也罢，我们就是这种无休无止的"谈话"、争论和辩驳——就是从对晚间新闻做出的评述和星期日的《第一线》，到下一波的电视连续剧、显示政治立场的通俗电影，或者说纪实电视。

文学后现代派们很少关注大众媒体，他们对后现代的经济学的平凡的细节更是很少理会。似乎可以直接激发众多语言使用者

---

① 苏珊·杰福兹（Susan Jeffords），《美国的再男性化：性别与越南战争》（*The Remasculinization of America*: *Gender and the Vietnam War*, Bloomington, In.: Indiana University Press, 1989）。

的对话的、不同立场之间的交谈，直到现在仍被今天的许多文化批评家们当作是一种乌托邦。但是，这种对话只要依据某些基本的经济事实，是可以成为可能的。我们的后工业经济叫人眼花缭乱的隐喻性，接受的只是与资本相关的经济事实，只是那些与金融力量相关因而可以发挥作用的事实，很少会有例外出现。非洲裔美国［美洲］人激进主义者们，一旦在电视脱口秀中遭遇新纳粹狂热分子，就只能扮演微不足道的角色：他们之间的争论不过是一场戏，他们之间的问题也由于更宏大的戏剧而变得平庸乏味：符号力量的生产，在我们这个时代新的作者们那里再现出来。不论是"杰瑞·斯普林格"还是"杰尼·琼斯"，它们在这里都不是有什么意义的名字。真正发挥作用的人，倒是那些踪迹不露、无名无姓或者说不知姓甚名谁的生产者。他们，才是今天我们最优秀，因而也最危险的文化批评家。大众媒体的生产者们，尽管必须对市场份额及观众环节做出分析，但在估价文化的趋向方面则主张具有他们所谓的精确性的具体的物证：收视率。

那么，在后现代的影响之下，美国研究究竟出现了什么变化呢？我已经从传统的及学术的角度，试着就比较拘束的"后现代主义"对正式的学术研究及其课程设置的冲击力做出了解释。这种后现代主义没有考虑后现代经济。就此而论，它忽略了以下种种情况：经济已经将世界变成了戏剧，把生活转化成艺术，目的只有一个——操纵并控制观众。为了使这种作用在美国大学里延续下去，美国研究的学者们，将不得不更加严肃地对待大众媒体的影响力及其复杂性，并且精心描述后结构主义的现存的逻辑以求更加具体地对付后现代社会的美学意识形态。在这一点上，美国研究一定要认可，新的研究方法对性别、性行为、少数族裔话语已经做出的贡献，尤其是在这些方法将它们对性别、性、种族以及阶级的批判同对美国民族国家主义的国内外的控制——它的殖民主义及其帝国主义体制——的整体性的分析联系起来的情况下。新的美国研究在重视这些不同的学科（其中好几个都跨出了美国文化的特殊的范围）的同时，也可能为加强这些领域的交叉研究并为鼓励这种研究赖以存在的基础——联盟政治学的发展提供方法。我们也将更加精确地，学院化意味着更少地去评估，究竟是谁为我们的公众论战设下了舞台，不管它们在过去的二十年的时间里似乎变得有多么纷纭复杂，在技术上多么难以接近。我们需要的不仅是美国研究的体制史，而且还需要现代大学的体制史。有了它们，我们才有条件阐明：如何才能跨过陈旧的、跨学科的、以民族［国家］为基础的领域的种种限制，跨过意在培养适应 19 世纪晚期欧洲或美国都市的市民理想的公民—主体的教育制度的种种限制。

第三章

后国家民族主义、全球主义与新的美国研究

　　美国研究的课程设置及研究项目在过去的十年里出现了重大的变化，反映了妇女研究、种族研究、后结构主义及后殖民理论的重要影响。以前的研究方法，比如说"清教徒起源论"及"神话象征派"，试图详细阐明属于独一无二的民族特色的美国人的身份以及社会组织的那些特点。对美国文化的研究所采用的这种民族国家主义的方法，其中总是含有这样一个假设：美国形成了一个民主的民族性模式；其他国家，在它们不同的发展阶段，都有可能加以模仿或者以别的方式予以改造。

　　有关这种美国的排他主义的批评，集中讨论的是它对美国的文化帝国主义的贡献，以及它对很多在历史上曾经对美国的社会、政治和经济的发展发挥过关键作用的不同的文化的排斥。为回应西方父权制和欧洲中心模式为社会组织所塑造的美国人的身份的概念，最近的批评方法聚焦的是，被传统的美国研究边缘化了的或归属为制约一切的民族国家主义的神话的很多文化。学者们在阐述美国国内很多不同的文化和社会身份的过程中，通常关注的是将这些文化从占控制地位的社会秩序分开并将它们相互分开的那些文化、政治的以及经济的等种种边界。

　　对美国的不同文化的交叉和相互作用所做的这样的"边界

研究"，也应该将对民族文化的边界的再思考纳入考察范围。如果说美国的单一的民族国家主义的神话不再大行其道，那么，我们对究竟是什么组成了美国的文化边界的理解也就不再是清楚明了的了。移民过去总是以展现这样的文化边界的移动性的本质的种种方式，塑造着美国。比较传统的美国研究，依赖的是一个单一的占主导地位的文化模式，认为它以一种渐进性的、进化的方式同化了移民文化。而最近的研究则强调的是，历史上曾经出现、发生在不同文化之间并形成了美国的种种文化混合物。对这些文化混合物的关注，要求学者们去研究重要的社会形态之中多重的文化影响；当主要从"从属性的"文化被"占主导地位的"社会文化所吸收这个角度来看待历史变化的时候，这样的社会的复杂性总是难以预见的。

　　不论是分开，还是接触，它们的边界也都是语言性的；所以，我们不应该将语言的、文化的、种族的以及民族的范畴等同起来，因而也不应该将它们混淆起来，即使它们可能拥有很多方式互相重叠、互相补充。在他最近写的《为美国研究的多语言的转折而作》及其重新出版非英语语言的美国文学著作的长期计划之中，瓦纳·舒勒斯非常有说服力地争论说，应当对作为单一语言学科的美国文化加以研究，也应该对作为多元文化学科的美国文化进行探讨。[1]尽管有关单一语言的美国的那种意识形态的漫长历史，在最近几年里以歇斯底里的方式在小 E. D. 赫希和阿瑟·什莱辛格以及很多人那里死灰复燃；但是，美国依然如

---

　　[1]　瓦纳·舒勒斯（Werner Sollors），《为美国研究领域的多语言转折而作》（For a Multilingual Turn in American Studies），载《美国研究协会简讯》（*American Studies Association Newsleter*，1997），另见对兰迪·巴斯（Randy Bass）的"美国十字路口规划"（American Crossroads Project）的讨论论文。舒勒斯在该文之中对即将出版的由马克·歇尔（Marc Shell）与瓦纳·舒勒斯编，题为《美国文学的多语作品选》（*The Multilingual Anthology of Aerican Literature*，New York：New York University Press，1998）的作品选作了介绍。

故，还是一个多语言的社会，美国民众很多组成部分仍然工作并成功地生活在多语言的语境之中。① 统计性的研究所显示出来的，与弥漫在保守主义者和很多自由主义者中间的恐惧背道而驰：最近的移民没有能学好英语；或者说，在多语言的社团里、例如比较重要的都市地区，在语言、文化以及民族意义上，都是四分五裂的。最近的研究表明，美国的移民民众在 20 世纪的最后 50 年学会了英语，比美国历史上任何别的时期的移民速度都要快、范围也都要大，但他们依然使用自己的母语。② 更严重的情况可能是，由于教育以及经济机会的社会不平等，最近的移民极有可能同人们有时说的美国的"民族文化"分离开来。换句话说，在 20 世纪的美国，阶级等级制度比语言和文化的决定性作用要大得多。当然了，作为一个范畴，阶级在社会实践之中通常总是同种族、民族性、性别、性行为以及宗教的历史既定性的等级制度黏合在一起。舒勒斯以及很多对他的论文做出回应的人都认为，新的美国研究在这一领域正在进行的课程及学术改革过程之中，一定要关注美国的多语言现实。

出于同样的原因，依照民族国家主义的范式所进行的美国的控制，过去曾使人对西半球其他国家［民族］视而不见，尽管它

---

① 小 E. D. 赫希（E. D. Hirsch, Jr.），《文化修养：每一个美国人需要知道的是什么》（*Cultural Literacy: What Every American Needs to Know*, Bostan, Mass.: Houghton Mifflin, 1987），第 70—93 页；小阿瑟·什莱辛格（Arthur Schlesinger, Jr.），《美国的分裂：对一个多元文化社会的反思》（*The Disuniting of America: Reflections on a Multicultural Society*, New York: W. W. Norton, 1992）。

② 在他对他本人就"十字路口规划"书目所作的评论文章引出的批评做出的回应中，舒勒斯指出："单语言主义减少文盲或技术不产生效力，这一点也是简单明了的。……至于双语言主义减低语言行为，那则是一个神话。……在我看来，究竟以历来只有一种语言以及单一语言使用者其言语技能更强等种种神话为基础、'只教英语'的教育，是否可以有助于公民之间更加和谐，而不是便于进一步理解美国历史和社会之中存在的普遍的多语言主义，这是大可怀疑的。"［引自《论美国研究领域的从"只教英语"到"英语不是唯一"》（From "English Only" to "English Plus"），载《美国十字路口》（*American Crossroads*, August 2, 1997）］。

们每一个都拥有自己的复杂的多元文化的和多语言的历史，每一个也都以自己的方式同这一地区的其他别的国家［民族］产生过互动。新的美国研究试图作为一个真正的比较主义的学科发挥作用，因而它就要尊重许多不同的社会系统，尊重"美洲国家"的文化亲密关系。不过，这一新的比较主义的学科，并不是要把这样的文化差异当作独立的实体来处理，而是要强调不同的文化由于相互之间的接触和互动而出现的形态转换。如果我们还要保留"美国研究"这个名称的话，那么，我们就至少必须把西半球的不同民族［国家］性、文化和语言纳入研究范围，包括加拿大。如果我们认为这一领域太过广大、挑战性太强，那么，我们就应该考虑启动领域研究，因为那样做可以对目前在美国大部分学院和大学之中开设的美国研究重新定义成"U.S. 研究"或"北美研究"。这样，这种比较主义的研究就可以特殊的兴趣集中研究两个或两个以上的社团在历史、地理以及语言接触的关键点，不得不相互让渡身份（negotiate identities）的情况。对边界研究产生的这种新的兴趣，应该包括对很多不同的美洲国家［美国］以及加拿大在历史上是如何相互影响和阐释的考察。这些不同的美洲国家［美国］，它们对民族意义和种族意义上的少数派的反应的历史不同，建设性别化的以及性的等级制度的历史也一样不同。但正是这种局面，在任何一个美洲国家［美国］都推动了社会生活及经济机会的多语言的和多元文化的现实的凸显。

　　除了对构成作为一个（或多个）研究领域的美国研究的东西，进行这样的根本性的再思考之外，同时还应该对我们指导研究及解释数据时使用的方法论做出理论上的阐释。各种不同的批评理论以及方法论对美国研究的影响史，是纷纭复杂而且总是互相矛盾的。所以，在对这一领域重新概念化的关键时刻，学者们特别有必要把这一点视为一个值得关注的课题。作为一个跨学科的领域，美国研究从 20 世纪 30 年代早期起，就声明了它的理论目的。

不过，对于新的理论模式，美国研究总是与之势不两立。从现代主义的理论，比如现象学、法兰克福学派、结构主义、后结构主义以及解构，一直到当代的理论方法，例如种族批评理论、女性主义、同性恋理论、后殖民理论以及文化研究等等，莫不如此。

　　某种反理论的倾向至今在美国研究领域苟延残喘。有时，它伪装起来，一声声呼求"本土"方法论；或者是装模作样强调定义十分模糊的美国实用主义的老传统。① 有时，反理论造就一种气氛，弥漫在某些人的四周，使他们不断声称，依靠新的方法产生的知识，美国研究早就运用过了（甚至是融化掉了）。"神话—象征学派"的捍卫者们以及通俗文化领域里的专家们，常常就是这样自信而又固执，尤其是在他们对意识形态批评、新历史主义以及文化研究做出反应的时候。自美国研究建立以来，到最近才展开的文化研究的理论与实践的新发展，对应该优先研究的那个研究对象的关键因素的文化中心性究竟是什么，总是争论不休。这里，我并无意对这些相互冲突的主张做出裁决，而是想明确地提出：学者们在探讨美国研究应该优先研究的问题的同时，本身就应当对新的批评理论和文化研究产生特别的兴趣，而不是以相互反动的姿态邀宠于学界，或者为了地盘而争斗不休。②

---

　　① 我这里说的，并不包括那些将美国实用主义视为一种具有自身存在价值的方法论、理论和哲学因而对它做出了强有力的阐述；我指的是，模糊地加以援引用来指代美国人格的一个同义词。在这一确切的意义上，对美国实用主义的有关精彩论述，可参阅马克·保耶雷因（Mark Bauerlein），《实用思想的概念：爱默森、威廉·詹姆斯、查尔斯·桑德尔斯·皮尔斯》（*The Concept of Pragmatics Mind：Emerson，William James，Charles Sanders Peirce*；Durham，N. C.：Duke University Press，1997）；至于论述美国实用主义是如何用作美国人民族性格的替代词的版本，可参看理查德·鲍耶瑞亚（Richard Poirier），《文学的更新：爱默森的反思》（*The Renewal of Literature：Emersonian Reflection*，New York：Random House，1987）及《诗歌与实用主义》（*Poetry and Pragmatism*，Cambridge，Mass.：Harvard University Press，1992）。

　　② 列奥·马克斯（Leo Marx），《美国研究规划再思考》（Rethinking the American Studies Project），收入冈特·冷泽（Günter Lenze）与克劳斯·J. 米里奇（Klaus J. Millich）编，《美国研究在德国：欧洲语境与跨文化关系》（*American Studies in Germany：European Contexts and Intercultural Relations*，New York：St. Martin's Press，1995），第54页。

　　的确，后结构主义向就主要（如果说不是专门的话）作为和谐一致的民族—国家的美洲国家（复数的美国）进行的研究提出了强有力的挑战。这些挑战有很多都对美国研究产生了巨大的冲击，使它以及与它相关的研究领域，如种族研究、妇女及性别研究出现了关注文化探讨的趋势。文化研究，在相当程度上，是从以前的"殖民话语的批评研究"和"殖民主义研究"，以及法兰克福学派的"意识形态批判"，伯明翰学派对通俗和大众媒体进行的唯物主义的批评和给予的关注，拉丁美洲、非洲、南亚以及东亚的反殖民主义写作和政治激进主义所形成的重要传统之中发展出来的；它研究的对象总是，西方民族—国家的崛起同欧洲的经济、政治、语言、文化的控制之帝国主义体制的发展之间的关系。① 这样，新的美国研究便打开了一个后民族国家主义的视角。这种理论联系，在正在进行的对美国的民族意识形态以及时刻伴随着它的、在北美、拉美以及西半球以外不断显现的它的帝国主义野心的、新的研究工作之中表现出来。当代学术界将早期的极其重要的美国研究的学者——如罗伯特·博克豪福、理查德·德瑞农、雷金纳尔德·豪斯曼、安尼特·克罗德尼、理查德·斯罗金、罗拉德·塔卡基以及杰因·汤普金斯等——的"国内殖民主义"这个论题，同这个观点联系起来：美国传统上把自己界定为一个全球性的大国，因而文化研究之中普遍存在的对欧美帝国主义及新帝国主义各种形式的全球控制的起源、合法化以及永存化（perpetuation）的兴趣，其中所含有的理性的与政治意图，显而易见可以联系上"国内殖

---

　　① 卡瑞·耐尔森（Cary Nelson），《教师中的激进者的一个宣言》（Manifesto of a Tenured Radical，New York：New York University Press，1997）提供了一个文化研究的简洁的而且相关的宣言，概括了文化研究在最佳状态下能取得的成就。不过，有一点，他的宣言之中未见提及。那就是，文化批评家们都要论述的核心话题——民族国家主义及帝国主义。至于我本人的文化研究的方法，请参看本书第三章。

民主义"这一传统论题。①

　　新的美国研究主张包揽西半球范围内许多文化以及政治组织,这样也就威胁到了它自身那一类的文化帝国主义的存在。但这一倾向,即使是最关注意识形态问题的学者,也常常视而不见。我们目前已经对二次大战之后的美国研究的种种方式十分熟悉——"总是以合作的态度,为半官方的政府政策以及机构服务";自然也明白,作为一个研究领域它的成功,有时是如何可能同以美国身份和经验的异常有限的模式为基础的美国文化理想的输出紧密联系在一起的。② 还存在着学者们普遍忽视的实际因素,而正是这样的因素使美国研究在美国国境之外广受欢迎,比如"接受过美国教育获得博士学位而在其他国家教学的人数与日俱增;美国给予研究资助以及短期教职相对而言比较丰厚的报酬所产生的诱惑力,以及在美国出版著作所能带来的威望"。③总之,将美国研究的"国内的"与"国外的"版本一分为二的边界,越来越难划分出来。我们之所以能够把新的美国研究同其他的版本分离开来,不仅是因为前者更具有包容性,因而内涵更加丰富多彩;而且还因为它对自己在对美国的外交政策——譬如,

----

　　① 见约翰·卡洛斯·罗(John Carlos Rowe),《文学的文化与美国帝国主义:从美国革命到第二次世界大战》(Literary Culture and U. S. Imperialism: From the American Evolution to World War II, New York: Oxford University Press, 2000)。我在此书中对这一论点做了进一步论述:涉及从美国共和国的最早的十年——例如"异教徒及煽动法案"——一直到20世纪40年代的美国民族国家主义和帝国主义。当然了,在这一领域里工作的还有其他很多学者。由埃米·卡普兰(Amy Kaplan)与唐纳德·皮斯(Donald Pease)编的《美国帝国主义的文化》(Cultures of United States Imperialism, Durham, N. C.: Duke Unversity Press, 1993)和唐纳德·皮斯的《民族身份与后美国主义的叙事》(National Identities and Post-Americanist Narrtives, Durham, N. C.: Duke Unversity Press, 1994)对他们中间很多人的成就作了展示。

　　② 见第100页注②引列奥·马克斯著作,第54页。

　　③ 理查德·霍维兹(Richard P. Horwitz),《序言》(Preface),见理查德·霍维兹编,《出口美国:国外美国研究论文集》(Exporting America: Essays on American Studies Abroad, New York: Garland Publishing, Inc., 1993),第 xv 页。这本书收入的是由美国研究领域里的美国及非美国专家们撰写的论文,它们可以为我的论点提供有趣的补充,也可以作为我的论点的个案研究。

从战后欧洲施行的马歇尔计划，到聚集起力量发起海湾战争的多国联盟（并使之合法化）——至关重要的文化帝国主义的议事日程之中被歪曲利用的可能性十分警惕。在一个从技术上来看人、经济以及文化的灵活性越来越高的时代里，究竟有什么东西能将文化理解同文化帝国主义分开，就越来越难以清楚地阐明了。

　　通常，美国研究领域里的美国专家们总是视而不见的是，我们自己的倾向：总要使我们自己的兴趣［利益］普遍化，与此同时又喜欢极力要求把我们自身的"本土主义经验"运用于，既可以包含又能够超越外交政策的特殊辞令的范围更加广泛的文化帝国主义的议事日程之中。在最近有关"美国十字路口规划"的电子讨论组织（electronic discussion group）的一次讨论中，杰姆·兹维克对非美国的学者对他举办西美战争和菲美战争（Spanish-American and Philippine-American wars）百年回顾研讨会的提议产生的模棱两可的反应非常吃惊。他没有意识到，某些非美国学者会认为，这个计划可能是美国学者意欲对这样的殖民主义战争的理性接受进行控制的另一种努力；这样，菲律宾、西班牙、古巴以及拉丁美洲学者们在这方面已经做的研究工作，也就有可能再次遭到冷遇；此外，这样的场合还可能被用来宣扬，最近的美国理论研究方法（譬如，文化研究、殖民话语的批评研究等等）才是对其他政治和知识分子社团中的专家们最为恰当的研究方法。在这种情况下，杰姆·兹维克本来是自以为他要克服知识分子中间的狭隘的地区主义思想，但却因此发现自己成了批评对象。① 有很多学者，比如保罗·劳特、埃莫瑞·爱略特

---

　　① 有关"美国十字路口"规划，可参看杰姆·兹维克（Jim Zwick）在由杰夫·费因雷（Jeff Finlay）主持的 FINLAYJI@ guvax. acc. georgetown. edu "因特路"（Interroads）讨论会上的《以美国为基地的美国研究领域之内的批评国际主义探索》（Towards Critical Internationalism within U. S. -based American Studies）1997 年 2 月 18 日，及我在上面的回应（1997 年 2 月 18 日）。

以及爱丽丝·克斯勒－哈利斯，最近试图鼓励非美国的美国研究的专家们更多地参与美国研究协会的活动，以及各种年会的学术交流（现在还可以通过因特网展开）。这样做，既有利于美国学者，也有利于非美国学者；同时，也是对美国研究在全球范围内所表现出的不同的意图、不同的兴趣以及不同的体制构成的一种认可。[①] 2000 年建立起来的新的国际美国研究协会，应该把这种工作继续推进下去，并且保证美国研究学者和学生之间的交流是以真正跨国性的、对话性的，甚至多逻辑的（polylogical）方式展开的。

为美国研究领域里的国际学者们建立的新的学术机构和论坛，正在美国国内不同类型的很多大学和学院里展开重要的工作。这样的工作比以往任何时候都更重要。这是因为，美国信息社（United States Information Agency）规模太小，而且它一度资助的很有价值的项目已经由于囊中羞涩到了山穷水尽的地步。不过，在我们为这种重要的工作尽力的时候，应该牢记的是，这样的学术交流的辩证性的和对话性的目的。20 世纪 50 年代和 60 年代坚持国际性的旧的美国研究，经常引证的是欧美现代主义的世界主义理论思想，以及它隐含的文化使命——给外国文化"启蒙"，尽管它从这些文化中吸收了许多最为先锋的资料以及观点。而新的美国研究需要的是一种新的国际主义：它要认真对待美国研究在全球范围内不同的环境里为之服务的不同的社会、政治以及教育目的。总之，美国以及西半球的其他国家的学者，有必要从国际同行那里学习很多东西，正如他们也需要从我们这

①　埃莫瑞·爱略特（Emory Elliott）作为美国研究协会的前主席首先发起了这项研究。像劳特一样，爱略特也访问过很多国际性的美国研究项目，并且帮助介绍过很多国际学者到美国做进一步的访学。多亏保罗和爱略特，来自巴西、波兰以及印度尼西亚的美国研究专家才可能到我们的科研小组来访问。

里学习很多东西一样。①

　　美国研究的这些不同版本，有一个共同的目的可以将它们彼此联系起来。那就是，对作为新的文化帝国主义的一种日用品以及地区性知识和艺术在其中得以做出反应的这种文化输出的种种方式的"美国"的批评研究——对被有人称为"可口殖民化"（coca-colonization）的东西的研究。② 被某些学者称为地区性文化"回复"（write back）文化的，甚至政治的及经济的控制的能力，应该被视为美国研究的一个组成部分，即使是我们认识到，我们的研究范围不管怎么扩大，也不论像美国这样的第一世界国家在全球事物中怎样自命不凡，我们都不可能把全球性经验的所有方面都纳入进来。尽管如此，对美国对本土美国［美洲］人的帝国主义政策的研究，不应当不考虑本土人怎样对所研究的特殊历史环境做出反应；同样的，研究菲美战争，不应当一味地从美国的视角进行考查；研究越南战争，也不应当只是参照美国文本。本土美国［美洲］人、菲律宾人以及越南人的视角，必须在这样的研究之中再现出来（不论是发表成果或者课堂教学），同样要跟新的美国研究的比较主义的目的保持一致。

──────────

　　① 我们从到我们的科研小组访问的外国学者，以及参加了我们在1996—1997年之间举办的美国研究协会和"美国研究年会"（CASA）设立的论坛的学者们那里了解到，美国研究有可能有益于全球性范围广泛的各种教学及科研目的。区域政治、文化以及知识问题，通常总是有趣地同非美国文化之内的美国研究的课程及教学法结合在一起。这样一来，凡是不熟悉这些文化（及其语言和历史）的美国学者，他们就无法理解。区域与国际知识的这种混合，从巧妙地应对压制性的政权和地方性的审查机构的明显努力，到通过转换不可避免的美国文化的"商品"的进口来回应美国文化帝国主义所采取的机智的办法，都可以归属其内，因而可谓包罗广泛。

　　② 例如，雷因纳德·瓦格莱特纳（Reinhold Wagnleitner）著、戴安娜·M. 伍尔夫（Diana M. Wolf）译，《可口殖民主义与冷战：二次世界大战之后美国在奥地利的文化使命》（*Coca-Colonization and the Cold War: The Cultural Mission of the United States in Aystria after World War II*，Chapel Hill, N. C.：University of North Carolina Press，1994）。这部著作以批评的态度解释了，二战之后美国和苏联为控制奥地利文化所进行的竞争。

新的美国研究应该开始重建它的研究领域，尤其是在美国（同其他第一世界国家一起）声称要为全球的经济、政治、语言以及身份承担越来越大的责任的时候。以上这些只是几个方面的研究方法。我在序言以及第二章里已经讨论了，我们如何可能改编玛丽·路易丝·普拉特的"接触区域"理论模式以及保罗·杰伊的"文化地带"，以求阐明一个有可能把"比较美国文化"作为它的研究领域内的门类中的一个纳入其中的比较主义的美国研究。我在前面指出，地理政治的、语言的、文化的、种族的以及经济的边界对于美国研究的再形成具有至关重要的作用。同样的，"接触区域"也是这样：它是一个符号场地。在这里，交换起自两边（或多边），即使是在权利的各种组合模棱两可的情况下（这样的组合总是这样）。

密切关注同实际边界的人与事相关的知识分子们，经常警告我们，对于这些边界区域，不要过分随意或者抽象地进行概括；因为，在这样的地区，随着移民入境得到控制、经济命运得以决定，个体的生命便直接而又不可逆转地受到影响。[①] 我们应该记着他们的警告，并且学习他们的经验。但是，我们也有必要承认，不管美国同墨西哥之间的边界如何真实，不管这样的边界怎样阻止东南亚、海地或者说古巴的船民安全抵达美国，它们也只是在推论之中建造出来的边界，一般总是会对那些禁止越过的人产生可怕的、有形的影响。换句话说，我们可以通过树立理性的和文化的"接触区域"来使这样的边界具体化；在这里，文化

---

① 在她参与 1993 年到 1994 年之间在加利福尼亚大学人文研究中心的"少数族裔话语计划"期间，诺曼·阿拉康（Norma Alarcón）曾带领同行们到美国与墨西哥边界旅游，以便让他们熟悉政治性和社会性的冲突的重要的发生地点，并提醒他们关注：所有的"边界研究"，都不应该忘记实际存在的边界地区及其对个体生命产生的影响。我同意阿拉康的意图是很重要的一个，我们应该记在脑海。但是，我同时也认为，美国与墨西哥边界在实际的栅栏竖立并且推论性地以及真正地建立以前，早就推论性地被建造了起来（例如，是由"瓜达卢佩—黑达尔构条约"建造的）。

交流的辩证法和对话论，要被理解成美国研究领域是如何构成的一个重要方面，也是应该怎样理解美洲国家［复数的美国］以及美国的众多相关版图的一个重要方面。从这个方面来说，教学以及学术研究可以成为一个直接的，尽管永远不是唯一的，对必要的社会变革施加影响的途径。

这一研究范围这么广大，牵涉到这么多不同的分支部门，我们怎么有可能完成呢？对新的美国研究进步性的目标，一个最普遍的反应是，出于理想与实际两方面的原因对一个共同的和民族的文化进行重新评估。赫希以及另外一些学者警告我们，要想避开我们正一步步滑向其中的智性的无政府状态，我们就必须有一个共同的文化。肖恩·维伦茨以及另外一些学者警告我们，在种族、妇女、性别及性，以及文化研究等增生扩散的时候，我们必须有一个统一的美国研究学科、部门、项目以及专业组织——这通常是指，致力于民族国家主义研究或美国试验主义的一个版本的学问——原因是，我们现有的资源、时间以及专门知识只能使我们做到这些。① 那么，如果一定要不再犯过去的错误并且吸收

① 肖恩·维伦茨（Sean Wilentz），《将种族性整合进美国研究》（Integrating Ethnicity into American Studies），载《高等教育编年史》（Chronile of Higher Education，1996 年 11 月 29 日），A56；及劳伦斯·布埃尔（Lawrence Buell），《我们属于后美国研究吗？》（Are We Post-American Studies?），收入马吉奥利·加巴（Marjorie Garber）、保罗·B. 富兰克林（Paul B. Franklin）及利贝卡·沃克维兹（Rebecca Walkowitz）编，《实地考察：文学和文化研究的场所》（Field Work: Sites in Literary and Cultural Studies，New York: Routledge，1996），第 89 页。在后一篇文章里，布埃尔提出："民族［国家］与文化并不是共存性的，但它们也不是分离性的。"一方面，布埃尔承认，"有关民族身份与文化特殊主义的人们耳熟能详的争论"，已经被"任何层面上的文化身份的模式有没有可能坚持自身的立场，以抗击文化混合或怀疑主义的模式和问题"所取代（第 89 页）。另一方面，他在结论中又用一个突出的殖民主义的隐喻，来表示放弃了前一代人的民族国家主义和特殊主义的研究模式的美国研究的学者们所要面对的神启："进一步去中心的、所谓的美国文学研究已经今非昔比：作为一种公认的文化单位的民族概念越来越可疑，美国文学的专家们也越来越有可能在究竟是紧紧抓住民族独特性的可疑假设不放、还是背水一战（amor fati-like）奋不顾身扑向后民族国家主义的火葬柴堆（以一种亚学科的殉夫自焚方式）之间摇摆不

它的传统之中最优秀的东西的话，前面所描述的在理性上似乎对新的美国研究至关重要因而要追而求之的东西，实际的含义又是什么呢？

对致力于这种新的版本的美国研究的人来说，他们所面对的问题的一个方面，关系到的同大学越来越陈旧的模式、它的知识部门的专业划分以及它的把知识传授当作权威向接受的学生传递信息的教学模式。大学及其文科教育理想的现代的启蒙模式，同教育的新的概念、知识的性质以及这样的知识的传播之间的冲突，对于美国研究来说绝不是独一无二的。①我们遭遇到的这种局面可能只是更直接、更紧迫罢了。因为，我们目前正处于重建我们的研究领域的过程当中，美洲国家［复数美国］飞速变化的观念促使我们不得不进行这样的重建；而且，我们还拥有一份具有挑战性的既定的学院程序的遗产。但是，要想实现我在以上各段描述的目的的任何一个方面，我们都需要在大多现代大学的教学方式方面实行根本性的变革。

定。"（第91页）将后民族国家主义的讨论，同被视为非法的印度的殉夫自焚旧俗相提并论，这样的修辞联系不免牵强。不过，布埃尔选用的修辞手段，也因此揭示了他的意向，暗示别的文化的"原始主义"——美国研究必须回避的原始主义。布埃尔在这一例子之中含有的东方主义思想逐渐地，尽管也是可以想见地，通过向科学的理性以及基督教的信仰的修辞的求助而得以补足："如果我们要努力接近支撑这些假设的这样的**经验主义的基石**（任凭它们属于什么样的基石），与此同时始终关注文化与民族［国家］之间的差异（还有边界、散居在外的人以及全球文化研究所给予的承诺），并且在这些方面**真正表现得强大有力**；那么，我们身为后美国［美洲］的美国主义者就将是对我们的**职位是忠诚**的，不论文化战争会出现什么样的结果。"（第91页）这种对"有力"，以及"经验"，还有"基石"的研讨，竟这样在完全是修辞的泛滥之中、在宗教的芳香四溢的气氛（现在肯定是属于欧美基督教的变体）里结束——"身为后美国［美洲］的美国主义者就将是对我们的**职位是忠诚**的"——这是多么精妙绝伦啊！

① 有关启蒙大学及知识的新的形式的问题的更加详尽的论述，请参看戴维·莱奥德（David Lloyd），《多样性的基础：对一个多元文化主义时代的大学的思考》（Foundations of Diversity: Thinking the University in a Time of Multiculturalism），收入约翰·卡洛斯·罗（John Carlos Rowe）编，《"文化"与各种学科的难题》（"Culture" and the Problem of the Disciplines，New York：Columbus University Press，1998），第15—43页。

如果以这种概括的方式来描述，这样的改革似乎是要扫荡一切的。但是，不论它包罗如何广泛，这样的变革总要经过许多细微的步骤才能得以实现。首先，我们不应该只是将"美国研究"视为一个单一的项目或部门并且不加分析地抵制种族研究、妇女研究、性别及性研究领域之中不断涌现的项目。因为，这些项目中的课程［设置］，专门研究的就是与美国研究、美洲国家［复数美国］研究以及我在上面阐述的"边界"或"接触区域"研究等相关的课题。我们曾在1996—1997年的秋冬季在加利福尼亚大学的人文研究中心，同加利福尼亚大学系统里的各个分校美国研究及相关研究方向的科系研究人员开会。这是当时我们的研究小组工作的一个组成部分。在每一个分校，与美国研究相关的几个领域内的课程设置都出现了很多变化。这些变化，其中大多数都是对上述问题的各种各样的科研和教学方面的回应的反映。每一个学院都对在自己的学院里作为正式课程的美国研究的未来持有别具一格的看法，所以弄清楚地区性机构设置及政治因素在促成他们各自的态度方面发挥什么作用，是十分重要的事情。业已建立的美国研究项目，如在加利福尼亚大学戴维斯分校和圣克罗伊分校，正努力探索，以求对独立的以及合作性的课程方面的变动的专门研究及资源组织有所帮助。不过，加利福尼亚大学里弗赛德分校的研究项目70年代末期中断之后，并没有重新施行的计划；1993年中断的加利福尼亚大学欧文分校的比较文化研究项目，也没有再设置计划；加利福尼亚大学洛杉矶分校的美国研究本科基础研究教学性项目，也是这样。最后一个课题本来是要吸纳一个研究生（以及更具探索意义的）部分，就这样无疾而终，没有再继续扩展开来。

1996年我们在堪萨斯城召开了美国研究协会年会，1997年在伯克利召开了加利福尼亚美国研究协会年会。两次会上公开的论坛，证实了我们的看法：未来的美国研究在美国的大学里根本不可能在制度建设方面存在一个统一的模式，即使有兴趣的系部教学人员整体上都同意我在本文当中简要阐述的新的美国研究的那些目的。不同的地区性的问题，都是各个大学及其周围的社团特别具有的。所以，它们对机构设置的影响，所采取的方式只能从"新的知识结构的地域主义"角度进行概括。原因是，我们在思考美国研究的未来以及美国研究在以后几十年里必须与之合作的、已经建立的和不断涌现的专业未来的多重发展可能性的时候，必须将"新的知识结构的地域主义"纳入探讨的范围。这种新的地域主义，目前总是受由不同的人口统计、种族以及全球性的经济和文化的密切联系建立起来的新的地域主义的影响；而密切的联系，则是以下这些边界或接触区域的特色：如南加利福尼亚同亚洲、墨西哥、中美洲以及加勒比海之间的关系，大休斯敦同墨西哥和加勒比海之间的关系，亚特兰大和美东南部各州同大西洋岸黑人国家之间的关系，迈阿密同古巴、海地以及拉丁美洲的关系等等。① 大学应当成为地区性的知识与国际性的知识之间的中介，而新的地域主义如果要想不同比较陈旧的、各自独立的地域性身份，甚至是在欧洲移民的主要时期形成的那种身份相互混淆，那么，学者们就应该将它纳入探讨范围，以在各自的大学里重建美国研究以及相关的学科。

我们对这些新的地域主义的思考，也应该激活我上面讨论的美国研究的国际化——这种国际化应当避免片面的、通常属于早期美国研究之中的新帝国主义性质的世界主义，并且有可能补足已经形成学院和大学的地区社团的既定国际关系（文化的、经

---

① 要想了解对作为新的全球经济的产物出现的新区域主义的深入研究的论文，请参阅迈克尔·克洛（Michael Clough），《民族［国家］的诞生》（Birth of Nations），《洛杉矶时报》（Los Angeles Times）1997 年 7 月 27 日，M1，M6。

济的、政治的)。① 因为新的学术基金来源，尤其是对科研的资
助，追随的就是这种新的地域主义的路线；所以，为促使我们效
而随之，来自学院的管理者的压力会越来越大。尽管从事美国研
究的学者们对某些学院的基金所造成的意识形态方面的影响一向
十分警惕而且也不断愤而抵制——这种警惕在今天的私人捐款的
情况之中是很重要的，就像国防部秘密为我们提供基金时一
样——但我们毕竟应该做出严肃的努力，以引导这样的基金真正
投向文化理解和批评，以及外语教学的规模的扩大。对这样的新
的地域主义的关注，当然应该注意避免它们自身的狭隘的地区主
义。比如，加利福尼亚大学欧文分校的学生必须了解大西洋黑人
地区、太平洋沿岸国家、墨西哥和拉丁美洲。总之，我们对这样
的地区性状况的思考，应该以对美国更加阔大的理解的形式、在
西半球以及我上文描述的最终属于全球性的研究所形成的语境之
中被语境化。

　　尽管美国经济蒸蒸日上，但是各个大学和学院依然如故，继
续在金融危机的状态之下运作。这是缩减规模的一个好借口，其
中也包括对探索的使命之中的剧烈变革——尤其是在人文学科领
域之内，以及对学术项目的"巩固"。当然了，规模更小的资助
经费不足的新项目，灭顶之灾的危险性最大，尽管他们给大多数
大学整体上带来的财政节余并没有对各个机构的总体预算的前景
产生多大的影响。在这样的学院的氛围之中，已经建立起来的美
国研究项目应该以合作的态度展开工作，同种族研究、妇女研
究、性别及性研究、文化研究以及批评理论领域里传统上关系密
切的项目携起手来，以清楚地阐明共同承担的课程、现有教师队
伍以及对新的教师职位的限制与补充的详细计划。美国研究如果

----

　　① 有关保罗·吉罗伊（Paul Gilroy）的"黑人大西洋"模式，可参阅《黑人大
西洋：现代性与双重意识》（*The Black Atlantic*：*Modernity and Double Consciousness*，
London：Verso，1993）。这是一个为这样的教学实践和课程设计而提出的模式。

想要取得成就，就应该充分认识到，管理部门利用这些来"巩固"被管理部门视为"片段性的"、"不协调的"或者说"不需要增多的"各种项目的时候，带有什么样的倾向性，尤其是在这些项目即将对我们对传统的知识生产及其业已建立起来的学科的局限的理解方面促成种种变革的情况下。

我们在大学和学院工作的人，中间有很多并没有美国研究的正式项目，所以可能会希望有机会在业已定型的课程以及学位必修课中实现自己的新的美国研究的一些雄心壮志。因此，我们也就应该努力同非洲裔美国［美洲］人研究、亚洲裔美国［美洲］人研究、拉丁美洲及卡奇诺研究、土著美国［美洲］人研究、妇女研究，性别及性研究领域的同行携手前进，力求达到合作、而不是竞争的目标。① 这些相互补充的领域，应该以互相合作的态度为地区性的、国家民族性的、国际性的兴趣问题找到解决办法。这样的合作性的研究最终所促成的，有可能跟我们以前所了解的美国研究、妇女研究以及种族研究项目中的任何一个都不相同；而这样的灵活性，再加上不断涌现的各种知识，生产和分享这样的知识的机构性的途径，那就应该能有助于我们避开过去种种无所作为的智性的悖论，或许还能在传统的部门带来意想不到的变化——只要我们坚持目标，坚守主要的工作岗位。不断涌现的领域，有关它们的研究方法和目的目前争论不休，聚讼不断。但是，正是这种开放性，才是许多学者具有的态度的特色：他们并不急于求成，要一夜之间就在目前还没有在本科或研究生阶段开设美国研究课程的各个

---

① 杰西·瓦斯奎斯（Jesse Vasquez）是"国家种族研究协会"（National Association for Ethnic Studies）主席兼女王学院"教育及波多黎各研究"教授，在他写给《编年史》（1997 年 1 月 31 日）的一封信中，以一种可以理解的愤怒的方式回应维伦茨的文章——《将种族性整合进美国研究》。他的结论，从另外某种意义是对维伦茨论点的明智的批判，极富挑战性："情况有可能是从事种族研究的学者们，应该考虑接下美国研究，而不是相反。"（《舆论》栏，B）

大学或学院，振兴或者说开设有关课程。换句话说，没有正式项目，并不一定等于就是新的美国研究领域缺乏活力，尤其是在它在教学上同种族研究、妇女研究、性别及性研究、文化研究以及批评理论的联手，所产生的结果正预示着未来的力量的情况下。

这种形式的合作研究，是以我们在美国研究当中对牵涉到的很多不同领域以及这些领域牵涉到的挑战性的理论问题的探索经验为基础的。没有任何一个学者可能会声称，自己已经"掌握"了美国研究的任何一个组成部分。这一领域不仅是多学科的，而且还是一种合作探索的事业。不管我们设计的课程表以及跨学科阅读课有多么创新，不管我们能把什么样的访问学者带进我们自己的课堂，我们都无法真正完成这项合作性、协助性的研究事业，除非是将课堂从传统的"教育场所"（一般总是一种残酷的训导或了无意义的模仿的戏院）转换成有许多学者参与、（包括以作为探索者身份主动参与的学生）的合作场地。团队教学、师生并重的课堂教学以及其他传统上对师/生之间的被动/主动或主人/仆人模式的反应，可以在今天认为是由因特网、远程教学以及其他形式的电子教学方式所提供的某种替换性的教学条件的粗糙的版本。电子多用途维度（MUD）和多目标指向（MOO）、模拟会议以及超文本数据库，都不应该仅仅被当作工具来使用，而是应该用来改变传统的课堂教学和保守的研究方式。与此同时，还应当将它们视为一种途径，用以改变有关构成人文学科及社会科学的教育和知识的东西的观念。沿着这样的途径，我们就也有可能从不同的地区兴趣出发去平衡我们的国家性的与国际性的目标。

美国研究协会对乔治城大学的兰迪·巴斯与杰夫·费因雷的"美国十字路口规划"及"美国教学计划"（T-Amstudy）的支持，已经为其他很多学院的专业组织在进行跨越个别大学所在地性质的教学试验方面导夫先路。① 当然了，在教学当中运用因特网，还存在着一些意识形态方面的影响。对这一点，必须有所认识。因特网，作为通常主要由美国信息工业的各种规范塑造的一种英语媒介和技术，它本身就应该成为对美国文化帝国主义进行的研究中的另一个课题。不过，作为一种媒介，我们可以用它使整个世界的教师和学生进行经常性的、直接的接触，而且交流时使用的语言种类也越来越繁多。这样，就可以将因特网用于对这样的文化帝国主义的批评、抵制和转型。许多"模拟研究中心"已经将国际性的教学机构与学生联系了起来，可花的费用只是IRL 会议的一个小部分。我们作为学者，自己的工作也必须由学术著作的出版人最终来完成。因为，只有他们，在学术著作的电子传播的指向界定，以及确保出版的质量合乎适度的标准——即使是在这样的出版人要保证出版各种各样不同的研究方法及探索主题的著作的情况下——方面才有优先权。②

　　"外交关系委员会"的资深研究员、加利福尼亚大学伯克利分校国际研究学院的研究员助理兼"新美国全球对话"的联合主席迈克尔·克洛，最近与人合作在《洛杉矶时报》撰文指出："不论好坏，坚持民族思想的精英们，都越来越不可能再正襟危坐在华盛顿和纽约，去构建既能保护同时又能提升洛杉矶、旧金山以及其他不断涌现的区域性都市的利益的政策。相反，必须开发出一种新型的、去中心程度更强的管理模式，一种有能力调节

---

① 兰迪·巴斯（Randy Bass）与杰夫·费因雷（Jeff Finlay），《探询的发动机：运用技术讲授美国文化实用指南》（*Engines of Inquiry*：*A Practical Guide for Using Technology to Teach American Culture*，Washington，D. C.：Georgetown University Press，1997）。

② "哥伦比亚概况计划"（The Columbia Project）使得哥伦比亚及牛津大学出版社最近出版的部分学术著作的一家电子出版社查德维克-黑里的《文学概况》利用成为可能。这是实现这一目标的一个步骤，但大学的出版社步履艰难，很少用目前已经可以利用的电子手段来传播学术思想。

美国的政治—文化系统的越来越大的多样性的模式。"① 克洛是
国际关系领域的专家，他这里说的并不是后民族国家主义的美国
研究，而是新的美国研究已经以其自身的方式朝着一个更加
"去中心的模式"的方向发展：这一模式关注着不同的知识界的
"地域"，或者说"接触区域"；因为，与以前的美国研究相比，
它们能够更恰切地再现美国和美洲国家［复数美国］的国内外
政策的决定因素。当然了，各种形式的民族国家主义及新的民族
国家主义，不仅在政治、文化以及语言上具有多样性的美国，而
且也在全球范围内充满了活力。民族国家主义的继续存在甚至于
复兴，不一定能阻止我们，使我们不再把社会组织置入多个语境
之中，而是按照民族国家的共识及其民族经验与性格的陈规俗套
去展开思考。后民族国家主义有关美国和美洲［复数美国］国
家的构成因素的思想，有可能已经为我们提供了一个最好的学习
机会，使我们得以认真地向过去学习，而不是重走老路。

---

① 见第 110 页注①引克洛论文，M1。

第四章

美国学者对文化研究的抵制

任何焦虑，都要以夸大或贬低的方式，以赋予它根本就没有过的对力量的要求的方式，来减缓它认为具有危险性的东西：这已经成了它反复使用的策略。

——保罗·德曼，《对理论的抵制》（1986）[1]

在过去的三十年里，美国研究领域里的学者们为建立刺激人文学科、艺术以及社会科学之中的多学科工作发展的理论性及实践性的语境做了大量的工作，尽管在当时这样的目标还遭到抨击——一旦它们被学者们认定，同文化研究的目标是相互一致的。当然了，对于美国研究领域里的某些从业人员来说，文化研究似乎不过是求得校外和地方上给予资助、引起出版商的关注、刺激学生的兴趣以及同行们的热情诸方面的另一种竞争罢了。美国研究传统上代表的各种不同类型的学科，似乎一刻不停地受制于合法性危机以及厘定权威引发的争议。所以，当有人抱怨说，

---

① 起初发表时标题是"对文学理论的抵制"（The Resistance to Literary Theory），载《耶鲁法国研究》（*Yale French Studies*）63（1982）第3—20页，后经修改题目改为《对理论的抵制》（The Resistance to Theory），收入伍拉德·高兹奇（Wlad Godzich）编的同样标题的论文集中（Minneapolis：University of Minnesota Press，1986）。见该书第5页。

又出现了一个威胁，要将我们的研究领域并入更具包容力的框架之中的多学科的学院；在这样的时候，他们的情绪是可以理解的。不过，单是这样的学科竞争，并不能完全成为恶意中伤的借口：某些学者总是这样批评文化研究，指责它的包容的广度不可能实现，批评它没有办法界定关键术语，缺乏理论意识，对历史一无所知，它的教学和科研的课题都太"轻松"，它对"相关性"过分痴迷，它对"种族、阶级以及性别"进行的研究只是条件反射，它还拒绝仔细阅读，对任何东西只要展开就会对它实行政治化。

美国研究领域里的学者应该认识到，对这一长串假定的缺陷进行的批评，有很多在传统上是针对着美国研究来的。我们不应该将文化研究看成是一个敌人或者说残酷的竞争对手，而是要把这个研究领域视为一个学术上和政治性的同盟者。如果充分发挥优势，文化研究就可以为美国研究所代表的多学科工作提供出一种更具包容力的范畴。因为文化研究是在全球性的和跨国性的语境之中处理它的课题的，所以它为美国研究供应了多种方法，使之能对它自己的、在严格的民族国家主义的模式之外的学术研究项目进行再想象；与此同时，又对这种在许多社会、文化以及其他群体的身份的构成之中存在的民族国家主义保持尊重。在本章中，我之所以希望对一般指向文化研究的种种批评做出回应，是由于这两个方面的原因：希望将文化研究定义为一种有效的理性认识运动；希望就它与美国研究两学科交叉的主要问题进行评论。在我为文化研究所做的辩护之中，我假定：任何一种学派或者说运动，都会制造出不好的产品。我不愿就文化研究之中失败的特殊例子做出回应，而是要参照我自己的研究以及一种文化研究的乌托邦性的构想。

的确，文化研究是为这一领域里的从业人员们规定了不可能完成的任务：阐明文化规范以及价值观念得以接受的那些术语。

为指示人们在特定的时间和空间之中得以同某些明显相关的真理相适应的复杂程序和系统，弗洛伊德用的术语是"现实原则"，阿尔都塞用的是"意识形态"，而福柯则用"知识型"。就弗洛伊德、阿尔都塞和福柯而论，文化或社会的构成之物，永远也不能是这些学者中间的任何一个想当然要界定的什么东西；而是在接受了以下这些术语的人们的社会实践之中展现出自身的东西：比如说，19 世纪的美国文化、维多利亚时期、第二帝国以及世纪末等等。

对于这些理论家们来说，文化和社会是解释的地平线。"民族"〔国家〕仅仅是一个自我意识上和谐的文化和社会的一种历史呈现，因此理性探讨的民族〔国家〕组织必须被理解为：它本身是历史的条件，因而是有限的。这些理论家有能力超越特殊的学科实践，去理解文化具有呈现能力的、一直在发挥作用的和谐性。正是这种能力使他们至今仍在人文学科和社会科学领域里对我们的工作产生影响。所以，对于很多当代文化批评家们来说，他们当然是重要的先驱者。但是，如果说弗洛伊德、阿尔都塞以及福柯是当代欧洲文化实践的产物，——因为这样的产物，即使按照他们各自的分析，也总是围绕着资本主义的个人主义建造出来的——那也是公正的。此外，尽管他们中间的每一个人都为对和谐的哲学主体以及附属性的种种神话的批判做出了重要贡献，但是，他们中的每一个人，跟其他很多现代知识分子中的"天才"一样，也同时被称颂为文化知识的非凡的源泉。文化研究抛弃了那种不可能实现的观念：任何一个单一的知识分子，不管他怎样与众不同，也不论他如何卓越非凡，他都无法尽数掌握分析流行的文化现象的基本状况时所需要的所有不同门类的知识。文化研究必然是一种合作性的学术工程，或者说一整套的不同工程。如果我们人文学科及社会科学领域中的人希望从实践角度去理解的话，这种合作性质的学术活动，对于我们中间许多人来说，仍然是十分困难的。不过，文化研究并不是要要求它的任何一个从业人员，都以一种详尽而又跨学科的方式去把握文化。不过，文化研究的确要求我们，将我们所从事的不同的学术工程联系起来，通过它要帮助我们在理解的特殊的文化现实的更为广阔的地平域里展开思考。

　　这样一来，文化和社会边界的确定性，便成为文化研究领域经久不衰的热门话题。社会意义上建立的边界，将本土与异乡、公民同野蛮人、主人和仆从、自我与他者分别开来。这里仅仅列举了几种可能性。所以，只有对边界跨越、逾越（transgression）、拒绝承认（disavowal）这些事例认真研究，才能得到最深入的理解。因为，它们导致社会机构采取行动，要么就去保护这样的边界、改变内部，要么就要丧失其可靠性。在民族—国家时期（这一时期在今天仍在以强大的力量制约着我们），就对一个民族［国家］的构成的理解而论，跨国［跨民族］现象属于至关重要的研究领域。散居异乡和随意移民，国内外的战争，各种革命，殖民主义冒险与帝国主义体制，反移民及排外法案，各种类型的陌生恐怖，跨文化影响及抵制，这些只是民族身份得以巩固并不断顺应新的社会状况的途径中的几个例子。致力于特殊的文学、历史以及文化传统的研究，不可能从其意识形态的内部以排斥的方式来理解这样的民族［国家］，而是必须考察构成个别的民族（以及其他社会组织）的各种不同类型边界——地理政治的、法律的、文化的、种族的、阶级的、宗教的等等边界——的民族交叉点。正如我在第一章中所指出的，这种研究天生就是比较主义性质的，不管比较的条件如何可能聚讼纷纭、争论不休。那么，在最为基础的层面上，文化研究建立在社会构成的基本元素上：那些元素将民族特有的知识历史性地和社会性地置于比较的语境之中。这种综合性的研究方法，使美国研究领域内的学者能够把美国视为一个民族［国家］，而不是含蓄地炮制例外主义的假设，或者将美国民族国家主义当作其他民族［国家］和社会的模式并使之普遍化而不加以批评。

经常听到的另一个抱怨是，文化批评家未能界定他们用的术语，因此缺乏理性的基础。近年来，我出席了好几个讲座。每一次，那些对文化研究提出批评的人，他们自己以哲学为指向的论述，从历史和社会意义上来看，一旦涉及"文化"这一术语便总是一片模糊。① 人们经常提及这么一个疑点：由于文化与它置身其间的极其复杂的环境相互联系，所以定义是不可能的；这些批评家们因此便得出结论说，"文化研究"因此也是不可能的。当然了，研究要用的模式，是现代性的分析传统；按照这一模式，认知价值取决于跨历史的真理和普遍的有效性。但是，文化批评家们宁愿去理解文化这个术语如何指示特别的社会的某些活动和价值观念，而且兴味盎然；但是，至于能不能提供一个范畴性的和总体化的文化定义，他们了无兴趣。换句话说，对于19世纪的那些想当然接受"维多利亚文化"这个名称的英国人来说，文化极有可能指的是一种总体性；但是，文化批评家则希望主要研究这一假设的社会性的、人类的以及自然的影响，可同时又在他或她的著作之中不去对假设总体化。为文化下定义，也就没有什么必要了。谁都可以随心所欲为它定性，不分场合，也不论地点；认为它是什么，它就是什么。可是，重要的是，这一术语毕竟要发挥作用，组织纷纭复杂的经验和信息。

有人抱怨说，文化批评家们不对这一术语下定义。这种抱怨，同指责他们缺乏理论的自我意识或元理论相互关联。如果说文化批评家们知道自己是在做什么，那么，他们就不会不知道：

---

① 沃尔夫岗·伊瑟（Wolfgang Iser），《解释的范围》（*The Range of Interpretation*, New York: Columbia University Press, 2000），第159—163 页。

他们做的，正是明白无误的理论运作程序产生的结果。因此，文化研究应该尊重批评理论"比较高级的"权威性，它的跨文化视角使文化研究有能力对历史及文化意义上根本不同的主张进行判决。① 某些文化批评家对这样的指责做出了回应。他们指出，文化研究是一种选择性的、混合型的、非系统的研究——的确，它一定要具备这种即兴性质，因为它要将如此众多的不同主题纳入自己的范围。还有一些人争论说，"美国的个案"要用"美国的理论"；所以，他们就拒绝对"制约美国哲学和理论的欧洲哲学和理论"的过重的依赖性。② 我认为，这两种辩护都是错误的。之所以说第一种是错的，那是因为它进一步强化了那种抱怨——文化研究没有一个合适的研究对象，因而应该为元理论的匮乏承担主要责任；之所以说第二种也不正确，原因在于，它将美国的例外主义吸收进来，并且把它融进了批评研究的方法论框架。

让－弗朗索瓦·利奥塔指出，"后现代状况"的最为突出的

① J. 希利斯·米勒（J. Hillis Miller），《跨国大学中的文学和文化研究》（Literary and Cultural Studies in the Translational University），收入约翰·卡洛斯·罗（John Carlos Rowe）编《"文化"与各种学科的问题》（"Culture" and the Problem of the Disciplines, New York: Columbia University Press, 1998），第 63 页。文中论述："开设文化研究的大学的这种接受，一直令人疑惑地快速、随便"，尤其是当文化研究为当代知识分子之间"反理论转折"做出贡献的时候。米勒的论点是，与文化研究相比，批评理论对传统的大学结构更加"激进"，也更具"挑战性"；因为文化研究，从它的非理论化的版本来看，强化了"某种朝向模仿论的反理论回归"。米勒这里的意思是说，文化研究要明显得多地受制于一种天真的"反映理论"——所以文化文本歪曲地反映的只是，要深刻得多的社会、经济和政治状况，因而能够将批评理论重新合法化为，在它对文化和意识形态的关系的解释方面，更加成熟的理论。他的立场，从好几个实例来看，非常清楚都是防御性的，比如说："60、70 以及 80 年代的理论，继续存在并产生效应。"（第 63 页）
② 杰伊·默赫林（Jay Mechling），《对某种美国研究有用的几个［新］原则》（Some [New] Elementary Axioms for an American Cultur [al] Studies），载《美国研究》（American Studies, 38: 2, Spring 1997），《美国研究：从文化概念到文化研究？》（American Studies: From Culture Concept to Cultural Studies?）专号，15。

特点之一是，一种"对元叙事的怀疑"。① 当代文化研究，尤其是由于它受到了美国和澳大利亚的种种运动的影响，与 20 世纪 60 年代的英国的文化研究（例如，在伯明翰和曼彻斯特进行的那一种）是不同的。它毕竟吸收了后结构主义理论的关键概念。文化研究不是解构，但它引入了诸多后结构主义的概念，例如：现实的社会建构、社会的推论性建构、一般讲的文本立场，以及能指的不可化约性等等。正如德曼在论及此事时所说的："对理论的抵制，是对用语言来讲语言的抵制。"② 德曼喜欢用双关语（doubles entendres）。这是又一个出名的例证。这则格言的意思并不是说，对理论的指责就是对一般讲的元语言的抵制。德曼的意思正好相反：对理论的抵制，取决于对语言状况的整个影响的抑制——"用语言来讲语言"，意思是说，永远也不可能有一种合适的"元语言"存在。可能会有人争论说，这些观念本身就构成了，后现代或后结构主义的一种"宏大叙事"。③ 德里达用策略性的解释术语——痕迹、延异、增补、书写以及幽灵——来替代基本概念，或者说康德的先验概念。我有理由相信，他是在用"非概念"。他就是这样命名的，尽管对解构进行批评的人指责，这样脱离启蒙理性只能使这样的思想非理性化或非逻辑化。

　　此外，文化研究也想象，它的工作是在一种所指的链条之中

　　① 利奥塔著，杰奥夫·本宁顿（Geoff Bennington）与布雷恩·马苏米（Brian Massumi）译，《后现代状况：知识报告》（*The Postmodern Condition: A Report on Knowledge*），第 31—34 页。

　　② 德曼，《对理论的抵制》，第 12 页。

　　③ 我这里指的是，王逢振（中国社会科学院）和谢少波（卡尔加利大学）以书面形式向我（以及其他西方理论家）寄发的访谈性的问题。这些问题涵盖面很宽，涉及当代理论的很多方面。我的答复已收入由王逢振与谢少波编辑《文化研究》（*Cultural Studies*, Alberta: University of Calgary Press, 英文版，2001 年即将出版；中文版，2001 年即将出版）的一篇访谈录《今天的文化研究》（Cultural Studies Today）之中。

进行的：在这里，中断本身就属于历史和社会进程的组成部分。[①] 像界定术语一样，跨出历史和符号的进程意义上的理论的自觉，在任何完整的意义上都是不可能的，但这并不是因为文化批评家们是自觉的。[②] 利奥塔指出，正是后现代的状况，具有"微小叙事"的特色；而微小叙事，没有一个可能令人信服地作为支配性的叙事存在：它们没有可能统治/生产其他微小叙事。这并不是文化批评家的错，因为他们本身就是后现代状况的产物。这是为再现和解释而存在的现行历史状况造成的结果。在这样的情况下，文化批评家们的任何主张，都必须由某种效应语用学来证明是正当的：这种解释要做什么，而不是这种解释图式解释的是什么？不论这样的活动是发生在一个学院，还是更加广阔的社会语境之中，它总是政治性的；这样，并不存在文化批评家们要想将他们的观点与之连接起来的，任何脱离这种活动的理论

---

① 德曼，《对理论的抵制》，第 8 页："当代文学理论在像将索绪尔的语言学应用于文学文本这样的事件之中盛行起来。"但是，对于德曼来说，这种应用不可能导致"文学"依附于它的"语言学的"基础结构；而只能使文学成为关于语言的"思考"（这里是"阅读"的替换词）的最佳场地。这一点自由它自身证实，而且特色也极其突出。德曼的论述的确巧妙。但是，过了 15 年还多之后再回过头来看便会发现，这种论述魔鬼附体一般被它自身的内在逻辑折磨着，缺少历史明证（如果语言不是它的历史的设定，那它就什么也不是），作者明显甚至对 80 年代的通俗和大众媒体领域的"修辞"及"比喻方法"的飞速发展一无所知（参见第八章及第九章）。

② 在《对理论的抵制》之中，德曼就他提出的可以作为结构主义符号学、新批评理论范畴以及整个先验哲学的替代之物的、修辞的解构，表达了类似的观点。德曼强调，"阅读"是一种沿着修辞路线前进的解释活动，要弄清它们的含义以及指意潜能，而不是找出"意义"痛下结论。这就是他本人有关元语言的不可能性的版本。取元语言而代之的，按德曼通常的举荐，是"文学"："文学牵涉的是对美学范畴的清空，而不是强化。"（第 10 页）在行文另一处，他自问自答地说："如果我们强调，对文学文本的研究必须依赖于一种行为或者说一种阅读；如果我们声称，这种行为正被系统性地避开，我们讲的话是什么意思呢？"（第 15 页）对于德曼来说，"阅读"——也就是说，对修辞的种种可能性的解构性筹划——可以取代分析的"系统性的"、"语法的"以及"逻辑性的"形态，因为所有这些都被它自身的某种元理论模式的假设神秘化了。

或元叙事。①

　　为回应这种批评——后现代状况指的只是非常有限的历史环境；所以，并不能用之于，比如说，中国的明朝、弥尔顿时代的英国、前哥伦比亚时期的北美或者德国浪漫主义——文化批评家合适的回答是，这样的前现代时期或运动，它们中间的任何一个，只能在我们现在的解释学的状况范围之内才可得以解释。出于同样的原因，批评家们可以详细审查，利奥塔的欧洲中心主义的后现代状况的设想，就是要质疑这种后现代性在其他社会之中的影响力，去发现它依然如故是在由这样的欧洲中心主义支配的体制性的语境之内发挥作用的。比如说，第二、三以及第四世界国家［民族］，怎么受后现代状况影响？由于服务与信息业已经在近期或后工业时期逐渐支配第一世界国家的经济，哪一个社会曾经为农业和工业生产承担责任？这样的经济责任的全球性的分散，是否已经导致了新的等级制度、权利结构，以及各种等级的相对的重要性和价值观念的出现？在这样的语境中，我们必须展开比较主义的工作，即使是我们的研究目标名义上完全是在美国边界之内进行的。出于同样的原因，欧洲理论，就像利奥塔对后现代状况的研究一样，不应当简单地用"美国理论"来代替；而是有必要拿比较主义的探索方法所必需的、同各种不同类型的

──────────

　　①　这样的语用学跟德曼在《对理论的抵制》当中对"语言的时刻"和"历史以及美学的考虑"所做的区分截然不同。在德曼看来，一旦脱离它们得以出现的语言状况，语用学便只能是幻觉（第7页）。对于德曼来说，这种区分可以使他有办法使"历史的"和"美学的"变得无足轻重，因为它们都是代码性术语，分别指的是，马克思主义者（该文未及论列）和形式主义者（或者是指新批评派，或者是指接受美学理论家们，如罗伯特·姚斯以及沃尔夫岗·伊瑟；这些人物文中特别提及）。这样，文化批评就绝对不像德曼在《对理论的抵制》之中为之大唱赞歌的那种"理论"或"文学理论"，原因是文化理论拒绝接受德曼在作为"意义或价值"的决定之物的解释（德曼认为，这是一种幻觉），与对生产的种种形态与先于它们的确立而存在的意义价值的解释之间（这是他的修辞解构的版本所完成的东西）所做的区别（第7页）。如果依照一种后结构主义语言理论本身的"非概念"的话，那么，这种区分就不可能以任何实际有效的、语用学的、系统的甚至是功能性的方式保持下来。

社会相关的（不一定总是本土的）种种理论，给它以挑战。

　　因此，文化研究的不可化约的历史性和比较主义，同批评家们常说的它的反面"历史的无知"，在相当程度上是相互冲突的。在这种批评之中，实际上存在着两类问题。另一方面，学者们呼吁关注文化研究对当代一个完全是表面性的（因而也是后现代的）世界中的废物渣滓的强调：连环漫画，妇女时装，B级电影，色情文学，体育运动，以及小丑浪漫剧等等。另一方面，这些批评家大肆攻击，劳伦·伯兰特所说的"微型档案"的东西。她用这个词指的是这样一种流行性的意识：文化研究对它的学术研究或者说它的解释对象背后的历史不"严肃"。① 美国研究领域的学者们，传统上曾遇到过这样的批评，因为这一领域常常将高、中以及低文化文本和人工制品处理成为美国社会的组成之中同样重要的东西。我们应该比其他很多领域里的学者更深入地理解，"微型档案"很可能包括这方面最为重要的证据：现行的文化和社会态度究竟是怎么形成，接受并保持下来的？

　　对后现代性的或者对文化研究的"历史的无知"的批评，包罗很广，从詹姆逊给予的后现代性的复辟效应、人工历史和不可化约的"表面性"的特色，到尼尔·波斯特曼的抱怨——我们已经失去了和谐的公共领域和公民美德，真是应有尽有。但这些批评，倚赖的是将启蒙理性及其历史设想为一种宏大叙事并眷恋不已的一种怀旧症。② 有时，学者们必须征引的档案的确是

---

　　① 我不仅非常感谢劳伦的这一有用的词组，而且还感谢她1998年春季在加利福尼亚大学欧文分校所做的公开演讲及讨论。在那段时间，这里提及的对文化理论的抵制有很多都进行了讨论。

　　② 弗雷德里克·詹姆逊（Fredric Jameson），《后现代主义，或晚期资本主义的文化逻辑》（*Postmodernism, or the Cultural Logic of Late Capitalism*, Durham, N. C.: Duke University Press, 1991），及尼尔·波斯特曼（Neil Postman），《笑死我们了：表演业时代的公众话语》（*Amusing Ourselves to Death: Public Discourse in the Age of Show Business*, New York: Viking, 1985）。

"微型的"，原因是训练有素的另外一些学者很少光顾那样的图书馆，如果说不是根本没有大驾光临的话。我在20世纪70年代开始就美国文化对越南战争的回应展开写作的时候，这一课题几乎还没有任何严肃的研究成果。到了今天，这方面成果很是充实。但是，我在当年依赖的只能是流行的新闻报道、稀奇古怪的历史性的和第一人称类型的叙述以及小道闲言，再就是那些档案：从鲍格才家族［意大利一个贵族世家］的——存放在海军工厂（Navy Yard）档案馆、按字母顺序排列、馆藏排列开来可达几公里长的复员老兵的录音证词——到归入机密级别的，什么类型都有。

　　时尚与追逐时尚，尽管常常是其特有的现象，但是同其他文化产品相比，通俗和大众文化在关键处可能会更具历史性。有趣的是，情况常常是，那些在别处一心要捍卫正典文本、观念或事件的普遍价值的学者，反倒也在批评文化研究的超历史性质。我在读本科和研究生的时候，所接受的文学史的教育，主要是关于文学的影响、文学运动以及将文学同其他哲学和美学活动联系起来的研究史。我对这种教育也有抱怨：它并不是充分地历史性的，很大程度上是因为它没有能将这样的文化生产牵连到的、更为强大的政治、社会和经济的力量纳入考察范围。[①]

　　之所以要对文化研究缺乏历史意识提出批评，一个动机是：希望将重要的历史现象同流行的历史现象区别开来。在他的《对理论的抵制》之中，德曼清楚明了地将文学评估为一种语言形态（linguistic modality），它使"语言的修辞和比喻运用的维度"凸向前台。但是，他尽管打赌，又不愿正面说明，所以就

---

　　①　卡瑞·耐尔森（Cary Nelson），《教师中的激进者的一个宣言》（*Manifesto of a Tenured Radical*, New York: New York University Press, 1997），第13—28页。文中也指出："过去的英语的确具有"种种局限性。就我们接受的大学本科和研究生教育来说，耐尔森和我绝对是同代人。

声称这种"文学（广义上设想出来的）"有可能只能行使比较明显的语言功能："这样的功能只要文本性地被解读出来，在任何语词事件之中都可以揭示出来。"① 德曼既要解构后结构主义的意指理论所要颠覆的语言再现的等级制度，与此同时他又想恢复新的等级制度，或许原因正是他自己就在抵制理论（这是可以预见的）。很多学者害怕人文学科和社会科学的研究范围越来越大，这是可以理解的。之所以会引发这样的恐慌，是因为没有选择文学文本、历史事件、哲学问题以及社会学数据的标准。可是，我们这里说的，究竟是这种标准的缺席，还是标准本身出现了变化？正如我在上文所指出的，文化研究有时一定要依赖的档案，与学者们在名义上同样一些"时期"或"学科"之中参阅的那些极其不同。此外，人们传统上对通俗或大众文化方面的例证产生的偏见，使学者们无法辨认例证的历史性。

我最近完成了对约翰·罗林·利奇（黄鸟）1854 年出版的、有关传说中的加利福尼亚的强盗乔阿奎因·墨瑞亚特的通俗小说的研究。在研究过程中，我发现自己陷入了源自好几个历史语域的历史性传说、各种文本以及资料的汪洋大海：有切罗基族〔北美易罗魁人的一支〕部落的历史，它同美国政府的关系，加利福尼亚从墨西哥制下转归美国政府管辖，淘金热，西班牙以及拉丁美洲各国对墨瑞亚特传说的再制作，如此等等，不一而足。② 正是由于这些原因，我的历史和文学选择的原则，对于我来说是至关重要的事情：自我为进一步理解墨美战争（Mexican-American War）的文化接受选择了利奇的文本那一刻起，在我的脑海里一直是头等大事。与此相反，如果为了解释选的是一个没

---

① 德曼，《对理论的抵制》，第 17 页。

② 约翰·卡洛斯·罗，《文学理论与美国帝国主义：从美国革命到第二次世界大战》（*Literary Culture and U. S. Imperialism：From the Revolution to World War II*，New York：Oxford University Press，2000），第 97—119 页。

有争议的文学经典著作——例如，亨利·詹姆斯的《一位女士的画像》或者说《鸽翼》——就不至于引发有关基本选择的多少问题，不论我计划拿这部经典著作来做什么。在有关利奇的《乔阿奎因·墨瑞亚特的生平与冒险》的写作过程中，我不得不时常关注更大的历史和文化目标（我说的这种文化提喻就是为它服务的），而如果研究詹姆斯是用不着这样留心的；因为，我明白，读者们很有可能会抱怨说："看这个只是为赚钱才写作的人的东西，会有什么意义？"一句话，非正典文本总是向学者提出更大的要求，去为他/她对文本的处理充分辩护。而且，由于这种辩护很少能从非正典文本或通俗/大众时常文本的"普遍价值"的角度去做，所以论点就必须具有深刻的、不可化约的历史性。

以上就文化研究的历史性讲的话，使我可以快而有效地对付另外两个常见的异议：文化研究为科研和教学选的题目太容易，而且只在表面上是相关的。在利奇笔下，乔阿奎因·墨瑞亚特这位索纳朗（Sonoran）强盗，深受曾在加利福尼亚采金矿区遭受迫害后被驱逐出去的拉丁美洲国家的采矿工人的喜爱，同时也很受急不可耐想把他们的文化价值观念强加给新的加利福尼亚州的美国公民的欢迎。但是，为什么会是这样，情况到底怎样？如果想要给出解释，是非常不容易的。尽管利奇的文本在语言上并不比亨利·詹姆斯的小说更容易理解，但是种种文化的和政治的语境至少是一样难以解释，而且在不少通俗和大众读者的文本之中有很多实例明显说明是比正典文本或事件的实例要更难理解。在当代文学批评领域，我们常常提及意图谬误，也总是提到这样一种文本无意识：它不能被任何一个作者左右，甚至于在文本的作者—功能最能显示其包罗力的描述之中也不能被描绘出来；但是，我们却要在某种意义上相信，一个在既定的文化传统之中工作的作家，对他或她对那种传统的判断力以及他或她的作品如何才能定位其中这一问题，一定具有很高程度的自我意识。这样的一般性的描述，也同样适用于先锋的、政治观点激进的以及社会上边缘化的作家，因为他们希望在根本上向这样一种文学传统提出挑战。

如果拿有兴趣解释《泰坦尼克号》何以以及如何成为史无前例的票房收入最高的电影、西尔维斯特·史泰龙的人物"兰博"为什么以及怎么会在越南战争余波未息的时候那样赢得全球观众的心，有志弄清每月一书俱乐部或小丑滑稽剧所做的社会、意识形态以及经济工作的解释者所面对的理论和实践问题来参照度量的话；那么，一度被保罗·德曼视为由"文学史和文学的现代性"的辩证法构成的这样的"文学史"，限制性似乎就太强了（因而也就很有限）。① 的确，很少有美国学者会真正认为，德曼的后现代文学研究理论对社会符号是极其重要的。一个原因是，他们在20世纪60年代和70年代就已经将一种多学科的方法论付诸实践，这足以鼓励他们去处理大众、通俗以及高级的文化再现的媒体之间存在的更加复杂、更加难以预料的关系。

要想对这些纠缠在一起的关系做出解释和理解，是很困难的。如果我们试图将这样的资料教给学生，由于他们自读中学以来平日习见的是，从文化的相对重要性和价值来区分高级和低级文化，所以难度会更大。学生常常会感到十分惊愕，不知所措，甚至怒不可遏。他们认为，如果以别的方式来消费这些材

---

① 德曼，《盲目与卓见》（*Blindness and Insight*, New York：Oxford University Press，1971），第148—150页，该书第九章；苏珊·杰福兹（Susan Jeffoeds），《美国的再男性化：性别与越南战争》，（*The Remasculinization of America: Gender and the Vietnam War*, Bloomington, Ind.：Indiana University Press，1989）；加尼斯·拉德维（Janice Radway），《对书的一种感觉：每月一书俱乐部，文学趣味以及中产阶级的欲望》（*A Feeling for Books: The Book-of-the-Month Club, Literary Taste, and Middle-Class Desire*; Chapel Hill, N. C.：University of Carolina Press，1997）；坦尼亚·莫德勒斯基（Tania Modleski），《爱得彻底：为妇女大批量生产的幻想》（*Loving with a Vengeance: Mass-Produced Fantasies for Women*, Hamden, Conn.：Archon Books，1982）。

料，他们会很情愿，也很高兴；所以，在他们看来，这些东西不应该成为大学课程的组成部分。不过，一旦他们接受了这个庄重的建议——对他们观察到的、读到的、听到的应该做出严肃的解释；不一定要重视这些东西的内在的或最终的价值，而是要留意在有关文化以及学生自身问题方面，它们究竟说了些什么——这些学生就会一下子来了兴趣（是文学、历史、哲学或文化研究使他们兴奋不已），而且往往是开天辟地第一回。[①]

可以肯定，这种情况听起来，就像是 60 年代末我们自己在读大学本科和研究生，向我们的老师们极力保护的课程发起挑战的时候，唇枪舌剑坚决要求教学过程当中使用"相关的"材料那种场面。文化研究和美国研究还都受到另一种批评："我们在 60 年代试着那样干过，可那样做不办事。"尽管已有几门课程已经在用新的文本和题目做试验（一般是由教本科生的助教来承担），但美国大学和学院的人文学科的课程大多数自 1965 年到 1975 年以来，始终重视的还是传统课题和文本。例外虽然不断涌现，但主要是在女性主义、种族研究领域以及某些美国研究项目当中，而几乎所有这些在体制方面都是被边缘化的，资助经费也不足（这两方面是一回事）。不过，这些例外在教学和科研方面的建树，我们今天应该承认，对于当代的文化研究是基础性

---

① 90 年代早期有人请我给塔斯庭中学（Tustin High School）的高中学生做一个系列的讲座，因为那样可以模拟低层次的大学讲座课程。那里的英语教师向我建议，要我讲解赫尔曼·麦尔维尔的《白鲸》。而我则提议说，我们应该放映电影《兰博：第一滴血，第二部》。我的理由是，塔斯庭中学的 AP 教师们有出色的能力向他们的学生讲授《白鲸》；至于对大众市场文本的阐释，它们涉及的理论和实践问题因为兴趣有别可能就陌生一些。那次讲座很成功，尤其是如果拿学生写的精彩的论文来衡量的话。我在克利斯塔·沃尔特（当时还是加利福尼亚大学欧文分校的博士候选人）的辅助下，阅读了这些文章并打了分数。那些学生对这种题材很有激情，而且敢于面对挑战。但是，让他们探讨这样的低层次的材料，他们中间在开始的时候产生了抵触的情绪，更不用说写出自己的看法了。

的。① 种族研究、妇女研究、文化研究以及美国研究之间在科研和教学方面结成的联盟，使这些领域的学者们得以将长期以来一直处于启蒙大学边缘的学科和课程，带进后现代大学的核心。

人文学科领域一个多元文化的、多媒体的、多学科的包罗丰富课程设计，还没有最终完成，除非同文化研究（以及其他研究方法）相联系的很多课程，在人文学科领域推出方案，对西方文明教育以及其他有影响的本科和研究生课程进行重要的再界定。通常，这样的变化，且不计效应是好是坏，总是同"美国多种文化"范围内的种种新设的必修课相互联系在一起的。这是由学院内和一般人的这种意识所促成的：构成美国身份的东西，即使是在其例外主义的形态之中，也不再可能由一个单一的原型来代表。这种新设的结业必修课，比如加利福尼亚大学伯克利分校的"美国多种文化"课，在 80 年代就被采纳了，就是为了满足这方面的需要。② 可以肯定，如果将多元文化教育跟"美国文化"相互认同，最终必将因强化美国的例外主义、强化美国的多元文化的社会是世界的模式这种错误观点，而无疾而终。

在"我们在 60 年代试着那样干过，可那样做不办事"这样的抱怨的背后，往往隐藏着对熟悉的课程、教学方法以及文本方面种种变化的深深的焦虑。"相关性"，像在 60 年代一样，在今天还是一个代码词，指的是"学生需要的东西"。但是，也正是由于这个原因，这个词不免可疑，而且也用滥了。实际上，本科生们并不是督促教师教学生通俗和大众文化材料，而是要力争拓

---

① 见耐尔森，《教师中的激进者的一个宣言》，尤其是第一章及第四章。

② 有关多元文化主义过去是如何影响高等教育的课程安排，尤其是美国研究领域的项目方面的公开的论战，可参阅约翰·卡洛斯·罗（John Carlos Rowe）编，《后民族国家主义的美国研究》（*Post-Nationalist American Studies*，Berkeley：University of California Press，2000）的序言，见该书第 10—14 页。

宽人文学科和社会科学研究范围以容纳非欧洲的文化和历史，并且希望尊重任何民族文化内部各种不同的、通常也总是相互竞争的传统的主要呼声。幸运的是，今天可能并不存在任何一种概括的说法，可以用来描述"学生需要"或"不需要"的东西。在政治、文化、性、种族、语域以及阶级意义上，学生总是千差万别的。

正是学生之间存在的这种异常复杂的差异，可以为文化研究的课题、跨学科方法以及合作研究精神说话；而且，也正是学生群体之间的这种差异，使文化研究领域的许多学者难以应对。这些学生群体之间的同质性的消失，对于我们中间很多人来说，应该是一件值得骄傲的事情。因为，我们坚信，战后美国的希望，在很大程度上就取决于，向范围更大、更加分散的民众组成提供机会更多的高等教育。换句话说，文化研究对今天的学生来说**确实具有相关性**，而且也因而使他们产生兴趣；因为，它处理的是，对于学生的日常生活和经验具有自明的重要性的问题。正是这种论点认为，美国研究，不管研究方法和学派如何不同，但对日常生活都很重要。实际上，它从一开始起步，就持之以恒追求着这个目标。所以，文化研究并不是美国研究的竞争对手或者敌人，而应该是真正的同盟和补充力量。

对于那些抱怨，文化研究依赖的是对种族、阶级、性别、性指向（这些也都是在美国研究领域明显占据重要地位的范畴）的公式化的和可预见的考虑，我们也可以用上述意见来回应。这些范畴之所以重要，是因为它们曾经推动了对如此众多的领域的规划；是因为，有很多人一提起它们就总是有话要说。因此，这些范畴便利之处是很明显的：它们可以就比较主义的解释和理解向我们提供非常有用的关联点。种族、阶级、性别以及性指向，优胜之处也同样明显：它们能够把经济地位和社会关联拉到一块儿，有力地避开马克思主义对经济因素的过分限定，也不再单单重视女性主义、同性恋以及种族研究方法的身份政治学等，因为有时会给它们带来限制。对"种族—性别—阶级批评家"（约翰·埃里斯如此简化性地称呼某些文化批评家）的批评背后隐藏的意识形态，是一种比较陈旧的同化主义的理想：它建立在单一形态的"理性的人类"的启蒙模式之上。[①]　这样的批评家无法理解的是，许多致力于文化研究的学者，并不赞同这些现代观念，而是另寻他途转而要坚持阐明一系列的身份、存在者、主体性以及社会从属关系；因为，这些东西对人文学科和社会科学所研究的今天的各种不同的人和文化，更加适合。在这种情况下，文化研究领域的许多人文主义批评家，有理由感到不安；文化研究要求对康德、黑格尔、马克思和恩格斯以及弗洛伊德的综合性的现代理论之中所概括的有关人性、理性、公民美德以及家庭责任的单一模式进行再概念化。

　　有人抱怨，文化研究没有能"仔细阅读"。这是另一个十分重要，但又内在地无力的抱怨。因为，解构批评家们才常常这样发牢骚，而很多文化研究领域的学者跟他们一样赞同后结构主义有关语言和文化符号学的模式。雅克·德里达的研究已经使文化的解释这一任务大大复杂化了。这是因为，不论是什么特别的解释活动，它都要求我们去承认总是任意性的边界。任何话语，不论多么微不足道，都要把其中牵涉到的整个范围的持续力和延续力纳入思考范围，结果使解释者在理论上陷入对一种历史以及可能的接受的摘要式复述之中而无法自拔，尽管这样的重复完全超出了任何特殊的解释者甚或解释者团队的解释学把握能力。假设

---

　　① 约翰·M. 埃里斯（John M. Ellis），《失去的文学：社会议事日程与人文学科的堕落》（*Literature Lost*: *Social Agendas and the Corruption of the Humanities*，New Haven：Conn.：Yale University Press，1997）。可参考我对耐尔森和埃里斯观点极为不同的著作所做的书评，载《学院：美国大学教授联合会期刊》（*Bulletin of A. A. U. P.*，May-June 1998），第76—77 页。

真的出现这种文本主义的情况，而文化研究一般又能接受，那么，"细读"在完全地对文本阐述的形式主义意义上便是不可能的；而且，每一个文本事件还都需要对它所牵连到的复杂的文本间性悉心关注，不论这样的事件名义上是不是通俗、大众或者高级文化的一种效应。如果换句话说，这种情况可以这样表述：文化批评家总是要面对阅读这个问题，他明白任何特殊的解释活动都要依靠排除、省略，甚至是导致严重后果的、政治意义上强烈的抑制。所有这些仍然属于美国研究传统上视为它的多学科的规划组成部分的问题，因而这些问题必须在它的研究活动之中予以解决——比如说，"研究对象"是如何构成的？以及教学法——教学的合适"领域"是什么？

　　不过，对文化研究不关心文本的复杂性的抱怨，几乎全都来自对正典化文本和作家有兴趣的学者。如果说康德遭到批评是因为为人性的启蒙模式做出了贡献，那么，康德的捍卫者们抱怨的就是，这些批评家们没有"充分细读"去发现究竟后现代的康德是怎么回事。对黑格尔、"新的"尼采、鲍德里亚追随者们的马克思和恩格斯、拉康之后的弗洛伊德、齐泽克（Zizek）之后的拉康、西克苏和伊莉格瑞之后的德里达等等来说，情况也都是一样的。只要解释者说清楚，他或她为什么要对那个人物重新语境化，我就不会就主要人物和文本的历史性的修正主义式的解释提出反对意见。所有阅读行为都是受限制的，也都是有限度的；每一个解释，都要建立一个任意的解释学框架。每一次阅读也都是一种再阅读——对原文的意向，对文化规范，以及对被隐含的阅读动力。在仔细认真的阅读的要求背后，隐藏着一种深层的保守性的冲动：要促使我们聚焦于人们熟悉的、已被公认为难解而又严肃的文本。但是，通常的情况却是，并没有对这样的标准进行阐明或者予以辩护。今天，威廉·莎士比亚、约翰·济慈、卡尔·马克思、亨利·詹姆斯或者是西格蒙德·弗洛伊德，有多么重要？有人还会坚持认为，这些伟大的西方思想家，几乎没有必要为他们辩护。有人则会比较细致地解释、辩护、定位、证明、并争论——这些人物的当代相关性，因此也就会参与这样的学术讨论：它们能为有价值的教学、有用的学术研究以及具有历史性活力的学术交流铺路。

在有关这些正典人物的这样的争论过程之中，如果试图对他们定位，就不可避免地会参照玛丽·沃尔斯通克拉夫特、玛丽·雪莱、玛格丽特·福勒、弗利德里克·道格拉斯、利迪亚·玛丽亚·查尔德、哈瑞特·亚格布斯、哈瑞特·比弗·斯托、尼克·布莱克·埃尔克、弗朗兹·法农、埃利苟·卡宾特耶、恩格·格·瓦·西昂奥、苏尔曼·拉什迪、托尼·莫里逊所提出的主张。我忽然觉得，这种比较主义的阅读，同后结构主义有关文本间性和非有限的阅读地平域的模式十分接近，跟"仔细"而又精细地对个别文本进行阅读的理想距离遥远。后者正是由那些抱怨文化研究没有能"阅读"的人提倡的阅读方法，比如说理查德·罗蒂就曾激情澎湃地强调"受启发的阅读的必要性"。[①] 这种文本主义的立场，给我们带来的教训是，任何东西都是阅读和解释；学生总是、而且也已经，被要求他们阅读的、体积庞大而且极富进攻性的符号重重包围起来。他们必须一刻不停地读来看去，制造新的联结点、炮制新的连环套，但是要想抵达终结处或者说得出什么结论，那是毫无希望的。

---

① 理查德·罗蒂（Richard Rorty），《启发式阅读的必要性》（The Necessity of Inspired Reading），载《高等教育编年史》（*The Chronicle of Higher Education*，Februaryg 1996）；可参阅我在"致编辑的信"一栏之中做出的回应，载《高等教育编年史》（1996 年 3 月 8 日），B4。罗蒂的专栏版文章有另外一篇长文《伟大的文学作品的启发价值》（The Inspirational Value of Great Works of Literature）为蓝本。后一篇文章，先作为讲演在 1995 年 12 月的现代语言协会的年会例会上发表，后在《拉瑞顿》（*Rariton*16，Summer 1996，pp. 8—17）刊出；收入罗蒂，《赢得我们的国家：20 世纪美国的左派思想》（*Achieving Our Country：Leftist Thought in Twentieth-Century America*，Cambridge, Mass.：Harvard University Press，1998），第 125—140 页。

　　我并无意争论说，在课堂上以及正式的解释活动过程中，我们代表的仅仅是这种后现代的言语模仿症。训练细读文本，只要我们教育学生通过对任何文本的阅读就可以领会文本，那么它就可能是有价值的。有一些文本比其他文本更重要吗？为什么重要？如何重要？什么时候重要？我们的学生应该学会提出这样的问题，而我们则必须给他们提供能够明确地把他们自己的答案讲述出来的途径。莎士比亚和亨利·詹姆斯不会仅仅因为他们自明的以及无可否认的文学优点，在21世纪不复存在。将会有一代又一代的学生阅读他们的作品，原因是可以按照与他们在其中被接受的历史和社会语境相关的方式来对他们进行解释。

　　最后，我希望论述一下对文化研究提出的最常见的批评：在我们当代的种种政治争论之中，知识本来应该是中立的、不带价值观念的，但是文化研究却使知识政治化了。美国研究领域的学者，将会辨别出来，这种批评常常是针对他们自己的研究领域的。的确，我们的政治和社会批判传统，过去经常使美国研究在学术界被边缘化，尽管它研究的课题广受欢迎，而且也十分重要。我之所以要在这篇文章的最后才对这一反对意见进行论述，那是因为，如果不先对文化研究的界定性的本质属性进行探讨，我们就不能把握它不可化约的政治品格：它致力于理解，决定着人类意义和价值规律的不同文化力量之间的不可能总体化的关系；这些力量与使用并接受它们的特殊历史和社会环境的相关性；从任何普遍的和例外主义的理论或模式来理解这样的情况的不可能性；对可以促进对不同的历史和文化环境的比较性的解释同时又能避免使之本质化的诱惑的、有助于比较的术语的需要，比如说像种族、阶级、性别以及性倾向等等。我们在用文化研究的限定去重新审视这些术语的时候，应该下结论说，文化研究批评家们不可能想象出来可以跟它的政治和社会功能相脱离的知识；即使在这样的知识被呈现为政治上是中立的，不包含价值观念，科学意义上又是普遍性的（或本质性的）。甚至是，如果我们希望置身于文化研究的框架之外，因而坚持认为知识有可能摆脱它的政治和社会意义；那么，文化批评家也会回答说，他或她的兴趣的核心是，这样的超政治知识如何可能在特殊的社会、政治和历史环境之内发挥作用。针对它的批评者们的挑战"为什么所有的知识一定是政治性的呢"，文化研究给予的答复是："如果知识不是政治性的，那么，它又能行使什么样的社会功能呢。"如果以这种方式对诸多批评进行释义，我们或许可以开始认识到，有关学术政治化的激烈的争论，可能取决于对我们所说的政治的不同解释。对于文化批评家们来说，这个术语一般指的是，社会统辖和民族社会内的主体与群体所具备的、要为这种统辖承担自身的责任的智性能力。在自由主义的教育领域，任何事物都是政治性的，因为自由主义的教育培养学生是要他们去做善良的、会思考的、能批评的公民。

以上论述了当代出现的对文化研究的抵制背后存在的种种意识形态原因。我的论述遵照的是，这种批评牵涉到的抵制，比要求学术研究要更深入、理论自觉性更强、阅读要更加仔细认真等主张所含有的那种抵制要根深蒂固得多。保罗·德曼在为《对理论的抵制》下的结论中，将他在这篇文章之中所提出的修辞解构戏剧化了——他很聪明地论述说："任何东西都不可能克服对理论的抵制，因为理论本身就是这样的抵制。"[①] 文化研究也可以说提供了一种文化抵制：它否定了对它的批评并且使这样的批评家们非神秘化了。但是，文化研究或文化批评，一定要在各种不同的"语言时刻"完成这项工作，其中包括那些体制性的、课程上、教学法之中的以及公共意义上的环境；在这里，修辞所涉及的，就不仅仅是名称的简单调换或者说词句的诙谐使用了。

---

① 德曼，《对理论的抵制》，第 19 页。

对文化研究的抵制，面具下面遮掩的是学术界里一种层次深得多的保守主义，它仅仅抓住正典文本及其人物、既定的课程以及学科分类，尽管那些东西是在某一个历史时期产生、某一些体制环境之内运作的；在那样的情况下，智性的、教育方面的以及学术的种种变化还杳无踪影。美国研究领域的学者应该承认，在文化研究之中，存在着具有补充作用的智性的事业，它涵盖全球的研究范围可以促进美国研究所需要的那种比较主义的文化工作，这样才能克服狭隘的民族国家主义或例外主义的模式。

第二部分

文本举例

第五章

霍桑的鬼魂在亨利·詹姆斯的意大利：雕塑形式、浪漫叙事以及性行为在 19 世纪的作用

> 这么说吧，霍斯默尔小姐也很固执。说她是独立的吧，要打个折扣。而且，她总是跟我不喜欢的那号人混在一块儿，所以我很难帮上她什么忙……作为艺术家，她可能有，也可能没有创造才能。不过，如果她真有的话，她就不是成了第一个妇女了吗？
>
> ——威廉·维特莫尔·斯道瑞对詹姆斯·拉塞尔·洛威尔
> 讲的话（1853 年 2 月 11 日），引自《威廉·维特莫尔·
> 斯道瑞及其朋友》[第 256—257 页]

> 假若［作者］可以从一位女士那里偷到什么的话，他一定会把霍斯默尔小姐令人倾慕的泽诺比亚的雕像拿走。
>
> ——霍桑，《大理石雕像·序言》(1985)［第 10 页］

斯道瑞说的"海蒂"当然是指哈里特·霍斯默尔小姐。她是美国"女士雕塑家"组成的那个奇特的妇女组织成员之中最杰出的一位。这一群大理石一般的白种雕塑家聚集起来，一度曾定居于七山（the seven hills）之上……这些艺术

家的异军突起、事业成功以及持续发展的历程，在散见各处
的代表着她们的鼎盛时期的纪念碑式的遗存之中还可见出端
倪，但这些东西有可能引导我们走向奇异而又扭曲的旁门左
道……

——亨利·詹姆斯，《威廉·维特莫尔·斯道瑞
及其朋友》（1903）［第 1 卷，第 257 页］

　　我在《一扫而光：亨利·詹姆斯、玛格丽特·福勒以及
〈最后一位瓦拉瑞伊〉》一文中指出，亨利·詹姆斯在文学事业
刚刚起步的时候，一直在重复他尊奉的最为重要的新英格兰先
驱，特别是老亨利·詹姆斯以及霍桑的反女性主义的观点，并且
在很多情况下是延伸了这样的观点。① 我的论点的主要依据是，
这些男性超验主义者在对他们的朋友和文学同道玛格丽特·福勒
的描述之中表达的是父权制的观点，并且极力为这种观点辩护。
而年轻一辈的亨利·詹姆斯，后来在 19 世纪 70 年代或 80 年代，
在他撰写的《威廉·维特莫尔·斯道瑞及其朋友》一书，有关
生活在罗马的美国艺术家及其群体的聚居地的有趣故事的再建构
之中，也提到了福勒。在这部著作里，他提出，要把"这个美
国人的世界在社会、个人以及美学等方面同欧洲人的老关系"
再现出来。但是，直到全书结束，却只是显示出了他自己的心

---

　　① 约翰·卡洛斯·罗，《一扫而光：亨利·詹姆斯、玛格丽特·福勒以及
〈最后一位瓦拉瑞伊〉》（Swept Away：Henry James，Margaret Fuller，and "The Last of
the Valerii"），收入詹姆斯·L. 迈克尔（James L. Machor）编，《历史之中的读者
们：19 世纪的美国文学与反应的语境》（Readers in History：Nineteenth-Century Ameri-
can Literature and the Contents of Response，Baltimore，Md.：The Hopkins University
Press，1993），第 32—53 页；此文的修改稿作为第一章收入拙著《另一个亨利·
詹姆斯》（The Other Henry James，Durham，N. D.：Duke University Press，1998），第
38—55 页。

理—诗性的和文化的根基。① 特别值得指出的是，我仔细研究了，亨利·詹姆斯在写作《威廉·维特莫尔·斯道瑞及其朋友》的时候，要把福勒再现为他所说的"玛格丽特鬼魂"带有的动机：他把这个昔日的鬼魂，同维多利亚时代人的想象当中的另一个挥之不去的悲剧人物——比阿特丽丝·塞恩西联系了起来。奎都·莱尼创作的比阿特丽丝的肖像当时还挂在巴拜瑞尼宫殿之中——1856 年的时候斯道瑞一家就居住在这座宫殿的三楼（《威廉·维特莫尔·斯道瑞及其朋友》第 1 卷，第 337 页）。②

不管是福勒，还是在 19 世纪大受欢迎的比阿特丽丝·塞恩西，明显都可以将詹姆斯在《威廉·维特莫尔·斯道瑞及其朋友》之中所做的思考，同霍桑的小说，尤其是《快乐谷浪漫故事》（1852）和《大理石雕像》（1859），以及霍桑在《法兰西和意大利札记》之中对他本人在意大利的经历所做的叙述联系起来。长期以来，福勒都被视为霍桑的《快乐谷浪漫故事》之中的泽诺比亚的原型。但是，她实际上只是《大理石雕像》之中神秘而又悲剧性的人物米里亚姆的好几个可能性的原型中间的一个。的确，福勒曾经卷入 19 世纪 40 年代意大利的共和革命，并同马志尼的另一位追随者安哲罗·奥索里侯爵结婚。这便进一步加重了霍桑在 1980 年为《大理石雕像》所写的"后记"之中的看似游戏的那种意味：米里亚姆"神秘的"昔日经历，不知怎么牵涉到了 1848 年之后的意大利的动荡不安的政治形势——共和派力量同教皇庇流士九世之间你争我斗，因为后者力求在教皇统辖下的各国之中赢得很多政治权利，同时又得到了拿破仑三

---

① 亨利·詹姆斯，《威廉·维特莫尔·斯道瑞及其朋友：根据信件、日记以及回忆录》（*William Wetmore Story and His Friends*：*From Letters*，*Diaries*，*and Recollections*），两卷本，（Bostan，Mass.：Houghton Mifflin，1903），第 5 页。

② 有关我对詹姆斯将福勒和 19 世纪非常流行的比阿特丽丝·塞恩西的众多传说及艺术画像结合起来的论述，可参看第 142 页注①引用书，第 37—42 页。

世的法国在 1849 年到 1870 年间派驻的占领军的支持。① 人们一般认为，霍桑在这篇"后记"之中，有意拿读者寻开心，因为他们试图"解开"那种特设的浪漫谜团：他之所以设计那样的谜团，是想通过祈祷来应对人类堕落之后的历史，并以某种戏剧形式使原罪和人类命中注定的罪恶（felix culpa）寓言化。这种看法没有什么不对。不过，他的游戏之笔（jeu d'esprit）也可能是指福勒的"家庭关系"：福勒同奥索里侯爵结婚，而后者的父亲是教皇卫队的一个军官，因而坚定不移地反对共和党人。②

　　对于年轻的亨利·詹姆斯来说，玛格丽特·福勒不加掩饰地为争取妇女的权利、废除奴隶制度而尽心尽力，所以她身上浓缩了他的文学先驱者们的种种焦虑：是女性知识分子以及艺术家们的文化工作引人注目的可能性，让他们坐卧不宁。不过，我在前面提到的讨论玛格丽特·福勒的那篇论文里主要关注的是，霍桑和亨利·詹姆斯二人明显都既对妇女不屑一顾，但又矛盾地心迷神醉。他们二人的迷恋激发了我的热情，同时也使我忽略了霍桑在意大利逗留的那两年时间里（1858—1859）遇到的女性作家、艺术家以及雕塑家们结成的十分复杂的组织。霍桑将他的所见所闻记录在他的《意大利札记》之中。而且，令人感到不可思议的是，对于这些艺术家结成的组织，亨利·詹姆斯在《威廉·维特莫尔·斯道瑞及其朋友》中也做了回忆。在这一部作品之

---

① 纳撒尼尔·霍桑著，威廉·恰瓦特（William Charvat）、罗伊·哈维·皮耶斯（Roy Harvey Pearce）、克劳德·M. 辛普森（Claude M. Simpson）编，《大理石雕像：或，蒙特·本尼的浪漫故事；纳撒尼尔·霍桑作品百年版》（*The Marble Faun：Or, The Romance of Monte Beni, Centenary Edition of the Works of Nathaniel Hawthorne*；Columbus, Ohio：Ohio State University Press, 1968），第 4 卷，第 464—465 页。

② 在他为"百年版"《大理石雕像》所写的"文本简介"之中（第 XIV 页），弗雷德森·巴沃斯（Fredson Bowers）在解释到 1860 年为这一浪漫小说添加的"后记"时指出："1860 年 3 月 16 日以后不久……第二版——封面上写的是第二次印刷——出版了，其中就收有新添的这一后记。"至于癸亚塞比·奥索里反对福勒跟他的儿子结婚的有关情况，可参见贝尔·盖尔·契维格尼（Bell Gale Chevigny），《妇女与神话：玛格丽特·福勒的生活与写作》（*The Woman and the Myth：Margaret Fuller's Life and Writings*, Bostan, Mass.：Northeastern University Press, 1994），第 379 页。

中，詹姆斯不仅引证他的文学前辈们所处的时代的情形，而且掺杂上了他自己在 1896 年、1872—1873 年以及 1873—1874 年间在访问意大利时各种见闻的回忆：在访问期间，霍桑二十年前在意大利欣赏到的文化场面，其遗留部分他也得以亲眼目睹。这几次对意大利的访问，为他 19 世纪 70 年代早期写的篇幅不长的小说提供了大量的素材。这部小说不仅深受他的新英格兰前辈们的影响，而且还发展出了作家自己的后—浪漫主义的主题和风格。通过所有这些复杂的意大利影响，19 世纪特有的男性的焦虑——有关妇女个人独立以及自我突出，政治上对父权制的挑战，以及公众对女性的艺术及知识成就的不断高涨的称颂喝彩，就像在霍桑的著作之中一样，也都在詹姆斯的所有作品之中发挥着作用。在本章当中，我要逐一分析的是，霍桑与詹姆斯的在性及文学两个方面维护男性权威，反对女性主义的挑战，协调 19 世纪美国变化多端的性政治领域存在的同一社团性的、同一性欲的以及同性恋的欲望之间的关系等方面，究竟有什么异同之处。①

---

①　这里我遵照的是，斯科特·S. 德里克（Scott S. Derrick）著，《纪念碑式的焦虑：19 世纪美国文学之中的同性恋欲望与女性影响》（*Monumental Anxieties: Homoerotic Desire and Feminine Influence in 19th-Century U. S. Literature*，New Brunswick，N.，J.：Rutgers University Press，1997）之中的理论和历史性的论点："在 19 世纪，人们不断努力，试图以性别为基础对男性和女性实质化并将他们分别开来。这种努力产生的后果是，在同一性别的成员之间创造出了力量异常强大的纽结。"此外，"对男性力量这种东西强烈的欲望"，"有可能经常创造出对作为它的不可避免的副产品的另一个男性的身体的同性恋的欲望"，尤其是在男性力量受到挑战的时候（见该书，第 28 页）。不过，这里我要承认，我个人有关男性意识形态的力量的主张，是以创造同一性欲望和同性恋欲望的著作为基础的，这同德里克的观点是一致的，尤其是当他承认下述情况的时候："对另外一些男性的欲望，可能来自别的渠道，比如说一种主要是同性恋的指向"，即使这样的欲望"在理解（19 世纪的父权男性力量特有的）渴望和认同的观念，并远离这些观念来做自身表达方面存在困难"（同上书，第 28—29 页）。霍桑和詹姆斯对妇女权利和独立女性的反应之间存在着差异，其原因可以归结为，历史时期不同（因而还有意识形态也不尽相同）以及两位作家的性指向不同（德里克将詹姆斯的"主要指向"处理成"几乎可以肯定是同性恋"；而霍桑，在他那里，则"主要是异性恋"）（同上书，第 29 页）。二者之间的差异程度，只能在对他们各自对类似的历史和文学人物、地方和事物做仔细的研究之后，才能判断出来。

在《一扫而光》一文里，我把《最后一位瓦拉瑞伊》
(1874) 之中对朱诺的一个经典雕像的出土及随后的再掩埋的描
写，解释为詹姆斯的一个象征：他试图极力捕捉并抑制 "新妇
女们" 的极有威胁的力量——这是一种女性权威，福勒在希腊
神话和悲剧的英雄女性之中找到了它的历史先驱。[①] 詹姆斯之所
以提及经典雕像的 "发现"，其意义远远超出了福勒的超验主
义；19 世纪的考古学和雕塑艺术，在促进这一世纪从 20 年代到
70 年代的所有的雕塑、建筑以及绘画领域内的浪漫主义方面发
挥着补充性的作用。[②] 尽管霍桑和詹姆斯是在不同的时期对艺术
家及其作品进行评论，但他们都同样对这些绘画以及雕塑心迷神
醉，也都同样显示出自己的困惑。米里森特·贝尔，还有最近的
里塔·戈林和约翰·伊多尔，都曾经雄辩有力地解释了，霍桑是
怎样将绘画和雕塑艺术用之于他的小说创作之中的。我将通过详
细阐述他们的研究成果，以及威耶拉·维那和阿德林·廷迪那等
诸多研究詹姆斯、探讨绘画艺术对他的作用的学者的观点，希望
能够就霍桑和詹姆斯对这两个姊妹艺术的防御性的回应做出解
释。在某种意义上，他们二人都在自己的小说之中吸收了雕塑和
绘画艺术的再现方法，以求将自己的作品同更加神圣庄严的艺术
媒介联系起来。但从另一种意义来看，他们二人又都希望通过竞
争，赢得 19 世纪很多雕塑家和画家们才享有的声誉名位。

如果这些艺术家是女性，那么，这种焦虑就再明显不过了。
在本文的题记里，我摘引了一组男权性的、对哈里特·霍斯默
尔——以浪漫主义形式出现的最重要的美国雕塑家之一——的回
应文字。威廉·斯道瑞摆出资助者的架势，对霍斯默尔评头论

---

①　见第 142 页注①引罗著作，第 48 页。

②　1820 年在米洛斯对 "米洛的维纳斯"（"米洛的阿芙洛狄忒"）的发现，只
是 19 世纪在古典大理石和青铜雕像方面很多轰动一时的发现中间的一个。这些发
现，有力地推动了这一时期的新古典主义雕塑。

足，泄露出的却是他本人的恐惧：霍斯默尔的艺术成就和天才，有可能超过他本人。可现代的艺术史家们大多也的确同意这一看法。霍桑以外交家的口气，以骑士般的风度，对霍斯默尔那一性别的人表示尊重，但又特地声明自己在《大理石雕像》之中刻画凯尼恩的虚构画室或其他别的工作室的时候，并没有借鉴霍斯默尔的雕塑成果。但是，霍桑提及的霍斯默尔的英雄［神话］人物雕塑《泽诺比亚》，却成了他的这部浪漫小说里几个隐喻之中的一个，尽管与他在这一小说的戏剧性行为当中特地安排发挥作用的男性雕塑家的雕塑作品迥然不同。实际上，霍桑在《大理石雕像》的戏剧性行动当中，至少有两处明显提到霍斯默尔的作品。凯尼恩的大理石人手雕像，以希尔达为模特；凯尼恩在"一个雕塑家的工作室"向米里亚姆展示了这一作品（第13章）。这尊雕像让人联想到《紧握的双手》中的那双手，而这是霍斯默尔以布朗宁的手为原型塑造出来的。现在，这座雕像已经

哈里特·霍斯默尔，《比阿特丽斯·塞恩西》（1856）

成为一件著名的维多利亚时代的浪漫主义的爱情的艺术品（《大理石雕像》，第 120 页）。霍桑不断提及比阿特丽斯·塞恩西（尽管只是在主要提到奎都·莱尼做的肖像的时候顺便提及），也包括霍斯默尔的雕塑《比阿特丽斯·塞恩西》（1856）：斜倚在"她囚室当作一张床的凸起的石块上边"，雕塑之中她"酣然入梦"以及"自然的"姿态，同维多利亚时代人的想象大相径庭。因为，在那个时候，她恶名远扬，因而在人们心目中只是一个因为贞洁受到侵犯愤而杀死亲人的可怕的怪物。[①] 詹姆斯将霍斯默尔与生活在罗马的"美国'女士雕塑家'组成的那个奇特的妇女组织"那"一群大理石一般的白种雕塑家"相互统一起来，似乎是在对这三方极尽嘲讽之能事，并且显示出极其傲慢的态度（《威廉·维特莫尔·斯道瑞及其朋友》第 1 卷，第 257 页）。这让人联系起霍桑本人绝望的抱怨：那"一群该死的妇女满纸涂鸦"，竟然"拿她们造出来的垃圾""征服了公众的鉴赏能力"。[②]

哈里特，或者说"海蒂"·霍斯默尔（1830—1908）1852 年从美国出发到意大利旅行，1855 年赶到罗马同英国雕塑家约翰·吉布森一起学习。后者当时在罗马工作，是"夫莱克斯曼的新古典主义传统的继承人"，他本人也是"卡纳瓦和索沃德森"的学生。[③] 霍斯默尔作为一位雕塑家在罗马生活多年，也很多产。在那段时间里，她取得了突出的成就，成为最重要的美国新古典主义雕塑家中间的一个，而且也是女性艺术家小组的核心

---

① 多利·舍伍德（Dolly Sherwood），《哈里特·霍斯默尔，美国雕塑家，1830—1908》（*Harriet Hosmer, American Scuptor, 1830—1908*；Columbia, Mo. : University of Missouri Press, 1991），第 134 页。

② 霍桑给威廉·提克诺（William Ticknor）的信（1855 年 1 月），引自卡罗琳·提克诺（Caroline Ticknor），《霍桑和他的出版人》（*Hawthorne and His Publisher*, Boston, Mass. : Houghton Mifflin Co. , 1913），第 141 页。霍桑对美国当时广受欢迎的文学趣味抱怨有加，并解释说这就是他之所以要待在欧洲的原因。

③ 威因·克莱恩（Wayne Craven），《美国的雕塑》（*Sculpture in America*, New York : Thomas Y. Crowell Co. , 1968），第 327 页。

人物当中成就突出的一个。这一小组艺术家还有，玛格丽特·福勒、玛丽亚·露伊萨·兰德、埃玛·斯特宾斯以及埃德蒙尼亚·路易斯等。① 詹姆斯在《威廉·维特莫尔·斯道瑞及其朋友》之中提及这些艺术家时并没有提到她们的名字。但是，他显而易见在文中影射埃德蒙尼亚·路易斯（1845—?），这一点完全可以辨别出来，因为他以法西斯的腔调，说她是"一个印第安［齐佩瓦族］妇女和一个黑人男人的女儿。她三岁时，父母双亡"。② 路易斯以她的雕塑的历史性和理想性的主体著称于世，而这些东西"源自于黑人事业的种种斗争或者印第安人的生活及其传说"。因此，在詹姆斯那里，路易斯被大加贬低，并被边缘化了："这个妇女团体中间有一位，如果我没有弄错的话，是一位黑女人。她的皮肤颜色，色彩斑斓地同她使用的雕塑材料大相径庭。这也是她谋取声名的手段，真是可怜。"（《威廉·维特莫尔·斯道瑞及其朋友》第 1 卷，第 258 页）③ 在詹姆斯对这些"美国的'女士雕塑家们'"的描述之中，海蒂·霍斯默尔的作用是，她代表了所有的艺术家，似乎"她们实际上［在罗马的］同时出现这一奇特的现象"，以及她们"异军突起、事业成功以及持续发展的历程"，可以在某种意义上用来解释她们的"姐妹团体"的某种特色（同上书，第 257—258 页）。詹姆斯承认，"霍斯默尔小姐有天才"，但不无嫉妒；同时，他也是在暗示其他"女士雕塑家"没有天才（同上书，第 258 页）。

研究霍桑的学者们知道，19 世纪有很多《大理石雕像》的读者都认为，海蒂·霍斯默尔有可能给希尔达做过模特。很多人也认为，曾经给霍桑雕塑过胸像并在社交场合与霍桑相结识的露

---

① 威因·克莱恩（Wayne Craven），《美国的雕塑》（*Sculpture in America*，New York：Thomas Y. Crowell Co.，1968），第 330 页。

② 同上书，第 333 页。

③ 威因·克莱恩（Wayne Craven），《美国的雕塑》（*Sculpture in America*，New York：Thomas Y. Crowell Co.，1968），第 334 页。

伊萨·兰德，也是米里亚姆的模特。[①] 兰德（1826—1923）1855
年来到罗马，作为学生兼助手在托马斯·克罗福德的工作室工
作。即使在 19 世纪中叶的一个思想解放的妇女来看，兰德的生
活作风也是异常放荡不羁的。因为她在罗马"行为轻率"，致使
"同行艺术家们"组成了一个以威廉·维特莫尔·斯道瑞为首的
"委员会"，"去申斥她"没有缔结婚约便同"某个男人"同居
一室，而且"做模特暴露自身"——那一定是指赤裸着身体。[②]
斯道瑞代表这一自我任命的道德委员会，请兰德"去见美国的
牧师，发誓说明谣言不符合事实"。但是，兰德不仅判断能力极
强，而且敢作敢为，所以一口拒绝。[③] 兰德在 1858 年完成了霍
桑的半身雕像。在那个时候，有关她的行为的谣言，还没有在罗
马的艺术家居住区成为尽人皆知的事情。在她拒绝服从斯道瑞的
命令之后，便被那个群体冷落在了一边，其中也包括霍桑一家，
因为他们虽然为半身雕像付了钱但根本没有把它取走。[④] 谣言四
起，凡是任何一个生活在罗马的新式的艺术家，只要是传说中所
能做的丑事恶事，全都盖在了她的头上。肆意的污蔑毁誉，甚至

---

① 多利·舍伍德（Dolly Sherwood），《哈里特·霍斯默尔，美国雕塑家，
1830—1908》（*Harriet Hosmer, American Scuptor, 1830—1908*；Columbia, Mo.：Univer-
sity of Missouri Press, 1991），第 195 页。

② 多利·舍伍德（Dolly Sherwood），《哈里特·霍斯默尔，美国雕塑家，
1830—1908》（*Harriet Hosmer, American Scuptor, 1830—1908*；Columbia, Mo.：Univer-
sity of Missouri Press, 1991），第 214 页。

③ 同上。

④ T. 沃尔特·赫伯特（T. Walter Herbert），《最亲爱的爱人：霍桑一家与中产
阶级家庭的形成》（*Dearest Beloved: The Hawthorns and the Making of the Middle-Class
Family*, Berkeley, Ca.：University of California Press, 1993），第 231 页。赫伯特在这
里指出，兰德的拒绝"对'调查'做出回应"，并没有能阻止住谣言："人们已经把
它普遍接受下来，认为那是不争的事实。对此，露伊萨则以蔑视的态度予以回应。"
赫伯特将霍桑因为性丑闻对兰德故意冷落，同他们对"他们在意大利参观到的绘画
以及雕塑中的裸体"的否定性反应，以及"他们的思想明显在有关艺术家与模特的
性互动问题上形成了某种判断"联系了起来。

使霍斯默尔本人也对她的这位同行退避唯恐不及。①

　　T. 沃尔特·赫伯特曾经认为，霍桑之所以"不愿要"兰德给自己做的半身雕像，其想法是，兰德的性行为方面有不当之处，他害怕牵涉进去，否则谣言一旦出现，自己就有口难辩。但是，实际上，纳撒尼尔·霍桑已经为她"摆了姿势"，而且还有可能在某种程度上是脱了衣服（他的半身雕像很传统化，所以再现的是他光着膀子的上半身）。更何况，19世纪的美国的道德氛围已经压抑到了离奇的地步，所以人们在心理上动不动就会产生力比多的联想，而且千丝万缕纠缠一处，让人无法摆脱。② 劳拉·罗默若曾经指出，霍桑经常对大受欢迎的女性作家取得的成就大放厥词，批评她们写的是"对自己的私生活不加掩饰的转述"。在一个值得注意的段落中，霍桑描绘说，范妮·费恩抛掉了"任何自重的约束"，为的是"赤裸裸来到公众面前"。③ 字面的以及比喻意义上当众展示的"裸体"，在19世纪的美国，以各种不同形式表达出有关性行为的种种焦虑；这样的文化焦虑〔张力〕也典型地反映了同一时代的政治问题，比如说妇女权利和废奴制等。④

---

　　① 至于霍桑同玛丽亚·露伊萨·兰德（Maria Luisa Lander）之间的关系的深入论述，可参见罗伯特·L. 盖尔（Robert L. Gale），《纳撒尼尔·霍桑百科全书》（A Nathaniel Hawthorne Encyclopedia，Westport, Ct.：Greenwood Press, 1991），第272—273页。

　　② 罗伯特·L. 盖尔（Robert L. Gale），《纳撒尼尔·霍桑百科全书》（A Nathaniel Hawthorne Encyclopedia，Westport, Ct.：Greenwood Press, 1991），第232页。

　　③ 罗拉·若米罗（Lora Romero），《家庭阵线：美国的家庭生活及其批评家们》（Home Fronts：Domesticity and Its Critics in the Antebellum United States，Durham, N. C.：Duke University Press, 1997），第103页。霍桑在1855年2月5日给他的出版人提克诺的信中提到这一点，他指的是范妮·费恩，参见第148页注②引书，第103页。

　　④ 约翰·戴米里欧（John D'Emilio）和埃斯特里·B. 福雷德曼（Estelle B. Freedman），《亲密事件：美国性行为史》（Intimate Matters：A History of Sexuality in America，New York：Harper and Row, 1988），第157—158页，讨论"中产阶级中间对性行为越来越严重的沉默寡言"对"战后时期的美国艺术家们"的影响；尤其是"欧洲艺术之中刻画赤裸的人体是可以接受的"，而"那些在美国举办过展览的却发现，裸体和性行为是极有争议的"。当然了，国内的这种古板正经解释了，好几位美国雕塑家何以要在欧洲工作，那些选择新古典主义风格和主体的雕塑家为什么会因为墨守成规而得到人们的尊重进而使其裸体作品可以为人接受。

希拉姆·帕沃斯,《希腊奴隶》(1843)

威廉·维特莫尔·斯道瑞，《利比亚女巫》（1861）

上述旅居罗马的有造诣的艺术家，只是 19 世纪众多美国雕塑家、画家以及作家中间的几个例子，他们步诸如霍雷肖·格林诺、希拉姆·帕沃斯以及托马斯·克洛夫德等新古典主义者的后尘，形成了艺术史家威因·克莱文所称之为的生活在意大利的"第二代"美国人群体。[1] 19 世纪旅居海外的艺术家，中间有很多运用他们新古典主义艺术风格的作品描述废奴制和女性权利等政治题目。由于希拉姆·帕沃斯著名的雕塑《希腊奴隶》（1843）的影响，随后的新古典主义雕塑之中的裸体在古板的美国观众那里变得逐渐可以接受。尽管帕沃斯的主题实际上是对"希腊人民为脱离他们的残暴的统治者土耳其人所做的英雄的斗争"的讽喻，但他的作品还是为战后美国的废奴制的斗争做出了贡献。[2] 威廉·维特莫尔·斯道瑞的《克里奥佩欧特拉》（1858），"在斯道瑞所处的时代就为他赢得了最崇高的国际声誉"，霍桑在《大理石雕像》之中将它置放在凯尼恩的工作室之中，而他的《利比亚女巫》（1861）用非洲模特和特色来替代希腊女性人物的"纯粹的古典主义"。从某种程度上说，斯道瑞只是对他所处的时代的浪漫的逃避主义做出了贡献：从"尼罗河谷、底格里斯和幼发拉底，以及圣地的沙漠深处"的考古成果之中汲取有益的营养，以探讨希腊以前的诸多文明。[3] 在某种意义上，斯道瑞以他自己孤高玄远而且常常是难以理解的方式抗议南方的奴隶制，因为他在刻画传说中的非洲妇女的英雄雕塑之

① 约翰·戴米里欧（John D'Emilio）和埃斯特里·B. 福雷德曼（Estelle B. Freedman），《亲密事件：美国性行为史》（*Intimate Matters: A History of Sexuality in America*, New York: Harper and Row, 1988），第 268 页。
② 同上书，第 116 页。
③ 威因·克莱恩（Wayne Craven），《美国的雕塑》（*Sculpture in America*, New York: Thomas Y. Crowell Co., 1968），第 277 页。

中，对 19 世纪非洲裔美国人的种种根源进行了神话化。①

哈里特·霍斯默尔的《非洲女巫》（1868?），不论是与斯道瑞的《克里奥佩欧特拉》还是他的《利比亚女巫》相比，政治意味都要显豁得多。正如霍斯默尔的传记作者多利·舍伍德所指出的，霍斯默尔的雕塑"起始于 60 年代，以解放作为主题"。那位"黑人女性人物"，"脚前有一个黑人男孩"，"据说是正在预言她的种族的自由未来"。② 在 19 世纪 40 年代末和 50 年代初，她还是一个年轻女子的时候，坚持反对废奴主义的观点：她在圣路易斯求学期间曾同克罗一家待在一起，所以极有可能受到了克罗一家的"温和的辉格党哲学"的影响。尽管如此，到了接近美国内战爆发的那几年时间里，霍斯默尔态度骤然一变，猛烈地对奴隶制度进行批评。③ 詹姆斯称赞斯道瑞的雕塑将动态的活力转化成了纯粹的"叙事"：在这样的叙事之中，雕塑凭借着人物的姿态以及它各种各样的装饰品讲述了一个完整的故事。不过，在大多数情况下，詹姆斯断定，斯道瑞的雕塑叙事属于对"通过历史、诗歌、传说早就奉献给了想象的……主题，以及它们的所有符号和标志、它们的容貌特征和强化手段都这样交付出来的主题"的常规性的再利用（《威廉·维特莫尔·斯道瑞及其朋友》第 2 卷，第 77 页）。但是，詹姆斯从斯道瑞的神话和理想主题之中读出来的种种故事，是"不加掩饰而且强劲有力地浪漫性的"。因为，他关注的是，如何将"前代"的雕塑家由于

---

① 威因·克莱恩（Wayne Craven），《美国的雕塑》（*Sculpture in America*, New York: Thomas Y. Crowell Co., 1968），第 279 页。

② 多利·舍伍德（Dolly Sherwood），《哈里特·霍斯默尔，美国雕塑家，1830—1908》（*Harriet Hosmer, American Scuptor, 1830—1908*; Columbia, Mo.: University of Missouri Press, 1991），第 313 页。

③ 同上书，第 25、204 页。霍斯默尔的朋友和同班同学科妮莉亚·克罗的父亲维曼·克罗，"极力呼吁逐渐而且主动地解放奴隶"，并在 1853 年解放了他自己的奴隶。"海蒂在罗马得知这一消息，不禁欢欣鼓舞。"（见该书，第 25 页）

"暗淡无光的学院性阴影"而没有得到成功的处理的古代传说戏
剧化并且完全得到理解（同上书，第77、78页）。

霍斯默尔的雕塑也一样总是以其动态的活力显示出叙事性，
其表述方式显而易见同19世纪的诸多政治问题相互关联。她的
《被缚的泽诺比亚》（1859）名义上取材于3世纪时帕尔迈拉
［叙利亚中部—古城，公元273年被罗马皇帝部分破坏］女王抗
击罗马，被奥里安［罗马皇帝，270—275年在位］俘虏，以及
她在罗马遭受象征性的侮辱的历史故事。霍斯默尔的泽诺比亚具
有帝王一般的风度气魄、举止高雅，再加上她从肩膀一直垂到地
面的服装上边的希腊古典式的线条，所以她同《19世纪的女性》
之中福勒的朱诺、伊菲革涅亚以及安提戈涅等一样，很大程度上
是对神话女性的19世纪式的理想化。① 1859年3月15日，霍桑
访问了霍斯默尔的工作室，参观到了《被缚的泽诺比亚》的最
后雕成之前的黏土模型。这时候，霍斯默尔的"高雅的、英雄
的颂歌"给他留下了强烈的印象，尤其是雕像再现泽诺比亚大
义凛然昂首走过3世纪的罗马的神情的艺术力量：

_____

① 有关福勒对希腊［神话］女英雄的处理的讨论，可参见第142页注①引罗
氏著作第43—44页。在《19世纪的妇女》（*Women in the Nineteenth Century*，New
York：W. W. Norton and Co. Inc.，1971），第197页，《附录7，欧里庇得斯、索福
克勒斯》（Appendix G. Euripides. Sophocles）之中，福勒利用她的另一个叙事性自
我米兰达的声音，去评论"有关希腊悲剧作家们刻画的众多女性人物……的很多
引喻"；开始就乞灵于"伊菲革涅亚及安提戈涅"，作为已经被19世纪的文化的
"糟糕的教养""阻碍生长并损毁价值"的女性的活力和独立性的模特；结论是，
"像你们这样的心，就在我的胸中在跳动，如果说还没有觉醒的话；而我的思想已
经发生转变"。由这一语境，我想到了朱迪斯·巴特勒（Judith Butler）1998年（5
月8、11及12日）的系列性讲座"安提戈涅的主张：亲情，反常与精神分析"
（Antigone's Claim：Kinship，Aberration and Psychoanalysis）（加利福尼亚大学欧文分
校的批评理论研究所举办的系列讲座）。在讲座之中，巴特勒重新解释了安提戈涅
——索福克勒斯的《安提戈涅》之中描绘的黑格尔的悲剧理论触及的以及拉康的
《研讨会，第八》（*Seminar XIII*）之中论列的安提戈涅——把她解释成，俄底浦斯
的女性主义的及潜在的跨性别的替代者。他还重新解释了从索福克勒斯到弗洛伊德
对俄底浦斯的利用，使有关社会化的家庭罗曼司（romance）合法化的问题。

哈里特·霍斯默尔,《被缚的泽诺比亚》(1859)

泽诺比亚气度不凡；看到她，仿佛就能听到柔和的音乐、震耳欲聋的喧哗声响，看到她四周各处的大群民众。她在民众之间穿行，安详稳健，始终保持着她的民族特有的圣洁的神情。对动态的联想，成功地把握住了。所以，你不仅可以看到，她正迈步向前，而且还能看出她是带着什么样安详的神情在胜利的乐声之中迈步向前的。雕像的衣饰质地极为精良，而且非常宽大；她全身缀满装饰品。不过，紧紧缚在她两个手腕之间并向下悬垂的手铐，以及她的仪态——表现出一个灵魂超脱出她所受的苦难，但又并不是感受不到它的重压——使这样的镣铐比她身上其他任何首饰都更显得华贵典雅的装饰……自然的，任何别的现代雕塑都没有给我留下这么深的印象。①

尽管霍桑在《大理石雕像》的"序言"之中坚决否认，他从霍斯默尔的《被缚的泽诺比亚》那里窃取过什么东西，但是，这段话讲得十分清楚：他的确从这尊让他倾倒的雕像那里借鉴到了不少东西——不仅是在他对米里亚姆的独立、神秘以及尊贵的再现之中，而且还在罗马的狂欢节（这是米里亚姆与唐那蒂罗之间发生的行为已经释放出来的道德无政府状态实质性的精神景观）这种更为概括的周围环境上边，都可以看到。

尽管霍桑将霍斯默尔道德上存在问题的泽诺比亚，转化进《大理石雕像》的人物描写和问题揭示之中；但是，霍桑非常清楚，霍斯默尔表面上是在运用变形试图表达，被击败并且被缚的

---

① 纳撒尼尔·霍桑，《法兰西和意大利札记选》（*Passages from the French and I-talian Notebooks*），《纳撒尼尔·霍桑全集》（*The Complete Works of Nathaniel Hawthorne*）第 10 卷，里弗塞德版（Riverside Edition），（Boston, Mass. : Houghton, Mifflin and Co. , 1882），第 13 卷，第 494 页。

帕尔迈拉女王，迈着有力的步伐走过罗马，但实际上这一形象塑造是要将19世纪被压制的女性戏剧化。在这个意义上，缠在她形体之上幽雅的衣饰四周、将两个手腕紧紧捆绑在一起因而也就增加了这一雕塑的活力（也就是说，对泽诺比亚动态的再现）的"镣铐"，在霍桑看来，成了"比她身上其他任何首饰都更显得华贵典雅的装饰"。有趣的是，霍桑在同一个笔记的记录之中的后边旧话重提，又谈起了这个细节。不过，只是在有关他在"维耶·巴比亚诺"散步时与"皮尔斯将军"邂逅相遇的叙述之后偶尔提及：他在文中回忆，皮尔斯如何对他恩遇和资助，以及他们之间的友谊。这种同一社团性维系，在霍桑那里成了一种强大的力量，似乎足以使他以某种方式来同霍斯默尔的泽诺比亚不可否认的女性力量相抗衡（《法兰西和意大利札记》，第494页）。就在3月15日的札记的结尾处，霍桑下结论说："泽诺比亚的手铐用作了手镯；真是一个妙不可言而又极有意味的想法。"（同上书，第495页）

就在这同一个事后补加的想法之中，霍桑似乎指的是，那部浪漫小说的最后一章之中米里亚姆留在希尔达桌子上的"新婚礼物"：

　　显而易见，那是一只价格非常昂贵的手镯，由从七个陵墓之中挖掘出来的七颗伊特鲁里亚［意大利中西部古国］的古宝石组成，每一个都盖有某位帝王级的人物的小印章……希尔达记得这个价值连城的装饰品。它曾经是米里亚姆的财产。有一段时间，她特有的想象力忽然大发作，所以给每一颗宝石都编造了一个神奇而又神秘的传说，其中还涉及它们以前的所有人的各种离奇冒险故事及其最后的灭顶之灾，借以自娱自乐。这样，这串伊特鲁里亚的手镯便成为将一连串七个奇异的故事联系起来的强有力的纽带。而且，这七颗宝石，由于是从七座陵墓之中发掘出来的，所以又都蒙

上了陵墓鬼魂的七重阴影。……（《大理石雕像》，第 462 页）

正如阿林·特纳所指出的："霍桑见到过斯道瑞夫人戴的这串手镯实物，所以在他的札记里描述的米里亚姆的手镯具有同样的组成部分、同样的历史来源。"[①] 在女性装饰品的漫长历史之中，珠宝经常是女性迷恋的高价位的对象，所以女性总是拿它来向自己的丈夫证明自身的美貌、财富以及出身世系。尽管米里亚姆的神奇的手镯，戴在手上有如受到了基督教七保护神（Christian sevens）的保护，但在表面上是用作常规性的嫁妆的。所以，它在《大理石雕像》的象征性景观之中发挥着更加微妙的作用：将米里亚姆的神秘的女性力量转移到在其他方面"纯粹"而又"纯洁"的希尔达身上。这种女性的力量，在整个叙事之中同使凯尼恩和希尔达等人物以及她们的作者霍桑本身都十分震惊的，某种前基督教的、异教徒式甚至于返祖性质的力量纠缠在一起。霍斯默尔的《被缚的泽诺比亚》之所以让霍桑着迷，其原因就在于，《大理石雕像》之中的戏剧行为蒙上了这样一层悲剧性的光晕：这就是反叛的妇女的威胁，在霍桑那里，同从来都没有被早期的基督教以适当手段控制住的、某个异教世界的、难以驾驭的狄奥尼索斯力量相互联系了起来。

尽管詹姆斯假定，这些光辉不再、已经古老的"鬼魂"仅仅是一个业已消失的时代的些许留存，但霍桑对独立自主的妇女身上产

---

① 阿林·特纳（Arlin Turner），《纳撒尼尔·霍桑传》（*Nathaniel Hawthorne, A Biography*；New York：Oxford University Press，1980），第 339 页。在他的《意大利札记》（1858 年 4 月 25 日）之中，霍桑叙述了，雕塑家本杰明·保罗·阿卡斯如何"带我们到珠宝商卡斯特拉里的店里去参观。他是一位按照古罗马和伊特鲁里亚［意大利中西部古国］的风格，复制装饰品的伟大的艺术家"。霍桑在那里看到一个复制品，是"某位伊特鲁里亚女士的化妆盒子……以及她夏天和冬天及每周的每一天都要戴在拇指和其他手指上的戒指，她的象牙梳子，她的项链。还有其他很多很多小装饰品，我已经无法一一记起"（《法兰西和意大利札记》，第 181 页）。

生的性欲恐怖，尤其是"满纸涂鸦的乌合之众"以及客居于罗马的那些女性雕塑家们，却仍然在詹姆斯有关斯道瑞的雕塑《克里奥佩欧特拉》是如何被吸收进霍桑的《大理石雕像》之中的回忆里浮出了水面。他在文中指出："神秘的米里亚姆……悲戚沉重、局促不安地来到了凯尼恩的工作室，并在那里见到了一位高坐在席位之上、典雅庄重的妇女的肖像……而这位女性画像正是对斯道瑞的《克里奥佩欧特拉》的非常平庸的复制。"詹姆斯在这段话里摘录了凯恩尼有关"他的梦境的来源"的回忆。也就是在那段文字里，霍桑非常精彩地捕捉到了艺术创造的性欲力量："我在脑海点燃起一堆大火，然后把材料抛进去……就在大火熊熊燃烧起来的时候，你可以看到克里奥佩欧特拉从中升腾而起。"（《威廉·维特莫尔·斯道瑞及其朋友》第 2 卷，第 85—86 页）詹姆斯将克里奥佩欧特拉性方面的、异教的以及主导性的非洲力量，交付于凯恩尼的艺术创造过程，并将它称为"一种认可、一种同化的现象"。通过它，书便取雕塑而代之，霍桑的叙事因此也就置换了那位传说中的女王的威胁性的女性力量。詹姆斯解读出了虚构的场景：在这里，透过作为性欲的升华的雕塑这个媒介，米里亚姆与凯恩尼在性方面相互欲求。但他非常有趣地想象着，那是由于覆盖在本来应该是裸体的雕塑人物身上的衣饰造成的结果："她看着她，米里亚姆，像艺术家所能浪漫地希望的那样，以霍桑特有的轻柔方式围绕着她编织着种种幻想；结果是（再加上闲谈、场景以及魅力无穷的整体语境和混乱状态的推波助澜）书中美丽轻盈的斗篷，整个儿蓬松阔大，覆盖在了雕像上面。"（同上书，第 86 页）

詹姆斯将霍桑的《大理石雕像》幽雅地隐喻为覆盖在斯道瑞的《克里奥佩欧特拉》这尊雕塑刻画的裸体之上的古典式衣饰。其实，这尊雕塑本身只是显露了一只乳房，象征性地预示了颤抖的东西。这意味着，文学叙事，不像同一时期的新古典主义雕塑那样明目张胆地展示性欲，而是使性欲得到了升华。斯道瑞

的诗歌《克里奥佩欧特拉》结尾处的几行，揭示了斯道瑞自己
对《克里奥佩欧特拉》的解释：把它当作是，同在一种古代仪
式及神话之中而不是我们所处的杂而不纯的现代里的清晰地刻画
出来的，原始的性行为的一种联系。她呼唤安东尼回归的时候，
是在诉之于他们共同拥有的动物性的激情：

> 回来吧，就像你从沙漠中回来时那样，
> 就像我们男女尚未分开以前，
> 我们身上那时有老虎般的激情，
> 爱我吧，就像你那时爱我一样！①

斯道瑞的诗歌情绪不免造作，但是激起的却是不分彼此的动物性
的性欲；而詹姆斯则试图用浪漫故事［罗曼司］的形式加以控
制，不管那是他本人的还是霍桑要抒发的性欲。

　　大体上讲，詹姆斯是在步霍桑的后尘。霍桑称赞斯道瑞，尤其
是他的《克里奥佩欧特拉》，因为这位雕塑家的感受力能触及"某
种更深层的东西……而不仅仅是去创造美丽的裸体，然后再用古典
名字为它们洗礼"（《法兰西和意大利札记》，第71页）。里塔·戈
林和约翰·伊多尔得出的结论说，霍桑的"就'美丽的裸体'说的
唐突的话，传达出的是对大多数其他旅居海外的雕塑家的新古典主
义作品的贬低和否定"。尽管霍桑倾慕希拉姆·帕沃斯这样一个"伟
人"，但他断言《美第奇的维纳斯像》要比现代的"维纳斯们"要
高级得多，其中包括"吉本斯或者说帕沃斯，或者是居住在到处都
是裸体的世界里的其他几百个人创作的""希腊奴隶们"以及"夏
娃们"。就这样，他对这些拙劣的仿制品大加指责，要把它们"投入

---

　　① 威廉·维特莫尔·斯道瑞（William Wetmore Story），《意大利的粗刻》（*Graffiti d'Italia*）第2版，（Edinburgh：William Backwood and Sons，1975），第154页。

生石灰之中焚烧掉，只给我们留下这唯一的雕像作为美好事物的形象"（同上书，第 302 页）。①

当然了，詹姆斯在世纪之交产生的看法，不应该跟霍桑 19 世纪 50 年代的观点相提并论，即使是詹姆斯在《威廉·维特莫尔·斯道瑞及其朋友》里看上去是在重复甚至于贬低霍桑对意大利的艺术品以及生活在那里的艺术家们的评论。正如我将在下文之中所要指出的，詹姆斯对霍桑观点的利用，代表着一个更加普遍的变化：转向性别化的、种族的以及性的政治学的变化，其中包括詹姆斯那个时代的公共领域里的妇女们的更大的可见度以及同性恋的清晰度。② 不过，19 世纪晚期妇女的权利［要求］，向诸如选举权以及医学和法律实践活动内同一性别关系的逆反妖魔化等特殊政治运动转化。但是，这并不意味着，同一世纪较早的时候对这些事物的文化压制，使这样的性政治学踪迹难寻。霍桑和詹姆斯的态度是不同的，即使是在他们利用同样一些艺术品、艺术家以及历史场面的时候。但是，从他们各自的解释来看，他们实际上代表着中产阶级、白种男性的观点——在这种情况下，属于高度智力化的、想象性质的保守观点：在种族、性及性别方面，反对改变社会价值观念。

尽管詹姆斯注意到，斯道瑞喜爱"裸体；任何领域里的艺术家，在本质上以及逻辑意义上都会是这样"；斯道瑞怎样"通过大理石、诗歌以及散文"，对它"如此大胆地称颂不已"。不

---

① 霍桑讲的，为了保留古典的"美第奇的维纳斯"的理想性的美，应把这些新古典主义雕像放进"生石灰"之中烧掉。这自然让人联想到霍桑小说《伊桑·布兰德》（*Ethan Brand*，1851）之中，巴特拉姆（Bartram）的石灰窑以及伊桑·布兰德寻求"不可赦免的罪恶"的寓言故事。

② 参见第 154 页注①引戴米里欧和福雷德曼合著书，第 121 页："现代术语同性恋和异性恋，并不适用于还没有阐明它们之间的区别的时代。只有在 19 世纪末，欧洲和美国医学领域的作家们，才开始使用这些范畴，并给同一性别之间的种种关系打上性变态的烙印。直到 19 世纪 80 年代，人们还一直认为，大多数浪漫的朋友关系并不包含性方面的内容。"

过，詹姆斯又对斯道瑞如何运用雕塑衣饰予以特别的关注，不是将它同雕塑家的纯粹的技术，而是与更一般意义上的"叙事性"联系起来——斯道瑞通过它来讲述他有关雕塑主体的故事，不论是名义上的裸体、半遮半掩的裸体，还是完全覆以衣饰的："衣饰，也就是说，材料的褶皱、配置以及运用，对装饰品的暗示，自从他的布局定格为浪漫性质那一刻起就成为这一布局的一种绝对的、必要的组成部分。再没有比这个事实更新奇的了：尽管裸体可能具有十几个其他别的更有说服力的意义，但它明显不具备那一种意义——或者说，只有在意识到、相比之下或相对而言的情况下才拥有这种意义。"（《威廉·维特莫尔·斯道瑞及其朋友》第 2 卷，第 82—83 页）① 詹姆斯的评论，在 19 世纪观念的这样一个语境之中是可以理解的：雕塑之中的裸体、歌剧和音乐之中的性欲激情，以及文学之中对有关性的主题的再现，只要形式上被语境化、美学上被崇高化、风格上被编码或者用詹姆斯的术语被"裹上衣饰"，那它可能就是可以接受的。

　　霍桑在他有关他 1858 年 5 月 23 日在斯道瑞家同哈里特·霍斯默尔以及其他艺术家早餐上相遇时的情景的叙述之中，记叙了他向霍斯默尔提的一个设想："有关一个喷泉的设计——一位女士痛哭流涕，水流从成千个小孔之中喷出——在这个词组的字面解释意义上；可以把这尊雕像叫做尼俄柏〔希腊神话之中的人物，因子女被天神射杀而化为山岩；另一说是，宙斯将她化为流泪不止的山岩〕，'都是泪水'。"按照这个设想，"人物身上美丽的衣饰"本身，就是由眼泪组成的，或者严格地从技术角度来说，是由喷泉组合而成，既暗示性地显现了这一个女性人体，同时又用身体上的泪水本身对它加以遮掩：这

━━━━━━━━━━

　　① 　在同一个段落之中，詹姆斯详细描述说："传说之中最为美好的'故事'（至少从形象化上说）并不在于孤立而又神圣地赤裸着的安德罗米达，而是在于盔甲护身、身着戎装的珀尔修斯，他的装饰打扮，他跨下长着羽翅的战马，头上的头盔，手里提的长矛。"（引自《威廉·维特莫尔·斯道瑞及其朋友》第 2 卷，第 83 页）

样，尼俄柏痛失子女的悲愤，也就得到了永久的表达（《法兰西和意大利札记》，第 217—218 页）。霍桑古怪的保守性的设想，预示了詹姆斯关注的问题：雕塑性叙事，不管是在霍桑的《大理石雕像》之中，还是斯道瑞手法巧妙的寓言性的雕塑之中，都要在新古典主义的雕塑之中，而且在更普遍的情况下，在 19 世纪后半叶妇女和种族意义上的少数族裔变化不定的角色方面，将性行为以及欲望力量"装饰"起来。不然的话，就会明目张胆得让人无法接受。

在《威廉·维特莫尔·斯道瑞及其朋友》之中他对霍桑的《大理石雕像》的解释里，詹姆斯认为，霍桑有意升华并控制由米里亚姆所代表的力比多活力。这是因为，詹姆斯跟霍桑一样，也对文化和政治之中的新的女性权威产生了焦虑。霍桑的浪漫小说，除了其他别的很多奇异而又有趣的效果以外，还是一种净化的叙事。在这一叙事里，唐纳迪罗和米里亚姆所要再现［代表］的所有东西，为了这样一种文学的净化的缘故，都会被想象性地接受下来：它使霍桑以及理想性的读者，得以确认凯尼恩和希尔达所代表的常规性的性别划分，也能给予他们这样的幸福、信仰新教的人物之中每一个以种种家庭的责任：爱情、生儿育女以及文化再现的公共义务。在凯尼恩的《克里奥佩欧特拉》和希尔达的奎都·莱尼《比阿特丽斯·塞恩西》的复制品之中，唐纳迪罗和米里亚姆危险的性爱倾向，革命性的政治，以及前基督教的返祖现象，有可能得到了表达和控制；同尼采所理解的柏拉图哲学中的阿波罗性力量，要使前雅典的希腊仪式之中以及以后的希腊悲剧里的狄奥尼索斯式能量理性化，所采取的方式十分类似。因为，只有如此，这样的宗教才可能具备社会形式。①

---

① 弗雷德里希·尼采的《悲剧从音乐精神之中的诞生》（1872）始于詹姆斯在《威廉·斯道瑞》之中所回忆的那种浪漫的古典主义的终结本身，因而可以认为是，一种对从柏拉图和亚里士多德一直到康德和黑格尔的漫长历史时期的启蒙遗产之中的、古希腊的神话里的自然崇拜的有趣但又无意之间做出的评述。

　　《大理石雕像》之中唐纳迪罗、米里亚姆与那位神秘的嘉布谴会［圣方济各修道会的一支独立的修道会，1825—1828 年创建于意大利］的使者或潜随猎物者（唐纳迪罗看到米里亚姆暗示的目光，几乎是心领神会想把他从塔尔皮亚［古罗马侍奉灶神的处女］岩石上抛下去）之间形成的不可思议的三角关系，暗示出，这样的恐惧远远超出了 19 世纪男性与女性之间的常规关系的种种不稳定。① 对于米里亚姆来说，唐纳迪罗和那位"模

---

　　① 霍桑在《意大利札记》1858 年 5 月 22 日的记录当中，描述了他拜访弗雷德里克·布莱默家，并在她引导下到她家的花园与之毗邻的塔尔皮亚岩石（Tarpeian Rock）参观的情景。她把客人们带到她家花园靠近的那块岩石边，然后带着他们穿过街道，"走进［古罗马］主神殿［丘比特神殿］的走廊"，最后来到一道"栏杆前；我们倚在上面，仔细观看了耸立在那里的塔尔皮亚岩石悬崖……"（《法兰西和意大利札记》，第 215 页）布莱默（1801—1865）是一位广受欢迎的瑞典小说家。不论是在欧洲，还是美国，她都因其争取妇女权利以及反对奴隶制问题方面的政治激进主义思想而闻名遐迩。本来可能成为琐碎无聊的事件的罗马之行，实际上却充满了奇异的巧合，因而也便有了意义，如果拿这次游玩跟有关罗马的塔尔皮亚岩石的传说相互参照的话。比如说，这块岩石何以用塔尔皮亚来命名，古罗马人为什么拿岩石来处决罪犯，尤其是犯了叛国罪的人。此外，［还可以联系上］霍桑把这块岩石选作，他笔下的唐纳迪罗暗杀那个"模特"的地点。据皮埃尔·格瑞默尔（Pierre Grimal）的《古典神话辞典》（The Dictionary of Classical Anthology，Tran. A. R. Max-well-Hyslop，Oxford：Basil Blackwell Ltd.，1986），第 432—433 页记载，在有关塔尔皮亚的传说之中，最常见的一个是，她是塔皮耶斯（Tarpeius）的女儿，在同萨宾人［古代意大利中部一个民族，公元前 3 世纪被罗马人征服］交战期间，受到罗穆卢斯［古罗马神话中战神玛尔斯的儿子，古罗马的建国者］的指控。萨宾人的国王塔丢斯（Tatius）在主神殿安营扎寨的时候，塔尔皮亚与他产生爱慕之情，所以就将他和他的部队放进了罗马城；原以为这样一来，他便会同她结婚。但是，塔丢斯却指使他满身盔甲的部队将她践踏成泥。就这样，一个女人自己背叛了国家，也被别人所背叛。据说，这也就开了罗马人从这一巨石高处将叛国者抛下的先河。布莱默同塔尔皮亚岩石之间的联系，即使在身为游客的霍桑不经意的幻想之中，也意味着米里亚姆的"神秘"所含有的东西远不至于某种性丑闻。比如说，纳萨里亚·莱特（Nathalia Wright）发现，牵涉到都克·德·乔伊修尔、他的夫人以及家庭女教师亨瑞特·德卢泽－德斯鲍特斯的淫荡的三角关系以及谋杀之谜，可能是造成米里亚姆的"神秘"的一个原因。详见纳萨里亚·莱特（Nathalia Wright），《霍桑与普拉斯林谋杀案》（Hawthorne and the Praslin Murder），载《新英格兰季刊》（New England Quarterly，15：1，March 1942），第 5—14 页。除了内证和外证之外，布莱默同这部小说之间的联系，使下述看法非常可信：霍桑严肃地将米里亚姆同 1848 年的欧洲政治革命结合了起来，同时再一次给予福勒某种正当性：这是她的性格使然，也是罗马教皇的管辖区内所允许的。可以肯定，布莱默作为小说家那么受人欢迎，在霍桑这方面也会引起某种嫉妒性的反应，促使他选择塔尔皮亚岩石作为《大理石雕像》里特殊的戏剧性行为发生的地点。

特"就像是活人**的鬼魂**，而不是性伴侣或者说对手。尽管霍桑
力求使天真的读者相信，唐纳迪罗和米里亚姆不过是常规意义上
的恋人，但是他们之间的关系暗含的却是更深层的兼容性或精神
上的互补性。每一个人物都具有非自然性，这显示出他或她似乎
是双性同体的：唐纳迪罗就像是法翁［罗马神话中的半人半羊
的农牧之神］，所以不仅仅是一个男人；而米里亚姆力量大得出
奇，因而也不仅仅是一个女人。唐纳迪罗和米里亚姆性别角色的
不稳定，以及他们的浪漫关系之中含有的让人迷惑的模糊性，是
《大理石雕像》的超自然光晕的组成部分。它是这样一种气氛：
它反映了19世纪部分上是由常规的性等级制度的去稳定性，所
促成的对性行为产生的种种焦虑。

　　斯科特·德里克曾经指出，在《红字》之中，"戴米斯代尔
从常规的关系向一种稳定性的和理想化的女性特质的位移，导致
了他在所处的关系之中向着其他男性运动的欲望的灵活性"，尤
其是向罗格·齐灵沃斯。① 在类似的意义上，米里亚姆同那位
"模特"和唐纳迪罗之间形成的神秘的三角关系，表达了霍桑的
这种感受：业已获得解放的妇女，即使没有损伤，也是破坏了婚
姻和家庭之中已被社会认可的常规性别关系。这种性别的去稳定
性产生了种种后果，其中包括一种有威胁力的性欲倾向的浮出水
面，而这是同一社会性的种种常规形式所无法控制的。从这后一
点来看，凯尼恩和唐纳迪罗之间形成的不完备的友谊，尽管受他
们时而相互冲突的对米里亚姆的欲求，甚至是他们相互之间的欲
求所限制，但是，它却是霍桑浪漫小说的一个佳例。霍桑使某种
带有威胁性的同性欲望**女性化**，采取的方式，与战后美国在有关
妇女权利［运动］导致的公开的冲突之中，以种种伪装的形式
重新出现的对同性恋的压制是一致的。我在下文之中将要论述，

---

　　①　见第145页注①引德里克著作，第36页。

詹姆斯依靠性别的分别，以它们为契机来对相同性别之间的欲望和斗争进行深入思考。与霍桑相比，詹姆斯在守护性别和性问题上的保守态度方面一样坚定，但是詹姆斯的态度典型地代表了19世纪末的文化态度。

透过《大理石雕像》的标题，根据有关雕塑的暗喻，霍桑就应该已经想象出了罗马的场景设计以及主要的主题。这一点并不会让我们感到吃惊，只要我们能够考虑到19世纪的新古典主义的雕塑，不仅通过它的众多的裸体女性雕像，而且还通过大量的裸体男性雕像赢得了远播的声名。在美国雕塑史家们看来，希拉姆·帕沃斯创造的《希腊奴隶》从使用女性裸体来表达一个严肃的主题的角度，比如说奴隶制，因而造成了"突破"。他们所说的突破性的东西，以一种古典风格导致了范围广泛的、具有深刻的性欲意味的裸体或半遮半掩雕有衣饰的男性和女性人体的诞生。由于它们暗含的是古典主义的形式，处理的又是严肃的题材，所以这些雕塑甚至在公开展览方面也合法化了。对于19世纪很多雕塑家，比如帕沃斯来说，之所以在技术上对裸露的人体极力赞美，有很多正当的理由，其中之一是，他们有这样的宗教信念："他们固守自己的立场，要对古希腊的艺术加以改进，因为他们那个时代的艺术并不是异教偶像崇拜的艺术，而是一种渗透着基督教的诸多美德及道德的艺术。"①

对裸体的古典人体的赞美，在19世纪导致了法翁、萨堤罗斯［古希腊罗马神话中的淫逸放纵之神］、牧羊人以及年轻的乡

---

① 见第149页注①引克莱恩著作，第117页。因此，"《希腊奴隶》，在他们看来，是比《美第奇的维纳斯》还要伟大的作品。［因为，］它具有基督教徒的'坚韧和屈从'以及对'上帝之善'的信仰，尽管这位年轻的女孩子已经陷入令人恐怖的困境。或许是由于它的文学的和哲学性的内涵及其艺术上的种种优点，这尊雕像赢得了空前的成功"。

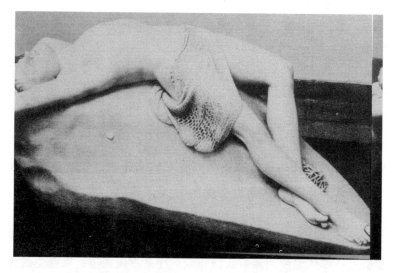

本杰明·保尔·阿卡斯，《死去的采珠人》（1858）

村农夫的雕塑纷纷涌现。它们有的是以古典神话为基础，有的则是根据在罗马、佛罗伦萨以及雅典所能见到的古典的原作略做归纳。霍桑在他的"序言"中提到的雕塑，以及他的浪漫故事"转借"到凯尼恩的工作室的雕塑之中，有一个是本杰明·保尔·阿卡斯（1825—1861）的《死去的采珠人》（1858），刻画的是一个裸体的年轻男子，只是在腰里缠有采珠人用的网：他的背弓着靠在一块石头上，头略微向后倾斜，双目紧闭，两脚交叉，双腿分开。艺术史家们认为，这尊雕像之所以声名远播，其原因在于，它使观看的人能够"沉浸在对死亡的懒惰疲惫的沉思之中进而产生奇异的快感"。① 这也正是米里亚姆在这部浪漫小说的"一个雕塑家的工作室"之中，观看阿卡斯的雕塑时所采用的方式（第13章）。不过，在这部小说里，这尊雕塑已经

_____

① 见第149页注①引克莱恩著作，第281页。

成为凯尼恩的作品。① 很明显，"采珠人"预示了米里亚姆和唐纳迪罗的命运，是对他们的厄运而不是那位"模特"的死亡的寓言化。所以，"采珠人"再现出的人体，即使在霍桑作品之外，也显而易见属于双性同体。米里亚姆向凯尼恩抱怨说："从身体上说，这个形体还没有完全就位，没有充分安置好。"而这种批评，看似不满，实质上则可能属于色情上的刺激：看到一个男性的裸体，其雕塑活力将死的惨痛和性的欲望合而为一，将死的欲望同性爱艰难地融合了起来（《大理石雕像》，第 117 页）。

上文已经评论过亨利·詹姆斯对威廉·维特莫尔·斯道瑞大加称赞：称赞他使用雕塑衣饰和叙事性来遮掩裸体，以避免新古典主义雕塑从别的角度给他带来的烦恼。霍桑在《大理石雕像》之中沿袭的是类似的步骤：为了控制米里亚姆和唐纳迪罗所代表的游弋不定的性行为，他将一尊著名的新古典主义的雕塑引入他的叙事。阿卡斯的"采珠人"的"死亡"，与这一浪漫小说之中的那位"模特"的悲剧性的死亡，都属于这些人物在 19 世纪文化之中所代表的种种性别模糊含义的移位。不过，在詹姆斯求助于斯道瑞对雕塑附属装饰的使用，以讲述他的浪漫的叙事的时候，这里毕竟有什么东西不太对头：因为一个赤裸的形体，比如说像帕沃斯的《希腊奴隶》，人物手上的镣铐并没有遮掩住她的肉体之美，反倒传达出了她落难并被奴役的情景。

从好几个层面来看，詹姆斯对斯道瑞的雕塑的倾慕，似乎都难免牵强附会。他对作为传主的斯道瑞缺乏热情，因为斯道瑞在

---

① "'那个可怜的年轻男子在他寻觅到的奖品堆中消逝'，她感叹说，'可是，死神那里，又有什么样的奇异的效力啊！如果我们根本无法得到珍珠，一个空空如也的贝壳也足以让我们心满意足了。我喜欢这尊雕像，尽管它含有的道德寓意阴冷而又严肃。'……"（《大理石雕像》，第 117 页）

好几种艺术领域里都是蜻蜓点水，而这正是詹姆斯竭尽全力要在自己的作品之中尽量避免的。① 詹姆斯在《威廉·维特莫尔·斯道瑞及其朋友》之中声言，斯道瑞简直是"非叙述性的"。但是，他说的无法成功地讲述这一个传主的故事到底是什么意思，不免让读者感到困惑。有时候，詹姆斯满怀希望地指出，斯道瑞是一个"文艺复兴"式的人物，他有多方面的天才，而传记作家能力有限，因而无法应对。更常见的情况是，詹姆斯总是暗示，斯道瑞力有不逮。比如詹姆斯下结论说，斯道瑞"喜欢""把次要的东西当作最重要的东西来加以描述"，这"无疑证明了……他不是一位达到了极端程度的雕塑家"（见该书第 2 卷，第 84 页）。詹姆斯这里很可能说的是，像斯道瑞的《美狄亚》（1864）这样的雕塑：人物沉思的姿态，因右手之中握有匕首而得到平衡，因为手握凶器的架势在某种意义上巧妙地点出了她正谋划的事情。不过，詹姆斯一做出这样一个否定性的断言，他接下来马上又指出，斯道瑞的文学兴趣"虽富有活力，但总是旁出歧路"。但这并不能说明"他无法捕捉到可塑性，而只能是他看到的可塑性是无所不在的"（同上）。他在对斯道瑞及其身为著名雕塑家的矛盾的叙述之中，詹姆斯最终的目的是要追求他自己的美学兴趣，以便使散文小说运用叙事去"装饰"它的主题。詹姆斯将斯道瑞看作用雕塑来讲故事的雕塑家。因而对雕塑家的种种局限性的辨别，也就使他本人能够得心应手用自己的创作来

---

　　① 舍拉·蒂翰（Sheila Teahan），在《其中的故事：威廉·维特莫尔·斯道瑞及其跨文本》（The Story in It：William Wetmore Story and His Intertexts）（提交在罗马举办的"霍桑研究协会"研讨会论文，1998 年 6 月 5 日）之中指出，詹姆斯总是对斯道瑞及其雕塑家的生涯，以及他的众多（因而可以认为是沉闷寡味的）文学作品进行讽刺性的描绘。不过，蒂翰的观点并不会使我的看法无效。我认为，詹姆斯在斯道瑞的雕塑之中找到了，可以抵御诸多社会以及政治变化，比如说妇女的权利和废奴运动等方面有用的东西。而他，还有别的很多人，把这样的变化同变化莫测的性以及种族方面的习俗联系在了一起。

威廉·维特莫尔·斯道瑞,《美狄亚》(1864)

消除斯道瑞的不足。①

　　在詹姆斯看来，斯道瑞在才力不平衡或缺乏信心的情况下取得的成就，1903 年的时候，已经体现出了最为娴熟的修辞技巧。因此，尽管詹姆斯对斯道瑞在雕塑之中误用"次要的东西"以及"衣饰"略有讽刺，但他还是把雕塑的叙事方法转换成散文小说的更精致的叙事手段。此外，詹姆斯在《威廉·维特莫尔·斯道瑞及其朋友》里所声称的有关更精巧的文学叙事的性质之中他所珍惜的东西，就是这种叙事遮掩若以其他方式出现便只能是暴露的、"裸体"的主题的东西，以及使之变形并复杂化的能力。从这一点来看，詹姆斯只是在以幽雅的方式谈论他的文学现实主义版本的精巧的观念；在这里，如果实存的文学主题——天然的现实主义——仅仅是粗糙的，那它就应该被那种社会关系的绣花织锦所取代；这样，一种更加复杂的现实就被再现了出来。然而，詹姆斯的小说的名义上的标题总是围绕着有关性行为的特殊问题，范围从他的许多小说里都有的从求婚、结婚、通奸的故事情节，一直到有关人从儿童到成人的心理成长过程的叙述，后一种情况也牵涉到了前一种情况的显性的性行为问题。在他前期的短篇虚构之中，由于受到霍桑的浪漫主题的强有力的影响，詹姆斯对性主题的叙事化特别明显，这或许是因为他还没有能够掌握掩饰这些潜在的问题的修辞手段。19 世纪 60 年代末和 70 年代初的早期短篇小说之中，对同一性别的欲望以及同性恋的主题和情节的明晰描述，也很值得注意，因为那反映了他本

---

　　①　卡罗尔·霍里（Carol Holly），《深情的家庭：家庭耻辱的遗产与亨利·詹姆斯的自传》（*Intensely Family: The Inheritance of Family Shame and the Autobiography of Henry James*, Madison, Wis,: University of Wisconsin Press, 1995），第 94 页，指出，詹姆斯把"他为斯道瑞……写的传记"，当作自己写作自传的第一次尝试。他恰如其分地以亨利·亚当斯（Henry Adams）在读过《威廉·维特莫尔·斯道瑞及其朋友》之后给詹姆斯写的那封著名的信（1903 年 11 月 18 日）为例，指出："你并没有写斯道瑞的生平，你写的是你自己以及我的生平——纯粹的自传。"

人在成年阶段的早期性行为的不稳定。在《一扫而光》里，我就詹姆斯试图控制玛格丽特·福勒的具有威胁性的女性身份的历史还原所做的结论中解释说，《最后一位瓦拉瑞伊》作为一个短篇小说，其中描述的新女性的力量，在修辞上同英雄的希腊妇女相联系。这样的力量几乎使主人公瓦拉瑞耶侯爵"女性化"。因为，如果他要保持住自己的男性力量并挽救他的婚姻，他就必须服从他的夫人的命令，将朱诺的出土雕像重新埋进土里。

在《最后一位瓦拉瑞伊》中，同一性别的欲望，在瓦拉瑞耶侯爵和石头雕塑朱诺之间的性别角色的转换之中有所暗示，因为后者对他产生了某种阳物权威，甚至促使他对她的手顶礼膜拜，所以在把雕像安全地埋入地下的时候还要偷偷把这只手保留下来。① 仅仅在《最后一位瓦拉瑞伊》发表几个月之后，《艾迪娜》于1874年在《抄写员月报》上刊出。在这部小说里，同一性别欲望的意象以及主体之间的关系，为情节和戏剧行为厘定了结构。从这个方面来看，《艾迪娜》比起《最后一位瓦拉瑞伊》来，要更加贴近、更类似《愉快的人》（1869）之中的同性欲望

---

① 瓦拉瑞耶伯爵在他的书房的一个密室里保存的那只手［的雕塑］，当然让人联想到凯尼恩在《大理石雕像》的第13章拿给米里亚姆看的、霍桑特别强调指出的、希尔达的手的雕塑。后者是以"哈里特·霍斯默尔雕塑中象征着非常高雅的、诗意的生活的个人性和英雄性的结合、布朗宁及其夫人的紧紧握在一起的手"为基础，创造出来的（《大理石雕像》，第120页）。瓦拉瑞耶从出土的朱诺的古典雕像上只砍下一只手来保存，而霍桑的浪漫小说之中的凯尼恩雕塑成的也是希尔达的一只手。这不仅意味着，在这部浪漫小说的结尾，希尔达与凯尼恩的结婚将再现出的是，对某种"英雄性的结合"的欲望；而且它还表明，在当代的性别关系之中存在着这样的破裂和异化：这种破裂或异化，使这样的"英雄性的结合"很少或者说很难成功。不过，《大理石雕像》里凯尼恩保存在他的宝盒之中的那只手，还有另外一种寓意。霍桑在他的《法兰西和意大利札记》之中，对赫拉姆·帕沃斯的一只"精致的……婴儿的手"的雕塑予以评论：以帕沃斯的女儿卢里的手为原型，"用最白的大理石优美地再现出来"。"'卢里的手'，帕沃斯这样叫它……这位雕塑家制作这个雕塑，只是为他自己以及他的夫人观赏。但是，他也指出，有很多人坚持索要一个复制品。所以，目前已经有四十多件复制品，散见世界各地。"（《法兰西和意大利札记》，第308页）雕刻人手，尤其是儿童的手，就像20世纪40年代和50年代用青铜雕刻婴儿的脚一样，到了19世纪60年代已经成为成规俗套。所以，其他很多雕塑家，其中包括阿卡斯，也创作过这种温情脉脉的雕塑作品。

这一焦点，尽管《最后一位瓦拉瑞伊》更加明显地同《艾迪娜》具有同样的意大利背景以及"天主教与新教"这种宗教主题。背景设在罗马、罗马城四周的平原以及亚尔本山，《艾迪娜》讲述了这样一个故事：玩世不恭、非常时髦的萨姆·斯克罗皮欺骗一位年轻的意大利农民安哲罗·贝阿提，将安哲罗从农村挖掘出土的无价之宝罗马的凹雕据为己有。为了报复，安哲罗追求斯克罗皮的未婚妻、天真无邪的艾迪娜·沃丁顿，并与她结婚。最后，败下阵来的斯克罗皮非常厌恶，就把那个凹雕扔进了台伯河里。① 故事由斯克罗皮的一个不知姓名的朋友叙述，遵循的仍是人们耳熟能详的浪漫爱情的三角关系，略微带有哥特小说的意味。而这些都是詹姆斯从霍桑那里借鉴而来的。

这一小说之中的三角关系，主要是在三个男性人物——萨姆·斯克罗皮、叙事人以及安哲罗·贝阿提——之间展开的。艾迪娜·沃丁顿不过是一个情节辅助手段，简直算不上一个人物："她个子不高，纤细娇气，金发碧眼，身上穿的黑色衣服在某种意义上给她的美貌平添了几分少不更事所特有的天真烂漫。她赤褐色的头发不可思议地编成了上千条子小辫子，就像是文艺复兴时期的绘画之中那种发式风格。她在用那双碧蓝的眼睛看你的时候，似乎很是小心谨慎。但在那冷淡而又羞涩的表情背后，好像潜伏着一种深深的期望：只要她对你了解多了，对你就会坦率起来。"② 叙事人注意到，"她的这个美妙的名字艾迪娜，对我来说，不知怎么好像同她的个性具有一种神秘的贴切性"（《艾迪娜》，第359页）。不过，他从来没有对这个名字的意思做出解

---

① 罗伯特·L. 盖尔（Robert L. Gale），《纳撒尼尔·霍桑百科全书》（*A Nathaniel Hawthorne Encyclopedia*，Westport, Ct.：Greenwood Press, 1991），第272—273页。

② 亨利·詹姆斯，《艾迪娜》（Adina），收入马克布尔·阿齐兹（Maqbool Aziz）编，《亨利·詹姆斯小说集》（*The Tales of Henry James*），第2卷：1870—1874，（Oxford：Oxford University Press, 1978），第359页。

释。艾迪娜（Adina），是埃德娜（Edna）的一个变体，源自一个希伯来语词，意思是"充满月经时的液体"或者更概括地说"恢复活力"。这是上帝给予亚伯拉罕的妻子撒拉的答案：她询问，在她已经年过百岁的时候，怎么可能再怀孕？上帝的回答使她明白，她已怀上了以撒。①

"艾迪娜"这个人名，还有另一个同代的典故：她是盖塔诺·唐尼泽迪的《爱的长生不老药》（L' Elisir d' Amore）之中的女主人公。在这个浪漫歌剧之中，艾迪娜（女高音）是一位乡村庄园的拥有者。就在这个庄园，她同年轻的农民涅莫瑞诺（男高音）坠入情网。"爱的长生不老药"，是指江湖医生达克马拉（男低音）卖给涅莫瑞诺的廉价的波尔多葡萄酒。不过，这只是一个为揭示出有关乡村与城市、农民同绅士、男人跟女人之间的冲突而采用的有效手段。② 不管是《旧约》之中的撒拉，还是唐尼泽迪和罗马尼的艾迪娜，它们显示出来的女性力量，都要比詹姆斯笔下的艾迪娜·沃丁顿所能体现出来的力量大得多，尽管她们跟她属于同一个高贵的文化谱系。在詹姆斯的叙事里，这个典型的维多利亚时代的没有长大

---

① 有关亚伯拉罕、撒拉、夏甲以及伊撒卡的故事，当然应参见《圣经·创世记》第 12 章第 23 节。感谢以色列拉马特·甘（Ranat Gan）地方巴-伊兰大学（Bar-Ilan University）的沙龙·巴瑞斯（Sharon Baris）教授，她非常热情地在罗马举办的"霍桑研究协会"研讨会上，为我提供了这一个词汇的注解。在随后的一封信里，巴瑞斯教授指出，把"Adinah"当作一个专有名词来使用，在希伯来语中是指**男性**，并且同大卫以及流便支派人有关。这在《圣经·列王记》第 14 章第 2 节以及《圣经·历代记》（上）第 11 章第 42 节等处都有记载。在朱利叶·福俄斯特（Julius Fuerst）和撒缪尔·戴维德森（Samuel Davidson），《旧约希伯来语阿拉马方言词典》（A Hebrew and Chaldee Lexicon to the Old Testament）第 5 版（London：Williams and Norgate，1885），第 1016 页，"Adinah"被定义为："性快乐的准备者，快乐的给予者，欢欣鼓舞者。"我非常感谢巴瑞斯教授提供所有这些信息来源，以及她的解释技巧。

② 歌剧的歌词是由菲利斯·罗马尼（Felice Romani）以尤金·斯克莱布（Eugene Scribe）的《春药》（Le philtre）为基础写成的。这部歌剧，于 1832 年在米兰的康纳宾安那剧院（Theatro della Canobbiana）首演，1844 年 5 月 22 日在纽约的帕克剧院（Park Theater）首演。据戴维·埃文（David Ewen），《歌剧百科全书》（Encyclopedia of the Opera，New York：A. A. Wyn, Inc.，1955），第 134 页。

的妇女在行文之中将要展示的性欲力量，在文本之中，是由萨姆·斯克罗皮与安哲罗·贝阿提之间为争夺那个无价之宝凹雕而产生的冲突，所释放的阳物性欲产生的结果。

那个罗马黄玉凹雕，意味着对心理欲望权威的崇拜。而萨姆和安哲罗为争夺这种权威引发纷争，叙事人试图对他们之间的斗争进行调解，但既没有充分的把握，自然也就没有成功。安哲罗在一个充满着性欲意义的所在挖掘到这么一个古代的凹雕，所以它的性欲意义很难说需要什么解释：

> 他观察到，在一棵很有些年月的孤立的冬青树下，最近有不少人曾经挖掘过，留下很多痕迹……因为给树动了土，所以它已经枯竭。土翻得高高的，埋住了树的根部。一个螺栓，大半埋在土里，掘出一个又深又直的洞，有可能往里面放进去一个木桩。"我不知道是怎么了，"一个朋友说，"我站在旁边朝洞里望了一下，就把我的老破枪头伸了进去。枪向下落了一段距离，响了一声就停了下来，好像是触到了什么金属东西的表面。我把枪拔出来，再插进去，又听到同样的声响……我向下挖……又是扔土，又是擦锹。二十分钟以后，就拉出来一个又小又破的铁盒子。盒子已经腐烂，所以四边薄得就像是一层信纸。我轻轻一敲，边就塌了下去……在盒子的中央，就放着这块石头，沾满了泥和黄土。别的什么都没有。我把盒子打了个粉碎，就留下了这块石头。你看！"（《艾迪娜》，第353页）

这一个发掘场景，就像《最后一位瓦拉瑞伊》之中对朱诺的雕像的出土的描述一样，充满着对霍桑的指涉。或许，任何一个可能性的暗指，都没有《大理石雕像》之中第46章"罗马城市郊漫步"的插曲重要。这里，凯尼恩在罗马市郊的一处别墅废墟里，焦急地等待着会见米里亚姆和唐纳迪罗，无意之中发掘出了一尊古希腊的维纳斯雕像。霍桑声称，这尊雕像比"美第奇的维纳斯"或者"米洛的维纳斯"要优美多了。因为，"在这尊雕像之中，我们可以发现女人气质；而且，更重要的是，还不会对它的神圣性产生偏见"（《大理石雕像》，第424页）。

不过，詹姆斯小说之中发掘出来的，并不是理想的妇女气质，而是一种男性的性行为和力量。尽管凹雕还带有泥和土，叫人联想到发现它所带有的猥亵母题，安哲罗还是声称，这块宝石是无价之宝："恺撒当年的王冠上……就有这个装饰品。"（《艾迪娜》，第353页）[1] 斯克罗皮一边满嘴指责安哲罗讲得不对，一边朝地上扔了10个斯库多［意大利19世纪以前的流通货币单位］，然后用手抓起凹雕，还不等安哲罗张嘴说拒绝接受，就起身扬长而去了。回到罗马，萨姆把这块石头带到他的住处，然后用"最好的办法清洗、擦亮、复原"，与此同时对外保密，并且也要叙事人发誓保密。詹姆斯在这段描写之中使用的语言，同样在深层是性欲的：斯克罗皮四处转悠着，"低声哼着奇迹古怪的歌曲，就像是一位情人刚刚被对方接受"；此外，叙事人还想象着自己和斯克罗皮刚刚骑马离开安哲罗，"就好像一首德国民谣之中的一对强奸犯"（同上书，第356页）。[2]

----

[1]　当斯克罗皮同叙事人第一次观摩这颗宝石的时候，后者说他"低着头使劲看"，并且描述说，这颗宝石"约有一只小鸡蛋那样大小，深深的褐色，由于长期埋在底下所以沾了些污垢，外层起了一个硬壳，而且有的方面有些褶皱"（《艾迪娜》，第352页）。

[2]　皮埃尔·沃克（Pierre Walker），《〈艾迪娜〉：亨利·詹姆斯有关权利的罗马寓言及对异国的再现》（"Adina"：Henry James's Roman Allegory of Power and the Representation of the Foreign），载《亨利·詹姆斯评论》（Henry James Review，21：1；2000年春季号），第16—20页，令人信服地指出《艾迪娜》之中的几处有关瓦格纳的《尼伯龙根指环》（Der Ring des Nieblungen）的典故。尽管瓦格纳的歌剧系列一直到1876年才搬上舞台，那已经是《艾迪娜》出版两年之后了，但是这一系列是在1863年发表的。沃克找到了，瓦格纳的歌剧之中神奇的指环，同詹姆斯在《艾迪娜》里使用的黄玉凹雕之间重要的联系。

安哲罗这个基督教徒的名字，似乎仅仅是突出故事的宗教陪衬情节的一种明显的方式。这是因为，通过这一设计，我们可以看到，现代新英格兰的新教的价值观念，同意大利的天主教的价值观念相互之间的斗争，在詹姆斯早期创作里，对这两个宗教的图式性处理，要复杂得多，而且历史性地百结难解。"安哲罗"也是玛格丽特·福勒的丈夫杰耶瓦尼·安哲罗·奥索里的名字之一。而他正是霍桑和詹姆斯二人都在批评的对象，因为他使福勒堕落成为"欲望的牺牲品"。奥索里侯爵很难称得上是一个粗野的意大利农民，霍桑却注意到"奥索里异常俊美的面容及其才智的缺乏"，而这两方面的特征都对詹姆斯的《艾迪娜》里安哲罗·贝阿迪这个人物的塑造至关重要。安哲罗寻机报复斯克罗皮，所以来到罗马。他身上穿着农村人的衣服，虽然不加修饰，但却有效地帮助他曲以应对世事，有办法向那个美国佬发起挑战。的确，到叙事结束的时候，安哲罗和艾迪娜搬进了一套罗马的公寓，霍桑式的从乡村转向城市的描述也因而得以完成。

詹姆斯笔下的安哲罗，摆出了很多法翁、萨堤罗斯以及经典的牧羊人所特有的姿态。而这些人物，为 19 世纪的新古典主义的雕塑家们，提供了这样一种充满性欲望的主题：

> 我们偶然碰上一个在草地上酣然入睡的人。这是一个年轻男子，他头枕一叠盖着野草的石头，躺在那里，已经沉沉入梦。他身边放着一把破枪，一只空空如也的放猎物的袋子丢在一旁……他的一条腿翘到另一条上边，一只胳膊放在头后，另一只耷拉在草上。他的头向后倾斜，粗壮年轻的脖子露了出来。他把帽子捂在双眼上边，所以我们只能看到他的嘴和下巴。（《艾迪娜》，第 350 页）

1873 年春天在罗马市郊骑马游玩的路上，詹姆斯有很多次都可以看到他自己的这种霍桑式田园式人物的版本。与他一起游玩的，一般是美国妇女，比如说撒拉·维斯特、查尔斯·萨姆纳夫人以及莉齐·布特等人。[1] 在他写于 1873 年后来收入《意大利时刻》（1909）的散文《罗马骑马人》中，詹姆斯描述了他偶然看到的一个"牧羊人"，"躺卧在一棵树下，姿势跟迈里布纳斯非常相像"——迈里布纳斯这个牧羊人，发现了弃婴俄底浦斯并将他抚养成人，所以他典型地代表着从田园风光的家乡被迫移位的乡下人。"他已经洗过了双脚……所以，随后就把裤腿挽到了大腿上面，觉得十分惬意。他就这样枕着手睡在树荫下，赤裸的双腿伸向草地，柔软的尖顶帽盖在长发飘飞的头上，后边压在头下，看上去真像是阿卡狄亚的男人戴的无边圆帽。他……怕很难会想到，在新世界的诸多眼睛注视下，他成了旧世界意义的象征。"[2] 詹姆斯的这两个意大利农民都暗含着，一种随便、习以为常而且是天真无邪的性行为；詹姆斯在其整个创作生涯之中，都希望把它同意大利的魅力和吸引力联系在一起。

但是，就他秘密擦拭擦亮从安哲罗·贝阿迪那里抢夺来的那个黄玉凹雕的结果来看，萨姆·斯克罗皮最终显示出来的，很难说属于这样的天真无邪的性行为。斯克罗皮非常激动，所以就"顺路走进"叙事人的"房间"，虽然这时候"我

---

① 弗雷德·卡普兰（Fred Kaplan），《天才的想象：亨利·詹姆斯传》（*Henry James, The Imagination of Genius: A Biography*；New York: William Morrow and Co., Inc., 1992），第 145 页。在那个时期，詹姆斯"按月租借了一匹马"。哈里特·霍斯默尔以其"骑马术"而远近闻名；她是为数不多的几个养马供自己使用的美国女性中的一个，其独立性也是众所周知的。第 151 页注②引书，第 236 页，提及霍斯默尔骑马，并且摘录了霍桑坐卧不安的心情表述：他亲眼看到"一个农村妇女张开双腿骑在马背上的情景"。用赫伯特的解释来说，这样的情景创造出了，"［女］骑马者叉开双腿"紧紧抓着马的女性骑手的一种"充满性意味的性别上的畸形"。

② 亨利·詹姆斯，《罗马骑马人》（Roman Riders），见《意大利时刻》（*Italian Houres*，New York: Horizon Press，1968），第 234 页。这篇关于骑马的文章，先是由詹姆斯发表在 1873 年 8 月的《大西洋月刊》（*Atlantic Monthly*）上，后收入《大西洋两岸素描》（*Transatlantic Sketches*，1875），最后收入《意大利时刻》（1909）。

已经上床睡了很长时间"——然后"把我从梦中叫醒，那样子就好像房子失了火"。接下来，就急不可耐把凹雕的秘密讲了出来：

> 在雕塑的核心部位，有一个全身裸体的人物。我起初还以为是什么异教神祇。仔细看去，原来一只伸开的手里有君主的圆形印章，另一只手里则雕有帝王的权杖，雕像无精打采的头上还刻有橄榄枝叶。雕石四周表面，靠近边沿的部分，刻着一群人物——有勇士，骏马，战车，还有年轻的男子和女人，掺杂在一起，雕得很是精致。在雕像的头上方，凹面的带状装饰上，刻有下列铭记：
>
> **寰宇大帝神圣的提布留斯·恺撒。**
>
> ……不论从什么角度上说，它都是宝石之中的宝石，一件无价之宝。(同上书，第356—357页)

乍一看来，斯克罗皮"发现"的这个黄玉大凹雕，显示了古代"上乘的"技艺，同时代表着提布留斯皇帝，即提布留斯·克劳丢斯·尼禄·恺撒（生于公元前42年，死于前37年；前14年至前37年在位）。但是，在詹姆斯的小说里，它只是一个描述浪漫的手段，目的是要划清异教与基督教时期的分界线。因为，基督就是在尼禄作为罗马皇帝统治罗马的那个时期，在朱迪亚被钉上十字架的（前29年）。就像雪莱虚构的《奥泽曼迪耶斯》(1818)一样，提布留斯证明了，人总是具有称王称霸以及自命不凡的虚荣心。从基督教时期来看，历史的污泥一定要从他的形象之中挖出。但是，罗马人眼中"被奉为神明"（神圣的）提布留斯，以及他自封的"寰宇大帝"(totius orbis imperator) 名号，同19世纪的美国游客眼中所见到的古罗马的残垣断壁恰成对比，留下的只有笑料。像《最后一位瓦拉瑞伊》和《在伊撒拉》一

霍雷肖·格林诺,《乔治·华盛顿》(1841)

样，《艾迪娜》也对在 19 世纪后半叶侵入意大利并将古典文明
商品化的美国人持批评态度。在《威廉·维特莫尔·斯道瑞及
其朋友》之中，詹姆斯曾回忆，他"在 1873—1874 年之间的冬
季"，在罗马成为精挑细选出来的宾客之中的一员，去倾听斯道
瑞阅读他创作的"如此丰富多彩、如此强劲有力的"悲剧《尼
禄》这一事件的过程。但是，很明显，詹姆斯又认为，斯道瑞
在新古典主义戏剧领域的尝试，比起他的某些雕塑作品来，更加
矫揉造作，也更加华而不实（《威廉·维特莫尔·斯道瑞及其朋
友》第 2 卷，第 254 页）。①

　　詹姆斯为"精妙绝伦的金黄凹雕"增加的细节，比如说提
布留斯的"赤裸的人体"以及"年轻的男子和女人，掺杂在一
起，雕得很是精致"，乍一看，似乎仅仅反映出了 19 世纪新古
典主义的雕塑的成规俗套。例如，为了完成美国国会交给的任
务——雕塑一尊庞大而又典雅的《乔治·华盛顿》的塑像
（1841），霍雷肖·格林诺提交了一尊华盛顿 11.33 英尺
（3.45 米）高的大理石半裸体坐像，保持着希腊神祇宙斯的姿
态，右手高高举起，无名指指着天空，左手挥舞带鞘的宝剑，
似乎是在说：凡是胆敢违反他神圣的权威的人，会马上遭到惩
罚。格林诺的《华盛顿》，跟帕沃斯的《希腊奴隶》是同代产
物，由于指涉暴君和异教权威在当时遭到了严厉的抨击和肆意
的嘲弄。在这尊雕像里，华盛顿身上从腰部以下遮掩着威严高
贵的宽大长袍，长袍有一部分则搭在高高举起的右胳膊上面，
看上去显得特别滑稽；因为，雕塑家很明显是要拿他赤裸的上

---

　　① 威廉·维特莫尔·斯道瑞，《尼禄》（Nero, 1875），是献给女演员范妮·坎
布尔的。詹姆斯注意到，他那晚听斯道瑞朗诵的时候，这位演员当时也在场。在那
篇"献词"之中，斯道瑞将尼禄的统治时期，形容为"其残酷与暴虐，即使在现代
也让人无法忍受；而且，色欲如此狂暴，如此肆意胡为，似乎沾染了精神错乱的污
垢"。文中暗示，从罗马帝国的"崩溃"，到斯道瑞自己的时代新的美国的帝国主义
的诞生，西方文明走的是一条进步的路线（见第6页）。

半身，来重新使用将肉体力量视为神圣权威的一种象征的古典主义的陈规。

不过，詹姆斯笔下的叙事人，非常谨慎地指出，凹雕再现出的提布留斯是"全身裸体的人物"，所以起初使他误以为那是"一个异教神祇"（《艾迪娜》，第 356 页）。詹姆斯背离新古典主义的艺术成规，忽然转向心理欲望性质的评述。他就这样展开萨姆·斯克罗皮对宝石及其象征性人物的解释："'我使几个世纪的时间无效——我竟然让寰宇大帝、神圣的提布留斯死而复生。你想到了吗，你明白吗，你的心不是在胸口里怦怦直跳？……这可是恺撒佩戴过的啊。现代人真是迟钝——就在这儿，离肩膀很近。框架是精雕细刻的黄金，四周缀满了像李子一般大小的珍珠，把他的坚硬的黄金斗蓬紧紧扣在一起。这是帝王专用的紫色搭扣。'……他一边说着，手里拿起那颗精美绝伦的宝石，把它放在我的胸前。"（同上书，第 357 页）在这一戏剧性的场面里，现代的斯克罗皮戏仿英雄，而且充满反讽意味。尽管如此，他还是在这个场景之中，浓缩了从霍桑小说之中引出的很多比较严肃的片段，其中包括《红字》之中有关戴米斯代尔同齐灵沃斯之间的秘不告人的同性欲望的场景，以及《大理石雕像》之中大量的有关雕塑的生动的叙述，比如说像凯尼恩向米里亚姆展示希尔达的手的大理石雕塑这样的核心场景，还有他在罗马郊区的那个别墅的废墟之上挖掘出土"维纳斯"的情景。

这个凹雕，也在很大程度上脱离，甚至于翻转了，新古典主义的雕塑的神圣风格大理石形式。凹雕的设计，是雕进石头之中：即依靠雕塑模型的凹面，而不是凸面来实现设计。而且，凹雕体积较小，所以需要在近处仔细观看；这便跟大型的雕塑需要远距离观看，才能产生完整的效果明显不同。在他写的《意大利札记》之中，霍桑评论过，鉴赏宝石需要不同的角度。他对他本人在犹菲兹对"美第奇的维纳斯"的观赏，同在佛罗伦萨画廊对那里的"宝石室"的观摩，做了比较：

> 接下来，我……到犹菲兹参观。那里的"美第奇的维纳斯"摆放得非常得当，所以看起来比我上次来观赏要赏心悦目多了。……宝石室里的展品，特别需要一个接一个分别开来观赏，这样你才会信服：它们真的是小巧玲珑，富丽堂皇。……观赏比较大的东西，就不需要这么仔细，注意观看的面应该大一些。不过，要想品味出一个小玛瑙半身人像里，比如说，它的钻石眼睛的精妙之处，你就得彻底集中注意力，而不能顾及别的事情了。……你必须把你的观察能力磨炼到某种程度，而且正好触及目标的关键部位。不然的话，你等于什么也没有欣赏到。（《法兰西和意大利札记》，第404页）

詹姆斯暗示，在《艾迪娜》之中的凹雕的错综复杂和微缩世界的设计里，含有一种类似的现象学。但是，他的看法很难说能够站得住。因为，他的读者看得出来，他的说法从技术上讲是很荒诞的：提布留斯的裸体像怎么也不可能在一个凹雕刻有铭记的表面再现出来，而且是以我们所能见到的任何方式。实际上，凹雕再现的，是正好相反的雕塑形式。而且，这尊雕像之中刻画的"裸体"，正是30年后詹姆斯在他的《衣饰和裸体》之中讨论新古典主义的雕塑时极力反对的东西（《威廉·维特莫尔·斯道瑞及其朋友》第2卷，第83页）。

在《艾迪娜》的第二部分，詹姆斯展开的情节是：斯克罗皮同艾迪娜·沃丁顿订婚，安哲罗为报复斯克罗皮，极力追求艾迪娜，并同她结婚。安哲罗还迫使艾迪娜变宗改信罗马天主教，而且明显是以一种令人恐怖的形式，足以使詹姆斯的很多新英格兰的读者浑身战栗。① 詹姆斯并没有直接再现安哲罗极力改变艾迪娜情感对象方面的行为，而是把这样的情景留给读者的想象：他在这里采用的方式能让人回想起霍桑的手法，因此也就强化了安哲罗借以对斯克罗皮耍弄手段玩弄他施加报复的那种神秘。② 当然了，这样的描写也有助于说明，安哲罗面貌俊美，而斯克罗皮在这种叙事里却被描写成"那个非常丑陋的可怜的家伙"（《艾迪娜》，第349页）。不过，真正把艾迪娜推进安哲罗怀抱的东西，却是斯克罗皮的建议：他的未婚妻应该把凹雕当作结婚礼物接受下来，然后"'在什么时候把它当作装饰品佩戴起来'"。而这是艾迪娜无法接受的。因为，她有这样坚定不移的宗教信仰："这块宝石的确很美。可我觉得，在离我的心这么近的地方，戴着这样一个提布留斯皇帝的雕像，实在让人感到不舒服。难道说他不是卑鄙的皇帝中间的一个，甚至是最坏的皇帝中间的一个？身上戴着这么一个他曾经看过甚至摸过的东西，而且以这样一种直接的承接方式接触它，简直是一种堕落。"（同上书，第367页）

一般来说，现代历史学家们都对有关提布留斯残酷暴虐的传说半信半疑，同时对他任命的高级行政长官如塞杰纳斯〔提布

---

① 艾迪娜的"改宗"以及她同安哲罗的"婚姻"，在叙事人看来场面再现得十分优美：他同她在一个"嘉布遣会修道院"里邂逅相遇。他看见，她呆呆地坐在那儿，一动不动、非常奇特地盯着看"闪闪发光的祭坛"（《艾迪娜》，第373页）。《大理石雕像》之中的那位"模特"，当然最终显露出他的不知属于什么罗马官方或私人组织的嘉布遣会修道士的面目；而且，尽管唐纳迪罗本人名义上是一位天主教徒，但他将"模特"暗杀身亡这一事件，似乎象征性地上演了发生在天主教与新教之间的一场纷争。对霍桑做出的这些反应，在詹姆斯的《艾迪娜》之中的戏剧性行动里发挥着作用。

② 戈登·哈特纳（Gordon Hutner），《秘密与同情：霍桑小说之中的揭示的形式》（*Secrets and Sympathy: Forms of Disclosure in Hawthorne's Novels*, Athens, Ga.: University of Georgia Press, 1988），第183页，指出在《大理石雕像》之中："……霍桑请读者接受小说之中描写的一直没有外泄的秘密"，并下结论说"不带同情的理解的艺术是不完整的"。詹姆斯，在行文里也运用了类似的技巧，先是严守秘密，然后再呼吁他的读者也为他保守秘密，借以制造同情。

留斯之嬖臣〕和迈克罗（Macro）等残暴之徒加以指责，认为他所选非人，而有关他生活放荡的种种传说更是完全地不可信。不过，在维多利亚时代人的想象之中，由于基督被钉上十字架时这位皇帝正好在位，所以他便典型地代表了社会以及个人的堕落，正是这种堕落使罗马帝国最终"土崩瓦解"。一个纯洁的年轻女子，本来应该佩戴基督教的某个标志，比如说十字架。但是，愤世嫉俗的斯克罗皮竟然别出心裁，提议让她戴这么一个异教的暴君的标志；更何况，这还意味着，他本人拥有这么一位"来自新英格兰的金发碧眼的天使"（同上书，第367页）。叙事人试图劝说斯克罗皮，打消他的这个念头。他的借口是，这个"装饰品太笨重"，本来可以当作"项链"来戴；但是，只有"那种长得强壮、黑黝黝皮肤，长着罗马皇后额头，双肩类似古代雕塑的美人"可以佩戴（同上书，第361页）。像艾迪娜这样"一位面容姣好，身材苗条的女孩子"，可能就会"感觉到雕像太重，简直要把她拖到地上，而且也会给予她一种神秘的痛苦"（同上）。这里，霍桑有关罪恶、堕落以及拯救的主题，充满了艾迪娜的性欲斗争，因为她依附于对阳物力量的一种崇拜，而这给予她"神秘的痛苦"。

　　毫无疑问，对于艾迪娜来说，黄玉凹雕是一种偶像崇拜，是众所周知的对19世纪妇女的商品化的另一个例证：由于这样的商品化，男性的欲望取妇女本身而代之。在这一时期，支持父权等级制度的传统的偶像崇拜，由于叙事人的这种意识而变得更加复杂：他认为，凹雕这一无价之宝，只对一位异教"女士"才是"适宜的"。就这一个凹雕也同时具体地表现出斯克罗皮和叙事人之间的同性恋的扭结来看，这样的异教姑娘的"黑黝黝皮肤"让人联想到，米里亚姆的神秘，以及19世纪富有威胁的女性力量同种族性的他者性的混合掺杂："跪到地上去吧，野蛮人，摆在我们面前的，是多么奇异的东西啊！我这么多天摆弄着石块锉刀日夜辛苦，难道说就没有一点儿目的？我使几个世纪的时间无效——我竟然让寰宇大帝、神圣的提布留斯死而复生。……你的心不是在胸口里怦怦直跳？"（同上书，第 357 页）

艾迪娜丢下她的继母和她的未婚夫萨姆·斯克罗皮。安哲罗急急把她带走，二人住进了罗马的一套公寓。叙事人去拜访他们二位，想看看这一对儿过得是不是幸福。但他却发现，安哲罗对艾迪娜的爱，跟他千方百计想斗败斯克罗皮的企图毫无二致，二者是一回事。在到罗马去见斯克罗皮的时候，叙事人陪着斯克罗皮登上"圣安哲罗"桥头：此桥指向圣安哲罗城堡，那是一座阴森森的监狱，曾经囚禁过比阿特丽斯·塞恩西。走到桥的中间，斯克罗皮以非常干脆而又常规性的、象征着詹姆斯日后所取得的艺术成就的动作，把那个"可憎之物"——"带着残酷野蛮的标志的金边宝石"扔进了台伯河中。正是在这条河中，无数的古代珍宝，从文艺复兴时期一直到我们今天所在的世纪，被挖掘出来（同上书，第 382 页）。萨姆·斯克罗皮和叙事人，并肩站在那儿，举行这神秘的仪式，因而结成了那种将同一社会性的权威同同性恋的欲望紧紧缠结在一起的纽带："接下来，他从口袋里拿出一个很小的天鹅绒盒子，把它打开，里面什么东西在月光下闪闪发光。这就是那块优美、华贵，但又非常不吉利的黄玉。他朝我看了一眼，我明白他是什么意思。所以，我的心在隐隐作痛。可我并没有说出话来——不要啊！"（同上书，第 382 页）当然了，这种仪式性的举动，从策略上说，意义含糊不清，但却预示着詹姆斯小说之中，对有关道德和欲望的不确定性的更加重要，也更加复杂的描写。比如说，《螺丝在拧紧》之中描绘的，迈尔斯在他大限来临之际，躺在他的家庭女教师的怀抱之中，双手搂着她的肩膀。不论使叙事人"心跳"的，是那个凹雕的美学意义上的美，是它的核心人物提布留斯的阳物力量，还是斯克罗皮极有意味的"朝我看"，他拒绝接受的都是对一种既突出强调而又同时被压抑的激情的精妙混合："可我并没有说出话来——不要啊！"

　　詹姆斯对斯道瑞的雕塑作品以及霍桑的意大利小说所做出的反应，显示了他的文化前辈们的文化焦虑：对 19 世纪由妇女权利运动以及独立妇女（比如说霍斯默尔、兰德以及霍桑笔下的米里亚姆等等）的独立性所引发的，有关性行为和性别的不稳定性的焦虑。詹姆斯即使是为了他自己文化身份的缘故，在把这两位先驱推入一个遥远的往昔的时候，他也要在 1903 年认同霍桑及斯道瑞的防御性的、文化上保守的姿态。不管怎样，他还是强调了这样的价值观念：尽管它们显示出的是父权传统的模棱两可的特性和历史特殊性，但他自己心目中的文学事业毕竟是从这里开始的。在他从防御性的观点出发，评论旅居于罗马的"这一群大理石一般的白种"女性雕塑家，新古典主义雕塑人物形象的具有色情意味的裸体，以及诸如霍桑的唐纳迪罗和米里亚姆等双性同体人物等等的过程之中，詹姆斯暴露出了自己的同性恋的欲望，以及对仅仅属于"修饰性的"或者说"常规性的"女性人物——比如，艾迪娜·沃丁顿或玛莎·瓦拉瑞欧等，新教徒美国人的想象生产出来的那些"室内天使"——没有兴趣。为回应这种可怕而又激动人心的同性恋激情，詹姆斯学会了以各种不同的形式来设计他的文学身份，尤其是同化为具有跟他本人一样的文学的和想象的力量的、强有力的女性人物。具有讽刺意味的是，诸如伊莎贝尔·阿契、奥里弗·钱瑟勒、米里亚姆·卢斯、梅齐·法朗格、凯特·克罗伊、米里·特阿尔以及夏洛特·斯坦特等女性人物，可能都会显示出霍桑笔下的米里亚姆及其历史原型海蒂·霍斯默尔和露伊萨·兰德的很多最佳品质。尽管如此，詹姆斯笔下的想象性的妇女，也会要求他用文学形式使她们自身得以完成；这样，这样的文学形式也就形成了作者与人物之间的美学上的同一：它使詹姆斯有能力使一种被禁止的同性欲望得到升华。

　　不论詹姆斯是属于他的前辈的新英格兰文化之中的严格的性

别区分所导致的性压抑的一种产物，或者说属于那种不可避免的
问题；还是像斯科特·德里克所认为的那样——他仅仅是刚刚触
及同性恋的种种欲望，而他身为一个男人、一位作家，这在他的
性格之中是难觅痕迹的，我都无意深究。[①] 即使霍桑和詹姆斯在
讨论同样的艺术家及艺术品的时候，他们所处的时代的差异，也
是十分明显的，尽管詹姆斯从他的真正的文化父辈们那里继承了
很多东西。霍桑的焦虑，显而易见是固定在女性力量，以及它所
威胁到的资产阶级的男性力量的错位这个方面。就詹姆斯来说，
同一社会性的、同一欲望性的以及同性恋的种种关系之间的冲
突，在他早期的小说之中，比如说《艾迪娜》，比起他后期的作
品，如《威廉·维特莫尔·斯道瑞及其朋友》来，要显豁得多，
而且更加美学化，因而也就在心理欲望方面要保守得多。在霍桑
对亨利·詹姆斯的总是令人迷惑不解甚至于让人吃惊的影响之
中，可以发现这些有趣的联系。从这些联系当中，能够推出好几
个结论。第一个结论是，这种特殊的影响，本身已异常有力地铭
刻在后来的美国文学的想象性世界之中，因为它在 19 世纪和 20
世纪早期的美国文化里不断变化的性、性别以及种族关系这个方
面，能给我们带来很多启示。第二个结论是，我们需要更加完善
的理论和解释，才能阐明各种艺术是如何共同促成文化压抑，以
及诸如商品化和偶像崇拜等相互联系的效应的。最后，亨利·詹
姆斯的种种性欲望——同一性欲的、同性恋的、禁欲式的、同一
社会性的、手淫性的以及异性恋的——为那些生产性的张力做出
了贡献：正是它们，促成了有关这位作家的文学的、传记的、批
评性的以及历史性的叙事。而这些欲望所涵盖的范围，是很值得
研究的。因为，它可以教育我们，去领会诸多变化无常的文化价
值观念。我们对詹姆斯的性欲望的学术兴趣，并不是像有些人最

---

① 见第 145 页注①引德里克著作，第 29 页。

近所指出的那样，属于我们自身所处的纵欲的时代对詹姆斯所在的 20 世纪早期的映射——比如一位批评家有气无力地所抱怨的，是一种"对任何事物的性欲化"——而是力图理解对现代性至关重要的各种性行为以及价值观念的一种努力。①

———————————

① 李·J. 西耶格尔（Lee J. Siegel）对同性恋理论和同性恋研究领域新近出版的著作的综合评述，《同性恋科学：同性恋理论，文学，以及对什么都性欲化》（The Gay Theory：Queer Theory，Literature，and the Sexualization of Everything），载《新共和国》（New Republic 219：19，November 9 1998），第 30—42 页，抱怨这种"对什么都性欲化"是这样的研究方法导致的结果；但是，这样的结果不知怎么干扰，甚至于破坏了，我们对文学的解释。西耶格尔的综述性论文所代表的这种激烈反应，令人担心的地方是她的论点：对同性恋的讨论，不知怎么"对什么都性欲化"：意思是说，同性恋理论和同性恋研究除了"性"之外，任何别的东西都不予考虑。这个论点显而易见是错误的，但是它也披露出了一种同性恋恐惧症：它远远超出了对同样的性别的关系的妖魔化，进而将学术界对现代性行为的研究也包括进去，尤其是人文学科领域中的艺术和思想研究的成果。

第六章

现代艺术与后现代资本的发明

> 特朗（Tlön）的接触与习惯已经使这个世界分崩离析。
> 人类被自身的困境所迷惑，所以一次又一次忘记了这是象棋
> 大师们的，而不是天使们的困境。各种学校都已经被特朗的
> 种种（假想的）"原始语言"侵入；而对它的和谐的历史
> （充满着令人心动神摇的种种插曲）的教育，已经将在我的
> 孩提时代占主导地位的那一种彻底抹掉；某种虚构的过去也
> 已经在我们的记忆里取另一种而代之，那种我们不能确然知
> 道任何东西的过去——甚至于不知道它是虚假的。
>
> ——乔吉·路易·伯杰斯著，E. 俄比译，
>
> 《特朗，犹克巴，第三个地球》

如果脱离开后现代主义，就不可能再讨论现代主义。这两个术
语之间令人困惑的关系，一直在过去的三十年的人文学科的批评和
理论讨论之中占据着核心的位置。不过，直到最近，大多数文学讨
论还集中在，20 世纪 60 年代和 70 年代的北美、拉美以及西欧的试
验作家，以及他们源自和/或取代的他们得到的现代主义遗产的所达
到的程度上。法国社会学家让·鲍德里亚和哲学家让-弗朗索瓦·
利奥塔，已经从社会—经济角度（在这里，文学试验主义只不过是
其他生产之间的一种生产形式），提出了这样一个问题："什么是后

现代主义?"鲍德里亚的早期著作,比如说《生产之镜》及《对符号的政治经济的批判》,以及利奥塔的《后现代状况》聚焦于以诸多符号系统——支配着生产的物质形式的信息、时装、服务、广告、娱乐——为基础的某种经济。① 究竟艺术和文学在一个在根本上致力于符号的生产和再生产的后工业经济之中怎样发挥作用,对于鲍德里亚和利奥塔来说,始终是一个重要的、尚待解决的问题。不过,可以肯定,在这两位理论家的作品之中,美学作用再也不能脱离开生产和市场学来加以理解,除非那种区别本身——比如说,"高雅艺术"同大众文化之间的区别——是意识形态工作的组成部分。鲍德里亚以及利奥塔对后现代经济的讨论,仅仅集中在人文学科和社会科学领域里被不严格地称为"后结构主义的"理论的东西的某种倾向上面。相对意义上属于技术的文学的及哲学的问题同社会经济学之间的关系,业已阐述清楚,这在很大程度上要感谢阿尔都塞、福柯以及德里达。因为,他们中间每一位都尝试过,根据特殊的文化环境的控制性的语法,去思考抽象的生产同物质的生产之间的关系。尽管后结构主义者们,一直因为使符号的某些特点本质化而遭到批评——比如说,德里达的延异、利奥塔的纠纷、福柯的档案;但是,后结构主义,就它为理解当代西方文化特殊的修辞所做的诸多努力而言,始终在深层上是历史性的。即使在他们的历史主题[主体]千差万别,各自不同的时候——德里达的西方哲学的元神学传统、阿尔都塞的马克思、福柯对启蒙理性的集中探讨,这些后结构主义者们,也总是在写作之中论述,激活我们所处的后现代社会的那种历

---

① 让·鲍德里亚(Jean Baudrillard)著,马克·波斯特(Mark Poster)译,《生产之镜》(*The Mirror of Production*, St. Louis, Mo.: Telos Press, 1975)及查尔斯·列文(Charles Levin)译,《对符号的政治经济的批判》(*For a Critique of the Political Economy of the Sign*, St. Louis, Mo.: Telos Press, 1981)。让-弗朗索瓦·利奥塔(Jean-Francois Lyotard)著,杰奥夫·本宁顿(Geoff Bennington)与布雷恩·马苏米(Brian Masumi)译《后现代状况》(*The Postmodern Condition*, Minneapolis: University of Minnesota Press, 1984)。

史。因此，我要在后结构主义理论的这种母体之内，对现代艺术与后现代经济的兴起之间的杂乱无章的关系做出解释。

我将凭借现代主义同后现代主义缔结的关系之中的逾常的结构性组织（exaegerated structural formulation），来描述当代的境况。在我们所说的"现代的"、西方晚期工业的和晚期殖民的各种文化之中，诸多文学的和艺术的运动一般是被它们的后现代欲望表征化的：［原因］非常简单，艺术的主导性动机，就是要超越现代社会及其推理性成规的种种边界和限制。现代艺术家，通过坚持文学风格的比喻的和内涵性的多样性，来为申明自己的权利树桩划界。与此相反，"市场文学"仅仅是外延性的，而且也只是为了有用的、字面的意义的缘故，来抑制比喻性的游戏。而这样的意义，它对事物以及观念的指涉，是由多数人的意见确定的。

在后现代文化之中，艺术与文化的推理性关系，就十分不同了。为了阐明我的极为图示化的模式的意图，我要坚决主张：后现代文化颠倒了现代境况。西方后现代的、后工业的社会，被某种与再现的生产相关的经济所表征。我们一般都爱讲新的"信息"和"服务"经济。但是，这两个术语都源自那种比较陈旧的工业经济的修辞，这种修辞坚持将产品界定为**事物**。当我们把**再现**当作生产来用时，比较明显指的是**某些程序的效果**：以同样的方式，我们将某种**再现**理解为，总是对先于它的或者说处于它的推理性领域之外的某种东西已经做出的比喻表达（figuration）。在后现代文化之中，**再现**总是已经是**对某种再现的再现**，就像是这台电脑的屏幕上的光线一样：它再现的是，属于学术话语的解释学的和语言学的再现。后现代经济接受这种生产状况——被生产出来的东西显示出，它是从某个已被接受的前文本引申而来的——并且并不刻意去遮掩它的产品的人工性质和状况，也并不使之自然化。工业资本主义挣扎着，要给予它的产品以及制造它们的种种状况以某种自然的可信性，而后现代经济则接受人类信息的彻头彻尾的虚构性的起源。因此，在这样的状况下，凡是属于社会现实的东西，都总是已经被理解成高度比喻性质的，既充斥着地区性的重要意义，而且还充满更具普遍性的诸多派生意义。

所以，我们不应该惊讶：当代电视广告对它自身的媒介作用具有极端的自我意识。五十铃汽车的广告，仿拟的是汽车广告的那种成规性的逾常的主张。库斯啤酒（Coors Beer）在 20 世纪 80 年代的广告里启用马克·哈曼。此人是加利福尼亚大学洛杉矶分校的前［橄榄球］四分卫，当代黄金时段肥皂剧《别处的圣徒》之中的明星。这一广告采用肥皂歌剧的形式，分成好几个相关的叙事部分，与此同时公开地玩弄作为一个自然的、"绝无虚饰"的人的橄榄球明星的成规俗套这种游戏。这两个广告基本上都是跨文本性质的，它们都对自身的形式和媒介作用具有极端的自我意识。但是，对这种境况，它们都没有表达出任何焦虑甚至是反讽，尽管反讽本来可以用作一种技术手段，比如说在五十铃汽车广告里。语言的文本间性以及再现的高度的比喻场景，被当作后现代生活的、某种经济的状况接受下来：在这种经济里，再现是那种合适的产品。在这样的文化境况中，要求将文学语言和日常语言严格区别开来的呼声——像高潮现代派们所发出的那些呼声——似乎只是已经老套过时，而且是时代错误性质的［东西］。

大众文化对这种后现代经济的种种状况所做的随便而又快速的调整，高雅文化的艺术家们，尤其是现代主义的继承人，在过去并不是总能赶得上的。从 20 世纪 70 年代末到 80 年代中期结束，一直存在着一种可以确认的、反动性的转折：对被上文之中描述的后现代文化倾向吓呆了的某些所谓的后现代艺术家以及很多批评家，进行重新审视。我提到的焦虑性的反应，预示着威廉·本尼特、林·契尼以及迪耐什·德苏扎等文化战争老兵的右翼政治学,并且在今天在任何明显的意义上都不能与这种政治学相互统一。实际上,我这里提及的所有这些艺术家和批评家,几乎都是坚定不移地同保守政治学保持距离,并且在别的方面还曾对里根和布什政府的政策发起攻击。约翰·卡顿纳的《论道德小说》(1978),人们起初认为这部著作主要是直接对 20 世纪 60 年代和 70 年代的"超虚构主义者们"的攻击,因而对它非常欢迎。可是,他本人一度曾被人们认为是他们中间的一员。吉拉德·格拉夫的《反对自身的文学》(1979),约翰·奥里布里奇的《美国小说与我们现在生活的方式》(1983),以及查尔斯·纽曼的《后现代的光晕:在一个通货膨胀时代里的虚构行为》(1985),同样是把矛头对准反文化的艺术试验的破产以及后现代美学的肤浅。① 这些批评家,尽管坚持的理论和政治立场截然不同(从奥里布里奇的自由主义的人文主义到纽曼的马克思主义),但他们中间的每一位都怀疑,独特的文学价值的衰落,有可能是后现代经济的结果。因为,这种经济以令人炫目的修辞操作,把成规性的文学再现或批评的最富有活力的努力,远远抛在了后面。总而言之,这些对准后现代试验主义的批评家,每一位都证实了菲利普·罗斯 1961 年的著名论点:"20 世纪中期的美国作家,为了理解美国现实的大部分、然后描绘它、接下来还要使之具有可信性,因而忙碌不堪无暇他顾……实在性始终超越着

---

① 约翰·卡顿纳(John Gardner),《论道德小说》(*On Moral Fiction*, New York: Basic Books, Inc., 1978);吉拉德·格拉夫(Gerald Graff),《反对自身的文学:现代社会的文学观念》(*Literature against Itself: Literary Ideas in Modern Society*, Chicago, Ill.: University of Chicago Press, 1979);约翰·奥里布里奇(John Aldridge),《美国小说与我们现在生活的方式》(*The American Novel and the Way We Live Now*, New York: Oxford University Press, 1983),以及查尔斯·纽曼(Charles Newman),《后现代的光晕:在一个通货膨胀时代里的虚构行为》(*The Post-Modern Aura: The Act of Fiction in an Age of Inflation*, Evanston, Ill.: Northwestern University Press, 1985)。

我们的才能，文化几乎每一天都在抛出种种人物［比喻］，让任何一位小说家都空自嫉妒。"① 格拉夫和纽曼尤其值得注意。他们攻击试验主义者们提出的现实的本质虚构性这种主张，指责它十分肤浅。部分原因是，现代派们，如卡夫卡和亨利·詹姆斯、普鲁斯和格特鲁德·斯坦因、庞德和斯蒂文斯等纷纭复杂，各自有别；在他们那里本来一直属于一种大胆的主张的东西，却成了后现代经济及其社会现实的**状况**。

这些批评家，并不仅仅是孤立的或者说特异的反动者。他们各自为某种文学鼓吹呐喊，认为它可以重新把批评的刀刃擦亮磨利。同时，他们还声称要颠覆自古以来的伟大文学。这些主张，在那个时期总是得到艺术家们（比如说约翰·卡顿纳）的支持，而这些艺术家的作品当时常常被确认为是与后现代先锋派同一的。70 年代被很多人称颂不已的所谓的"元虚构"［小说］，在某些学者和作家看来，忽然背离了现代主义者们所称赞的文学的虚构性和比喻性，反而转向有关**文化**的艺术能力的某种自我意识。这样一来，雷蒙德·卡夫尔的"新—现实主义"便可以被看作是元虚构［小说］性的，因为它显现出的是它自身的最小限度的现实主义，去做那种社会现实的替换物：杰弗里·哈特曼此前什么时间曾将它形容为，"异期复孕的意义"的、"过量的意指"的一个世界，后现代小说令人眼花缭乱的眩晕在其中已经成为日常现实的状况的一个世界。② 在加布里尔·加西亚·马尔克斯的《家长的没落》之中，一个残暴的独裁者为保护自己并不稳定的统治而不得不求助于各种艺术。而这些艺术，同叙事的声音得以发挥作用所要凭借的那些艺术，几乎不可能

---

① 菲利普·罗斯（Philip Roth），《写作美国虚构》（Writing American Fiction），载《评论》（Commentary，Vol. 31，1961），第 224 页。

② 杰弗里·哈特曼（Geoffrey Hartman），《从文学观点看语言》（Language from the Point of View of Literature），收入《超越形式主义：文学论文，1985—1970》（Beyond Formalism: Literary Essays, 1958—1970, New Haven, Conn.: Yale University Press, 1970），第 353 页。

区别开来。出于同样的原因，D. M. 托马斯的《白色的旅馆》里那位妇女的心灵的奇异虚构，在一种心理分析的叙事之中得以澄清：这一叙事最终揭示出，她神经质的幻想源自巴比战争时期的大屠杀 (the Holocaust at Babi War) 之中的一个插曲。更为明显的是，约翰·欧文的《噶普口中的那个世界》，在另一个元虚构性 [小说] 的框架之内——欧文自己的叙事——收编了噶普的元虚构性小说，似乎是要专门揭露这样的奇异虚构的种种危险，并使噶普回归他的虚构—制作已经产生作用、进一步威胁到的任何东西：资产阶级的个人主义，家庭，人际关系，某种超政治性的现实主义。[①] 威廉·加斯的长篇小说、短篇小说及以及理论著作，同超虚构主义者们一起，在 20 世纪 70 年代常常是大受欢迎。在 80 年代，这些作品重新风行一时。原因是，人们要求看到的是，一个既各自分离而又相互和谐的虚构世界——在作者的准确而又正式的语言游戏之中实现了的一个世界；这样的要求被恰如其分地理解为，后现代现实的无根基的和非理性的文本性之替代物。[②]

从新—现实主义到自我意识的元虚构，所谓的后现代文学，常常要求成为后现代现实的一种不可思议的替代品。当然了，对我在上面几段文字之中已经描述到的、有关后现代状况的文化焦虑，在任何意义上都不是对那种状况的唯一的，甚或风行一时的

---

① 加布里尔·加西亚·马尔克斯 (Gabriel Garcia Marquez) 著，格利高里·拉巴萨 (Gregory Rabassa) 译，《家长的没落》(The Autumn of the Patriarch, New York: Harper and Row, 1976)；D. M. 托马斯 (D. M. Thomas)，《白色的旅馆》(The White Hotel, New York: The Viking Press, 1981)；约翰·欧文 (John Irving)，《噶普口中的那个世界》(The World according to Garp, New York: E. P. Dutton, 1978)。

② 在《论道德小说》第 71 页之中，约翰·卡顿纳用加斯作为例子，来说明试验作家们对自身之中的语言和为了自身的语言的特殊关注："人化在堆积词句的时间越多，就越不需要从一个地点转移到一个地点，从一种论述转移到另一种论述，从一个事件转移到另一个事件；也就是说，越不需要结构。"卡顿纳明确地将加斯的"语言游戏"、他的虚构的"逻辑实证主义"判断为，某些成规性地由小说 [虚构] 提供的哲学上可靠的论述的替代品。

反应。不过，这种特殊的反应，有趣地象征着在更大范围展开的、向现代主义文化和美学的价值观念的文学和艺术的回归，通常高举的是后现代先锋的旗帜，而在这里字面的和固定的意义是被给予特殊的核心地位的。如果以这种方式来看，美学的后现代主义的某些方面，就可以被理解为，高潮现代主义种种徘徊不去的种种效力，现在已经被推入了这样一种文化境况：现代艺术的乌托邦规划，在这里已经**逆反性地**得到了实现。作为这种已经发生变化并且经常**变化不定**的文化境况（一种不停变化的经济，在马克思［描述］的最糟糕的资本主义的噩梦之中放肆起来）产生的结果，文学的试验主义者们，似乎没有料到会感染上由新的历史境况促成的某种"模仿谬误"。

我已经从修辞交叉法的角度，以有些简化的方式描述了艺术同现代社会及后现代社会的种种关系。这种修辞交叉法就是我提出的，可以取代将现代美学和后现代美学区分开来的边界的任何一种更具确定性的划分方法：

> "现代时期"的文学和艺术是"后现代性的"；
> "后现代时期"的文学和艺术是"现代性的"。

当然了，这样一种模式意味着，文学同主导性的文化之间已经发生变化的关系，主要是由经济状况之中的诸多变化促成的历史的转型产生的结果。在下文当中，我将提出，这样的转型的确是辩证性的，而且艺术家们向生产于现代时期的创造性的文学提出的先锋性的和乌托邦式的要求，已经帮助**实现**了工业经济向后现代的、后工业的再现的经济的转型。同样的阅读经验，给予我们的是那种不可思议的感受：20世纪60年代和70年代的试验主义者们，仅仅**模仿**了后现代的现实——这种经验鼓动某些人起而反对这样的后"现实主义"，也能够适用于高潮现代派们的有争议的乌托邦主义。

在本章里，我不可能指望，对高潮现代主义者们的所有贡献进行面面俱到的分析。毫无疑问，他们为这种文化的实现做出了贡献：经验的比喻性质，相互竞争的主体性的游戏，艺术和时装的必要的风格化，已经在这种文化里成为普遍的假设。所以，我只是想思考这些方面的问题：在亨利·詹姆斯和埃兹拉·庞德的作品里，某些乌托邦性的冲动，有助于给予推理性的策略以可信性，而这些策略起初是有意用来对现代社会现实的表面上的"自然性"进行质疑。即使是使这种先锋话语的文学主张成为可能的那种东西，也是一种特殊的欲望：充满我们所称之为的工业主义和殖民主义的晚期的、要求转型的欲望。简而言之，现代文学先锋，它的开端以亨利·詹姆斯、全盛期以埃兹拉·庞德为典型代表，只是对从一种现代的物质经济到一种后现代的非物质的再现的经济的、意识形态转型的呈现。我的论述，基本上依靠的是弗雷德里克·詹姆逊的现代主义理论。这一理论，是他随后——在《后现代主义，或晚期资本主义的文化逻辑》，以及早期写的《侵略的寓言：温德海姆·路易斯，作为法西斯主义者的现代主义者》（1979）及《政治无意识：作为一种社会性象征艺术的叙事》之中——所展开的对后现代主义的分析的前奏曲。①

对于詹姆逊来说，亨利·詹姆斯非常明显地象征着由 19 世纪现实主义的衰竭引发的向美学主义的转折：这一转折，是因为

---

① 弗雷德里克·詹姆逊（Fredric Jameson），《后现代主义，或晚期资本主义的文化逻辑》（*Postmodernism, or, The Logic of Late Capitalism*; Durham, N. C.: Duke University Press, 1991）；《侵略的寓言：温德海姆·路易斯，作为法西斯主义者的现代主义者》（*Fables of Aggression: Wyndham Lewis, the Modernist as Fascist*; Berkeley, Ca.: University of California Press, 1979）；《政治无意识：作为一种社会性象征艺术的叙事》（*The Political Unconscious: Narrative as a Socially Symbolic Act*, Ithaca, N. Y.: Cornell University Press, 1981）。

要挫败现实主义小说家的传统的合法性功能，而由到 19 世纪末形成的、已经十分明显的意识形态的种种矛盾造成的。在这里，我们也应该注意到，詹姆斯和庞德是如何不仅仅为詹姆逊有关现代主义的一般构想服务的，而且他们二人怎样又都代表着一种理论话语，而这样的话语又可以在现代主义之中至少找到各自的起源的一种。对于詹姆逊来说，埃兹拉·庞德，同乔伊斯一起，代表着美学的"神话志"（mythography）；而且，我们还可以把后者同诺斯罗普·弗赖的原型批评联系起来。非常清楚，亨利·詹姆斯在詹姆逊的叙事之中充当着，由 T. S. 爱略特草创、进而又由盎格鲁—美国的新批评家们系统化的文学的形式主义的原型。

　　詹姆逊笔下的亨利·詹姆斯，典型地代表了这种文学反应：它回应的是，由资本主义的个体异化史所引发的哲学主体的危机。资本主义对个体主体提出了特殊的要求，要把它当作在资本主义的经济之内以及整个过程之中能够强调、表达并且复制自身的人物［比喻］。这极有可能是资本主义根本性的反讽，实际上也是资本主义伟大的艺术成就：向一种哲学的起源转折，并且终止资本主义经济实践似乎专门要极力摧毁的那种个体本身。到目前为止，对这一表面上的悖论的这种解决方法，已经人所共知了。资本主义使工人同他们自身的劳动—力量的连贯一致的过程及产品相疏离［异化］，这样也就虚构了有关主体的一种哲学的和唯心主义的范畴：只有在它同它的物质环境相互区别开来的情况下，它才能界定自身。这种唯心主义的主体，不停地努力着，试图将自己从时间的耗损与折磨之中、从劳动的奴役性之中解放出来，在哲学的抽象的话语之中找到了表达自己的合适的语言。资产阶级将贵族的"自然权利"的代码，转换成财产和统治；作为这种代码转换，主体拥有它自己的唯心主义的合法性历史，因此在这里某些原则和程序必然从日常劳动的状况之中分离出来。

　　亨利·詹姆斯对作为一种技术手段的观点进行了估价。原因正好就是，他把小说的形式想象为，不仅与一种美学的意识是同质的，而且它就是后者的构成：它可能就是虚构［小说］的诸多关系的核心本身，因而或许也是现代工业社会的异化［疏离］性的力量的最佳替换物。詹姆斯作品之中的"核心性的意识"，既是指主人公（围绕着这一人物，意识的"纷扰忙乱"被组织了起来），又指被分散的作者（为了通过人物及读者达到换喻的实现，总是被抹掉），而且还是指隐含读者："在詹姆斯的作品中……读者（隐含作者）处于这样一个位置上——在意识的一个单一的行为的统一体之中，将私人的和单子的经验同某种外在的道德视角纠集在一起。因此，詹姆斯式的反讽，并不像［温德海姆·路易斯］的叙事有时候似乎要投射出的那些判断，它是以一种固有的形式将观点同伦理性的评价联合起来形成一个整体。"[1] 在 19 世纪资产阶级的文化之内，自我意识和**再现**那个自我的性能，成了文学权威及其统治权的不可或缺的标志。

　　对于詹姆逊来说，詹姆斯式的意识戏剧是理解，詹姆斯的小说之中的，尤其是在他后期的、现代主义的作品之中，赫然占据主导地位的元文学主题的意识形态功能的一把钥匙。被詹姆逊称之为"戏剧性的再现的理想"的东西，是詹姆斯对意识的构成活力的评估：它曾一度被从某种经验主义的幻想之中解放出来——从不断袭扰詹姆斯笔下的人物的"现实—原则"之中挣脱出来，尤其是在他们试图进入统治性的社会阶层之中进而要理解它的代码的行动过程当中。这样，詹姆斯的"场景性艺术"，便有效地将小说的叙事性以及它对历史和暂时性的传统性的强调变型为，可以观看的意识能够接触到的戏剧性：后

---

① 詹姆逊，《侵略的寓言》，第 55 页。

者似乎是从戏剧观众的特权化的优势角度来接受文学的再现的——既在戏剧行动之内，又出乎戏剧行动之外。在这里，詹姆逊考虑的是，19世纪英国和美国社会的本质上的戏剧性质；因为，在这样的社会里，阶级矛盾依靠在这种戏剧之中赋予个体以合适的角色的那些社会艺术，被呈现成看似和谐一致的、结构上统一的。

这样，按照这种观点，詹姆斯式的"精致的意识"同资产阶级的不合法的权威之间的战斗，就成了詹姆斯自己用一种新的、艺术性的贵族来补偿业已消逝的贵族的途径。出于同样的原因，有产贵族所声称的自己拥有的那种世袭的，甚至遗传意义上被编码的统治权利，现在则是刚刚进入意识之"宗教"的那些入门者们，在声称应为自己所拥有。而后者继承的遗产，则是在现代的灰色洗涤剂以及大众的去人性的经验之中已经极为无情地被抹去了的，文学的和智性的传统。在揭露"虚假的意识"——一般是指资产阶级的（例如，《鸽翼》之中的毛德曼宁翰），或者某个被废除的贵族的无能（如《鸽翼》之中的马克爵士或《卡萨玛西玛公主》之中的卡萨玛西玛公主）的那种虚假意识——过程中，詹姆斯强调了他笔下的资产阶级人物的模仿和派生的性质。

由于没有能力表达自己，由于模仿某种破产的贵族的实践活动，詹姆斯笔下的资产阶级人物把自己显示为，无能的追随者，没有品位的艺术家，漫不经心的反对派。他们没有能以某种典型的方式再现自己的时代，而是拒绝以进攻性的形式去维护他们自身独一无二的权利。因此，《金碗》之中的亚当·维瓦，在我们看来似乎并不像是一个积累了大笔财产的有进攻性的企业家，而是一位唯美主义者。他极力要在"美国城"之中，建造出那种纪念碑性质的某种模拟物，以感念贵族的恩德赐予：欧洲博物馆。出于同样的原因，《美国人》中的克里斯托夫·纽曼，尽管使尽浑身解数保持着美国人的做派，但却又尽可能利用他的民主的魅力为在社会上向上爬捞取好处。纽曼一方面对自己作为资本家取得的成就不屑一顾，另一方面又再好不过地典型代表了资产阶级企业家愤世嫉俗的形态转化。他表现出的天真，只是深思熟虑为适应环境而采取的以不变应万变的策略罢了。出于类似的原因，《奉使记》对纽森夫妇所制造的庸俗的产品，小说之中不置一词，与其说因为詹姆斯认为那是粗俗可厌的东西，不如说是因为纽森夫妇才这样认为。因此，纽森夫人对斯特拉契文学之旅的资助，她表达出的恰德"应该受到良好的教育"并有门好婚事的愿望，都是资产阶级领导权的标记：但是，为了模仿贵族的矫揉造作，他们又拒绝承认自己的权威性。当然了，如果按照詹姆斯本人的阅读，他会将这些矛盾认同为对资产阶级意识形态至关重要的东西，因而展示出的是我们在现代文学之中所能看到的、对资本主义的某种最为令人信服、练达老道的批评。

这样，制约着詹姆斯的形式上的和技术上的实践活动的意识形态的潜文本，也就一目了然了。资本主义的异化导致自我意识的作家，去想象出一个可替换的空间，他在那里正好将那些把他驱逐出世界、驱赶进虚构的力量搬上舞台。这位"印象主义式的"小说家，并不把这个角落看作是仅仅软弱无力的风格化的一种空间，而是将他自己的技术战略具体化。这样一来，这样的策略本身，也就变成了对某种艺术身份的偶像崇拜：这种身份抵消了叙事之中揭示出来的种种社会腐败。因此，詹姆斯式的小说的整个行为，是极其传统式的"达到自我意识"，但只是属于这样的途径和技巧的达到自我意识：这种自我意识，凭借着它们，已主题化了。

当然了，这种美学主义所成就的，同它感觉良好的判断相反，是资产阶级意识形态所梦想的那种个人主义的复原。而詹姆

斯式的小说，正好是通过将主人们与仆人们、那些有能力将存在
与工作等同与那些仅仅是为别人劳作——为某种异己的、外在的
社会权威劳作——的人，区分开来，做了这项工作。在他的小说
之中，詹姆斯无情地攻击了，由那些用自己对社会成规的理解来
替代真正的知识的人组成的、封闭的社会的狭隘的地区主义。但
是，詹姆逊却认为，詹姆斯用自己的美学的道德性，替代了像主
体间性这样的理想；用经验性的知识，替代了社会、经济以及政
治领域里的主体性中介。詹姆逊认为，除了由这种詹姆斯式的形
式主义繁殖出来的新批评派之外，其他精神分析主义者们，比如
说新弗洛伊德主义者，都会为詹姆斯式的小说的文学的自我意识
提供出他们自己的心灵的对等物：

> 詹姆斯式的观点，作为对具体化的一种抗议和一种防御
> 进入存在，在终结之处精雕细刻出了一个有力的意识形态的
> 工具，存放在一个不断被主体化和心理化了的世界的永恒存
> 在之中：这个世界的社会眼光，属于共存的诸多单子的完全
> 彻底的相对性的那种眼光；而它的精神气质是反讽，新弗洛
> 伊德主义的投射理论以及顺应现实的疗法。这就是，亨利·
> 詹姆斯从 19 世纪的一个不太重要的文人，转变为 20 世纪
> 50 年代最为伟大的美国小说家，这种引人注目的转型有可
> 能得到最充分的品评欣赏的那种语境。[1]

之所以能将詹姆斯的艺术意识、作家的自我，同资产阶级对
贵族身份的没有创造力的模仿区分开来，原因在于，这位艺术家
承认，任何一种这样的权威，其诸多基础都是完全虚构的。詹姆
斯式的小说，跟法律和资本主义的经济学方面的英语著作不同，

---

[1] 詹姆逊，《政治无意识》，第 221—222 页。

它从来没有将人的意识过程自然化。亨利·詹姆斯异常始终如一，坚持将艺术形式同任何略微同自然类似的东西分离开来。即使是在他最具现实主义意味的声明之中，詹姆斯也只是坚持艺术同经验、生活或者现实结成的关系："人性是广大无边的，而现实具有不可胜数的形式。人至多能够强调，小说之中有些花朵拥有它的芬芳，而有些则没有这样的芬芳。至于要预先告诉你，你的嗅觉是如何构成的，那是另一个问题了。"① 即使是"小说的花朵"，也要对艺术与自然的任何幼稚的呼应关系加以模仿；它们业已在"嗅觉"之中"构成"，因而是从人性及其不同的现实的"不可胜数的形式"之中生长出来的。对于詹姆斯来说，社会现实及其历史的复杂性，提醒着我们关注那些构成性的形式：它们既作为精雕细刻的发明之物，又作为人类建造的小说〔虚构〕，尽管也会带有十分真实的结果。

这位艺术家要求读者承认社会现实的虚构起源。这样的要求，对于很多现代派们来说，都是一种普遍的动机和美学的基本原理。就工业资本主义重复有产贵族使社会现实自然化的种种作为而论，这样做不仅使男人和女人同他们的存在的社会状况的真正关系神秘化，而且由于对它已经试图超越的那个比较古老的阶层〔使用〕的修辞的模仿，还侵蚀了它自身的合法性。这样，艺术身份和权威，便为这种社会性重复—排斥提供了一种替代物。而遍观整个现代文学和思想，我们看到的是，在好的小说与坏的小说之间一直存在着区别。好的小说，显示它们自身的再现的条件，并在大多数情况下对这样的伪装进行揭露；坏的小说凭借着它们，才取得某种自然的或成规性的地位。这样，现代作家便建立起了一种居于真实与虚构之间、自然与人工之间的文学世

───────────────

① 亨利·詹姆斯（Henry James），《小说的意识》（The Art of Fiction, 1884），收入莫里斯·莎皮拉（Morris Sharpira）编，《文学批评选集》（*Selected Literary Criticism*, Harmondsworth: Penguin Books, Ltd., 1968），第85页。

界：在这里，虚构有权要求它自身的形式性现实。

现代主义的这种"反现世"（anti-terra）显示出的是非常切实的乌托邦前景，其中的大多数已写入阅读及书写现代主义文本所需要遵循的种种美学的规则之中。一部詹姆斯的小说，其中的隐含读者就这样尽心尽力，去认可社会现实的虚构性基础，至少是詹姆斯小说之中被再现出来的那种社会的基础。这种认可——这一类认可场面，在詹姆斯的小说里是十分普遍的建构的契机——预示着，从普通经验的种种束缚之中解脱出来的某种解放。[①] 首先，这种认可（或自我意识），鼓励人物或读者去质疑现在的自足性，并进而探讨以任何明显属于当下的事件或活动为条件的各种历史的(社会的和个人的）力量。实际上，只要存在这样的条件——凭借着它们对历史的这种意识便是可以利用的，这样一种历史就是一种诸多再现的历史、诸多虚构［小说］的历史。对此，绝对用不着惊讶。所以，一般的现代主义者根本就不用经过什么步骤推论，就可以得出结论说，历史本身只能是一系列复杂的相互关联的文本，既在个体上，也在集体意义上要求对它们加以解释。正如我在第 5 章所指出的，这样一种虚构性的历史绝不是肤浅的，而是总是得到充分的处理，以便回应复杂的历史环境并强调美学的功能怎样也有历史的效力。

因此，文学作者同文本一道工作、依靠这样的文本环境的反复无常的修辞进行写作以及求知的能力，在现代时期给予这样的

---

① 伊莎贝尔·阿契尔（Isabel Archer）的"洞察一切的批评的守夜"，见《淑女的画像》（*The Portrait of a Lady*）第 42 章；纽约版 26 卷本《亨利·詹姆斯的长篇和短篇小说》（*The Novels and Tales*, New York: Charles Scribner's Sons, 1907—1917），第 4 卷，第 186—205 页。米利·西埃尔（Milly Theale）从阿尔卑斯山的悬崖上对"地球的王国"的沉思，见《鸽翼》，第 19 卷，第 124 页；及兰伯特·斯特拉奇（Lambert Strether）与查德·纽萨姆（Chad Newsome）和德·维内女士（Madame de Vionnet）相遇时的"法国乡村风味之中的小研究"，见《奉使记》（*Ambassadors*），第 22 卷，第 245—266 页，都属于詹姆斯小说之中占据核心地位的那种认可的版本：虚构性本身向核心意识揭示出自身。

作者一种特别的可信性。它是这样一种可信性：同一位作者总是
有权要求政治的相关性。文学显现的历史性的自我意识，暴露出
各别的历史时期、民族［国家］、正典传统（艺术和其他学科之
中的）以及有关性别、阶级和工作关系等社会成规的种种虚构。
现代主义者**揭露**这种虚构性的意愿，牵涉到对诸多对立的传统、
"异域的"文化以及跨国问题的求助。例如，詹姆斯的"国际性
主题"，并不仅仅是文学戏剧粉墨登场的契机；它还典型地代表
了，这位现代主义者的整个努力：依靠一种策略性的、文学性的
世界主义，揭开民族性的虚构的面纱。

　　高潮现代派们，寻求一种特殊的美学性的国际主义。在某种
程度上，这种国际主义是由他们对文学传统的各种形式的探索，
而不是通常帮助塑造出了他们诞生的国家的民族国家主义的那些
文学传统的探索所激发出来的。"要创新"这种战斗口号，有一
种重复性的内在含义："别处找去。"一个"别处的世界"，是这
样一个比喻：由于它，现代派们的美学主义和形式主义，得到了
立场迥异的各种评价：或者大受称颂，或者遭人唾弃。但是，对
美国人和欧洲人的民族国家主义的这种抛弃，常常引出相反的结
果：使这种民族国家主义的最为矛盾的政治价值观念死而复
生。①

　　在埃兹拉·庞德的作品之中，这种民族国家主义被推向了一
个任何其他现代派都无法企及的极端；因为，它既被描述为一种
政治乌托邦，又被显现为一种诗歌理论。庞德诗歌之中的历史性
的和文化性的狂妄自大，超过了先前的任何一位史诗诗人的最为

———————————

　　①　"别处的世界"这一词组，源自理查德·伯伊瑞耶（Richard Poirier）的《一
个别处的世界：文体在美国文学之中的地位》（*A World Elsewhere: The Place of Style in
American Literature*, New York: Oxford University Press, 1966）。它被伯伊瑞耶用来表示
从超验主义者们到现代派们的独一无二的美国主题——"要创造这样一个世界，意
识有可能在其中自由地探讨它的力量以及亲合力"。对于伯伊瑞耶来说，这样的美学
自由是民主自由的希望的对等物（或替代品）。

极端的疯狂。因为，庞德的诗歌艺术，预示出这样一种新的文化的神话基础：它可能会将有记载的人类历史之中的所有不同的文化及时代统统包揽进来。只要根据现代主义认可的首要的东西：历史的虚构性以及因而产生的文本性，［就会发现，］《诗章》的乌托邦文化，是全球性的和多元文化性的。詹姆斯努力追求，试图为他笔下的人物以及他的隐含读者们赢得这种认可。实际上，詹姆斯的艺术常常只是这种认可。不过，庞德从这种现代主义的假定开始，以极其复杂的方式精雕细刻出，这种知识隐含的那种后现代的乌托邦。

即使在其早期的诗作之中，庞德也总是用充满着诗歌或社会的种种陈规的术语，来对"自然"做出解释。自然可能是俳句和短歌之中运用的季节变换和更新的场所，汉语表意文字的指示词，希腊古典主义的神话空间，西方中世纪主义的有序宇宙，被资本主义的高利盘剥滥用的各种资源，如此等等。研究庞德的学者们，经常对他对某种"自然立场"的明显倚赖，尤其是他对费诺罗萨的汉语书写文字的理论的改编，以及他早期的诗歌的"意象"理论感到困惑。因为，庞德似乎是在一种天真的诗歌现实主义，与象征主义者们有关某种人工的自然，由诗歌话语组成的人为的、虚构出来的一种空间的构想之间摇摆不定。不过，从《面具》之中的早期诗歌到最后的《诗章》，庞德始终忠实于这种观点：自然是某种文本性产生的效果。在《布郎丢拉，特纽拉，瓦究拉》里，他写道：

> 难道我们的祭仪将要建立在波浪之上，
> 在清澈的蓝宝石，钴蓝色，青蓝色，
> 三位一体的蓝色之上，那些难以捉摸、
> 在无法静止的永恒变化的镜子之上？

进而，在《诗章》第一百五十六章之中，几乎回答了这个问题：

> 但是，那种记录
> 　　　　那种重写本——
> 一束微弱的光
> 　　　　在伟大的黑暗里——
> 隧道——
> 一个死于弗吉尼亚的老"怪物"。①

作为文本性的历史，其"隧道"生产出它自己的内在的"光"；它自身的自然性的"发光"，只是通过被庞德的诗歌实践、他的策略性的文本间性切入历史的"地下通道"或"矿井"（隧道）闪现出来。历史本身总是已经是自然的立场，但是如果没有诗歌形式的组织和照明，它看上去似乎就一片混乱。由于它切入了通道，找到了相似之物，并且造成了某些影响，因而诗歌有权声明，它使历史现身。庞德再三将他的诗歌隐喻化为能量的一种形式。这种能量，将散布在整个历史之中的诸多活动重新集合起来，收入富有能量的意象、表意符号或者强壮的个性的节点或丛群之中。庞德诗意地将奥西里斯［古埃及神话之中的冥神］的肢体收集起来。在上引《诗章》的片段之中，他使杰弗逊的政治权威死而复生，因为后者从别的方面来看只不过是"一个死于弗吉尼亚的老'怪物'"。

这样，现代学者就不仅仅是一个对社会虚构性的解剖者，而是一位对这样的文本性的技巧娴熟的操纵者。庞德能够而且也的确将历史的各种文本，移入新的、没有想到的语境之中。这个事实本身，在这样破坏了诸多成规性的边界的同时，也证明了这些

----

① 《诗章》第一百一十六章，引自"诗章的草稿和片段"，见《埃兹拉·庞德的〈诗章〉》（*The Cantos of Ezra Pound*, New York: New Directions, 1970），第795页。

边界的比喻的和虚构的性质。在某个层面上，读者对庞德是不耐烦的，这无可指责；《诗章》之中，的确有一种纯粹是艺术大师**随意而为**的表演意味。但是，在这样的纯粹的表演之外，在这样的不知羞耻的炫耀学识的背后，庞德建造出了一个他自己的纪念碑，以纪念这样使用历史的学者：他们对从另外方面来看属于外延性的文本以及历史记录，学会并且使用的是其比喻性的、内涵性的潜力。《诗章》的主人公是一个混合性的人物，因为他吸收了荷马、孔子、马拉泰斯塔［1417—1468，里米尼统治者］、但丁、亚当斯、杰弗逊、墨索里尼、庞德本人，以及其他别的很多所谓的"宝座"的种种优点，以求为诗歌和艺术挣得某种社会—政治权威。

庞德的"宝座"被用做漩涡，以求将文学的某种跨国、跨个体以及最终跨历史性的理想的力量，完全吸收进一种人物（表意符号）之中。① 庞德的"宝座"，同詹姆逊解释的、在温德海姆·路易斯的作品中发挥核心作用的"强壮的个性"类似："'强壮的个性'这个理想——太过复杂，因而没有办法归入风行一时的术语'精英主义'之下——实际上是路易斯成熟的意识形态的核心性的、组织性的范畴，以及那种第一位的'价值观念'从中产生出的是，所有那些更具煽动性的，但又在结构上属于派生性的意识形态的母题和对种族主义及性别歧视主义的着魔，对青春崇拜的攻击，对代议制民主的厌恶，他者性的讽刺美学，辩证法著作的激烈的辩论性的和道德性的立场，对尼采主

---

① 正如卡罗尔·F. 特瑞尔（Carroll F. Terrell）在《埃兹拉·庞德的〈诗章〉指南》（*A Companion to Cantos of Ezra Pound*），2 卷本，（Berkeley, Ca.：University of California Press, 1980），第 1 卷，第 143 页之中所指出的，庞德的"宝座"是从但丁的《神曲》引申而来，指"控制第七重天的天使"。特瑞尔还指出，但丁将这些"宝座"同红宝石以及"后来对四周闪闪发光的水及光的壮观的场面的描写联系了起来"。庞德将他自己的历史性的"宝座"，同他在别处用作诗歌形式的能量的隐喻的、明亮的光芒以及透明的形体联系起来。

义暂时的迷恋，以及对马克思主义不可调和的否定。"① 就对
"强壮的个性"的这种"否定性的"决定或者说"宝座"是自
我意识性的而论，我认为，有必要将它用于《诗章》的庞德来
对它加以理解；这样，就可以把它看作是"否定之否定"，是对
已经将艺术再现边缘化了的某种意识形态性质的**无名怨恨**的有效
的取消。从这一点来看，庞德的"宝座"的原型是讽刺家。

　　不过，正如詹姆逊在就路易斯作品之中的尼采式的无名怨恨
所做的论述里所阐明的，只有通过艺术家本身的**无名怨恨**——他
自己对时间、变化以及已经导致他的矛盾的处境的生成（becom-
ing）的反应，才可能将这种**无名怨恨**认同为当代文化的"弱
点"。庞德的"宝座"，对于很多批评家来说，都具有可以为理
解《诗章》的语言机器的生产逻辑提供某些途径的优点，但最
终以模仿那种意愿本身而告终：作者的力量，设计出来是要发挥
替代作用的意愿。正如休·肯奈在《庞德时期》之中所论述的，
《歌者的宝座》（Thrones de los cantares，1959），尤其是第96—
109 行，聚焦于语文学。② 聚集在"宝座"这一范畴之下的所有
的人物，形成了庞德的有关有效力的领导人的各种性质的特殊语
源学；每一个人物都显而易见是某个文本历史的产物，即使是庞
德的同代人，比如说道格拉斯和墨索里尼。而且，庞德的人物，
其中每一个也都被隐喻为一个"宝座"。可以说，他们将人类语
言及其历史的多重性、分歧以及种种矛盾收编进了这样一种文本
间性之中：它代表［再现］了庞德的诗学的史诗及其乌托邦社
会目标的更高的现实。

　　"宝座"或"强壮的个性"，他的（对于庞德来说，肯定是
一个家长式人物）权威，源自他对一个让人感到迷惑不解的文

---

　　① 詹姆逊，《侵略的寓言》，第110 页。

　　② 休·肯奈（Hugh Kenner），《庞德时期》（*The Pound Era*，Berkeley，Ca.：U-
niversity of California Press，1935），第532 页。

本性的世界的认可，以及他意在接受其社会责任进而找到通向存在于这些先在的解释之间的活动的某种渠道或通道的意愿。不论他从这样的知识之中可能索要的自由多么有限，语言的本质上的比喻性，都会使任何社会性的再现变得可以操作，能够适应某种新的意图。与现代小说之中的反英雄或庞德自己的诗歌替身休·塞尔温·毛伯利不同，"宝座"以他的认识——文本状况需要决定性的行动——为基础，要求他统治的权利：

> 杰弗逊被固化为一个教条主义者。很难看到覆盖在他的"禁运令"上面的是什么教条，除非它是这种教条：某种没有预见到的危机事件出现时，人就应该尽力去理解它、面对它。
>
> 实际情况是，杰弗逊把语词陈述当作工具来使用。他并没有固执己见，因而舒心随意。不论是他，还是墨索里尼，都没有对政府的统治机器真正产生过兴趣。这并不是一种悖论。他们的确创造了那种机器而且也用过那种机器，但他们二位有比较深的兴趣的毕竟还是别的什么东西。[1]

在《诗章》里，杰弗逊经常被刻画为一个语言大师，一个有能力从昔日的修辞里将某个现在的问题的答案缀合起来的**修修补补的人**。使这种领导权——庞德在别处把它称为墨索里尼的"正确原因"（right reason）——得以同疯狂的迷恋和暴政区分开来的东西是，它对某个**批评性的**作用的依赖：这种作用，在杂乱无章的诸多不同解释之内，开辟出一条通道或渠道："首领坐镇罗马，每天早上要发出 500 个（或者大约是这个数）威胁。某个

---

① 埃兹拉·庞德，《杰弗逊与/或墨索里尼》（*Jefferson and/or Mussolini*, London: Stanley Nott, Ltd., 1935），第 62 页。

聪明能干的年轻人，把他介绍给我们光荣的祖国，称号是'墨索里尼披露真相者'。"（《杰弗逊与/或墨索里尼》，第35页）紧接着在下边几节文字里，庞德对指责他的诗歌爱引用别人的东西的批评做出了回应："一个出语尖刻的人跟我说，我永远也学不会为大众写作，因为我总是爱从别人的书里摘抄东西。可怎么可能不去摘引呢？在我卖来手提式打字机以前，人类又产生了好几种观念。德·古芒特（de Gourmont）曾经就打破陈词滥调，言语意义上的以及节奏方面的，写过不少东西。把孔子、弗洛宾尼耶斯、费诺罗萨（Frobenius）、古芒特、但丁等等拿出来分发给大家，还是可能需要些手段的；这就像是舞台上那种绝顶聪明的家伙，他是为了他自己才把别人干的事情都干出来，目的很明确，就是为了让他的大众感到快慰。"（《杰弗逊与/或墨索里尼》，第35页）这并不仅仅是随意的联想。庞德将墨索里尼称为披露真相的人（debunker），然后同他自己的诗歌实践活动联系起来，进而同庞德在这里对之表示效忠的列入一个短名单的文学的和学术界的"宝座"联系起来。

当然了，对历史的语言的这种操作，其正当性在于，这样的修辞所给予的用途；而诗歌的用处，总是同资本的"高利盘剥"以及资本的所有制恰相对照：

> 所有权？用处？有一种区别存在。
> 庙宇是不能变卖的。（《诗章》第 XCVII 章，第 678 页）

有希望有用，但又不鼓励积累的交换系统的，唯一的"流通[的货币]"，是语言。不论是在哪一种文化的比喻当中，从希腊的庙宇，到马拉泰斯塔（Malatesta）的庙宇，再到孔子的身体，"庙宇"都总是已经成为一种诗歌的庙宇，礼拜语言的祭坛。因此，"宝座"和"庙宇"，就是语言的适当的用途的合法性的比喻。而这种"宝座"将适当的用途，比喻既是批评性的，又是决定性的；同允许强大的个性立法——也就是说，通过调适历史的语言以回应地区性的景况，采取的是同样的姿态。庞德的"宝座"，其语言的构成提供出的是，对某种有可能避开历史的冲击和废渣的完全的**高利盘剥**——仅仅属于历史羡余的积累——的诗歌经济和原则的希望。这样，庞德《诗章》中的诗歌的动力学或者说**协同作用**，在非常严格的意义上，是作为在西方工业主义及其"金钱体制"之中已达巅峰的、各种各样的物质性的经济的废物、弥散现象以及片断的替代品，提供出来的。诗歌有权要求**制造**，物质性较强的生产已经不能生产的东西：文化及其**诸多秩序原则**。

看上去，似乎庞德使带着异乎寻常的先见之明，通过《诗章》文本的大一统世界，预言着后现代经济。绝妙的是，庞德总是将他的诸多"宝座"，同这样一个即将到来的时代相互认同：这个时代的经济，将以文化及其再现的生产为基础，因而也就取代了工业资本主义的物质经济。他对马克思的批评，只要不是怪异地直接对准庞德断言的所谓的马克思的经济学方面的天真无知，关注的就是马克思对完全属于工业经济的偏激观点：

> 法西斯主义的革命是**为了**保持某些自由，是**为了**保留某种高度的文化、某些水准的生活；它**并不是**拒绝达到某个层面上的财富或贫困，而是要拒绝放弃某些非物质的特权，拒绝交出一大片文化遗产。
>
> 作为道格拉斯的经济学的基础的"文化遗产"，正处于取代作为诸多价值的源泉的劳动的过程之中；而在马克思的时代，劳动一直是，或者说至少是占压倒性的比例。（《杰弗逊与/或墨索里尼》，第127页）

对于庞德来说，墨索里尼的意大利式法西斯主义，"是与生活的物质基础的变化同时发生的第一次革命"（《杰弗逊与/或墨索里尼》，第127页）。"文化遗产"的"非物质的特权"，显而易见是庞德在《诗章》之中对历史的批评性阅读所提供给我们的东西。他对那些其权威既是诗歌性的，同时又是政治性的，既是修辞意义上的，又是法律上的"宝座"的认同，预示出来的远远不只是他急不可耐的愿望：想在艺术家越来越没有用处的一个时代里，为艺术和神秘智慧争取某种权利。庞德的诗歌"宝座"，装配出某种身份和权威，而他们有可能非常适合领导后现代时代及其经济。对于这样一个人物［比喻］来说，权利是修辞的一种结果，但又不仅仅是一种修辞操作的行为。它还包括转化过去的语言、历史的语言，使之为某些当代的意图服务的批评性兼容能力；而且，为了这种工作，这种后现代领导人必须进行批评性的操作，在这样的历史之中创造出"通道"：不管有多么曲折，通道都将导向他的景况。这样一来，作者，明白了自己不过是语言的一种潜在的效力，他就会采取相应的姿态，以求这样的语言将他讲入存在。

如果从一种纯粹属于反映论的理论来看，庞德的《诗章》精确地表达出了一般是由现代欧洲的工业社会的各种离散化和异化性的力量造成的、历史的无序，那种"船只失事"。按照詹姆逊的"形式的意识形态"的观点，庞德的《诗章》，像路易斯在小说和讽刺散文领域所做的未来主义的试验一样，解构了贵族史诗或现实主义小说的传统的合法性的功能。[1] 不过，这种现代史诗业已解构的东西，并不是意识形态，而仅仅是文学的被假定出来的、脱离意识形态形成的独立性；这样，也就揭示出了艺术的

---

[1]　詹姆逊，《政治无意识》，第76页。

次一级的、派生性的地位的秘密的原因。在这种情况下，庞德是徒劳无益地努力着试图发明他自己的意识形态——各种政治的、历史的、艺术的、心理的和解释学的力量的一种不稳定的平衡。在我看来，声言一个作家竟然要发明自己的意识形态，这是极端荒诞的。尽管如此，在其极限意义上，它还是代表着现代主义特色的一种虚荣：这里的极限是指，它在这一点上已经认识到，它自己的试验已经被历史的潮流所预示，甚至于所迫使。

庞德的世界主义，与亨利·詹姆斯的和温德海姆·路易斯的不同，因为它已经在它的高雅的声音之中携带上了——它的妖魔性的替身的回音：西方传统凭借着语词或武器的力量试图同全球每一个角落进行的那种交流；那种强调：正如庞德本人在《休·塞尔温·毛伯里》之中对这种文化帝国主义进行的戏仿，世界主义的混乱可能会被"两个十二打的残破的雕像，/为了一千本被打碎了的书籍"所拯救。[①] 在欧洲殖民主义的帝国被打破之后，民族—国家就面临着一种合法化的危机：这一危机要求一种工业主义和殖民主义的物质修辞向后现代的非物质修辞的范式转换。正如让-弗朗索瓦·利奥塔所论述的，后现代主义牵涉到，对一直支撑着现代化进程，其中包括它的种种技术发明背后的工业主义以及启蒙理性的解放教育的宏大叙事的去合法化（《后现代状况》，第37—38页）。庞德给予传统史诗（范围从《奥德塞》和希腊神话一直延伸到杰弗逊的共和主义）的那些不同的用途本身，在《诗章》之中，有助于使它们去合法化。通过将文化表达方式从它们的物质的、历史的语境之中抽取出来，现代派们将这样的叙事转化为抽象的、超历史的语词集合：对于绝对没有必然的义务为这些故事从中借出的历史网络负责的诗歌权威

---

① 埃兹拉·庞德，《休·塞尔温·毛伯里》（Hugh Selvyn Mauberly），见《短诗集》（Collected Shorter Poems），第208页。

来说，可以用语词集合创造出一个诗歌空间，一个别处的世界。即使对那些对现代主义文学理论和实践活动批评最为激烈的人来说，现代诗人的自我意识的种种典故也似乎是非常无害的；因为，它们不过是，在一个不断强化的科学时代里，诗人为争取权利所提出的防御性的要求。这样，现代文学就可能由于它的虚荣、它的实际上的无能、它的怀旧症以及它对一个变化多端的世界的种种紧急状态的令人悲哀的逃避，而遭到唾弃。庞德的《诗章》中的乌托邦梦幻，可以肯定并没有被墨索里尼的法西斯主义所实现，而是悖论性地恰好由那些"在其生活之中从来都没有确断过任何东西、很可能文化程度太高所以根本无法确断什么，或者说因为过于温文尔雅而不愿去冒险讲出有可能破坏他们随意的谈话的、敏感而又和善的教授们"（《杰弗逊与/或墨索里尼》，第 59 页）所成就。的确，我们看得出来，庞德诗学的实际主义的梦想带有某种自我贬低，但这一梦想并不是建立在某个社会性的乌托邦之中，而是建造在国际学术会议的学院性的现实里，建造在学术论文的交换的运用之中，以及由像《诗章》这样难懂的现代主义的作品支撑的学者群落之间。

不过，这种情况还有另外的一面。不幸的是，这一面并没有能够重整，在某种程度上由亨利·詹姆斯和埃兹拉·庞德这样的高潮现代派们的力大无比而且变化多端的文学繁殖出来的学术研究。互相竞争的话语，没有一个要故意掩饰再现出一种物质现实的努力；它们所造成的明显的无政府状态，已经成为后现代文化的显著的特点之一。从工业社会到后工业社会的转折，被从物质生产到非物质生产的变化所成就。这样一种基本的经济变化显示出的，是与经典马克思主义对资本主义不可避免的问题——劳动力从自身的异化，由此产生的商品崇拜，以及由这样的内在的分裂引发的最终的阶级斗争——所做出的判断，相逆反的解决方法。一旦劳动的对象从一种具体的产品转向一种非物质的产品，比如说信息或服务，那么，异化就必须重新定义。在工业经济之中，资本主义的修辞被设计出来，可能首先是要遮掩异化的真正来源，这样也就造成了相互竞争的话语，比如说哲学和精神分析，它们坚持各自的要求去理解个体异化的起因——这样的起因，总是被比喻成，先于实际的经济状况或者说处于这种状况之外。尽管如此，只要工人继续为解决自己的问题而努力，这样的神秘化就不仅可以被揭露出来，而且它也不可避免地这样来显示自身。不过，在后工业经济之中，指示与再现之间并不存在任何冲突；这正好是因为，社会价值是由再现来制约的。产品就是过程；因而每一个工人，根据他或她在牵涉到的技术方面的能力水平，明显都可以接触到［使用］要生产的东西。机器既没有受到赞扬，也没有被人格化。它只是一个工具，可以根据操作者对它的各种规则的相对把握为操作者服务。詹姆斯曾将"经验"评估为"思想营造的气氛本身"，也就是说，一种依靠智性的能力的、纯粹的思想范畴。它在后现代文化之中已经有效地得以实现。这样，后工业社会，就可以通过阐明能够与不能够运用被生产出来的信息的人之间的基本的区别，来对阶级区分进行再合法化。信息革命的神话讲的是，这种信息已经潜在性地成了任何人都可以接触［使用］的东西；只要个体的家庭的主要组成部分以及商业社团拥有足够的购买力，可以买得起多元交流［要使用］的媒介（从电话到电脑电话—调制解调器以及国际互联网）；那么，由19世纪资本主义所引发并历史性地激化了的生活的私人化，很可能就会不复存在。出于同样的原因，家庭与公共空间之间的以及家庭生活与工作之间的区分本身，也有希望在同一种技术出现之后消失。因为，这同一种技术使个体既有可能足不出户就可以上班工作，也有可能行使职责处理基本的、常规性的家庭琐事。

我几乎用不着评论，这些对信息平等主义的要求有多么的诱人。我们每一个人，都会以他或她自己的方式看到，在工业资本主义之下相互异化的所有那些社会实践活动——家庭生活与商业生活相互异化，劳动力同它的产品相互异化，个体同社会管理及权威的相互异化等等——所有这些的这种明显的和有希望的统一，仅仅被重新分配在某种新的信息神话之中。这一神话预示着民主，与此同时也仍然保存着陈旧的阶级区分或甚至以更加招致仇恨的方式对阶级（以及其他社会性的）区分进行重新塑造。正如利奥塔痛切中肯地所论述的，新的信息时代的明显的平等主义，遮掩了由新的技术为之提供最佳服务的等级关系："没有金钱，没有证明——这意味着，不存在对声明的确证，也就不存在真实。科学的语言的种种游戏，成了富人的游戏；因为，最富有的人，不管是谁，都会拥有最佳的机会成为正确的。财富、效率以及真实之间的某种对等，就这样被建立了起来。"（《后现代状况》，第 45 页）

利奥塔提出"谬误推论"，作为当前用以对科学知识做出判断的效率标准的一种替换物："有必要安置一种力量的存在，它使解释的能力不稳定，在为理解设定的新的规范的颁布之中显示出来；或者，如果人们喜欢，在为科学的语言而设立的、限制新的探索领域的新的规则的一种提议之中显示出来。"（《后现代状况》，第 61 页）利奥塔的解决方法，实际上，是从后现代文化到现代主义的价值观念的一种反转。由于贴近艺术的、比喻的表达方式的替换性修辞，他的新科学有可能抵制真实、效率和资本（它们的同义词？）之间的对等。的确，为同他的根本性的康德主义保持一致，利奥塔将谬误推理、争论，以及被后结构主义称为异质性，向"想象性的创造之精华性的形式"的播撒，及有特色地解构作为知识标准的大多数人意见的东西等等其他策略，联系了起来（同上书，第 60 页）。他的乌托邦式的替换物，可能依靠着某种类似策略性的"意见分歧"的东西，这种东西本身就会成为衡量知识的用处的标准。每一种对知识的主张，都可以通过它所激发出来的相互竞争的主张，以及它将会帮助带入文化的认知领域的、以前的"非思想"来加以检验。当然了，这种悖论性的思想方法，同利奥塔对后现代的著名定义"对不可表现者的再现"恰相一致；而且，再没有比现代艺术在使它的意指潜能最佳化这方面的努力更同它类似的东西了（同上书，第 78 页）。因此，总是这样提出来为高潮现代艺术辩护的、对"内涵的丰富"、"多元意指化"、"无限解释"以及"播撒"等的主张，已经被翻译进利奥塔有关相反的后现代性的断言之中。

　　但是，利奥塔忽视了，现代艺术和美学，为我们所处的这个信息时代里后现代文化的环境搭桥铺路，所能达到的程度。詹姆斯笔下具有自我意识的作者/读者以及庞德的"宝座"，预示出来的，远远不止是有能力的学者；它们还预示着倡导者、广告执行人、电视和电影制作人、软件工程师、网络设计师，以及dotcom 企业主；它们中间的每一个，都必须对他的产品的可销售性做出评估。当这些产品被理解为再现的时候，销售的任务，等同于为先锋艺术家发现某种声音或者文体这种问题。简而言之，这种非物质的经济其正常功能，是对将要显示为新的东西的生产，即使后现代文化承认纯粹的新颖、完全的独创性是不可能的。作为新的、可销售的东西，是老的东西的某种再语境化的版本，通过对业已失去其比喻的新鲜感的东西的阅读而获得。总而言之，后现代性的"回复"现象（retro-phenomenon），并不单单是一种风行一时的时尚，而是生产形式所不可或缺的。在现代主义文化之中，艺术家坚持认为大众文化只不过是由陈词滥调组成，仅仅是未经反思或纯粹工具性的成规：凭借着对这一立场的坚持，艺术家将他的作品同大众文化区分开来。在后现代文化中，通俗性依靠的是无穷无尽的新鲜感，对陈词滥调重复不断的批判，以及老故事在新语境里的再制作。高雅文化与大众文化之间的边界，不断被超越。

对于利奥塔来说，对被他称为"技术控制的恐怖主义"的东西——他指的是，根据操作效率的新标准，对老的、工业阶级体制的复原——的解决办法是，那种"特异的或想象性的或谬论推理性的活动"：它可以根据新的"观点，也就是说，新的陈述"的生产，来衡量效率和操作（同上书，第65页）。正如詹姆逊在他为利奥塔的《后现代状况》写的"前言"之中所指出的，向后现代主义的播撒性知识的形式做出的这种求助，再生产出的仅仅是工业资本主义的一个主导性的假设："永久变化的动力，就像马克思在《共产党宣言》之中所揭示的那样，不是资本内部的某种不相容的节奏——等同于艺术和科学本身的非工具性活动所特有的节奏——而是资本主义生产本身的'持久的革命'：在这一点上，对这种革命的动力主义的愉快感受，属于那个制度本身的快感的红利和社会再生产的奖励的一个特点。"（同上书，第xx页）詹姆逊的论点似乎在这一事实之中得到了证实：我们的后现代经济，过去仅仅是强化并更新了资本主义的基本哲学目的。而詹姆斯和庞德，有可能已经预见出了某种超出工业资本主义的东西，比如说詹姆斯的有关艺术敏感性的乌托邦或庞德有关法西斯的反面乌托邦，西方的后工业信息、服务经济等；而再现已经使资本主义有能力将自身从一个物质生产的体制转化为一个非物质的发展和销售体制。通过这种对从贵族的自然的（或神圣的）权利和资本家的理性的独创性到现代艺术家的修辞能力（读写水平）的生产的权威的再比喻，像詹姆斯和庞德这样的现代作家，推动了现代文化（晚期资本主义和殖民主义）的种种矛盾向一个后现代经济的生产资源的转化。"小说的死亡"，诗歌逃避到学院墙壁的背后，"高雅的"文学形式逐渐消失等，可能反讽性地没有敲响科学甚至于艺术的胜利，而仅仅是宣布了现代艺术家的梦想的逆反性的实现。现代主义艺术的陈旧形式——小说、诗歌、戏剧——推动了后现代世界在梦想之中进入存在，并且在我们被迫无奈要过的生活之中被复制出来。

第七章

另一种现代主义：
穆瑞耶尔·卢克伊瑟的
《亡灵书》之中的诗歌正义

诗歌正义，正义，就像在有些戏剧、小说之中所描述的
那样：善行以适当的方式得到回报，而恶行则以适当的方式
受到惩罚；正义，像人们可能希望的那样出现。

——《威伯斯特美国语言新世界字典》

真理的使用就是真理的交流。

——穆瑞耶尔·卢克伊瑟，《诗歌的生命》（1949）

为了突出文学的现代主义在塑造与端倪初露的后现代经济相
适应的概念和行为之中所扮演的角色，我在上文中把亨利·詹姆
斯和埃兹拉·庞德的现代主义美学当作某些倾向的代表加以运
用。当然了，假若认为，这些观点可以代表我们目前承认的、对
现代化进程具有批判作用的，纷纭复杂、歧见百出的艺术的现代
主义，那就不正确了。正如卡瑞·耐尔森在《抑制与恢复：现
代美国诗歌与文化记忆的政治学，1910—1945》之中所指出的那
样："文学史……总是在文学之多重的社会决定因素之间写成

的，而且是由这些因素构成的。"① 因此，这样的文学史，必须考虑，这样的不同社会力量所激发的各种美学变体；而且还要承认，这些不同的文学，为回应这些社会决定因素而运用的同样纷纭复杂的策略。今天，大多数学者都承认，"哈莱姆文艺复兴运动"及20世纪30年代的左派对美国的现代主义美学和社会批判所做出的重要贡献；但是，亚洲裔美国人和土著美国人的现代主义仍然很少得到关注。这些"另类的"现代主义，已经促成了我们对现代主义美学与意识形态之间的辩证关系的理解方式的重大变化，以至于我们已不再可能用高潮现代主义来"代表"20世纪的美国作家们对现代化，甚至于头角初露的后现代主义所做出的历史性的、纷纭复杂的反应。

对被现代化进程弱势化和边缘化了的群体感兴趣的作家，过去对美国意识形态的修辞的微妙之处及推论性的力量总是理解得特别深刻。但随之而来的是，知识分子马上就会对这样的文化帝国主义提出批评，而且这已经是家常便饭了。耐尔森警告我们，不要简单地为美国文学的现代主义的既定正典再增添"被忽视的"作家和作品了，而是应该对作为各种不同的、对艺术与意识形态之间关系的解释的现代主义美学进行再概念化。② 如果要这样做的话，我们就应该挑战我在上一章之中简述的美国文学现代主义的极其有限的、但又自有其影响力的模式。正如我所论述的，这一个模式有助于人们熟悉一种"文本主义的"形而上学：它不仅可以很好地服务于先锋文学兴趣，而且还可以很好地服务

① 卡瑞·耐尔森（Cary Nelson），《抑制与恢复：现代美国诗歌与文化记忆的政治学，1910—1945》（*Repression and Recovery: Modern American Poetry and the Politics of Cultural Memory*, 1910—1945; Madison: University of Wisconsin Press, 1989），第17页。

② 见上引书，第38页："正典指的是，不管是文学的性质，还是文学的社会关系的本质，它们都总是已经在实质上被决定了，而不是成为持续的斗争和妥协的场所。"

于端倪初露的后工业经济实践活动。

只要给予这些另类的现代主义更多的关注，正如耐尔森所指出的，我们就不仅有可能恢复有趣的文学，而且能为挑战使社会现代化和后现代化这两种进程重新获得可替代性的策略。在做这种工作的同时，我们也有可能在引导之下，从这些另类的传统所含有的、高潮现代主义同政治、社会以及美学的策略的种种可能性的联系的角度，来重新考虑所谓的高潮现代主义者们。最近，人们在对格特鲁德·斯坦因和哈特·克莱因所做的女同性恋和男同性恋研究，对斯坦因、福克纳和威廉·卡洛斯·威廉斯所做的批评性种族研究之中，已经对这些现代主义者们进行了再评论；而且，在某些情况下，也已经发现了这些作家，同政治上更加执著或美学上更为不同的艺术家们的更加有效的联系。[①] 女性主义者、种族研究的学者以及通俗文化领域的专家们所做的，对被忽视的、在某些情况下"消失的"文化传统的复原工作，在很多情况下都已经为阅读和解释生产出了新的语境。我在本书别处曾经论及，新的美国研究为什么一定是一种彻底的"比较主义的"学科；而且，我们应该记着，这种比较主义应包括以不同方式接受和认可的文化传统和文学传统，即使这些传统属于同一个民族或群体的历史。在最为基本的层面上，每一门课程的阅读书目单，都应该被理解为一种比较性的规划。

那么，有了这样的想法，在本章之中，我希望对很多另类现

---

① 特别应参见，迈克尔·诺斯（Michael North），《现代主义的方言：种族，语言与20世纪文学》（*The Dialect of Modernism: Race, Language, and Twentieth-Century Literature*；New York: Oxford University Press, 1994）；西耶格林德·莱姆克（Sieglinde Lemke），《原始现代主义：黑人文化与跨大西洋现代主义的起源》（*Primitive Modernism: Black Culture and the Origins of Transatlantic Modernism*, New York: Oxford University Press, 1998）；托马斯·E. 婴灵（Thomas E. Yingling），《哈特·克莱因与同性恋文本：新的门槛，新的解剖》（*Hart Crane and the Homosexual Text: New Thresholds, New Anatomies*；Chicago: University of Chicago Press, 1990）。

代主义之中的一个例子加以探讨，以便避免上一章造成的印象：所有的文学现代主义，都做的是我所说的可以跟亨利·詹姆斯的和埃兹拉·庞德的美学相认同的意识形态工作。从这一点来说，穆瑞耶尔·卢克伊瑟的长诗《亡灵书》，是一个特别有说服力的反叙事。因为，它深深关联着 20 世纪美国左派的政治，而且诗中使用的明显是从 T. S. 爱略特、埃兹拉·庞德以及哈特·克莱因等这样的高潮现代主义者那里派生出来的先锋诗歌的手法和母题。在它出版的时代，这首诗受到来自教条主义的左派以及保守的右派两方面的批判。但是，这首诗并没有绘制出多大的"中间地带"，它在试图克服两种政治视角的种种意识形态的局限性方面止步不前。《亡灵书》一诗于 1938 年发表于她的诗歌集《美国，1》之中。这首诗包括 20 首短诗，是从卢克伊瑟同在被马丁·契尼阿克称作"美国最严重的工业事件"之中大难不死的人的访谈记录之中引申出来的。所谓的工业事件指的是："碳化物联盟"迫使这一联盟的工人接触干性的二氧化硅，有 476 名到 2000 名工人由于感染硅肺病（纤维瘤肺结核）而死于非命。因为，一旦患上这种疾病，肺部的气泡就会硬化；或者用卢克伊瑟诗之中的话来说，肺部就会"变成草"。[1]

按照沃尔特·卡拉伊吉恩 1929 年讲述的当时的情况，"碳化物联盟""通过它的一个子公司'新卡纳瓦电力公司'签订合同，将河水改道，让它流经一条 3.15 英里的地道：地道从高里桥（Gauley Bridge）一直挖到西维吉尼亚的鹰巢（Hawk's Nest），这样可以满足新建的水力电气工厂的需要。……这家工

---

① 穆瑞耶尔·卢克伊瑟（Muriel Rukeyser），《亡灵书》（*The Book of the Dead*），收入凯特·丹尼尔斯（Kate Daniels）编，《打破沉默：诗歌选集》（*Out of Silence: Selected Poems*, Evanston, Illinois: TriQuarterly Books/ Northwestern University Press, 1992）。马丁·契尼阿克（Martin Cherniack），《鹰巢事件：美国最严重的工业事故》（*The Hawk's Nest Incident: America's Worst Industrial Accident*, New Haven, Conn.: Yale University Press, 1986）。

厂要把电力卖给'碳化物'的另一个子公司'电力冶金公司'"。
在开挖这一地道的过程当中，"碳化物联盟"发现了大量的纯二
氧化硅沉积物——它是制作玻璃的原材料，还可以有其他很多工
业用途——于是就开始干钻（dry-drill）二氧化硅，并把它们当
作一种副产品，用于"西维吉尼亚的阿罗伊（Alloy）的'电力
冶金公司'的钢铁加工业务之中"。[1] 20 世纪开采氧化硅的工序
之中应使用的东西，包括"水压水钻，安全面具以及经常使用
的紧急救援队"。这些东西，可以保护工人不受有毒的二氧化硅
灰尘的侵袭。但是，"碳化物联盟"忽视了工序之中应使用这些
东西，所以在干钻地道时没有动用过"任何预防性的器械"，也
没有组织救援的工人。[2] 这样为降低成本而采取的举措，在 20
世纪 30 年代的大型土木工程项目之中并不是绝无仅有的事情。
建造内华达州黑峡谷的胡佛大坝的工人们，也因为对泄洪道隧道
进行干钻，最后患上了好几种呼吸方面的疾病。[3]

　　"碳化物联盟"显然是要把事实真相遮掩起来，所以才推说
那属于"可以接受的"生命损失事故。但是，因感染硅肺病死
亡的总人数（估计在 476 人到 2000 人之间），以及美国共产党
最后公布于众的这次工业"事故"的材料，竟然成了诸如《时
代》、《生活》、《新闻周刊》以及《民族》等主要新闻杂志的头
版新闻。对有关幸存者以及受害人家庭成员的访谈，也成为国会
听证会上的证据的基础。这些访谈记录，揭露了"碳化物联盟"
掩盖它的不轨之举的企图：贿赂公司的医生，让他们故意将硅肺

---

　　① 沃尔特·卡拉伊吉恩（Walter Kalaidjian），《两次大战之间的文化：修正性
的现代主义与后现代批判》（American Culture between the Wars: Revisionary Modernism
and Postmodern Critique, New York: Columbia University Press, 1993），第 162—163 页。

　　② 同上书，第 163 页。

　　③ 约瑟夫·E. 斯蒂文斯（Joseph E. Stevens），《胡佛大坝：一场美国的冒险》
（Hoover Dam: An American Adventure, New York: Columbia University Press, 1998），第
66—75 页。

病误诊为肺病、肋膜炎或者是肺结核；雇用当地的殡葬从业人员迅速而且草草地在当地的一块玉米田临时性的土坟里把死者掩埋掉，以避开公众视线；对个人的抗议以及受害者家属发起的诉讼无所顾忌，因为大多数人太穷根本无法同这家公司或者它的法人律师团打实质性的官司。

1933 年，美国共产党在斯考茨保卢一案的审讯过程之中组成了调查组，对有关非法活动展开调查。卢克伊瑟访问了阿拉巴马州的马迪卡特（Decatur），这也是这次调查的组成部分。就在她访问期间，卢克伊瑟和她的朋友、摄影师南希·诺姆伯格一起来到西维吉尼亚，向知情人收集证据，亲身体验这一地区的风情，并且拍摄了照片，以求在国会的听证会上加强对"碳化物联盟"案子的控诉力度，并且为这次丑闻写一首长诗。① 卢克伊瑟的《亡灵书》，将现代主义的诗歌技巧，比如说蒙太奇手法、神秘象征主义以及多重性的诗歌抒情主人公（其中包括从她采访的人中间借用的几位）等，同电影纪录片的技术，例如新闻采访、书信、报纸新闻以及医疗诊断证明等，融为一体。所以，《亡灵书》不仅仅只是现代主义的"多学科性的"和"多媒体性的"诗作的另一个例子。《亡灵书》跟那些现代主义的匠心独具的力作，如爱略特的《荒原》、哈

---

① 正如迈克尔·戴维森（Michael Davidson）在《更加可怕的划分：现代诗歌与物质世界》（*Ghostlier Demarcations：Modern Poetry and the Material World*，Berkeley：University of California Press，1997）（第 143 页）一书里专门论述卢克伊瑟的《亡灵书》一章所指出的那样，南希·诺姆伯格（Nancy Naumberg）拍摄的照片"并没有收进《美国，1》的第一版"，而且戴维森还亲口跟我说过，这些照片已经不复存在。现在还不清楚，究竟卢克伊瑟和诺姆伯格当时是否打算，以玛格丽特·波乌克-怀特（Margaret Bourke-White）与俄斯克因·卡尔德维尔（Erskine Caldwell）合作的文字配照片的《你们曾经见到过他们的面孔》（*You Have Seen Their Face*，1937）以及詹姆斯·阿吉（James Ageee）与沃尔克·伊万斯（Walker Evans）同样类型的《现在让我们赞扬著名的人物》（*Now Let Us Praise Famous Men*）一书的形式，合作出版一部诗歌配照片的集子。但是，这样的设计以及诗歌本身，都需要同这些当代作品进行比较研究。

特·克莱因的《桥》以及福克纳的"约克纳帕塔法"小说不同，因为它并没有力争控制主题，也没有用它的诗歌成就（或形式）来置换现代人的堕落。诗歌作者（或者说她的代表、叙事的声音）的主体姿态，并没有作为对再现的种种社会问题的"回答"而显示出来。的确，卢克伊瑟既使用纪录片的技术，也运用先锋诗歌的技巧。其精妙之处在于，这些技巧，竟然将诗歌作者自己的控制性的在场尽量减低到最小限度。跟詹姆斯和庞德一样，卢克伊瑟呼唤对日常现实之中的文本主义的种种状况给予关注——"碳化物联盟"利用医疗报告、媒体以及"官方文件"，试图遮掩丑闻真相。但卢克伊瑟又与詹姆斯和庞德不同。因为，她认为，这样一个推论性的世界，需要多元的作者们（读者们和作家们）。所以，她本人访问的男男女女，再加上卢克伊瑟自己，成了社会变化的合适的中介。卢克伊瑟的诗歌本身，就是揭露社会问题所必需的几种不同再现性实践活动中间的一个。而就这一首诗歌来说，揭露的是一个特殊的法人的丑闻。诗人声言，这些不同的再现实践活动同社会激进主义的特别的形式的结合，可以将社会批评转化成有效的、长期的社会改革。不过，卢克伊瑟的《亡灵书》之中的"诗歌正义"，因此同诗歌、亲属关系、法律、政治以及科学之间形成的那个交叉点统一了起来：这些因素在这里能够联合在一起，导致社会改革并因此获得更大的社会正义。

这些相互交叉起来的东西，在诗歌里关键性的神话使用方面清晰可见。因为，这些神话实际上发挥着统一每一个联结点的作用：每一个话语都要在联结点上相互需要。因此，卢克伊瑟的神话诗学，同那些高潮现代派，如爱略特、庞德、哈特·克莱因以及乔伊斯的诗学极为不同。这首诗之中的核心性的神话叙事，不论是在题目对古埃及的《亡灵书》的指涉上，还是卢克伊瑟多处触及的有关伊西斯—塞特（赫）—俄西里斯季节和精神再生的叙事上，都是源自古埃及的宗教。菲利普·布莱尔·莱斯在早期对这首诗的评论《俄西里斯之路》之中曾经指出，整首诗围绕着埃及的《亡灵书》组织起来；而该书是魔法咒语、祈祷以及驱邪咒语的结集，用来做死者走完冥界之旅的指南。[①] M. L. 卢森塞尔及沃尔特·卡拉伊吉恩也都曾强调指出，卢克伊瑟何以要在诗中论述，同冥界的这种协商的现代版本以及她使"碳化物联盟"的死去的工人"复活"（或者至少是使之有用）的方法，主要依靠的是，伊西斯这个神话人物，而不是莱斯的评论之中以及现代主义对古埃及的宗教所做的处理之中强调的俄西里斯。[②] 不过，尽管卢森塞尔和卡拉伊吉恩对卢克伊瑟运用这一神话原型非常关注，但是，他们主要是从它同卢克伊瑟持有的 20 世纪 30 年代的左派女性主义思想的关联的角度来探讨这一问题的，可卢克伊瑟的女性主义思想本身就是对美国共产党及其"民众前线"的男性主义的意识形态的批评。[③]

按照这样的解释，卢克伊瑟的"神话女性主义"便是这样一种离奇有趣的提示。因为，它让人联想到，早期的女性主义，怎样坚持女性的母亲身份以及有关抚养和家庭生活的诸多理想，同公共领域之内的工作场所以及独裁主义的家长制结构之中的残酷的资本主义剥削相抗衡。毫无疑问，对于卢克伊瑟的"神话女性主义"的这种历史化了的版本来说，这样解释自有其真实

---

① 菲利普·布莱尔·赖斯（Philip Blair Rice），《俄西里斯之路》（The Osiris Way），载《民族》（*Nation*，March 19，1983）。

② M. L. 卢森塞尔（M. L. Rosenthal），《穆瑞耶尔·卢克伊瑟的长诗研究》（Muriel Rukeyser: The Longer Poems），收入詹姆斯·拉夫林（James Laughlin）编，《散文与诗歌的新指向》（*New Directions in Prose and Poetry*），第 14 集（1953）；卡拉伊吉恩，《两次大战之间的文化》，第 290—291 页，注释第 28。

③ 卡拉伊吉恩，《两次大战之间的文化》，第 174—187 页，对显示卢克伊瑟的"神话女性主义"如何成为一种范围更加宽泛的左派女性主义对父权意识形态的批判——从主导性的文化，包括它的里程碑式的公共事业的诸多规划，一直到将工业进步与男性工人的体力联系起来的正统的左派和艺术（尤其是壁画艺术）——特别有用。

的一面。但是，我同时又认为，可以对这首诗的微妙之处做另外一种理解：女性主义如何要求在广阔的范围之内，对有关工作、工人、家庭、家庭生活以及女性的作用等成规性的观念进行修正。卢克伊瑟深受诸如罗伯特·弗洛斯特和哈特·克莱因等同代人所采取的浪漫主义诗歌传统的影响，而不计他们在政治上的任何分歧；因而《亡灵书》建构出了一种浪漫主义的、有机主义的论述，自然还包括读者反应，尽管其中也有明显可以辨识的现代主义的碎片化、诗歌的蒙太奇以及电影纪录片种种元素的混合物。不过，卢克伊瑟之所以以有机主义的方式对论述、诗歌声音以及隐含读者做出展开，其用意在很大程度上与大多数浪漫主义和高度现代主义作品的种种目的不同。

　　在这首诗的前面，卢克伊瑟通过幸存者们所讲出的亲眼目睹的基本事实，来再现"碳化物联盟"的丑闻历史。一位名叫维维安·琼斯的铁路工程师，"记起他们如何扩大/隧道以及工作队的人员，发现了二氧化硅"。他的话让读者联想到，"碳化物联盟"这家公司在得知发现了一种可以大发横财的水力发电工程的副产品之后，怎样急不可耐扩大通道以及工作队伍（《亡灵书》，第 14 页）。卢克伊瑟引用了一位名叫米易尔·布朗肯希普的患病矿工给"碳化物联盟"写的一封信："尊敬的先生：我叫米易尔·布朗肯希普。/已经为莱因哈特与登尼斯工作/许多个白天与黑夜/到处都是灰尘，你很难看到光线。"（《亡灵书》，第 18 页）她在讲述这一丑闻的情况的同时，再现出了工人们的真实而又悲伤但与此同时本身也是软弱无力的抱怨。患病的工人一个接一个死去，可他们的沸腾的怨声、他们控告"碳化物联盟"的官司仍然无人置理，而苟活人世的工友们，如维维安·琼斯，克制着自己要忘掉他们无聊无益的苦力劳作、身心遭受的伤害："永远也不会有用，他想着，它的力量永远也不会扩大，/倒霉撞上了石头，诅咒那家发电厂吧，/估计有几百个人通过呼吸道，

让肺部装满了玻璃/……他改变思路，又把原来的想法踩出了脑子/在那个时刻，又一次穿过闹市。"（《亡灵书》，第 15 页）

在另一方面，卢克伊瑟笔下的妇女们采取了行动，部分原因是她们还活在人世间，部分原因是她们逐渐认识到，她们的丈夫及儿子们受到的伤害，别的人、其他家庭的人也同样都要承受。在这首诗里，"押沙龙"，琼斯夫人——跟那位铁路工程师同姓，但没有亲属关系——拿出证明，指证她的丈夫以及她的三个儿子——塞西尔、欧文以及雪莉，都患上了硅肺病；进而采取行动——为了自费拍摄 X 光片，拿到法庭上作证据最终成功地迫使矿场营地关闭而沿街乞讨——将母亲的养育跟政治激进主义结合了起来："我上了路乞讨 X 光要用的钱，/查尔斯顿那家医院拍摄了肺部照片，/他在照片拍过以后接下案子，/……我儿子的案子在一连串官司里是第一宗；/他们关闭了营地里的发电的地道。"（《亡灵书》，第 19—20 页）

琼斯夫人发起的救援自己的家人的斗争，很快影响到了其他工人的生活，暗示出了为"碳化物联盟"所忽略歪曲，并被 20 世纪 30 年代的左派在它对构成工人、劳动因而还包括无产阶级等的因素的理解之中极力否定的，家庭与社会关系之间所存在的某种连续性。[①] 尽管卢克伊瑟笔下的妇女肯定都属于守护家庭生

---

① 康斯坦丝·考因纳（Constance Coiner），《最好是红色：蒂利埃·奥尔森和默瑞德尔·勒·苏埃尔的写作与抵制》（*Better Red: The Writing and Resistance of Tille Olsen and Meridel Le Sueur*, New York: Oxford University Press, 1995），第 39—71 页；及保拉·拉宾诺维茨（Paula Rabinowitz），《劳动与欲望：大萧条时期的美国的妇女革命小说》（*Labor and Desire: Women's Revolutionary Fiction in Depression America*, Chapel Hill: University of North Carolina Press, 1991），第 17—62 页。这两部著作都非常精彩地论述了，在 20 世纪 30 年代种族和性别，是如何被美国共产党边缘化的。此外，它们也都在对由有色人种和妇女所组成的左派（及党）的探讨方面，做出了引人注目的贡献。另外，非常重要的是，它们承认，在 20 世纪 20 年代和 30 年代，托洛茨基分子在美国（以及在欧洲，及苏联的流放地）一直是妇女和少数族裔权利的始终不渝的辩护士，而这正是马克思主义革命的诸多"国际"目标的组成部分。我非常感谢加利福尼亚大学圣迭戈分校的格伦·默提尔（Glen Motil），他对美国出现的现代女性主义和民权运动受到的托洛茨基分子的被忽视的影响深有研究。

活类型的人——这首诗预示了美国20世纪40年代的战争经济所导致的妇女工作人数的激增——但妇女的劳动的价值还是得到了强调："他们问我，我是如何用两美元养牛的。/我回答说，一周喂牛，一周用孩子们吃的面粉。"（《亡灵书》，第20页）

《亡灵书》之中由20首诗组成，其中第8首是琼斯夫人的诗，标题是《押沙龙》。这首诗是在核心上指涉一个《圣经》的或神话的乌尔文本（Ur-Text）的第一首诗。卢克伊瑟的《押沙龙》，比福克纳的《押沙龙啊，押沙龙！》晚发表两年。福克纳，对大卫王对他反叛的儿子押沙龙的悲悼的改编，在某种程度上是成规性。而卢克伊瑟将这种改编转化成，琼斯夫人的执著追求：一定要把她的丈夫和它的三个儿子的悲剧性的死，化为政治性的抗议。在福克纳的小说之中，亨利·苏特本同查尔斯·波恩争斗不休，造成了错综复杂的家庭悲剧命运，给读者留下的只是对一种软弱无力、一曲令人心酸的悲歌的感受。所以，人们在他的小说里，可以听到《圣经》之中大卫王的悲悼之辞："我儿押沙龙啊！我儿，我儿押沙龙啊！我恨不得替你死，押沙龙啊，我儿！我儿！"（《圣经·旧约·撒母耳记下》，第18章第6节）而卢克伊瑟通过对《圣经》的改写，突出了对女性的力量的肯定："他的力量不会减弱，永远不会；/我要为我儿子讲话。"（《亡灵书》，第20页）[1] 从这一点开始，被沃尔特·卡拉伊吉恩敏锐地观察到的所谓的卢克伊瑟的"神话女性主义"，在结构上将这首

---

[1]　在《押沙龙》（以及《亡灵书》之中的极有力量的其他悼念诗）及惠特曼在他的美国内战诗集《擂鼓集》（*Drum-Taps*）及其《续集》（*Sequel*）之中运用悼念诗的形式来表达激进主义的意图之间，存在着重要的呼应。我这里所说的，特别是指惠特曼《我某一天夜里在田野里奇特地守夜》对卢克伊瑟的《押沙龙》，以及惠特曼的《包扎伤口的人》对《亡灵书》的整个语调的可能性的影响。至于对惠特曼的政治母题的悼念诗的比较全面的研究，可参见我的《在爱默森的墓边：经典美国文学的政治学》（*At Emerson's Tomb: The Politics of Classic American Literature*, New York: Columbia University Press, 1997），第145—161页。

诗同这首诗本身与之认同的几种激进主义的实践活动的政治目的
结合了起来。

　　在我看来，卢克伊瑟的"神话女性主义"，预示了距离目前
更近的生态女性主义。因为，在20世纪30年代的时候，这种女
性主义还没有多少先驱。在卢克伊瑟援引她自己的浪漫主义的，
尤其是美国的超验主义的先驱者的同时，强调指出，"碳化物联
盟"故意使工人们接触有害物质因而招致生命危险。这次事件
除了要求政治的和法律的改革，也必然要求与之相互连贯的、对
我们的社会同自然世界的关系的基础广泛的再概念化。《亡灵
书》是一种社会抗议，是有关"碳化物联盟"胡作非为的各种
诉讼案以及国会听证会的余波。它既痛惜死者以及成为牺牲品的
工人，同时又在这首诗为之做出贡献的社会改革工作之中使这些
工人"复活"。有时候，这种工作非常具体，比如为确认"碳化
物联盟"罪在不赦而启用纪录片式的部分。在倒数第二首诗《那
个法案》当中，卢克伊瑟几乎是再一次诉诸国会的采矿改革法
案，而这一法案正是听证会产生的结果。不过，国会的法案，只
是"建议"应进行改革，但"别无作为"，尽管这个法案也承
认："这些来自很多州的公民／为生产电力付出了代价，／权益应
该受到保护。"（《亡灵书》，第36页）不过，在"保护"死去
的矿工方面，卢克伊瑟的诗歌版本远远超出了这一法案：一方
面，她的诗将"碳化物联盟"的罪行公布于众；另一方面，提
醒我们在这些死者的尚在人世的妻子和母亲那里，始终还存在着
法律、政治以及道德的力量。就像古埃及的《亡灵书》一样，
这首诗"引导"死者走完冥界的旅途，进而赋予他们以新的生
命。当然了，从某个层面来说，诗歌标题之中含有的这个典故，
比起哈特·克莱因的《桥》之中的"隧道"那一部分，游戏的
成分就稍微大一些。因为，在后一首诗里，正式为读者准备的，
是诗的结尾处描写的，诗人在令人心迷神醉的"亚特兰提斯"

之中纯粹的隐喻性的复活。① 在他的诗中，克莱因使诗人的另一种自我（比如，哥伦布、波克洪达斯、瑞普·范·温克尔、那位拓荒妇女、骑马奔驰在铁轨之上的流浪汉、水手们以及同性恋男子等等）聚集在一起，使之形成一种和谐的主体性。卢克伊瑟跟他不同。她笔下的那些将其母亲的关爱与政治激进主义联系在一起的妇女们，具有伊西斯的集体性的神话身份，这样也就宣告了对我们人类社会与自然的一种乌托邦式的再概念化。

在他对第 16 首诗《权利》的解读之中，卡拉伊吉恩声称，卢克伊瑟脱离开了"无产阶级文化运动对男性和机器的工业工作场所的几乎是同性恋式的投资"，为的是促进"自然与精力充沛的人之间的整体性更强的装配'中转站'"。② 他所说的"中转站"，意思有点混乱或者说是一种误导。这是因为，卢克伊瑟所要论述的是，应该从现代化和工业化所能实现的人类与自然领域之间更加亲密的关系所能达到的程度这个角度，来对它们加以评估，而不是从某种竞争性的或相反的角度。这是一种浪漫主义的情调，类似爱默森在写作《诗人》一文时所激发起的那种："有关动物经济、性、营养、怀孕、生育、生长等所有的事实，都是现世进入人类灵魂的过程的象征——在那里经受一种变化，进而以一种新的、更高级的存在重新出现。"③ 卢克伊瑟的《权利》这首诗，一开始就以梦幻手法描述了人类与自然在性欲方面的混乱：

---

① 哈特·克莱因（Hart Crane），《桥》（Bridge），收入马克·西蒙（Marc Simon）编，《哈特·克莱因诗歌全集》（*Complete Poems of Hart Crane*, New York：Liveright, 1993），第 100—101 页（有关"隧道"的结论）以及第 107—108 页，以比较描写下降、上升以及超验的补充性段落。

② 卡拉伊吉恩，《两次大战之间的文化》，第 174 页。

③ 拉尔夫·沃尔多·爱默森（Ralph Waldo Emerson），《诗人》（The Poet），收入 14 卷本《拉尔夫·沃尔多·爱默森全集》（*The Works of Ralph Waldo Emerson*）第二类，《论文集》（*Essays*），（Bostan, Massachusetts, 1883），第 3 卷，第 25 页。

快速的太阳带来了，刺激群山变暖，

快乐给庭院设计家以及绿色的设计，

奇迹，使性欲在所有的皮肤下蠢蠢欲动，

直到整个身体带着爱意观看这一场景，

看到精美绝伦的悬崖延伸开去，直到河流

拦腰截断，远远定位在下边脆弱的河道里，

幽雅的惊喜，水流在阳光之中穿行，

唇边华丽美艳的花朵，惊喜

如同情人们凝视那张欲求的面孔时间太长

惊奇地发现远方的肉体那么温暖。

赤热的白日洒落在峡谷之上，辉煌的

白日里爱情看到了它的男人背后的太阳

以及熟悉的皮肤下被伪装起来的奇迹。

（《亡灵书》，第 29 页）

尽管卢克伊瑟在 20 世纪 60 年代和 70 年代被人称为同性恋女性主义者，但她还是喜欢将自己称作"双性恋的"，而她的诗作之中总有纷纭复杂的性欲描写，不免令人惊奇：这是对惠特曼的浪漫主义性欲的一种现代主义的超大前提化（transumption）。[1] 不过，在这首诗的开头一节，同自然力量的关系，在异性性行为的词汇之中被复杂地刻画出来，以至于"爱情看到了它的男人背后的太阳"这一行，让我们联想到了，男女之间的爱情的种种自然源头。

　　《权利》开头描写的美妙的田园牧歌，是由妇女、男人、河

---

① 卢克伊瑟，《蔑视》（Despisals），首先收入《打开》（Breaking Open，1973），后收入《打破沉默》（Out of Silence）。这首诗将对种族和宗教的忍耐，同对性的忍耐联系了起来："在身体的犹太居民区，/永远不要贬低屁眼儿/也不要贬低有用的粪屎，那是我们的线索/我们需要的东西的线索。永远也不要贬低/她的最少的发言里的阴蒂。"（第 138 页）

流、太阳、性、花朵、嘴巴以及身体等种种力量和谐一致所促成
的。在紧接着《权利》的那首诗《大坝》里，卢克伊瑟有意将
给予《权利》一诗和谐的田园风光的那些力量分别开来，使之
成为几个相互分离的部分。可以看到，在《大坝》里，卢克伊
瑟的诗人身份在土木工程工程师们引导着。因为是工程师设计出
了那个大坝，所以禁不住对它的人工美赞叹不已：

> 光的星群，众多的河流汇聚在一起。
> 被覆盖起来的岛城，充满西方的白色浪花，
> 希望，飞速的水涌流在静静的塘水倾注的地方。
> 伟大的力量在纵深处飞跃：在岩石和日落之间，
> 管理人的房子和高高的桥台，
> 催眠的水流下落，而隧道
> 在潮湿的和易碎的石头画廊的下方，
> 几英里长，在波浪的下边。

（《亡灵书》，第 32 页）

这位土木工程工程师之所以对用作发电系统的这道大坝的理想性
的无熵系统倾慕不已，原因在于，前边那首《权利》开头的田
园风光之中业已再现出的诗的事实——只有在那里，才会存在大
坝的能量的真正源头：人类同他们的自然力量的联系，包括他们
的劳动力，劳动力同性繁殖的关系，以及这两者同季节性再生的
关系。卢克伊瑟并没有蔑视那位土木工程工程师，也没有贬低他
对科学的热爱，或者把这些当作"碳化物联盟"弥天大罪的一
个组成部分。她理解这位工程师对自然的爱，理解他本身蕴涵的
那种升华了的性欲能量，而这样的能量他只是在大坝之中才看到
的。实际上，卢克伊瑟试图使这位工程师看到的是，"它的男人
背后的太阳"；而有关俄西里斯（古埃及的太阳神）明显的典

故，实际上引导着读者走向古埃及的神话里的复活的媒介：伊西斯。

在季节性的冲突之中，俄西里斯的孪生兄弟塞特（赫），肢解了自己的兄弟（以及父亲）。在经历过这一冲突之后，伊西斯扬帆尼罗河之上，以"收集俄西里斯的尸体碎片"，打捞关键的部分，他的阳物，以便使所有生物—神话性的肢体重新黏合起来。每年一度尼罗河泛滥成灾，洪水为沿岸的农田带来恢复生机的河水和淤泥。在对这种洪水所做的超自然的叙述之中，伊西斯在一种也具有诸多字面指涉意义的象征性仪式之中把自然和文化联系在了一起。卢克伊瑟改造了俄西里斯的形象，使之适应她诗歌之中的妇女人物：菲利帕·爱伦、琼斯夫人、胡安妮塔·迪恩斯利、卢克伊瑟自己，以及摄影师南希·诺姆伯格。这首诗歌不仅叙述了"收集"因硅肺病感染致残或死于非命的男性工人的尸体，而且也将人类的耕作同它的自然源头联系了起来。可以肯定，在这首诗里，并没有任何新的重农主义的修辞，也不含有对杰弗逊式的"自耕农农民"的怀旧病。而后者正是 20 世纪 20 年代和 30 年代的逃亡主义和重农主义的诗歌和散文之中时代错乱突出的东西。在这个时期，卢克伊瑟仍然是美国共产党的一个党员，而且还是一位活跃的左派人物。她执著追求的是，由工人适当支配的"现代化"和工业化。不过，在这里，这些"工人"也包括这些妇女：她们以前被排除在左派的政治和经济日程之外，从不为这种日程所重视。在卢克伊瑟的诗歌之中，男性工人只是牺牲品，而且软弱无力：是工业资本主义促使男性工人劳动的身体和健康，同今天对劳动场所的生物医学方面危险性的诸多规范的考虑相互脱节，而这些工人也没有严肃地对待自己的身体及健康。

卢克伊瑟笔下的妇女则为 20 世纪 30 年代带来了"劳动"之中内在地含有的有关身体、自然以及健康等劳动观念的左派理论。这些身为母亲、妻子以及"价值观念"的管理人，在家庭［国内］工作场所发挥作用。女性同自然的这种联系，其本身常常被浪漫主义的唯心主义者们用来强化父权等级制度。而卢克伊瑟把这种联系当作一种途径，来提高妇女在工作场所的平等地位，以及作为哲学家、诗人和道德价值观念的判决者的特殊身份。[①] 像最近的生物考古学学者们一样，卢克伊瑟以及其他女性激进主义分子，呼吁我们不仅应从劳动关系与剩余价值之间存在的空白这个角度，而且也应该从硅石造成环境污染并且人身伤害这个方面，来关注资本主义剥削的种种效果。[②] 同时，卢克伊瑟远远超出了对 20 世纪 30 年代劳动如何遭到剥削这一问题的批判，并且集中讨论了资本主义对人类与实在的自然之间微妙的关系的伤害，因而预示着当代的生态批评以及这种批评对后现代资本主义所导致的、被戴维·哈维称之为"身体的全球化"的批判。[③] 卢克伊瑟写道：

> 他们带来的水里面有灰尘，我们饮用的水，
> 营帐以及周围的小树林染上了灰尘的颜色，
> 我们在林子里洗衣，可我们总是洗出灰尘。
> 看上去就像有人把面粉撒在公园和树林里，

---

① 我在《爱默森的墓边》讨论过黑格尔和爱默森的妇女的浪漫的理想主义的从属性，见该书第 37—40 页（爱默森），及第 60—76 页（黑格尔）。

② 生物考古学学者研究自然与社会环境对往昔的任何动物的生物现象的种种影响作用，试图解释它们为适应这样的环境在身体以及能力方面出现的变化。例如，可参见，西亚·默里森（Theya Molleson），《阿布·哈瑞亚的动人的身体》（The Eloquent Bones of Abu Hureyra），载《科学的美国》（Scientific America，August 1995），第 71—75 页。阿布·哈瑞亚现在叙利亚北部地区。我非常感谢加利福尼亚大学圣迭戈分校的亚伯拉罕·塔兰戈（Abraham Tarango），是他提供了这一参考资料，并提出了有关卢克伊瑟的生态女性主义与生物考古学的相关性方面的建议。

③ 戴维·哈维（David Harvey），《正义、自然与差异的地理学》（Justice, Nature, and the Geography of Difference；Cambridge, Massachusetts：Blackwell Publishers, 1996），第 248—250 页。

> 紧紧黏在地面，雨水也能冲走，而且闪闪发光
>
> 白色的灰尘在我们的脚脖子上看上去真的很美。
>
> 　　　　　　　　　　　　（《亡灵书》，第 22 页）

这一段诗，不禁让我们联想到日后出现的一些丑闻。比如说，在越南战场上喷洒道尔化学公司（DOW）生产的"橘黄色药物"（Orange Agent）牌子的除草剂（脱叶剂），用危及人的生命的致癌物质污染了美国以及北越军队（NVA）日常生活当中必须饮用的水、平时要用来做饭的水以及洗澡的水。[①]

卢克伊瑟给予她笔下的女性人物的能力特殊化处理，不仅让她们明白了"碳化物联盟"是因贪婪成性才对工人们造成伤害，而且也有能力在实践上对它的体制进行批评，并在思想上对它的体制进行改革。但是，能够拥有这样的能力的，并不只有妇女。满身覆盖着硅石粉末的非洲裔美国工人，也辨别出了这样的反讽：他只能是以这种象征方式才能跟白人工人拥有同样的平等。卢克伊瑟利用这特定时刻哥特式恐怖的描写从正面指出，白人工人和黑人工人应该怎样联合起来，才有可能改造那个谋财害命的资本主义：

> 在隧道里干了一夜出来以后，我其黑无比，
>
> 　同时也走出了一个白人，但没有人分辨得出来哪一位才
>
> 是白人，

---

① 在她的《亡灵书》第三节诗的结尾，卢克伊瑟又一次呼吁，应该吸取教训，防止法人资本主义对工人身体的伤害，她还将这一点同现代战争联系起来。这次事件，距广岛和长崎的原子弹爆炸还有 7 年时间，距美国西南部本土美国铀矿工人在矿井里遭受大量的核辐射以及因美国在比基尼岛（Bikini Atoll）以及其他基地进行核武器试验致使太平洋岛屿长期蒙受污染还有 15 年时间：

　　这些让人伤感的辐射以及发光的毒气，把他们的死亡带到他们的嘴边并且带着他们的警告在他们的坟墓之中发光。

　　　　灰尘覆盖了我们两个，灰尘才是白的。

　　　　　　　　　　　　　　　　（《亡灵书》，第22页）

很多问题的解决最终取决于联盟政治，以及业已平等了的工人劳
动力。这些工人意识到他们是在遭受剥削，一旦醒悟，就能够越
过种族、性别、地域以及阶级等界限保持最为广泛的、可能性的
种种联盟。① 这首诗的女性意识，以及“碳化物联盟”矿工的妻
子和母亲们的法律和政治激进主义，仅仅作为对某种意识的种种
引导性或神话在场。但这种意识在卢克伊瑟笔下绝对不是只局限
于某些妇女身上。她的神话性的伊西斯，成了自然—人类系统的
象征：我们要为这一系统负责，而且这一系统界定着我们的作为
自在之物的人类劳动和价值观念。伊西斯是卢克伊瑟的神话性的
裁判。②

　　　　但是，这些山谷站立着，扎进了我们的血肉之中，

------

　　① 像大萧条时期美国建造的其他里程碑式的土木工程项目一样，西维吉尼亚高里桥
的水力发电工程也从全国各地吸引来人数众多的失业工人。因此，这首诗开始时展开的乡
间的地区主义，最终实际上再现为这一工程牵涉到的工人（以及他们的家园）的纷纭复杂
的特点。见约瑟夫·E. 斯蒂文斯（Joseph E. Stevens），《胡佛大坝》（Hoover Dam），以平
行比较在同一时期建造胡佛大坝（玩石坝）[美国科罗拉多河上的大坝，高221米，坝顶
长约360米]时对来自美国各地的工人的雇用情况的叙述。

　　② 在20世纪20年代和30年代，W. E. B. 杜·博伊斯以及哈莱姆文艺复兴运动
之中的其他知识分子，都曾把伊西斯用作泛—非身份的象征。例如，杜·博伊斯在
《黑水》（Darkwater）（1920），收入埃里克·桑德奎斯特（Eric Sundquist）编《牛津
W. E. B. 杜·博伊斯读本》（The Oxford W. E. B. Du Bois Reader, New York：Oxford Uni-
versity Press, 1996）之中，尤其是《月亮的孩子们》（Children of the Moon）这首诗里，
就是这样做的。这首诗是第7章的尾声，以伊西斯讲话的口气写出（第577—580页）。
此外，杜·博伊斯也曾认为，白人工人应与非洲裔美国工人结成联盟，他们结盟的方
式与卢克伊瑟在这首诗里所呼吁的相仿。至于对杜·博伊斯作品之中这些问题的进一
步的讨论，可参见拙著《文学的文化与美国的帝国主义：从美国革命到第二次世界大
战》（Literary Culture and U. S. Imperialism：From the Revolution to World War II, New
York：Oxford University Press, 2000），第212—216页。

在每一个地方，我们都开始看到这种疾病，
力量已经被轧干，我们的时间向我们证明了一切。

在博物馆的生活里，几个世纪的野心
终于产生了一个丰产的意象：
迦太基的石头意味着一个高大的女人

她双手拿着那本书，还有那只放在摇篮里的鸽子，
放在大腿上边，鸽子翅膀折合起来，从腰前
一直到她的双脚，一顶尖尖的人的冠冕。

这个山谷被赠与我们如同一种荣耀。
赠与古老的世界的朋友们，他们高高举起的双手
呼唤调解。

（《亡灵书》，第 39 页）

卢克伊瑟激进的绥靖主义（"放在摇篮里的鸽子"）、她的诗歌以及那种法律（"那本书"），同可以给予我们"一种荣耀"的、一个女性对她自身的繁殖力（"一顶尖尖的人的冠冕"）的自我意识结合了起来。因为，这种结合，人类同自然的奇迹之间超验主义式的联结。就是在这一面旗帜之下，卢克伊瑟将反对"碳化物联盟"的斗争大而化之，扩展到国际性的舞台，进而将这种抗议同当代左派对西班牙内战之中遭到抵制的法西斯主义的崛起联系起来（"赠与古老的世界的朋友们……／［他们］呼唤调解"）。

在《亡灵书》的最后一首诗歌当中，卢克伊瑟触及诗歌本身。她声称，诗歌的"节奏"和"系统"能够模仿人类、实在性的以及生物化学性的自然之间几乎是不可再现的种种联结。诗歌在其最佳状态可以用这种乌托邦（以及浪漫主义）理想获得

某种模仿，或者说它的某种异种同形之物；但是，永远也不是凭着自身的资格，而总是要同其他形式的抗议、表达方式以及激进主义联合起来［才能做到这一点］。她这首诗最后的结论是，向读者提出呼吁，要求他们不要再复制她的"真实"或者是解释她的诗歌之中的"神秘"或"隐喻的逻辑"，而是应该把诗歌只是在其中发挥一部分作用的那种工作继续下去：

> 把这种急切的需要、这种场景带到国外，
>
> 去拍摄照片并扩展这种声音，
>
> 去说出这样的意思。
>
> 很多声音直接向我们讲话。我们在移动的时候，
>
> 在我们不断富足，在更大的行动之中成长，
>
> 这种词语，这种力量的时候……
>
> 交流向着这么多男人，
>
> 作为尾声，无尽的爱的种子。

（《亡灵书》，第40页）

正是这种交流，典型性地代表了卢克伊瑟的神话性的伊西斯以及她的诗歌的力量。因为，这种力量只是谦虚地声言，自己不过是其他声音以及被忘却的诸多力量的一种蒙太奇和电影纪录片式的集合。不过，由于听任这些声音被人听到，权利被人感觉到，所以卢克伊瑟的诗歌积极地为正义的事业做出了贡献，即使她的诗并不是专门抒写正义的事业。

与詹姆斯式的中心意识以及庞德的史诗性"宝座"不同，卢克伊瑟的诗记载了各种不同的声音，并且使它们协调一致：要想导致社会改革，并向其权威及司法系统并没有适当地满足新的社会需要的种种法律挑战，这样的声音都是必需的。当然了，《亡灵书》毕竟是一部精彩的现代主义的诗集，因而它回应了某

种工业经济的工作和社会状况。总是在诗的字里行间由伊西斯这样的神话素暗示出来的共同的语言，在尊重他们各自不同的社会作用的同时，将诗人、母亲、工人、少数族裔以及政治激进主义者联结起来；通过对这样的语言的寻找，卢克伊瑟承认了人民而不是诗人们，公共机构而不是社会批判和改革的著作之中的美学的重要作用。就她的诗歌之中的人物有能力分析、批评、表达以及解释，这些方面的作为也远远超出了诗的领域来看，卢克伊瑟是在说明，诗歌虽然只是不同的推论实践活动和公共机构中间的一个，但可以用来向占主导地位的意识形态提出挑战。不过，正是由于对她本人的诗歌对社会变革的贡献方面保持这种谦虚态度，卢克伊瑟使文学的兴趣及其关联性得以复活。因为，就在这个时期，文学受到了大众媒体、电影、法人组织管理及营销（包括"事故控制"），以及政治修辞等各种相互竞争的权利要求的特别挑战。我在上一章之中所讨论的现代主义的美学，依赖的是将社会和文化分歧吸收并控制进一个支配性的形象（作者、解释者或文本）之中，而卢克伊瑟的诗歌则**邀请**并鼓励其他声音，而且在很多情况下是向其生活和经历都绝对没有诗意的人学习。

卢克伊瑟在《亡灵书》之中表述出来的左派的和女性主义的现代主义，也使我能够得出某些结论，以说明新的美国研究怎样才可能为目前有关文化在正义追求方面扮演的角色的学术争论做出贡献。如果承认美国研究有一个漫长的社会批判传统，那么，它的从业人员就应该有助于彻底改写，有关社会正义的种种争论，因为这些争论总是抽象得令人惊奇，而且脱离了纷纭复杂的政治、社会以及道德问题。卢克伊瑟教导了我们：她认为，美学的话语可以为社会正义工作做出贡献，但它们只有同其他话语和行为携起手来才能达到最佳状态。诗歌写作和阅读，在其本身之中，并就其本身而论，通常并不足以导致社会变革；但这并不意味着，这方面的行为是绝对软弱无力的。从这一点来看，我希望进一步对我在《在爱默森的墓边：经典美国文学的政治学》（1997）之中对"美学分歧"的批判进行详细阐述。在那部著作里，我把这一术语界定为："这样一种假设——对思想及再现过程的有力反思，其本身构成了对社会现实的一种批判，并且导致了混淆真实与社会成规那种天真的现实主义的转型。"[①]

我想把这种批判扩展到对正义的那种哲学反思上去：让-弗朗索瓦·利奥塔在《论正义》（1979）的论述是这种反思的典型代表。在这部著作之中，他试图抽象地思考正义和非正义的概念。利奥塔的非原则性的研究方法，依靠的是他所说的"义务的语用学"：这种语用学使"正义的游戏"保持开放，因而也就可以将"绝对的非正义"界定为任何"禁止……提出正义和非正义的问题"的东西。[②] 这样一种研究方法，不可能超越这样的默示性的同义反复式的定义。所以，如果我们希望理解"义务的语用学"的话，就有必要仔细研究有关正义与非正义之间的关系的具体的历史性的例证。这样的例证，并不是可以当作对正义与非正义的更加宽泛的界定的哲学性断言的"例子"，这些例证应该构成我们对这两个术语的历史性理解。卢克伊瑟的《亡灵书》，本身并不属于这样的例证，但却是构筑"碳化物联盟"法人性质的犯罪所导致的，复杂的法律、医药、政治、经济以及哲学的后果的一种方式。卢克伊瑟的诗成为这种历史的一个组成部分。因而，除了别的很多人之外，还使诗人和读者为这一并不能够马上做出判断的非正义的例证所造成的种种历史恶果承担责任。通过与寻求正义以回应非正义的其他人的结合（以及认

---

　　① 参见拙著《在爱默森的墓边》，第 1 页。

　　② 让-弗朗索瓦·利奥塔与让-卢·泰博著，伍拉德·高兹奇（Wlad Godzich）译，《不过是游戏》（*Just Gaming*, Minneapolis: University of Minnesota Press, 1985），第 66—67 页。

同），比如说琼斯夫人，卢克伊瑟以及读者们使这首特殊的诗歌发挥出了历史的和道德的作用。

如果就整体上对这样的例证加以论述，那么，就可以说，这种例证只是，1. 在正义与非正义之间建立了这样一种关系；2. 以一种强有力的方式做到了这一点；3. 拒绝承认（或者说混淆了）为建立这样一种关系需要单一的中介的权威——比如说，法律、政府、社会成规、美学以及社会真实等等。换句话说，塑造正义与非正义之间的关系的历史性的这些例证，并不是分散独立的"文本"。它们本身被更为有用地理解为复杂的**跨文本性**的事件：这些事件的多元的推论和述行作用必须得到尊重。"判断"是指我们对这些例证及其诸多历史关系的解释。一旦越出这些特点之外，我们就无法做出判断，因而也就不存在任何有关正义的思想。这样的"判断"和这些事件之间的关系，就是构成历史的东西。如果按照这种方式来理解，文学和其他文化"事件"便会具有重大的作用，可以在追求社会正义及其历史界定过程之中发挥出来。如果承认美国研究对理解这样的文化生产的历史性和道德性（或非道德性）的兴趣，那么，这一领域，在有关正义、对它的实践活动仅仅是形式上的和抽象的处理之中所存在的种种限制等问题上，还有东西有待我们探讨。

第八章

元影视：我们后现代经济之中的
虚构性与大众媒体

> 过去在心理上和思想上被筹划出来的东西，过去在世界上经常被当作隐喻、当作思想或隐喻性的场景存在过的东西，从今以后将被筹划进现实之中，根本不带任何隐喻［意味］，被筹划进同样也属于仿真的那类东西的一种绝对的空间。
>
> ——让·鲍德里亚，《交流的狂喜》

作为美国研究领域的学者，我们在探讨后结构主义的诸多理论的冲击以及后现代的社会和经济状况所造成的种种后果的时候，遇到了不少困难。这些困难的症候表现在，我们在非印刷媒体的研究方面，尤其是对在经济和文化上地位日益重要的，诸如电视、电影以及影视等后工业时期的媒体的探讨。在很多方面，美国研究过去都曾经引导过别的学科，去研究媒体如何塑造文化和社会价值观念这个问题。现在，美国研究的一些课题，坚持用几种不同的媒体来培养自己的学生，去攻读突出视觉、听觉、口语以及印刷等媒体的相互交叉关系重要意义的学位。从这样的研究项目来看，我们这个领域预示了电视以及电影研究领域里新的学术研究项目以及学位课程，甚至于最近才成型的影视研究领域的诸多课题的出现，并且因此也已经同这些新的项目进行了合作。美国研究领域的学者应该为这些成就感到骄傲,并应同这样的联盟性的领域里的同行们继续合作下去,尤其是在我们拓宽了"美国研究"的地理政治学性的研究范围,以便将本书的"绪论"和第一章及第三章之中所讨论的西半球以及相关的边界地区或"边缘"容纳进来的时候。

不过,以上这些只是多媒体和多元学科领域的美国研究成果实例,因而并没有将整个情况全盘托出。这一学科的核心,如果说还可以理解的话,始终如一固守印刷媒体这一指向,以至于美国研究在电子以及数字媒体方面的学术探讨,大部分都继续沿着对书写文本的语言学、修辞学以及解释学方面的假设向下走。在书写语言作为主导性的媒介发挥作用的时期和社会之中,采用这样一些方法论自然还有一定的理由。但是,在非印刷媒体业已在根本上塑造着社会价值观念的语境里,我们假若仍然一声不响地依赖写作语言的标准和价值观念,那就有可能无意之中对这些媒体做出误释。这样的语境,并不只限于前现代和后现代的社会,它也包括依赖着其他媒体的社会、社团和群体,与此同时还在同印刷媒体占主导地位的社会的类似之物之中或之内发挥着作用。

有很多本土的美国社会,同欧美的帝国主义相斗争。这样的社会是这样一种范例:它在邻里关系之中依赖着口语和述行性媒体的社团组织,而且跟使书写语言和印刷文化特权化的某种主导性社会直接冲突。[①] 由于多方面的原因,其中包括在战后美国的南方的畜奴派们对非洲裔美国人的阅读和写作的明令禁止,非洲裔美国人的诸多社团组织基本上在习惯上凭借的是,社会再现的

---

① 至于本土美国人的口语和述行文化同欧美印刷文化之间的冲突的例子,可参见我在《美国艾尔克叙事》(American Black Elk Narratives)之中的讨论,见《文学的文化与美国的帝国主义:从美国革命到第二次世界大战》 (Literary Culture and U. S. Imperialism: From the Revolution to World War II, New York: Oxford University Press, 2000),第217—252 页。

音乐、舞蹈、口传民间故事以及非印刷形式。尽管书写语言和印刷等形式，也在非洲裔美国人的诸多社团里发挥过至关重要的作用；但是，就文化再现而论，它们通常并没有成为文化再现的主要模式。正如林顿·巴里特所指出的，自从欧洲的启蒙运动以来，文化教养与书写语言和印刷等形式方面能力的等同，推动了文化和种族的等级制度的理性化：“在西方人的头脑之中，缺乏文化教养……为非洲人及其子孙后代的边缘性的和更低的社会地位提供出了最为强有力的证据。文化教养既成了非洲人的匮乏，同时也成了欧洲人的主人地位的标记。”① 在欧美对本土人民的殖民化〔过程〕之中，写作语言的强加，以及对可与写作文字相等同的文化教养的诸多标准的强调，在对部落生活方式及其社会和谐性的碎片化〔过程〕之中，发挥着至关重要的作用。早期的人种学学者以及以后的人类学学者，在殖民化的这种解构进程之中，扮演着关键性的角色。所以，我们应该学会避免再犯他们犯过的错误：方法是，要批判性地审视——写作语言和印刷媒体，其特权化毕竟是最近才在历史上出现的，而且只具有特别的社会性。

如果将有关教养的这种现代史，重新看作写作和印刷方面的能力；那么，便会使像德里达的写作（écriture）至于言语的特权化等激进的后结构主义者的观点，显得十分保守，甚至毫无疑问是意识形态性的。② 当然了，德里达的著作之中，很大一部分

---

① 林顿·巴里特（Lindon Barrett），《黑人性与价值观念：观察双重》（*Blackness and Value: Seeing Double*，New York：Cambridge University Press，1999），第 73 页。

② 为了跟结构主义的语言学对言语的特权化区分开来，德里达对术语“写作”的用法具有特殊的意义，它指的是语言的区别性的系统。这一特殊用法在现在已经成为他的早期写作的一个著名的特点，并且在《文字学》（*De la grammatologie*，Paris：éditions de Minuit，1967）以及收集在《书写与差异》（*L'écriture et la différence*，Paris：éditions du Seuil，1967）的论文里得到了最巧妙的处理。

是向有关理性、语言以及自然等启蒙主义的根本假设提出了挑战。但是,在很大程度上,德里达是在西方的现代性的框架范围之内进行操作的。所以,在他试图对它的核心概念加以解构的十分艰辛的努力当中,有可能不可避免地会对这些概念进行再生产。后结构主义的理论的第一代,以德里达20世纪60年代末期和70年代早期的作品为典型范例,并没有以适当的方式处理后现代社会之中,比如说美国和法国之中,主导性的媒体方面出现的诸多变化,尽管到那个时间这些变化早已悄然而至。

现在,如果再从这两个相关的策略的角度对解构的事业进行定义,就太稀松平常了:首先,是对形式上的完整性,以及所指的分立的在场的去神秘化(或批评性阅读);其次,是对决定着特殊的说话地点的、以前的诸多意指的相关动机的分析(或谱系性解释)。第一种策略,到目前为止是最为普遍的,而且在学术讨论之中也最具戏剧性的效力:雅克·德里达,保罗·德曼,杰弗里·哈特曼,J. 希利斯·米勒以及其他很多学者,都曾使这样的解读粉墨登场,让经典的文学或哲学文本显而易见是既定性的诸多意义相互抵触,并在某一个点上形成相互矛盾或相互对立的意义,然后通常是使这一作品的形式上的封闭性向某种跨文本的历史开放,而这种跨文本的历史的终极限度就是语言的历史。在这样的解释的过程之中,解构批评家经常提出诸多可替换性的意义,预料不到的文本的联想意义,以求对这种主动的反—形式主义使之成为可能的内涵的丰富性加以解构。与此相比,解构批评家并不那么经常试图解读——为了特殊的说话和外延意义的缘故,而对这种跨文本性加以抑制的时候所要采用的那些方式。尽管解构已经有力地甚至于无情地揭露了被德里达称之为西方的在场的形而上学这种东西,但是,在说明这样的矛盾怎样将它们本身装扮成连贯一致的、能通约的真理这个方面,解构则在相当程度上还不那么具有警惕性。

　　在学术讨论之中，对这个问题，人们经常简而化之地给予回答或者说一带而过。对所指的不可化约的游戏的抑制，通过建立起思想、自然和经验事实的某种超语言新领域而成为可能。因为，这一领域先于，而且也超越了所指的可能属于**次一级的**再现。尼采和福柯过去曾经教导我们，这样一种抽象的回答是不充分的，因而必须拿能够塑造诸如思想、自然和事实等概念的特殊的历史状况来加以补足。在后工业的、后现代的美国的特殊历史状况下，我要坚决主张，有关思想、自然以及事实，的确，还包括对**任何超语言的指涉的常规**［习惯看法］，再也不能产生出多大的影响力。这些概念都是 19 世纪和 20 世纪早期现代西方社会的概念。后现代的美国已经做出调整，完全适应了不可化约的**跨文本的**性质。抑制与意识形态的控制——作为社会关心的问题，而不只是学术性的术语——以这种跨文本性为**途径**进行操作，而不是通过抛弃它，进而表示对某种可呈现的真理或自明的事实的赞同。不过，这样的跨文本性的最佳范例，并不是激进的学术文本或先锋文学文本，而是可以运用几种不同类型的符号的和表情的方式——包括意象、声音、文本以及表演等——的电子媒体。

　　后结构主义者之所以在处理当代西方社会之中的电子媒体方面遇到了麻烦，有两个方面的原因。只要美国研究的学者希望在根本上解决后结构主义的理论以及后现代状况问题，这些就是他们应该加以探讨的。首先，从在最大限度上运用于工业经济的角度上看，这些媒体已经被理论化了：因为，相对清楚的界限，可以在生产的基本方式与意识形态的诸多策略之间划分出来；这样，经济实践与相关的社会行为就可以被证明是正当的。其次，电子媒体主要服务于商业目的，因而被恰当地理解为"大众媒体"，其经济目的左右着它们的生产和分配。如果承认这样的大众媒体已经改编了被我们认为是解构性的种种方法和问题，那么，就必须对这样的特色的商业目的及经济价值观念进行评估。如果是属于第一个方面的问题，后结构主义便有可能被批评为，没有能够考虑由西方从工业生产到后工业生产的转换所引发的极其重要的种种符号变化。这种盲点，同法兰克福派理论家们的盲点没有什么两样，因为后者在20世纪20年代和30年代开创了媒体批评研究，其影响一直持续到我们今天对媒体所做的解释。不过，如果是第二个方面的问题，那么，天真的后结构主义批评家就不免任性固执，过于保守了。跟后现代文学试验者们一样，解构主义的批评家们总是不情愿承认，大众媒体的自我意识的修辞策略;原因正好是，这样的策略向后现代作家和解构主义者们所倡导的意识形态批判提出了真正的挑战。我在后文之中将举例说明，大众媒体的自我意识可以为各种不同目的服务。但是，它是如此反常，又如此有力，以至于几乎否定了解构主义者对作为一种批评实践活动的去神秘化的那种特殊权威的要求。在这种后现代的和后工业的经济之中，去神秘化已经成为一种成规性的修辞手段，可以为这些媒体的商业方面的成功以及某些标准性的意识形态的价值观念的保持做出重大的贡献。

　　在《对符号的政治经济的批判》(1972)一书之中的《一曲悲歌献媒体》里，让·鲍德里亚批评马格纳斯·昂森斯伯格在通俗媒体方面保持的"乐观主义的和攻击性的姿态"。鲍德里亚论述说，昂森斯伯格试图(在《媒体的一种理论的构成要素》之中)将媒体理论化为，"一种单一的'分配媒介'"，但却忽视了这样一个事实:在一个后工业社会之中，大众媒体本身就是生死攸关的生产方式。① 昂森斯伯格的"意识工业"和"头脑的工

---

　　① 让·鲍德里亚 (Jean Baudrillard)，《一曲悲歌献媒体》 (Requiem for the Media)，见查尔斯·列文 (Charles Levin) 译，《对符号的政治经济的批判》 (*For a Critique of the Political Economy of the Sign*，St. Louis，Missouri：Telos Press，1981)，第168页。

业化"等观念，显露出他的假定：大众媒体在根本上属于人们
所熟悉的工业主义的派生之物、副产品。① 结果是，昂森斯伯格
可以非常乐观地想象出，这种"分配媒介"向"一种真正的交
流媒介"的相对而言没有问题的转换。② 对于昂森斯伯格来说，
"非物质的剥削"仍然是物质生产的一种作用："要想生存下来，
物质生产就必须把自己伪装起来；非物质生产已经成为它必需的
必然结果。"③ 昂森斯伯格像布莱希特在《收音机》（1932）之
中所希望的那样，仍然想象着，大众媒体可能会被左派当作
"通俗媒体"来使用。所以，他又一次断言，生产与分配之间、
经济与意识形态之间存在着物质主义的种种区别。结果是，对媒
体的未来产生出一种乐观主义，如同麦克卢汉对"全球村"的
幻梦一样现在让人感到不可思议。昂森斯伯格想当然认为媒体是
一种主要手段，具有"非物质性"，左派可以拿它来攻击晚期资
本主义的物质主义："媒体不生产任何可以储藏、拍卖的物品。
它们完全毁掉了'知识产权'，并且清算了'遗产'，也就是说，
超物质资本的分类明确的转交。"④ 对于鲍德里亚来说，布莱希
特和昂森斯伯格仅仅是说明了，经典马克思主义怎样无法应用于
后现代资本主义，因为"媒体不是意识形态的**协作因素**，而是
它的**受动器**"。⑤

　　正如让－弗朗索瓦·利奥塔所论述的，后现代社会之中的

---

　　① 尤其是马格纳斯·昂森斯伯格（Enzensberger）的论文《头脑的工业化》
（The Industrialization of the Mind）及《一种媒体理论的构成》（Constituents of a Theory
of the Media），收入雷因霍尔德·格里姆（Reinhold Grimm）与布鲁斯·阿姆斯特朗
（Bruce Armstrong）编，昂森斯伯格的《批评文集》（*Critical Essays*），新日耳曼文库
（*The New German Library*），第 98 卷，（New York：Continuum，1982）。
　　② 鲍德里亚，《一曲悲歌献媒体》，见《对符号的政治经济的批判》，第 168 页。
　　③ 昂森斯伯格，《头脑的工业化》，《批评文集》，第 11 页。
　　④ 昂森斯伯格著，斯图亚特·胡德（Stuart Hood）译，《一种媒体理论的构成》
（Constituents of a Theory of the Media），见《批评文集》，第 56 页。
　　⑤ 《一曲悲歌献媒体》，见《对符号的政治经济的批判》，第 169 页。

知识,是信息的终极的产品的一种作用或效力。对可以拿来判断这种信息、构成知识的那种"操作效率"的评估标准,是语言游戏的组成部分,因为这种游戏肯定像工业主义的机械一样决定着生产。[①]"信息"、"服务"、"后工业的"以及"技术的"产品,尽管这些术语在这样的分析阶段还显得很粗糙,但是它们却具有一个共同的特征:不论可能牵涉到的是什么样的物质性(比如说,电脑硬件、信息通讯业务器械,以及有利于"服务"的功能和手段),都要从属于产品的本质上的**非物质性**。营销公司,咨询中介公司,电脑分析专家和程序设计员,如此等等,他[它]们都可能是由精心制作出来的、看似不可分离的硬件和技术员支持着。但是,这些可能被承认的物质性工具和技巧,又都从属于后现代资本主义先天的法则:生产的**非物质性**(或者说非物质性的生产)。"有了结果"、"增加生产"、"最大化利润",再也不像过去那样清楚地或简单性地是指制造或销售的物体的增加的数目。像信息和服务这样的非物质性商品的生产,在很大程度上并不是单单取决于这样的商品的量,也不取决于剩余价值的量化,而是取决于这样的商品随后生产的潜力。按照这个观点,经典马克思主义的剩余价值的设想,可能就需要重新定义,或许应收编自威廉·詹姆斯到雅克·德里达的反文化批评家,自詹姆斯的多元主义的、"未完成的"宇宙到德里达的增补和播撒所珍视的、有差别的生成和

---

① 利奥塔著,杰奥夫·本宁顿(Geoff Bennington)与布雷恩·马苏米(Brian Massumi)译,《后现代状况:知识报告》(*The Postmodern Condition: A Report on Knowledge*, Minneapolis: University of Minnesota Press, 1984),第 47 页:"权力不仅是好的可操作性,而且也是有效的确认和判断……现在,社会的一种已经被普遍化了的电脑化所可能带来的,正是这样一类语境控制。说话的述行性,不论它是指示性的,还是描述性的,都同人所支配的它的指示物的信息总量成比例地不断增长。这样,权力,以及它的自我合法化,现在走的便是信息储存和使用以及信息的可操作性这条路线。"

异质性。①

　　当代电子媒体典型地代表了这种非物质的生产方式，并且使这样的生产性成为他们的正式的系统不可或缺的组成部分。这些媒体的意指系统，依赖着交换价值对使用价值的总体性的包容。我不愿将语词符号同电视的和电影的符号特殊的特征混为一谈，所以在本章以下的讨论之中将使用媒体意象。我这里说的**意象**，主要是指在电视和电影之中发挥作用的，图画的、听觉的、口语的、操作的以及可视的因素的结合。媒体意象取决于并且也强调了它的非物质性，以及这样的非物质性制约用来呈现它的物质机制和技术的方式。尽管物质因素是意象生产的组成部分，但意象的非物质性制约并决定着它所需要的种种物质机制。因此，交换价值对使用价值的包容，并不是一个隐蔽的、鬼鬼祟祟的过程，经常面临去神秘的危险。工业资本主义的修辞逻辑，要求物质利用以"非物质性的"去神秘的方式（意识形态的"幻想"）把自己伪装起来；而媒体意象的非物质性，则得到了公开的承认，甚至于被称赞为后现代社会现实的实质。正如鲍德里亚所指出的："使用价值和需求，只是交换价值的一种效果。所指（以及指示物）只是能指的一种效果……两者都不是一个自足的现实，因而不论是交换价值，还是所指都可能无法在它们的代码之中表达或翻译出来。实际上，他们只是仿真模式，由交换价值的游戏和诸多所指的游戏生产出来。"② 不论非物质的意象看上去是要占有什么样的使用价值，它不过是构成了这一意象的它的交换价

---

　　①　可参见拙文《剩余经济：解构、意识形态与人文学科》（Surplus Economies：Deconstruction，Ideology，and the Humanities），收入默瑞·克里耶格（Murray Krieger）编，《再现的目的》（*The Aims of Representation*，New York：Columbia University Press，1987），以便对马克思的剩余价值转换进后现代术语之中的比较特殊的用法有所了解。

　　②　鲍德里亚，《使用价值之外》（Beyond Use Value），见《对符号的政治经济的批判》，第137页。

值（此即，交换和流通的潜在可能性）的抑制的效果。

电子媒体具有它们自身的历史。在这种历史之中，对印刷文化和现代物质主义的种种习惯的重新评估，是逐渐地（甚至于是在后现代时代的声名狼藉的加速度当中），也是在十分严重的矛盾当中进行的。在本章之中，我不希望以任何详尽的方式复制这一历史，所以我将通过简要地审视20世纪从50年代到80年代的各种不同的通俗电视节目，对某种比喻性历史予以仿真。在那一时期里，有关网络电视的观点以及价值观念，从它自身的媒介作用上来看，出现了重大的变化。我想再补充一句，这样的变化，以一种绝对不同的方式，为文学的自我意识投来了文本间性和先锋主张的解构设想。尽管这样的电视历史一定是初步的、不完整的，但是，我希望拿它来作例子，以说明美国研究怎样才可能把后现代时期一种重要的电子媒体所产生的社会和文化影响处理得更好。

在《度蜜月的人儿》（1955—1956）之中，拉尔夫·卡拉姆顿（杰姬·格里森饰）和埃德·诺顿（阿特·加内饰）特别爱表达，遭受剥削的工人阶级对资本家的魔幻权力（magical power）的愁绪满怀的渴望。[①] 尤其是拉尔夫。尽管艾丽丝（奥德丽·米多斯饰）坚持认为，他"干得漂亮"；可是，他每一次要弄的一夜之间成为富

---

① 《度蜜月的人儿》（*The Honeymooners*）作为哥伦比亚广播公司的电视连续剧发展开来，还要归功于格里森在《明星队伍》（*The Cavalcade of Stars*，1949—1952）里做的讽刺短剧。在他自己的戏《杰姬·格里森表演节目》（*Jackie Gleason Show*，1952—1955；1956—1957；1958—1961）里，格里森也收编了牵涉到卡拉姆顿夫妇和诺顿夫妇的讽刺短剧。《度蜜月的人儿》这出独立的连续剧，只持续了一个季节（1955—1956），而且被认定是电视剧的一个败笔。究竟这样的"败笔"是这出戏的政治温情所造成的结果，还是它独立的格式或其他不可预见的因素造成的，已经很难做出判断了。那些"讽刺短剧"，被收编进早期电视里从杂耍表演演变而来的"综艺"节目的时候，是比较成功的。这一点可以证明我的观点：那些人物在工业的美国和后工业的美国的被疏忽的社会学的地带徘徊不前。可参见文森特·特瑞斯（Vincent Terrace），《电视百科全书：连续剧、试播节目与特别节目，1937—1973》（*Encyclopedia of Television Series, Pilots and Specials: 1937—1973*），第1卷，（New York：New York Zoetrope，1986），第206页。

翁的把戏都还是免不了最后崩溃，碎纸一般飘落到租借的房屋的窗外。诺顿身为卫生部的下水道修理工，为他自己拥有的专业技术感到特别骄傲。但拉尔夫对这种愚蠢念头不屑一顾，所以经常苦劝诺顿，鼓动他激情昂扬、不惜代价甚至是愚不可及地跟他一起干，去实现他炮制出来的各种各样的"事业蓝图"。一出典型的戏的结尾，很有示范意义：艾丽丝和/或诺顿，帮助拉尔夫"减少损失"，恢复了他在哥潭镇［愚人村，纽约市的别名］公共汽车公司的驾驶员工作，并且挽回了他的自尊。当然了，他奋力拼搏，极力摆脱工人阶级的地位向上爬，种种努力当中所显现出来的侥幸还存在的骄傲，总是使下一出戏变得极其复杂。所以，公正地说，埃德和艾丽丝（还有埃德的妻子特里克茜），是直接服务于工人阶级想象中的资本主义剥削的种种利益。为保持跟情景喜剧的基本结构的一致性，《度蜜月的人儿》为了在随后的节目之中对诸多难题进行复制而解决这些难题。

拉尔夫的问题，除了他的工人阶级的处境之外，还有他无法分清合法的商人同骗子之间的差别。即使如此，在这一出系列电视剧当中，还是有很多善良的商人的例子，其中有不少（比如说拉尔夫的老板）帮助他渡过了各种各样的难关。商人和老板们自有其人格特性。但很明显可以看到，他们都对工人阶级采取高高在上的恩赐的态度，对他们的种种愚蠢行为洞若观火。[①] 他们年老体弱，秃了脑袋，但又西装革履，所以有助于跨过他们有关工人能力的了解与其种种欲望之间的距离。在一出戏剧里，市政府给诺顿找到了

----

① 正如特瑞斯在《电视百科全书》第 1 卷，第 206 页之中所指出的，拉尔夫是在年仅 14 岁时作为一个报童进入劳动大军的，但他在大萧条时期在威斯康星星制药协会（WPA）找到了他成年后的第一份工作。尽管"报童"属于从阿尔杰［Horatio Alger, 1832—1899，美国作家，喜欢写贫穷的孩子如何靠善良和辛勤的劳动获得财富或赢得尊重］在 20 年代和 30 年代好莱坞电影都要描写的、自力更生的现代美国人陈腐的原型，但这一原型也强调了，拉尔夫的"生涯"只同媒体及公共服务业相关，而与明确无误的工业劳动了无干系。

一份办公室的工作。尽管诺顿非常固执,但拉尔夫还是苦口婆心劝他接受了下来。诺顿上班的头一天,还没有来得及把当天收的现金放进保险柜,无意之中就把保险柜给锁上了。这一插曲,是德莱塞的《嘉莉妹妹》之中,荷斯提伍德在菲茨杰拉德和莫伊的家里发生的"事故"的喜剧性的重新上演。而诺顿虽然一事无成,但毕竟是本分诚实的人。所以,他的性格,在最后还是为那些知道如何解读工人阶级行为的人所认可。诺顿回到地下道之间的地下的世界里,非常高兴地扮演着他藏身隐形的角色:在晚期资本主义的膝盖一般深浅的废弃的产品之间,维持着城市的秩序。

　　不过,对媒体的再现,在《度蜜月的人儿》之中完全是另外一回事。在拉尔夫筹划的那些荒唐事情里,有一些涉他和诺顿在电视和电影方面的冒险。导演和制作人,比较像肮脏的骗子,因为他们剥削了拉尔夫和埃德,而仁慈的商人和政府官员们反倒帮助他们摆脱了种种困境。媒体行当的这些经营者,头戴贝雷帽,脖子上打着领带,嘴里叼着长长的烟斗烟雾缭绕不绝,看上去活似漫画中的人物。不过,在另一方面,他们又充分体现了,工人阶级对公开拿幻想做交易的那些人物的怀疑。即便如此,拉尔夫仍然对传说之中的大众媒体能发财致富产生了特别的兴趣。所以,他模仿那些人物的装束打扮,对他们的言行举止亦步亦趋,以便为追求他梦中的力量和权力打下基础。

　　不过,拉尔夫在电视和电影工作棚的行为举止,所产生的种种后果与他其他异常出格的冒险活动大相径庭。拉尔夫和埃德从来都没有能威胁到合法的事物的稳定性,一分钟也没有能威胁到。不过,他们二人倒是常常在大众媒体的世界,纯粹造成混乱。在有名的一出戏《未来的厨师》里,拉尔夫和诺顿磕磕碰碰总算撞上了一个"机会":给一个有多种用途的厨房用刀做商业广告。这就是，有关传说当中 20 世纪 50 年代出现的，集切片、切丁、捣碎等用途为一身的用具的商业广告。① 诺顿用一把削皮刀来削苹果，或人们常用的那种开罐刀开罐头盒，演示用这样的东西多么费时费力；而拉尔夫也严格按同样的步骤做同样的事情，用以表演这种厨房里用的小玩意儿如何快速便利，而且高效省事。效果当然是可想而知了：诺顿手脚麻利，不大一会儿就把苹果皮削完，并清除掉果核；而拉尔夫笨手笨脚，磕磕碰碰，苹果从手里掉了下来，他还在上面踩了一脚。此外，他表情僵硬，地地道道是完全怯场的表现（与此同时，诺顿谈笑风生，技艺非凡，在电视上精彩地展示了一个厨师的高超手段）。导演、舞台工作人员以及诺顿，千方百计采取手段，试图挽救这一电视现场直播性的广告，所以他们用胳膊肘轻推拉尔夫，提示他进入状态。但是，在这个时候，他就像是一个喝醉了酒的人，在布景前东摇西晃，手里拿着厨房用刀，一副凶神恶煞的样子，到最后一下子撞到夹板厨房案板、水池和别的器具上边。厨房本来就是假的，此时因为拉尔夫和诺顿扭打在一处，被劈成了两半，向布景当中的墙壁歪去。导演大惊失色，绝望之中叫喊起来："切掉，切掉啊！" 在这一广告片的结尾，满场都是夹板碎片，尘土飞扬，狼藉一片。就这样，拉尔夫和诺顿毁掉了梦幻的世界。

　　拉尔夫和诺顿无意之中揭露了大众媒体的脆弱、虚构的世界。诺顿用削皮刀和罐头刀的技术，其技巧让人联想到的是，电视、麦迪逊大街［美国纽约市的一条街；美国广告业中心］以及诸多新技术是怎样杂乱无章，纷纭复杂。适用的工具，不过是胳膊的延伸、人手的延长。所以，不论是什么样的技术，

---

　　① 根据特瑞斯的《电视百科全书》第 1 卷，第 206 页，《未来的厨师》是阿特·加内（Art Carney）喜欢的一集戏。

都不会比使用这种技术的人更聪明。拉尔夫的心理上的无能，促使他无法在舞台上表演（拉尔夫的怯场是这一电视系列故事片的成规俗套）。这便将他的种种欲望，同他的人性局限本身之间存在的裂缝戏剧化了。当然了，由于是由长得很胖的杰姬·格里森扮演这个角色，所以，工人阶级的男性的不可否认的物质性（拉尔夫很胖，诺顿很脏），通过电视广告的非物质世界而土崩瓦解。

对于拉尔夫和诺顿这样属于工人阶级的男性来说，真实的世界是一个工业的世界，即使大萧条导致他们二人不得不在后现代时期的庞大的服务行业当中寻求谋生之道。[①] 这两个人物的工人阶级的身份，同19世纪的产业工人的那种身份是绝对一致的。在工人阶级队伍当中，有越来越多的人在这个时期的美国进入服务行业，所以他们有可能跟拉尔夫和诺顿这样的人物相互认同，因为后者仍然在做双手脏污，浑身疲惫的工作。因此，要想理解《度蜜月的人儿》为什么以这种琐碎的方式，要构造这样脆弱的梦幻，始终如一地描述它自身的媒介作用，就是不难理解的了。对于观众来说，好莱坞和麦迪逊大街并不真实。之所以要用它们，显而易见是为了拿它们同日常劳动的更加真实的性格加以对比。而这样的劳动现在就包括那样的公共服务。因为，假若没有公共服务业，城市的生产就是不可能的。

这样，从其本质来看，《度蜜月的人儿》并不是元虚构性的，而很多随后出笼的电视演出都可能具有这样的性质。对舞台、电视或者电影方面的成功的梦想，对拉尔夫更加变幻复杂的

---

① 拉尔夫之所以能得到一份工作，并且能够结婚，都要归功于威斯康星制药协会（WPA）。他第一次见到艾丽丝的时候，艾丽丝正给威斯康星制药协会（WPA）的工人们分发雪铲。这样的细节提醒我们，经济大萧条改变了普通劳动者的生活状况，也改变了工人与资本家之间的以劳力换工资的那种假定性的"自由交换"。大规模的公共工程之中对失业者的雇用，有力地推动了美国生产从主要属于物质性的生产向"商品和服务"最后到"再现"的转化。见特瑞斯，《电视百科全书》第1卷，第206页。

"想象力"来说，属于偶然性的补充。因此，他同媒体的较量，仅仅是这种表演的道德诫命的另一个例子：有关一个人的工人阶级的地位，在工作和阶级等概念本身不断发生变化而且总是摇摆不定的时期里，其内在价值的接受。意识形态并不是以自言自语的方式，将同样的真理［真实］强加给心迷神醉的观众，而是以对话形式发挥作用，使其控制的术语［条件］同它帮助生产的新的历史环境相互适应。这样，拉尔夫和埃德自我调节，他们对自己在公共服务业所扮演的角色的这种适应，从工人阶级的固定的形象之中吸收了不少东西——艰苦的体力劳动，对种种机会的梦想——而且，决定了大众媒体之中的一个新的对手，从梦幻而不是具体劳动当中获取利益的对手。

　　不过，在诸如《乔治·伯恩斯与格雷西·艾伦表演》（1950—1958）和《我爱露西》（1951—1957）等节目之中，更加完全地预示了后现代的电视。因为，在这些节目里，戏剧性、知名人士以及表演本身，成了关涉形式和内容的核心问题。① 在《情景喜剧、女性主义以及弗洛伊德：格雷西及露西的话语》之中，帕特丽夏·麦伦坎普极有说服力地论述了，这两部情景喜剧如何运用它们的喜剧，去包容第二次世界大战之后的家庭生活空间之内的妇女："在情景喜剧之中，20世纪50年代和60年代的妇女的平定（pacification），是在对这一体裁的领域已经出现的转化只字不提、没有一句批评的情况下出现的：家庭主妇，尽管依然如故统治着家庭的栖息之地，但毕竟已经从某种满口幽默的反叛者，或者说希望找到或已经找到了一份工作，衣着整齐、爱说俏皮话、天真无邪的异见人士——从脱离开凭借语言（格雷西）或身体（露西）而进行的控制——转变成

---

　　① 《我爱露西》（I Love Lucy）在哥伦比亚广播公司上从1951年到1957年连续播出了179集。特瑞斯的《电视百科全书》第1卷，第212页，总结了有关这出戏的情况："不断出现的同一条故事线索，讲述着露西为里基当好一个演员而做出不懈的努力，但里基却总是让她泄气，让她就此罢手。"

了一个感到满足的，如果说还不是充满喜悦和幸福感受的，善于理解别人的家庭至上者（劳拉·皮特里）。"①

　　麦伦坎普所说的"通过欢笑——可以使妇女安居其位，而不是以弗洛伊德所说的靠开玩笑把说笑话的或听笑话的人解放出来那种方式，把她们'解放'出来的那种解脱——［实施的］遏制"——根本上取决于这两出戏的戏剧情景。（麦伦坎普，第87页）面对格雷西让人不得安宁、**无视逻辑前提的推理**以及还可能是颠覆性的肆意胡说，乔治·伯恩斯扮演的是"丈夫，同时又是电视批评家，唱独角戏的诙谐的喜剧人物，女性的心理医生以及极有耐心的父亲/表演者"（麦伦坎普，第83页）。而相对于露西经常表现出来的试图打进这一"行当"的破坏性行为，里基·利卡多扮演的则是古巴伴舞乐队的指挥、专业性的演艺人员。麦伦坎普进而得出结论说，格雷西的话语以及露西的表演，其颠覆性的姿态被给予喜剧性的释放［效果］，以便于施加控制：

　　　　对于露西、格雷西以及她们的观众来说，幽默是"一种罕见而且珍贵的礼物"。如果考虑到20世纪50年代的抑制性的状况，那么，幽默就可能已经成为妇女的武器以及求生策略、可以肯定的神智健全、另一种自我的胜利以及快慰。不管怎样，露西和格雷西拒绝"被伤害"，因而都既有自恋性又具反叛性。从另一方面来说，喜剧取代了愤怒，假若不是暴怒被快慰所取代的话……不论是否属于

　　①　帕特丽夏·麦伦坎普（Patricia Mellencamp），《情景喜剧、女性主义以及弗洛伊德：格雷西及露西的话语》（Situation Comedy, Feminism, Freud: Discourses of Gracie and Lucy），收入坦尼亚·默德莱斯基（Tania Modleski）编，《娱乐业研究：大众文化的批评方法》（Studies in Entertainment: Critical Approaches to Mass Culture），第7卷，《当代文化理论》（Contemporary CultureTheory），（Bloomington: Indian University Press, 1986），第81页。

英雄性的，这种快慰/刺激/掩饰/承认都不是一种欢笑，而是一个复杂的事件，因为它通过喜剧遏制提出了有关妇女的仿真解放之中存在的种种难以解决的问题。（麦伦坎普，第94页）

麦伦坎普论述说，这样的遏制，它的意识形态的效果，被左右这两出家庭生活喜剧的戏剧情景提高到了相当程度："形象/人物/明星作为'他自身'被完全吞没，'真实的'是一种被重播的形象，一个场景，一种仿真——让·鲍德里亚所说的'超真实的'那种东西。"（麦伦坎普，第94页）对于麦伦坎普来说，诸如乔治、格雷西、露西以及里基等身上所体现出来的人物、个性以及表演者，这些角色的等同给予每出戏里特别的社会环境以特殊的合法性，甚至于普遍性："格雷西生活在市郊的富人区贝弗莉山，所以，当然跟电视里居住在市内的公寓住宅里养育后代但又专横跋扈的母亲们不是一路人。"（麦伦坎普，第82页）这样，由于格雷西置身于上中等阶级的环境，而露西置身于中等阶级的环境，第二次世界大战之后的经济状况便进一步被掩盖起来："大多数年过35岁的妇女，始终滞留在靠工资吃饭的劳动大军之中。假若情况许可，她们就不再建造战舰，而是另找工作。"（麦伦坎普，第81页）有关战后美国社会史的陈词滥调——在最近出现的对20世纪50年代的怀旧病之中得到强化——大肆宣扬，这一时期的美国妇女的最佳界定是中等阶级的家庭生活。通俗电视在过去不仅激情澎湃地宣扬这样的信息，而且运用这个信息对它自身的媒体作用进行合法化。

麦伦坎普指出，女性主义的问题，不可能跟种族以及阶级等问题区别开来。例如，"露西对家长制的反抗"，就"有可能是令人满意的，因为它以一种将里基看作下等人的种族主义为中介"（麦伦坎普，第 90 页）。我这里想补充一句，种族主义与女性主义之间的冲突，由于里基是一个职业性的演艺人员这样的地位而变得更加复杂。尽管骗子或耍诡计的人依然如故，经常出没于夜总会、剧院和电影界，但是，里基·利卡多作为古巴伴舞乐队的指挥竭尽全力试图在这一个"行当"里找到出路，他所遵循的就是资本主义有关辛勤工作、自力更生以及发挥创造精神等基本价值观念。里基一会儿是工人阶级的移民，一会儿又是娱乐演艺人员，他的身份摇摆不定，心理上充满矛盾。他利用媒体，将他同时向工人阶级以及中产阶级观众发起的挑战减弱到最低限度；与此同时，他扮演的人物，提高了对从另一方面来看仍然属于成规性的家庭生活的情景喜剧的兴趣。古巴伴舞乐队的指挥这个角色，足以达到最为明显的种族中心主义的固定老套形象的标准，甚至于可以允许他在一个普遍保持着对古巴裔美国人的种族歧视态度的行业范围内去追求"美国梦"。

不过，里基的职业世界的正常状态，对于喜欢翻来覆去看节目的瘾君子或电视学者来说，似乎是令人震惊的，而且相对而言属于当代的东西。随着《我爱露西》逐渐演变成《露西尔·保尔—德西·阿纳兹表演》（1958—1960），里基的工作就成了一种介绍各种各样的明星客人的便利途径。一方面，里基不过是一个小商人，依靠他的技术性的和组织方面的技巧，去应付日常生活之中的种种难题。之所以设想出来这些难题，是要让资产阶级观众感到难受：如结束交易，按时与人约会，维持关系网，保持工作与家庭需要之间的平衡等。里基既是一位有产者和白领工人，一个移民和典型的美国丈夫，同时又是一个精明狡猾的音乐人（道德观念松弛，生活放荡不羁）和忠于家庭的男性。所以，他似乎是一个有极强伸展性的、双重性的人物。不过，在他的职业生活当中，强调的重点主要放在了，对有关酷爱拉丁舞、整夜泡在夜总会的人的那些陈词滥调的始终如一的否定上面。艳丽的衣服是时髦的时装，而拉丁舞浪漫只是偶尔为之、随意而为的姿态。最重要的是，一旦观众们有办法看到，媒体的机械造就的种种表面现象背后的梦幻制造情景，[他们便会明白]有关音乐人生活放荡、沉醉于糜烂生活[的说法]，不过是夸大其词。娱乐活动经常被以正当的理由辩解为，对日常工作之中严肃的事情，是一种必须的补充。所以，很明显，娱乐活动也具有正常的工作的所有价值：比如说，纪律约束、动力使然、自力更生、需要创造性以及天才等等。

麦伦坎普指出，这个节目并没有给予明星和里基同等的待遇，因为"里基得到的时机要少于、劣于"真正的明星露西。而且，"他总是脱离开现场情景，而他的这种脱离成了一种喜剧性岔子以及引观众发笑的提示"。麦伦坎普判断，这作为另一个例子，可以说明，露西的家庭生活性的女性主义，直接对准"带有古巴口音（因而露西总是加以模仿调侃）"的里基，通过种族主义来发挥作用（麦伦坎普，第90页）。在任何意义上都不同这种种族主义相矛盾，里基避开露西力求在戏剧演出之中一试身手因而总是引出一片混乱的企图，进而强化了这种种族主义，而且是以一种意识形态意义上复杂的方式。里基走掉，到夜总会的根本上平庸乏味的世界去工作。里基和露西没有真正的财产，居住在仁慈但因为酗酒整日里呆头呆脑的房东佛瑞德·默兹（威廉·弗罗里饰）和他的妻子埃塞尔（维维安·万斯饰）租借给他们的公寓房里。尽管如此，里基和露西仍然野心勃勃，急于发家致富。到《我爱露西》结尾处，里基的确获得了一笔财富，可惜只是属于这样的转折的时代里其"所有权"摇摆不定的那一类。这位古巴伴舞乐队指挥买下了"热带产物"这处地方，并把它重新命名为"里基·利卡多·

巴巴鲁俱乐部"。① 这位古巴来的移民，急不可耐盼望同化，已经被美国资本主义及其有关奉献和努力工作的伦理观念所接收。从寓意上说，露西身为专业演员，每周的演出失败，可能不是对她缺乏天才的判定（她不管怎么说，明显跟露西尔·保尔一样有才气），而是对她没有下工夫表现自己的才华的判定。对于露西和埃塞尔来说，娱乐演出是一种冒险，浪漫，也是一种快乐。可在里基看来，这样的演出则是一件正事。同时，电视已经成功地对商业交易、工作和财产等概念巧妙地加以转化，以便使它自身软弱无力的媒体作用合法化。在《露西尔·保尔—德西·阿纳兹表演》之中，佛瑞德和埃塞尔这样的父母替身，把他们的财产留在了纽约，然后跟露西和里基一起上路。这样一来，佛瑞德和埃塞尔便成了明星客人的配角（并且还被他们弄得神魂颠倒），尽管仍然以自相矛盾的方式扮演着父母的角色，但毕竟是在给有产阶级的暴发户式新贵们充当仆人。

露西和里基二人都代表了，从物质生产到后现代的、后工业经济社会的那种非物质生产的转折。不过，每一个人物，从我们观众的经验来看，都是在努力复制我们从 19 世纪的工业主义那里继承来的人们都熟知的诸多区分：家庭妇女/上班男性，隐私/公共性，家庭/社会。即使说露西优胜于里基，她也只是证明了这个事实：真实的生活，比起最为精雕细刻的舞台制作或夜总会的活动，要离奇古怪、不可预测得多。我们在日常生活的这一模拟世界之中所亲身经历到的这种可信性，最终与其说是一个一片混乱的世界所产生的作用，不如说属于露西的失败所导致的问题。通过显示露西如何没有能力找工作和在纪律约束的世界拥有一席之地，她的喜剧的弹性所带来的快乐，也将她笼罩在家庭的

---

① 特瑞斯，《电视百科全书》第 1 卷，第 271 页。起初，里基是"热带产物俱乐部"的管弦乐队指挥，到《我爱露西》的结尾他成了这家被改名为"里基·利卡多·巴巴鲁俱乐部"的所有人。

空间之中。正像是里基的成功似乎所要教导我们的，幻想是严肃的事情，是留给男人的最好的东西。

到 20 世纪 60 年代，为了面对对核心家庭的挑战、满足它的替换物的需要，通俗电视已经在它对种族和阶级的再现方面出现重大的变化。这种媒体的自我意识，再一次有可能被用作这种变化的索引，以及对非物质的东西已经渗透进日常生活之中并且达到了什么程度的提示。在美国广播公司（ABC）的家庭生活喜剧《遭遇巫术》（1964—1972）之中，伊丽莎白·蒙特戈默瑞扮演一个名叫萨曼莎的巫婆，做出种种努力要丢掉她家世代因袭的巫术传统，所以试图同达雷尔·斯蒂文斯（迪克·约克饰；后改为迪克·萨金特饰）一起找到正常的生活方式。这位几乎不能履行丈夫责任的男子，是一位彻头彻尾的保守中产阶级。① 他们结婚的条件是，萨曼莎不能拿她的魔幻力量来影响他们的日常生活。可在每一出戏里，这一禁忌总是被不断打破。几乎在每一集里，萨曼莎都不得不运用她的魔力，去解决凡人的解决办法已经无力应付的家庭生活之中的难题。在大多数情况下，"凡人"指的主要是达雷尔。因为，假若没有妻子启用异常手段给予的帮助，他身为丈夫似乎并没有能力履行一般的责任，养家糊口又不得其道。尽管在几集戏里，是萨曼莎的具有超自然力量的亲戚招惹来了麻烦事——这些麻烦事之所以出现，大多还是因为凡人（有关丈夫与其妻家人的麻烦关系的资本主义陈规俗套一遍又一遍上演出来）。不过，经常出现的情况是，萨曼莎往往是将达雷尔从困境之中"救出"，比如他自己造成的，剥削他的老板拉里·泰提（戴维·怀特饰）或者胡搅蛮缠的顾客们造成的困境。

萨曼莎的魔幻力量，显而易见是具有特技效果的叙事契机。

---

① 《遭遇巫术》在美国广播公司连续播出了 306 集，一直从 1964 年的 9 月 17 日播放到 1972 年 7 月 1 日。见特瑞斯，《电视百科全书》第 1 卷，第 47—48 页。

之所以设计这样的特技，是为了吸引观众对从某个角度来说早就成为陈旧的程式的兴趣。这一出情景戏剧显然是《我同一个女巫结了婚》的一种续集。后者是由雷内·克莱尔 1942 年执导，弗雷德里克·马奇和维罗妮卡·雷克主演的通俗电影。萨曼莎能驱使椅子移动，人瞬息之间不见踪迹，房门忽然洞开，群狗叫出猫的声音，而猫又叫的是狗的声音。在这样的时候，不论是从字面上，还是比喻意义上讲，她都是在执导具有再现作用的电视这一媒体。露西从来都没有真正打进娱乐界，而萨曼莎本身就是娱乐界。一集接着一集，她凌驾于普通现实的再现之上的魔幻力量，被表现出来，对她的家庭主妇的生活成了一种补偿。因为，换个角度就会认为，那种生活沉闷乏味，总是老样子，而且也没有人承认。萨曼莎真正属于那种男人背后的女人，她一直保护着达雷尔以及他们的婚姻不受伤害。不然，从另外的意义上讲，达雷尔是很爱招惹是非的。通过暗示或者重复，《遭遇巫术》表达得很清楚：萨曼莎的魔幻术，同陷入一个无能的男性世界之中的普通家庭主妇所需要的那些想象性的奇功伟业，并没有多大的差别。

在含义特别明显的一集戏里，萨曼莎被她的一个任性乖张的亲戚变回到了 1869 年的查尔斯顿［美国西弗吉尼亚州首府］。她一觉醒来，发现自己已经成了美国战后南方一位招人眼的美女，这样的角色让她不知该怎么办才好。在同她的非洲裔美国籍仆人、大街上遇到的一位非洲裔美国籍母亲和她的孩子，她的神奇的亲戚们，以及她具有贵族身份因而专横跋扈的丈夫等的几次谈话之中，她发现，南方的非洲裔美国人虽然最近才获得解放，但对他们的奴役仍在继续；在这种奴役与南方美女的依附性之间，存在着一种契合关系。她本人对好莱坞的浪漫渴望不已，观众们也是翘首以待。但是，在这出戏里，却被完全抛在了一边。甚至于在萨曼莎如释重负重归她在康涅狄格州的田野之中的房子维斯伯特，回到达雷尔身边，回到她的塔比瑟（Tabitha）的时候，她仍然注意到，她荒诞不经的梦幻在周围的资本主义环境之中还留有蛛丝马迹。

萨曼莎的巫术，因为常常被用作对她的另一种意义上软弱无力的社会角色进行报复的一种形式，所以不仅给予她一种补偿性的力量，而且也是一种策略性的自我意识。这样一种超自然的力量，不论是萨曼莎，还是她的亲戚们，都是驾轻就熟。不管她们中间是谁使用它，这种力量都会揭示出日常生活现实的无意识。而这样的无意识，从它的本质本身来看，是荒诞不经的、魔幻性的，而且也是不真实的。一般来说，与其说它指的是现代时期里的魔幻，不如说主要是指资本主义生活荒诞不经的根基。只是在表面上，男人才是有能力的、有权威而且有责任心的。而在萨曼莎的超自然世界的现实之中，这样的男性人物，他们言行举止本身显示出来的却是贪心不足、嫉妒有余而且无德无能。妇女则只是在表面上依附于人，多愁善感，迷惑于浪漫，受性的奴役。但在萨曼莎的魔幻的逻辑之中，她们超越了自身的历史环境，掌握着自己的命运，而且总是带着某种怜悯心来理解凡间的男人的人性弱点。[①]

为了维持正常的家庭生活，萨曼莎同意抑制她的魔幻之力。但她又不得不继续玩弄这种表象与现实的游戏。在有关《遭遇巫术》的有意识的目的——使美国家庭历史的一个特别关键的时期的资本主义家庭成员之间的关系合法化方面，上述萨曼莎的情况向我们揭示出很多东西。在《我同一个女巫结了婚》之中，詹尼弗（维罗妮卡·雷克饰）倾心于沃利·伍里（弗雷德里克·马奇饰），并且许诺说："我愿竭尽全力做一个好妻子，所以我只用巫术来帮助你。"实际上，詹尼弗真的用巫术来帮助伍

---

① 好不奇怪，萨曼莎的超自然的亲戚们之间的家庭关系，复制的绝对是俗世人之间的关系。这意味着，资本主义的家庭关系，实际上是普遍性的。

里，去竞选纽约市长。① 与此相反，萨曼莎总是回归家庭，并且重新强调她的婚姻誓言：发誓永不再使用她的魔幻之力去影响他们的生活——准确地说，是要到下一集戏再说。不过，《遭遇巫术》之中的文化的无意识，透露出越来越强烈的公众意见：资本主义家庭表面上的正常性，是由根子里荒诞不经而且可以被最为精美复杂的魔幻之术处理成为可以接受的社会风俗维持着的。

萨曼莎的超自然力量，实现了露西的舞台梦想，也实现了她的被解放了的表演自我的梦想。而这样的力量，要比国家广播公司（NBC）制作的（从 1965 年到 1970 年）《我梦见了吉恩里耶》之中的吉恩里耶（芭芭拉·伊登饰）的受人役使的巫术高明得多，尽管这两出戏本身高下可以相较。② 在后一部情景戏剧之中，吉恩里耶的"主人"经常解除她的巫术力量，运用他作为国家航空和宇宙航行局（NASA）宇航员自身具有的技术技

---

①　尽管詹尼弗的父亲是一个 80 万岁的军阀，但她还是把她的家庭出身追溯到 1632 年，以及清教徒湾（Puritan Bay）殖民地。伍里的祖先曾经在塞勒姆［美国马萨诸塞州一城市］动用火刑烧死过女巫。这就是詹尼弗以及她的父亲之所以要返回世间，对他进行迫害的原因。实际上，在这一部影片里，真正的"女巫"是伍里的未婚妻马斯特森小姐。她的父亲是一家很有势力的报纸的老板，并且对伍里竞选州长大力支持。在这部 1942 年的影片中，巫术被习惯地同凡俗世间的女子像马斯特森小姐这样的人相互统一起来。这样的人物，是对男性的控制及女性的附属性之中成规性角色的逆反。维罗妮卡·雷克扮演的詹尼弗，身体上性欲旺盛，心理上生气勃勃。她阻止住了沃利·伍里，使其无法切除马斯特森小姐的卵巢。这一故事就像《我同一个女巫结了婚》（*I Married a Witch*）之中所表现出来的性别歧视主义一样清楚明了，所以预示着 20 世纪电视戏剧《遭遇巫术》那种赋予妇女以力量的更为复杂的方式。

②　《我梦见了吉恩里耶》（*I Dream of Jeannie*）在美国国家广播公司（NBC）从 1965 年 9 月 18 日开始一直播放到 1970 年 9 月 8 日，连续播放了 139 集。特瑞斯，《电视百科全书》第 1 卷，第 212 页，总结了这部戏当时的情况："在国家航空和宇宙航行局（NASA）的一枚火箭的试飞过程中，因为第三级火箭点火失误，致使火箭撞向地面，落在了南太平洋的一个无人居住的荒岛上……美国空军上尉托尼·耐尔森……发现一只奇怪的绿色瓶子，他就把它打开了。一股粉红色的烟雾从中溢出，烟雾最后变成了一位美貌的少女，身穿伊斯兰教信奉者的女眷穿的那种衣服——原来这是一个女妖。'您可以吩咐我去做任何事情，主人……'在托尼·耐尔森弄明白，她的出现以及她的魔力会在国家航空和宇宙航行局给他带来多大的麻烦以后，尽管她非常希望跟他待在一起，但他还是把她放走了。托尼回到佛罗里达的可可海滩（Cocoa Beach）他自己的家里之后，才发现吉恩里耶藏在他的救生背包之中。他听她讲述自己不幸的命运之后，最后同意她跟自己待在一块儿——条件是，她尽量不再启用她的魔法，并且不再给他特殊的宝藏……"

巧，去遏制她被导入歧途的巫术力量。当时，美国军队正在越南集结，五角大楼口口声声叫嚷着要凭借着美国技术上和军事上的优势尽快结束这场战争。这时候，《我梦见了吉恩里耶》对这样的外交政策表示了支持，但对越南战争本身则完全是漠然置之。《遭遇巫术》之中的萨曼莎，可以肯定是一位比吉恩里耶更当代的妇女。因为，吉恩里耶叫人倒胃口的应答"是，主人"，以及她总是赤裸着的腹部（1968 年的时候审查官员们遮掩住了她的肚脐），都是对女性色情外泄的依附性的陈旧老套寡廉鲜耻的利用。即便如此，萨曼莎也很难说是一位解放了的妇女。

　　即使她的性格是按照这种精神——电视为回应妇女权利运动而要做出种种努力——来构思的。通过将超自然之物定位于美国人起居室这样的核心——不论是在戏剧意义上，还是从观众的经验来说——《遭遇巫术》论述的是，个人的力量和中介作用取决于我们操纵日常生活的想象和景象的能力。

　　萨曼莎既是制作人，又是导演。她之所以能够吸引观众的注意力，是因为她有能力同后现代生活之中荒诞不经的变形的性质舒服自在地同生共存。而拉尔夫和埃德对荒诞不经的东西并不高兴，尽管在他们的生活之中充满了不可能实现的梦想。露西并不幸福，或许甚至于患有精神分裂症。是戏剧之中叫人眼花缭乱的现实，与厨房里的令人疲惫的噩梦，让她毫无希望地无所适从。而吉恩里耶则是软弱无力的时代错乱的产物。在美国技术力量更加强大的魔幻之术的意志支配之下，她动不动就会踪迹皆无。萨曼莎通过调整，使她的巫术力量适应于电视的工作，所以大获全胜，当然也付出了惨重的代价。[①]

---

　　① 皮特·康拉德（Peter Conrad），《电视：媒体及其行为方式》（*Television: The Medium and Its Manners*, Boston, Mass.: Routledge and Kegan Paul, 1982），第 26 页："萨曼莎……技术上是行家里手。她可以通过遥控做家务活——不是按动按钮，而是拧一下鼻子。实际上，伊丽莎白·蒙特戈默里在这出戏里，享受到了照相机拍摄不到的一群家庭仆人的各种服务。这一群仆人干的脏活，正是她的魔法装模作样要铲除干净的。"

我从网络电视里挑选出来的最后一个例子是比较随意的,但也是策略性的,因为它可以把我们的注意力从家庭生活的情景戏剧,引向了侦探体裁。像20世纪70年代后半叶其他的成功的通俗电视系列剧一样,《罗克福德档案》(1974—1980)集中体现了电视的根本意义上的文本间性:既复杂得像是一部意义深奥的文学作品,但又做的是不同的意识形态的工作。① 这出戏悖论性地利用了,从戴什艾尔·哈默特和雷蒙德·钱德勒的私人侦探叙事一直到模仿这样的叙事的早期电视节目所形成的许多成规。20世纪60年代的成功的电视连续剧《持异见者》这部引起争议的喜剧片,导致了电视西部片的终结。而加纳对它的认同,有助于对他的角色的树立——这是一位极有魅力的、反讽性的私人侦探,他对加利福尼亚南部的幻想世界总是感到困惑吃惊。从表面来判断的话,侦探或私人侦探这种形式,似乎与家庭生活情景喜剧迥然不同。但是,正是这两种电视体裁的混同,突出了20世纪70年代后半叶的电视的后现代性。

《罗克福德档案》是《哈利·O》的续集,后者是描写生活在圣地亚哥的一位边缘性的私人侦案(戴维·加恩西恩饰)的连续剧,平庸乏味,矫揉造作。《罗克福德档案》则将最近的电视史,同比较受人尊重的文学形式及类型编织在一起。罗克福德据说是一个骗子,曾经因为犯罪而被判刑,后来按照美国文学塑造英雄的最佳传统被改造了过来。不过,究竟罗克福德是被人"陷害",还是罪有应得,我们永远也不得而知。但是,他起初的"非法行径",倒是使得他有办法在正式的法律结构之间随意出入,得心应手,自由办案。从其

---

① 《罗克福德档案》(*The Rockford Files*)在国家广播公司电视台从1974年9月13日一直播放到1980年7月25日。见特瑞斯,《电视百科全书:连续剧,试播节目与特别节目,1974—1984》(*Encyclopedia of Television Series*,*Pilots and Specials*:*1974—1984*),第2卷,(New York:New York Zoetrope,1985),第352页。哥伦比亚广播公司开辟了第8频道播放电视电影,《罗克福德档案》在1984年到1999年之间播出。

他很多方面来看，罗克福德所占据的，都只是文化的边缘。在西方的文学传统之中，那里经常是一个暴徒云集，狂人荟萃，大言不惭的预言家人满为患的地方。结果，他便锻炼出某种洞察力，可以看透后现代加利福尼亚的本质。而且，通过他极有个人特色的反讽，以最恰当的方式表达出了这种洞察力。

罗克福德的才智，表现在他在一个无可否认已经走向疯狂的世界里，救人性命的义举。而且这种义举跟游戏性的反讽几乎是同一的，尽管在某些批评家看来，这样的反讽已经成为 20 世纪 60 年代和 70 年代的文学试验主义者们的死胡同。① 罗克福德总是有办法讲出一个同自己有关的故事，而且讲得十分精彩。不过，他也经常把自己推向自我厌恶的边缘。原因是，他本来是在观察那个世界，现在却发现自己已经深深陷了进去。他周围的人，一个个华而不实，行为放纵，铺张浪费惊人。很明显，这些都属于后现代的犯罪行为的症候。在这样的环境之中，居住在天堂湾的马利布的罗克福德，竟然过着十分俭朴的生活，甚至把一辆生了锈的老拖车当作自己的住处。另一方面，他的家庭生活的环境似乎是反文化的。那是 20 世纪 60 年代的反文化，为了新的乡村主义，而对资本主义价值观念的摒弃的一种延伸。由于很少能找到机会到码头边钓鱼，或者说同委托人情人一道在海滩上散步，罗克福德即使心里明白洛杉矶是他置身其间的现实，但他也在时刻梦想着要逃出这个荒诞不经的地方。罗克福德的反讽，让

---

①　查尔斯·纽曼（Charles Newman），《后现代的光晕：在一个通货膨胀的时代里的虚构行为》（*The Post-Modern Aura：The Act of Fiction in Age of Inflation*，Evanston，Ill.：Northwestern University Press，1985），第 131 页，强调指出，大众媒体实际上是对现实主义成规的反动性的模仿："媒体，从另一方面来说，就是通过大量运用现代主义所不信任的各种成规，不断地讲内容投入循环，制造出了这样一种光晕：它使观众能够运用现实主义打乱真正的生活的各种成规，去经历同样不存在的现实。"不过，像《罗克福德档案》这样的连续剧，表现出了现代主义的成规，在塑造通俗电视的过程之中，像各种现实主义的手法一样具有影响力。尤其是反讽，在 20 世纪 80 年代的通俗电视的故事线索和风格上，似乎比某种毫无问题的现实主义更加反常。

人联想到汉默特的尼克·查尔斯和钱德勒的菲利普·马洛。但
是,这种反讽,也从家庭生活情景喜剧之中的反讽人物,比如说
露西和萨曼莎那里,借鉴到不少东西。罗克福德的肮脏的黑社会
所揭示出的,正是在这些情景喜剧医治[社会疾病]的叙事之
中不断被揭露出来、同时又不断被压制下去的东西:资本主义
的、城市生活的种种矛盾。

　　他对中产阶级生活的反叛,并不是对他的继承之物的抛弃;
毋宁说,那是急于重新找到他的工人阶级的根基,但又无所适从
的一种努力。他的父亲罗基(小诺亚·比瑞饰)是一个卡车司
机。跟他儿子一样,这位做父亲的也喜欢钓鱼、烹饪以及户外活
动。罗克福德试图说服他的父亲,他所从事的私人侦探这个职业
是合法的,而且也应该得到罗基给予物质性劳动者的那种尊重。
但是,这一设想只是一种奢望。对于罗基来说,罗克福德不过是
在拿生活做游戏罢了。他神乎其神的工作,他杂乱无章的拖车,
以及单身汉的生活境况等等,似乎都可以成为证据,来证明这一
点。与此相反,罗基盈实富足。他生活在洛杉矶的一栋别墅里;
那里的家具摆设虽然是传统式的,但还算整洁幽雅,室内到处都
是他已故的妻子的遗留下的东西。①

　　从很多方面来说,罗克福德这个人物都仅仅是电视剧里的一种
陈腐的形象:属于那种看起来凶神恶煞,但心肠倒还不错的家伙的
一个变体。罗基和罗克福德的顾客们(如果案件牵涉到的是女性顾

---

　　① 不过,即使是罗基,也被电视将现实强加给事物和人们时所运用的种种方式
弄得神魂颠倒。在一出戏的结尾,罗克福德跟他的父亲一起看电视,"晚间新闻"正
播放一个客户对罗克福德表示感谢,罗基于是下结论说:"我对这方面的事情[罗克
福德经手的案件以及他的职业生涯]所知不多。可是,我倒真的是明白,听见有人
在电视上提我的儿子,还真的有点意思!"分为两部分的这出戏就这样结束了。这部
戏的焦点是,一个商人(杰姬·库伯饰)想尽办法,要建造一个秘密的国际中心,
为的是储存、处理全世界的人的信息资料。这个中心坐落于洛杉矶城外的一个已经
被废弃了的导弹试验场,可以被用来为地理政治学服务。

客，罗克福德的父亲几乎总是同她们建立起一种相互投合的关系，而且总是希望趁机拉郎配），一般总是出乎现实之外，并且被贬低到某种模糊不清的区域。因此，她们的日常价值观念，同在洛杉矶求生所必需的生活方式没有办法一致起来。由于罗克福德对这两个世界都一清二楚，所以他介入进去，充当起了约瑟夫·康拉德的马娄的一个版本：有策略地说谎，借以保护无辜者；同时，依然如故，同他所理解的构成日常经验的种种欺骗行为继续做坚决的斗争。当然了，这样一种叙事情景，并没有后现代的意味。

　　《罗克福德档案》之中真正属于后现代的东西，绝对是这种新的"经验"世界的文本性质，因为这一领域是罗基以及罗克福德的客户们所不熟悉的。每一集戏，开头都一样是有关浮华多变的加利福尼亚南方的照片蒙太奇，与此同时罗克福德的电话录音重新播放出他那一天收集到的信息。怒不可遏的收款人，无情地抛弃情人的人以及没有照顾到的顾客等等，传递过来的日常信息，构成了一个总的信息，将故事情节贯穿起来。日常事务与超常的事情，属于同一个文本现实，而技术只是加强了这方面的联系。罗克福德所要调查的这些案件，一般都是常规性质的——寻找失踪的人，侦破杀人血案，追查敲诈勒索的人。但是，罗克福德的调查，则总是要经过他后现代的艰难复杂的程序。罗克福德收集"事实"，凭借着策略性的欺骗手段追踪"线索"，那架势真活像是一位国家审计员想方设法要打进公司探明记录，或者说假装是打扫地毯的人偷偷溜进一家办公室，也可能像挨门逐户卖东西的冒牌推销员急不可耐想闯进私人住宅。在他的车里，罗克福德一直放着一台手提式打印机。他可以根据需要，用这台机器炮制出各种各样新的业务卡片和文件样本。

　　这一出电视连续剧之所以叫做《罗克福德档案》，是因为所有的故事都假定是从他的职业文件记录引申出来的。但是，罗克福德既没有办公室，也没有秘书，甚至于没有存档案的文件夹，更谈不上文件越来越多了。那位菲利普·马洛还有一套象征着自己所从事职业的破烂不堪的装束行头,罗克福德连那套东西也没有。他只能靠自己的变形的"人物",设计骗局、靠骗人办事,随意更改自己的言语行为方式。罗克福德利用他的汽车或他那辆拖车办案,使加利福尼亚南方人的随时变化的性格个性化。他的金黄色的"火鸟牌"车就是他的办公室,因为每一出戏都至少牵涉到精心编排的汽车追逐场面,而罗克福德一般都是大获全胜。他的汽车、他的印刷机、他的种种面具以及他的那辆拖车,都是他最好的武器。① 罗克福德是好莱坞技艺高超的演员,他随时准备着在下一场戏里粉墨登场,完成布置的任务。可是,他"解决"案件的时候,总是对客户给他的文件原本加以更改,然后拿他自己的文本把对手的文件换下来。这样一来,他不是在寻找犯罪行为的解决办法,而是生产出了解决办法。

假若能在这样的世界之外生存,比如说到林子里去钓钓鱼,按照资本主义的生活方式休养生息、安居乐业,对他来说当然具有不可否认的魅力。但是,他也明白,一旦这样做了,他就会把自己给毁了。他的女朋友贝丝·达文伯特(格赖提钦·高伯特饰)是他的律师,二人都发誓不结婚。这样,罗克福德的拖车之所以既不是办公室,也不是一个家,而是二者不稳定的和暂时的结合体,这也就没有什么值得惊奇的了。尽管他的拖车破旧不堪,给人以错觉,误以为这种比较还有些道理;但这辆拖车毕竟预示了20世纪80年代的居室—办公室:在"世纪城"之内的那种公寓大厦里分户卖出的单元房,年纪轻轻的企业界大亨们在那里用电话调制解调器、电脑以及传真机来做生意。生活在这样

---

① 罗克福德犹豫不决,不想动用他的手枪,所以就把手枪放在他的拖车上放的装甜面包的广口瓶子里。尽管这部破旧的拖车,很有可能是《梅沃里克》(*Maverick*,其中的主人公喜欢唠唠叨叨、随意玩耍,而不是开枪射击)之后的幸存物,但它毕竟还是表达出了罗克福德同犯罪行为战斗的后现代形式。

一个世界里，与他的对手们相比，罗克福德的戏剧玩法一定更高明一些，所以可以制造出更令人信服（更有市场）的产品。罗基信任他的工人阶级的朋友们，所以也就把这种信任延伸到这个世界其余的地方，结果常常使他的儿子遭遇灭顶之灾或者丢掉饭碗。而罗克福德对任何人都不信任，到最后连他奋不顾身为之拼搏的那些犯罪活动的无辜的牺牲品也被丢在一边。他最不信任的，还是他自己。因为，他心里明白，他只是自己在这样一个荒诞不经的世界上所遇到的那些人物的一种合成物。这样，罗克福德的反讽就不仅仅是他最后的防御手段，而且还是他的自我意识的形式：他明白自己除了不得不扮演的角色之外什么也不是的那种认识方式。

用这样一种显然笨拙的本体论的方法，去解释像吉姆·罗克福德这样一个电视人物，乍一看去有可能显得荒唐。但是，20世纪70年代的电视节目，似乎越来越重视对事物及人的［存在］秩序提出某些哲学主张。由于电视逐渐变成了社会交流的主要媒介，它也开始具有某种哲学权威。就像高潮现代派的小说之中的艺术家—英雄一样，罗克福德在根本上就是一位非阶级性的人物，他对现实的理解包容而且超越了不同的阶级和社会群体。罗克福德怀旧性地被他的工人阶级出身所吸引，而又恰如其分地对中产阶级的个体性心醉神迷。所以，他实际上渴望得到某种意义上的权利和权威，这也是他之所以每一周都在不停奋斗的原因。尽管罗克福德对自己过去的犯罪经历不予承认，但他实际上又希望成为某种形式的罪犯，因为这样他就可以生活在法律之外，或者更恰当一些说，可以创造法律，与此同时脱离它的控制与约束。

《罗克福德档案》标志着一个历史性的时刻：电视作为一种哲学的媒介取代了小说，正像是现代主义小说已经取代了作为内省和抽象思想的文化媒介的正式的哲学甚至于抒情诗歌一样。我提出这样一个论点，难免夸大其词，因为并没有将《罗克福德档案》同《押沙龙啊，押沙龙!》或《了不起的盖茨比》联系起来并对它的艺术性质做出某种判断。虽然暂时将这种美学的评判标准放在了一边，甚至于把观众的问题忘掉，但我仍然希望指出，像《罗克福德档案》这样一部戏，在美国的文化的再现之中标志着一个特殊的转折。在一个纯粹的戏剧性的世界里，罗克福德完全得心应手，游刃有余，他用不着花费太大力气就可以**揭穿**这个世界的种种谎言。只不过，为了使他自己的虚构的产品获得商业上的成功或者具有竞争力，他拼搏不停，自己也就不得不谎言连篇。

结果，《罗克福德档案》便鼓励观众，不仅要接受后现代美国的种种状况——按照加利福尼亚的南方的形象重新制造而成的一个社会——而且也应该主动参与这样的基本的经济活动。罗基身为人父，一年四季都要向孩子们提建议——"找份真工作!"他那离奇有趣的变调很有些迷惑人的魅力，但观众仍然站在他的儿子一边，因为他心里清楚：在这个世界上，白天艰苦的工作，需要的是一个好的文件原本。埃德·诺顿和拉尔夫·卡拉姆顿将坚固牢靠的舞台上不堪一击的墙壁轰然撞倒，而露西、萨曼莎和吉恩里耶是重建墙壁，使之更加牢固，并且把它们变成了我们家庭成员住处房间的墙壁。吉姆·罗克福德则将这样的墙壁扩展得更远：一直到它成了后现代城市的空想的形体。

从对娱乐业明星的崇拜和"脱口秀"到每周都有的情景喜剧，电视历史揭示出的是，这一媒体越来越强的自我反映能力。皮特·康拉德从约翰尼·加森对电视明显求助于它的非现实的理解这个角度来解释加森的成功："上电视，就是上电视。如果你忘了这个媒体，忘了它的非现实，你就不会成功。"不过，正如康拉德所指出的，这一媒体对自身的幻梦的反讽——这种反讽可能将"大出洋相"变成一种体裁——很难颠覆这一媒体，或者说使它去神秘化。相反，它会通过声称自己是一种非常适合我们的后现代环境的"超现实"，来不断加强自身的力量。与严肃小说这样的高雅文化及无所顾忌的反文化形式不同，电视并没有声明它自身的形式具有独一无二的或突出的特点，因而具有这样的自我反映能力。相反，电视不断声称，即使是它最为华而不实的节目，其虚构性和风格也只是遵照着日常生活的修辞。淡化自身，声言自己只是一种没有地位的，但又是人们所不熟悉的现实主义，通俗电视便同后现代经济的种种生产法则结成了同盟。

在20世纪70年代，网络电视制造出了一种越来越严肃的气氛。即使在它的最为肤浅的制作之中，也是这样。在那十年里，电视戏剧以及情景喜剧，承担起某种教育学的使命；因为，它要教导我们，如何去解释我们自身同一个不可化约的戏剧世界的个人关系。而且，这也是构成21世纪的"现实电视"的一种教育学的主张。我这里指的并不是，几乎每一部新的电视情节剧都要制造出的社会相关性方面的肤浅的要求，也不是指充斥于版面越来越大的电视指南里大批的纪实片、纪录片以及"新闻杂志"。家庭戏剧和权威新闻报道，脱口秀和新闻采访，有关民权主义运动的情景喜剧和女性主义式的警察表演，仅仅是电视更深一层的哲学、解释学和经济学的权威的副产品。对像电视这样的电子媒体提出的对社会权威的要求的理解，需要做的工作，要比我在本章里对精挑细选出来的节目所提出的简短的、类似于形式主义的分析多得多。究竟美国社会及其自我再现的成规怎样被这样的媒体所改变（在今天，这以媒体已经构成国民生产总值的很大一部分的来源），仍旧需要经济、历史、机构以及接受等方面的历史［来加以解释］，因为这样的历史已经将这些媒体提升到了这样的权威的地位。

第九章

"把它全都带回家"：美国对越南战争的再制作

要想使陈旧的名字发挥作用，或者甚至仅仅是把它投入流通之中，当然将来总会卷入某种危险：一劳永逸安下身来的，或者说退回已经或处于正在被解构的程序之中的危险。要想否定这种危险，可能等于证实它：这样做或许是，要将能指——这里指的是名字——看作是概念的仅仅是偶然的、惯常性的出现，或者是看作不产生任何效力的一种退让。

——德里达，《防御工事》，《播撒》

美国文化以各种方式，就像不停把玩摩挲一枚硬币那样，将越南这个"老名"投入不断的流通，使它发挥作用。这几乎是不争之论，或者说无须证明。这场战争以其种类繁多的文本、色彩缤纷的意象、众说纷纭的故事、不可胜数的研究成果以及制造物囊括了我们。所以，不管是什么样的书目，也无法囊括它气势非凡的再现的生殖性。人们一直把它解释为，一场信息、释义和再现的战争，尽管这样的学术用语对那些真正经历过战场硝烟的人来说，空洞无物，毫无意义。这场战争，历史记载最为详尽，纪实资料最为丰富，新闻报道最为全面，影片上镜率最高，磁带录音最为翔实——此外，最有可能的是——叙事最为纷纭复杂。

但是，也正是由于这些原因，它似乎也就成了人们最少理解，或者说最难达成共识的一个题目。

对于美国公众来说，从根本上讲，这场战争一直是意义含混，印象浮泛，作用不可确定。而我们一般要么称之为"越南"，要么称之为"越南战争"（这两个名称早已能够相互替换，不免让人困惑）的那个东西，它的异质性似乎变得越来越清楚了。与此同时，这种异质性与"医治"创伤的每一次新的努力、建立的每一座新的纪念碑、发起的每一次新的游行、发行的每一部新的影片以及出版的每一本新的著作，紧紧缠绕在一起，千头万绪。马克思主义者们把这场战争解释成一场后现代战争，其中含有的种种矛盾，将显而易见稳固的基础转变成隐藏在资本主义的种种理论和实践底部的泥沼。

后结构主义者们过去的见解则很有独创性。他们认为，"民族解放阵线"（NLF）依靠某种后现代主义军事战略，打赢了这场战争，因为他们对陷阱和突然袭击的解释学的种种可能性心领神会。① "民族解放阵线"的战士们，心灵手巧，一个 C 级的罐头盒子和一颗手榴弹，就能在他们手里变成致人死命的陷阱，或者是令人闻风丧胆的砰然鸣响的柏提地雷（Bouncing Betty mine），这样的巧妙技术足以使美国军人下肢和生殖器彻底毁灭，让他们的英勇无畏和英雄主义神话疮痍满目。所以，不管是什么样的西方文学试验主义者，在独创性上，他们都无法与之比肩。令人惊奇的是，政治上保守、喜欢修正的历史学家们也延续着这种论辩的路子。他们声称，越南人既游戏了美国的反战运动，又

---

① 例如，可参见赫尔曼·莱波特（Herman Rapport），《越南：一千座高原》（Vetnam: The Thousand Plateaus），收入舒赫尼亚·萨亚瑞斯（Sohnya Sayres）、安德斯·斯蒂文森（Anders Stephanson）及斯坦利·阿罗诺维茨（Stanley Aronowits）编，《没有道歉的 60 年代》（The Sixties without Apology，Minneapolis，Minn.：University of Minnesota Press，1984），第 137—147 页。

游戏了越南战场的美国军队拥有的陌生性及其缺乏的安全感。那种腔调，听起来就好像他们成了精心制作的曲调被切分的部分一样。

后结构主义者有关［越南］游击队玩弄不可思议的拼贴的种种论点，以及新保守主义者对"民族解放阵线"在战争之中大用种种模糊性的论述，同将东方看作一片"神秘"、人们耳熟能详的陈旧结论只有半步之遥：那种结论以其半遮半掩的主—叙事，来描述那个悲观厌世、超越道德、刁钻古怪而且还喜欢操纵别人的亚洲。同样的，像弗朗西斯·菲茨杰拉德那一类评论家的论点，强调的是，美国与越南公民在哲学、宗教以及文化方面存在着绝对的差异，这些差异导致了战争的发生，也强化了对那个奇异、神秘莫测的"东方"的人们早已耳熟能详的构想：这种种族中心主义，又被美国的外交政策——将越南排斥在新闻之外，除非东南亚发生的事件有助于证明我们以前的政策的正确无误——所强化。就这样，通过对越南战争的绝对含糊及其不确定性的强调，特别是这些方面对美国所产生的意义的强调，广为人知的种族中心主义以及帝国主义的种族主义也就随之得到了强化。

即使在学者们中间，也很难说，这是一种受人欢迎的观点。因为，人们习惯上认为，政府以及意识形态的其他别的代理人，自从杜鲁门［时代］以来，都一直蓄意对越南问题的探讨横加阻挠。他们喋喋不休，说的无非都是同一个故事：复杂的情况，复杂的历史事件，名与实副，也就道出了一切。这个"故事"，试图说尽这场战争中［美国人］的笨拙不堪，毫无见识，以及对人生命的浪费。这就刺激了批评性和替代性的视角的产生，［其中包括，］女权主义对这场战争的批评（自从军护士们对公众尚未认可的参军服役的叙述，涵盖到对弥漫在我们在这场以及其他战争中实行的政策之中的父权神话的解构）；活跃在政界的老兵组织，如"冬天的战士"和"美国越南老兵"等；以及越南人及美国人对战争的种种记录及其各自不同的再现。所有这些以及其他视角，为"越南"这一名字平添了一种多元构成。而在过去，人们一向愤世嫉俗地认为，这种构成只是幻想的产品，是军队—工业联合体炮制出来的貌似堂皇但实则不堪一击的建筑。

同其他通常总是颠覆性的话语——女权主义、马克思主义、后结构主义，以及后现代主义——密切相关，"越南"已经逃出了意识形态的控制，并且成为复杂的文化播撒的一种过程的一个可变的指示词。再制作，再输入频道，越南已成为一个独特的索引——"越战效应"——指的是，我们在那场战争中的失败所必然要求的社会变化。在 20 世纪 80 年代，美国对越南战争以及一般战争变化不定的种种态度，在参战士兵以及非战斗人员有关战场内外的经历的、风行一时的口述及书信体回忆录中已经非常清楚。比如说《血迹斑斑：越南战争口述史》（1984）、《兄弟们：越南战场上的黑人士兵》（1982）、林达·范·德温特与克里斯托弗·毛根合著的《夜归人：一个军队护士在越南的故事》（1983）、帕特拉克·沃尔什对她在越南一家平民医院做护士的虚构经历的叙述《永远伤心》（1982），以及像《余火与灰烬》这样的"第三影片"（the third-cinema）中的少数族裔电影等等。① 所有这些作品，以及其他作品，为越战经验提供了重要的可替换性的阅读，尤其是在它们对性别、种族以及阶层对被再现

---

① 华莱士·特里（Wallace Terry）编，《血迹斑斑：越南战争口述史》（*Bloods*: *An Oral History of the Vietnam War*, New York: Random House, 1984）；斯坦利·戈夫（Stanley Goff）、罗伯特·桑德斯（Robert Sanders）及克拉克·施密斯（ClarkSmith）著，《兄弟们：越南战场上的黑人士兵》（*Brothers*: *Black Soldiers in the Nam*, Novato, Ca.: Preseido Press, 1982）；林达·范·德温特（Linda van Devanter）与克里斯托弗·毛根（Christopher Morgan）著，《夜归人：一个军队护士在越南的故事》（*Home before Morning*: *The Story of an Army Nurse in Vietnam*, New York: Beaufort Books, 1983）；帕特拉克·沃尔什（Patrica Walsh）著，《永远伤心》（*Forever Sad the Hearts*, New York: Avon Books, 1982）；黑勒·格里玛（Haile Gerima）导演并撰写，《余火与灰烬》（*Ashes and Ember*, Mypheduh Films, 1982）。

的各种组织的战争经历的制作所使用的特别方式的关注方面。例如，这些著作都有一个共同的主题：对召集美国少数族裔入伍，向其他次级的人民（subaltern people）发动帝国主义的侵略的反讽。这一点，当然是自由主义批评对这场战争关注的老问题。在皮特·戴维斯的纪录片《心灵与思想》（1974）中，有一位经历过战争硝烟的土著美国老兵在接受访问。他下身穿着牛仔裤，上身穿的是工作服，十分随便。他坐在俯瞰新墨西哥的一块大石头上说："在海军训练中心，大家都叫我'伊拉·哈易斯'（Ira Hayes）或者是'大笨蛋'。"他解释说："这要看训练的教官高兴不高兴了。早在去越南之前，我就知道种族主义是怎么回事儿，可我还是去了。很小的时候，人们就教育我说，水兵是最棒的，是这个国家最英雄的人物。所以，我就也希望自己能够成为其中的一员。"①　范·德温特写的是美国士兵如何对待美国护士。这些士兵总是用性别歧视主义者的陈词滥调来谈论战地护士道德低下，并且跟种族主义用在越南本地的娼妓身上的常规老套的话混合使用。对发生在旧金山的普瑞西底欧暴乱（Presido Riots），以及在越战期间参战部队中因种族主义引发的其他暴乱的报道，强调了把美国种族主义作为战争的动机之一以及美国在越战之中失败的辅助因素推向前台的种种方式。②

　　在 20 世纪 70 年代和 80 年代，"美国越战老兵"以及自己发起的对美国官员的战争罪行进行审判的"冬天的战士"组织，表现出参加越南战争的老兵们的意义重大的政治激进主义。直到

---

①　皮特·戴维斯（Peter Davis）执导，《心灵与思想》（*Hearts and Mind*，BBS Productions，1974；Warner Brothers，1975）。

②　戴维·考莱特（David Cortright）著，《暴动的士兵们：今天的美国军事力量》（*Soldiers in Revolt：The American Military Today*，New York：Doubleday and Co.，1975）；爱弥尔·德·安东尼奥（Emile de Antonio）的纪录片《在猪年里》（*In the Year of the Pig*，Pathé Contemporary Films，1969）主要写的是，促进美国越战时期在东南亚的外交政策的民族中心主义及民族中心主义。

20 世纪 80 年代后期，在很多城市中心以及演出公司内，都有由老兵们开办的小型游击剧社，比如说纽约的"越战老兵演出剧团公司"。像约翰·迪·福斯卡创作的《跟踪者们》（1980）这样的戏剧从为数不少的边缘性的剧团—组织［演出活动］之中脱颖而出，以传统的戏剧形式进行演出，大获成功而且极受欢迎。① 这样的戏剧由老兵们写作、导演、制作、设计、亲自演出，反映出的是政治上的团结一致。有很多老兵认为，这是他们重新敷裹他们特殊的心身伤痛唯一的办法。［这些伤痛包括，］为了军事目的，在越战期间，曾经广泛使用"橘黄色药物"（Orange Agent）牌子的除草剂（脱叶剂），造成的严重病症；PVS（Post-Vietnam Syndrome，后越战综合征）及 PTSS（Post-Traumatic Stress Syndrome，后伤痛打击综合征）所导致的心理问题，以及美国外交政策及其对作为社会—政治实体的越南的文化压制所引出的、影响力更为巨大的种种严重后果。这样的剧社，其作品总是将象征形式并入更为阔大的社会性课题。因此，纽约越战老兵纪念委员会收集并出版了《亲爱的美国：越战家书》（1985）。这是他们收集努力的一个组成部分，目的是要影响公众意识之中对越南的回忆。这一纪念委员会，收集了大量的越南战争中的书信以及文献。将这些作品，同《亲爱的美国》合而观之，就会发现，它们形成的是政治艺术及激进主义的独具一格的佳作。② 可以说，深受这场战争影响的边缘团体的所有这些反

---

① 约翰·迪·福斯卡（John De Fusco）构思，由原创作班子撰写，《跟踪者们》（*Tracers: A Play*, New York: Hill and Wang, 1986）。

② 伯纳德·埃德尔曼（Bernard Edelman）编，《亲爱的美国：越战家书》（*Dear America: Letters from Vietnam*, New York: Simon and Schuster, 1985）。可参见我对《亲爱的美国》及纽约纪念会的讨论文章——《亲眼目睹：美国对越南战争的种种再现之中的纪录片风格》（Eyes Witness: Documentary Styles in the American Representations of Vietnam），收入约翰·卡洛斯·罗与瑞克·伯格（Rick Berg）编，《越南战争与美国文化》（*The Vietnam War and American Culture*, New York: Columbia University Press, 1991），第 148—174 页。

文化的努力，都是被真正的投入同主导性的意识形态之间形成的特别的意见冲突激发出来的。不过，美国的意识形态毕竟具有独一无二的、非凡的一面。其特点是，它以惊人的速度将涵盖面广泛的、各种不同类型的视角并入了某个其设计目的就是要保持传统的秩序以及价值观念的、包容一切的修辞系统之中。

1985 年，CBS（哥伦比亚广播公司）针对家庭市场推出了一个节目：《越南战争》。这是从 CBS 有关越战的数目繁杂的电视节目之中整理出来的一个系列的录像带。① 从这个系列的整体组织（11 盘录像带，每盘大约可播放一个小时）及每一盘的内部组织来看，它是主题处理（thematic treatment）与历史记录的一种杂乱无章的混合物。第三盘《春节攻势》看起来还含有一种纯粹的历史方法。但是，前两个——《火中勇士》（讲的是地面部队为消除前途未卜的战争造成的种种心理压力及身体危险而采取的各种措施）及《火从天降》（写的是空战），在展开主题时，虽然按年代叙述的方式，但并不严格。主题处理与历史叙事的奇特结合，使这个系列的编辑们得以放开手脚，对这场战争做出了某种有趣的修改。例如，在《火中勇士》里，除了最后也是最长的选段之外，所有的选段时间上都是从 1965 年一直延续到 1971 年。这盘带子近一半的篇幅（61 分钟中有 30 分钟）播放的是查尔斯·库拉尔特著名的《在越南过圣诞》。这是 1965 年拍摄的电视特别节目，描述的是驻扎在非军事区（DMZ）的某连官兵的日常生活及其伤亡情况。这盘带子不论长度还是形式组织都与其他录像带不同，因而独树一帜。在这个选段里，镜头跟随着博萨来特中士的视角。这位中士长得英俊潇洒，是一个极有能力的非洲裔美籍军官。他恪尽职守，对自己手下的士兵的生

---

① 沃尔特·克朗凯特（Walter Cronkite）参与制作，《越南战争》（*The Vietnam War*，the CBS Video Library，11 videotapes；New York：CBS News，1985—1987）。

命也深深关注。戏剧性的场面聚焦在博萨来特麾下的一位英勇的战士约瑟·杜伊尼斯身上。他是一个排雷专家，也是一个识别陷阱的能手，来自关岛。曾在那里同占领了该地的侵略军浴血奋战。在《火中勇士》长达一个小时的录像中，我们根本没有见到一个越南人，既没有看到一个平民百姓，也没见到任何越南军队（ARVN），越南南方民族阵线（NLF）或者北越军队（NVA）——不论是生者，还是死尸，一个也看不到。在那位爱说大话、咄咄逼人并且坚持要他们"找到自我"的中士瑞伊·福劳伊德的命令下，士兵们四处寻找那位每天总是躲在树林一线以外偷袭军营但又不知身在何处的狙击手，杜伊尼斯也在探雷的过程中触雷身亡。

　　以上描述尽管简单，但已经说明，1965 年有关越南战争的微型戏剧的某些特别之处。业已成为牺牲品的越南人，在整个录像之中被彻底抹去，取而代之的只是一个美国士兵。他在非洲裔美籍指挥军官的介绍中，显得能力非凡，英勇顽强，因而深得我们同情。作为牺牲品，杜伊尼斯，一个在关岛长大的士兵，如果从西方人的视角来看，同越南人并无区别。他悲惨的死亡，以及博萨来特痛惜不已的场面，构成了《在越南过圣诞》的最后一幕。而所有这些，同时置换掉了越南人以及美国帝国主义的政治问题。为影响我们的态度，录像带特地突出了杜伊尼斯在被占领的关岛同日本侵略军的战斗场面，以及第二次世界大战期间总的来说尚未遭到质疑的美国军队的英雄主义。不过，博萨来特作为置身战场的一位非洲裔美籍军官，并没有表现出一丝半点种族自觉意识，而且还对他的连队的所有战士尽职尽责，体现出的是一位民主大领导人的理想。因此，上述观点，是由我们对博萨来特的同情心居间促成的，所以掺杂着别的因素。除此以外，录像中还有有关博萨来特的妻子以及五个儿子的片段场面，描述的是他们远在加利福尼亚装点圣诞树的情景。同时，查尔斯·库拉尔特在解说词中说，博萨来特在纽约长大，然后就在征战远方之前移家加利福尼亚海滨，让他的孩子们去充分体验他孩提时代已经经历的蛮荒。

不用说，美国的帝国主义在东南亚所表现出来的种族中心主义，以及在国内实行的种族主义，由于这样的叙事而得到强化。我们之所以对博萨来特和杜伊尼斯表示崇敬，是因为他们对军事纪律的严格遵守。这就好像是在美国的——在服役之中的——许许多多处于不利地位的少数族裔士兵，正如那些广告讲的那样，自己的路，要自己走，坚持下去才能出头。这两位战士，不加鉴别地将自己的生命故事讲出来，使之被用于使诸如军队和家庭等体制以及像自力更生、领导地位之类的文化神话的合法化的工作。这种情况，对我所说的，美国意识形态对越南战争被播撒进其他批评话语的认可，以及出于它自身的保守目的对它们的修辞的运用，发挥着核心作用。

更为有趣的是，《火中勇士》这盘录像带处理历史的方式。在这里，历史被巧妙地被对战争的反文化批评的运用所修改。录像之中再现出来的历史观点，在沃尔特·克朗凯特压过解说的声音中，在他时不时在一张越南的地图和美国国旗旁边出现的身影中，得到了不断的强调。就这样，他就推出的是向历史的回溯和解释。他之所以在录像中具有权威地位，是因为他在战争期间很长一段时间里一直是国家广播公司（NBC）晚间新闻的台柱子，拥有丰富的经验。克朗凯特因为身边放着地图和国旗，所以扮演的是教授的角色。在播放晚间新闻的同时，他只用轻声阅读，就可以把历史教给我们。在哥伦比亚广播公司（CBS）的录像图书馆的组织之下，这种历史形成了一个循环，以1965年（那一年，我们的军队在岘港登陆）开始的白人与黑人的战斗的连续镜头为序幕，一直延续到沿非军事区一线拍摄的《在越南过圣诞》为止。在从1965年精选出的录像中，对于美国士兵们来说，有一种天真无邪的气氛。这是后来的一些纪录片，比如说皮特·戴维斯的《心灵与思想》（1974）或者说像纪录片《越南：一部电视史》（1983）以及《越南：万日征战》（1984）这样的权威性的影片中所完全没有的，除非是出于反讽目的。士兵们纷乱不堪，恐惧莫名，但与此同时他们始终如一，恪守岗位。这样的精神，即使拿反战的游行示威，以及对政府的谎言的彻底揭露来看，也可以说是毋庸置疑的。这种情况在《在越南过圣诞》的选段中得到了直接的表现。就像尤金·琼斯的纪录片《战争的面孔》（拍摄于 1966 年他跟他的拍摄小组一起，同第 7 海军舰队的第 3 连度过的 97 天间）中的士兵们一样，《在越南过圣诞》原来计划是要表现出美国人在 60 年代中期对战争无所适从的态度以及"模棱两可的心理状态"。① 像尤金·琼斯这样，在 1965 年或 1966 年，表达出这样一种论点，那不过是那个历史时期的特别混乱所造成的一种结果，因而或许可以理解。但是，对于哥伦比亚广播公司的录像图书馆来说，在 1985 年的历史资料之中还依赖 1965 年至 1966 年的反讽和混乱行事，情况就完全不同了。这种修改性的历史，之所以能够达到它的目的，靠的不是将我们带回一个天真无邪的时代，而是潜在地收编了那些旨在引发对种种社会姿态及政治政策的怀疑与再审视的反文化挑战。

　　尽管《火中勇士》结尾处讲的是处于越战时期的 1965 年的一个令人伤感的插曲，但这盘录像带毕竟为我们提供了在最为艰难的战役中的美国军队的英雄主义的简短历史。不过，在对这段历史进行批评时，这盘录像带刻意雕琢，意在避开对我们的外交政策及军事行动进行批评。例如，短小精悍的新闻片段，以及克朗凯特的评述，提及的竟是自 1970 年 4 月开始的尼克松执政时

---

① 尤金·S. 琼斯（Eugene S. Jones）导演，《战争的面孔》（*A Face of War*, Commonwealth United Entertainment, 1968）。

对柬埔寨的军事入侵。在 1970 年至 1971 年间发生的所有事件中，美国对柬埔寨的侵犯 ［这一行为］，带来的是公众舆论最为强大的压力，迫使尼克松政府不得不结束战争。但是，这样的抗议之声一个也没有在录像之中传达出来，正如关键的历史事件没有一段被叙述出来一样：比如说尼克松总统 4 月的裁军（10 万人）和十一月的裁军（13.9 万人），6 月份北越向基辛格提出的呼吁美国军队六个月内撤军的九点和平方案，以及 10 月份基辛格对和平方案的修改等等。

因此，克朗凯特另行他道。他从对柬埔寨的军事侵略，转向"越战之中的年轻美国妇女的勇气"。因此，1971 年这一整年充斥着对第 91 医院的护士们的采访，以及有关霍克山（Hawk Hill）进行的米提瓦克手术（a Medevac operation）中的军医的新闻报道。这些采访，似乎显示了，哥伦比亚广播公司的新闻，早在女权主义者们将越战之中的妇女同女性及战争的一般情形联系起来以前，就已经开始关心越南战争之中的女性问题了。在 1970 年至 1971 年之间，凡是看过哥伦比亚广播公司晚间新闻的人，他们都会意识到，"越战中的女性"是一个很少能引起连锁反应的事件，而仅仅被处理成一个可以提供地方特色或者可以充当"填充物"的问题。女权主义对父权文化的挑战，有一部分是对在战争之中对女性的利用的探讨。对于很多女权主义者来说，这样的社会现象最能揭露出父权文化的非理性及其模棱两可的特性。如果从这个方面来看，"越战中的女性"不仅有助于使哥伦比亚广播公司录像图书馆显得合乎潮流，而且也有助于安置正在由男权文化书写的、女权主义本身对文化史发出的挑战。

如果说边缘性的、反文化的、批评性的话语，是以这样的方式被运用于更为通俗的再现形式之中的话，那么，这当然算不上什么洞见。不过，对这样的借用得出的普遍的结论是，它们极其笨拙地、明显是按照一度被称为"极端的高雅"（radical chic）

的东西具有的方式发挥作用的；同时，它们因此也就更为直接地暴露了在控制的修辞（rhetoric of domination）之中发挥作用的种种矛盾。当疲倦不堪、脚穿破烂鞋子的美国士兵的形象转换为反战的游行示威活动分子的形象，然后再转化成风光一时的种种模特的形象时，换喻的置换，其通道也就很难说是直截了当或简洁明快的了。这样的符号学的漂浮不定，也牵涉到了十分复杂的集合性的（隐喻性的）程序，这样就有助于为像《兰博》这样的星期六卡通系列一类的副产品准备一个市场。① 在 20 世纪 80 年代电影如《军官与绅士》（1982）、《顶尖枪械》（1986）、《兰博：第一滴血》（1982）、《兰博：第一滴血，第二部》（1985）、《突击队》（1985）、《伤心的山脊》（1986）以及其他一大批没有引起轰动效应的影片中，对军旅之中的"英雄"的再发现，常常被认为是对从 20 世纪 40 年代和 50 年代的好莱坞的神话制作之中借来的人所共知的成规俗套，以及对堆砌在 19 世纪各种不同类型的文化源头之中的这样的电影神话制造的、类似的英雄主义的明显再加工。② 20 世纪 80 年代这种军旅英雄人物的复活，其种种动机也同样是显而易见的。情况似乎是，里根式的政策玩世不恭地巧妙操纵着文化的神话学，以便为公众舆论支持在里根和老乔治·布什执政时期对加勒比、中东地区以及中美洲发起的

---

① 1986 年的这个动画系列由迈克尔·海克（Michael Hack）导演。这个系列有自己的"微型系列"作为序曲，兰博在其中扮演的是一个拉丁美洲的领导人，慈祥如同一位长者。他在一个中美小国平定了共产党组织的一场反叛。

② 泰勒·海克福德（Taylor Hackford）导演，《军官与绅士》（*An Official and Gentleman*，Paramount Pictures，1982）；托尼·斯考特（Tony Scott）导演，《顶尖枪械》（*Top Guns*，Paramount Pictures，1986）；泰德·考契夫（Ted Kotcheff）导演，《兰博：第一滴血》（*Rambo*：*First Blood*，Asian Entertainment，1982）；乔治·P. 考斯马托斯（George P. Cosmatos）导演，《兰博：第一滴血，第二部》（*Rambo*：*First Blood*，*Part II*；TriStar Pictures，1985）；马克·L. 莱斯特（Mark L. Lester）导演，《突击队》（*Commando*，20th Century Fox，1985）；克林特·伊斯特伍德（Clint Eastwood）导演，《伤心的山脊》（*Heartbreak Ridge*，Warner Brothers，1986）。

新的军事行动奠定基础。① 不过，如果我们考虑到，这些英雄人物如何在根本上收编了反文化以及种种批评性的老套成规，那么，这种意识形态的透明度，很大程度上就不再那么能"看得透"了。

西尔维斯特·史泰龙扮演的兰博这个人物，将反文化的种种符号收编进的就是这样一种极其复杂的形式。这正好部分上解释了，为什么兰博的系列电影及其续集获得异乎寻常的成功的原因。《第一滴血》（1982）开场时，兰博奔走在西北部某个地方的乡间路上。他身上穿的是军用夹克衫，肩膀上扛着一个铺盖卷，头发又长又乱，看上去就像是很多城市之中的无家可归的人，流浪到了乡间，更像是一个要向城市性的、技术性的和军事性的美国造反的人物，尤其是在西北部地区。他前行无路，来到了越战时的非洲裔美国籍战友德尔玛·贝瑞的住所。他的战友家在壮观的山间湖畔，背景中高山上白雪皑皑，再加上那坚实的小屋，电影中这样设计边疆生活的种种符号，是要复制出早期的那个真正的美国。这时候，德尔玛的妻子正在晾晒刚洗好的衣服，一群孩子在庭院里玩耍。她满怀疑虑地同兰博打了招呼。原来，德尔玛在前一年的夏天就离开了人世，成了奥林吉药剂的牺牲品。

在这个场面过去之后，这部电影为建构兰博的性格，推出了一连串错综复杂的图像：如民族解放阵线为求得解放而进行的游击战争，美国反文化运动以及反战运动对美国帝国主义的否定，早期定居者的自力更生，非洲裔美国人的被疏离，现代电影及电视之中的老兵们的反英雄主义，以及越战老兵在战场上为人利用以及战争结束后受到的剥削等等。由于这些图像是

---

① 20世纪80年代美国军方学会了使用新的方法，投入金融以及文化上的资金去操纵它在好莱坞电影、电视以及其他媒体之中的再现。这些文化战争，当然给美国军方在1991年海湾战争期间对新闻报道的控制准备了条件。

从根本不同的政治、历史以及再现性语境之中抽取出来的，因而，它们作用的成功再发挥，主要是通过美国自力更生的过分限定的神话及其与个体生存的孤立、道德信念、对文明的不可避免的堕落的反抗以及对大自然的重新强调等形成的传统性的联系来实现的。

兰博一走进"度假村"（Holidayland）这个小村庄，麻烦就接踵而至。他不仅被视为一个潜在地制造麻烦的流浪汉，而且还被看作是反文化的一个组成部分。县治安官一开口就指责他说："你身上穿着印着国旗的夹克，还有你那鬼鬼祟祟的样子，分明是要在这儿招惹乱子。"在警察局里，凡是可以见得到的，每一个人都穿着一件印有国旗的衣服。所以，我们可以下结论说，县治安官是把兰博身上破烂不堪的军服上印的国旗看作是一个表示挑衅的符号，一个反战运动的标志。很自然，这种情况可以在中了邪一般的县治安官的成见中得到证实。比如，他要"给他清洗清洗"，还要给兰博"理理发"。警察站里，人们都在嘲笑嘀咕："看看你那窝窝囊囊的德性"，"身上发出的味像是动物"。这些侮辱性的言语，让人联想到 20 世纪 60 年代晚期及 70 年代早期在大众文化之中大行其道的对"嬉皮士"的蔑视。这些警察最终还是拉来了救火用的大型高压水龙头，朝兰博身上使劲扫射，强迫性地为他洗身。兰博拼命挣扎着，身体扭曲。他在巨大水流冲击下不断挣扎的场面，又让人联想到从塞尔玛、阿拉巴马、一直到华盛顿特区的民众示威游行，以及从民权运动到反战运动的种种情景。这时候，兰博头脑中不断闪现出他在越战之中被俘、受尽折磨的画面，这些闪回将有关美国公众的不屈从的种种隐喻与他的行为联系了起来。俘虏兰博的越南士兵的人物形象的快速闪现，分明是以好莱坞有关第二次世界大战之中俘虏美国士兵的日本人的形象的成规俗套为模式的。这种情况在《兰博：第一滴血，第二部》

中表现就更加明显了。相应地,兰博挪用了越南南方民族阵线游击战术的方法,也就是为了达到这样的目的。而那正是我们可能永远也无法给予他们的东西:摆脱暴政统治及反理性权威,以赢得自由。

兰博后来逃进西北部的森林之中。他使用的求生工具,让我们联想到他在特种部队接受的训练,与此同时也暗示了超验主义者们试图将生活所需降低到最小限度的目的。他手中那把发着寒光的两刃刀,当然是技术性的标记,但是它属于鲍威猎刀(Bowie knife)的一个版本。把柄里装有一个指南针、一根针以及一把线团。制造这把刀子的技术,属于边疆居民的发明,而不是计算机工程师的魔幻杰作。警察们以及国民警卫队的士兵们跟踪而至。他们肩上扛着最新式的步枪,手里提着笨重的反坦克火箭筒,磕磕碰碰奔走在森林之中,寻找着兰博的踪迹。这些人成了异化的、后工业时代的人类的一个缩影。兰博怒不可遏,但他的暴力行动的对象,主要不是人,而是技术的制造物。他为求生使用的工具,其机巧不仅胜过了把他逼入山洞之中的国民警卫队的士兵们,而且也是这些士兵手中拿的那些试图封闭洞口的尖端武器所无法比拟的。① 兰博在他的造反过程中使用的工具和武器,除了他自己的身体和他的那把刀子,都是从他的对手们那里夺来的。这种情况同民族解放阵线十分相像,因为他们设计的陷阱、埋藏的地雷,都是用遭到重创的美国部队的军事装备

---

① 在这两部 Rambo(兰博)影片中,隐含的提及指向的是哈克·费恩(Huck Fenn)和汤姆·索亚(Tom Sawyer),因为他们二人都同兰博具有某些奇妙的契合。兰博死命地要从封闭的山洞逃出,这的确让人联想到《汤姆·索亚历险记》中汤姆和哈克试图从"印第安人乔的洞穴"中逃出的情形,尽管乍一看来这样一种类比太过荒唐或有些牵强附会。不过,汤姆从那个洞穴中逃出,是他对通道举行的特殊的仪式,是他证实自己可以超越社会、无视社会的性格的一种方式。他能把贝基(Becky)从洞穴里救出来,而她的父亲撒切尔法官(Judge Thatcher)就无能为力。

及武器加工改造成的。

兰博没有能够找到他、还有他的战友德尔玛·贝瑞都十分向往的那个社会，反倒磕磕碰碰闯进了"度假村"的噩梦之中。《第一滴血》中的兰博，从高雅文学、大众文化以及电影之中采集了一系列极为复杂的符号，以显示美国向人的根本天性以及原初革命狂热净化性的（而且因此也总是发泄性的）回归的欲望。在皮特·戴维斯的纪录片《心灵与思想》中，为参加 6 月 4 日某个庆祝活动，波士顿人打扮成革命战争时期的士兵。他们接受了有关越南人的革命斗争的采访，谈出了自己的观点。有一位现代民兵沉思着说："是啊。我想，二者之间还是有点相似之处的。他们毕竟是在同侵略者打仗，是在自己国家的土地上战斗啊。不过，到这里，相似之处也就不存在了。我说的是东方政治，对不对？你不是在耍弄我吧？"戴维斯认为，越南战争不属于南方与北方之间的战争，而是一场反对法国、日本以及美国殖民者的革命战争。这种观点，在反战的激进主义者们中间，是十分普遍的。兰博的爱国主义，不是右翼政治的直接表达。① 将兰博同民族解放阵线的战略及其政治，并且同早期的、革命的、殖民性质的美国紧紧联系在一起，史泰龙将北越的胜利转换成了一个对美国民族国家主义非常有用的比喻。

因此，当兰博在《第一滴血：第二部》（1985）中重返越南

---

①   在 20 世纪 80 年代中叶，罗纳德·里根多次提起布鲁斯·斯普林斯廷（Bruce Springsteen）的歌曲《生在美国》（*Born in the U. S. A.*），这位总统自称那是自己心爱的歌曲之一。他甚至还在几次演讲中引用了歌曲的题目，以资说明斯普林斯廷的爱国主义精神。很明显，里根从来没有认真听过抒情歌曲。实际上，这些歌曲都隐含着对美国各种政策的批评，认为这些政策在国内目的是要剥削工人阶级，而在"一个外国的土地"上是要压榨越南人。与里根对斯普林斯廷的抒情歌曲的误解不同，前两部兰博的影片都不是对反文化修辞的误读，而是为解构为明确的保守政治目的服务的这样的话语而做出的有意识的努力。

时，我们一开始就满心希望他能不再听命于美国军方的指挥，而是倾心于他自己的革命。兰博装备有最尖端的武器硬件。但是，在一架经过伪装的商业公司的喷气式飞机上边，他的机组人员笨拙不堪，一不留心将系在他身上的降落伞推下了飞机，所以他只好割断绳索，把大部分装备丢掉。兰博在割断了把他系在飞机上的绳索的同时，也就由于必然的因素再一次复活。正是那样的必然性，在以往支配着他的边疆开拓精神，以及自力更生的力量。当有人向他保证说，他的安全由复杂的计算机控制中心保护的时候，他声明说："我总是认为，思想才是最致命的武器。"如果是放在现在，这样的论调不免陈腐，但它却显而易见是美国超验主义传统的派生之物。

"人总要思想。"这样的格言，对于兰博来说，似乎有些陌生。但这样的声言却可以防止他以其极富个性化的沉默寡言去再现他所代表的电影之中的（因此，还包括观看电影的）大部分美国人的那种一味蛮勇而毫无才智的特点。兰博喜欢沉思默想。这一性格特点，常常是同他对被压迫者以及遭蹂躏者的深深同情紧密联系在一起的。他第一次见到那位越南妇女"珂"时，他们用越南语打招呼。① 他们二人身上穿的都同美国通俗文化所嘲笑的民族解放阵线士兵们爱穿的"又黑又宽的长裤子"十分相像。"珂"讲的第一句英语是："你在找一个女的，是吧？"不过，尽管兰博强壮而又威武，但绝对不属于性别歧视主义者。"我们还是走吧。"这就是他整个的答话。那口气听上去就好像在说，个体应该以他或她的实际行动，而不是根据他或她与之相联的阶层、性别或者说种族来证明自己。当

---

① 琼斯，《战争的面孔》，其中显示，就在美军试图阻止"民族解放阵线"的渗透的时候，有一个，也可能是两个说越南话的美国水兵在一个"无名村"同村民们谈话。在处理这个场面的拍摄时，琼斯从各种不同的角度，以飞快的速度，来表现村子以及这些水兵，所以看上去几乎所有在场的人都在讲越南话。

"珂"讲述自己的来历时，言辞也十分简洁："我的父亲……被杀了。我接下了他的活儿。"像兰博一样，"珂"在消融了民族、阶层、种族以及性别的种种界限差异的熊熊烈火之中，在这样的经历之中，也由于必然的因素得到了解放。当"珂"不顾一切英勇无畏地投入行动时，她总是装扮成一个妓女。而且，为了寻机进入 POW（战俘）军营，她还同越南门卫打情骂俏。"敌人"——日本人、苏联人，或者其他越南人——都把女人看作放荡的娼妓，看作可以满足男人欲望的玩物。因此，当她朝着军营开火时，当她向兰博摇动他的武器时，其暴力行为是双重性地、超乎寻常地合法的。身为墨守成规的英雄的"女孩"，她付出了惨重的代价，才得以用性别歧视主义者的陈词滥调，表达她愿为爱而死的决心。而作为一个饱受性折磨的女人，她身上却又含有 20 世纪 80 年代电影之中的一大批柔弱女性人物的性格特点，因而时而会把她遭受的蹂躏转化成为暴力报复的动机发泄出来。

通过将兰博同边疆开拓精神、超验主义的自力更生、20 世纪新的乡村主义、反战及民权运动、民族解放阵线的革命狂热以及政治化了的越战老兵等等联系起来，史泰龙的两部兰博影片就把这些各自不同的、明显属于批评性的话语收编进对越南战争的一般性的修正观点之中。在历史著作以及小说、电影和戏剧中，这种修正论点的涵盖面，一直从对我们在越战期间的军事战略的专门批评，延伸到对我们的国家意志（national will）的失败的全面指责。在《第一滴血，第二部》中，正如自麦卡锡时期以来狂躁不休的反共产主义者所预言的那样，动作迅速地占领了越南而且是很快渗透各地。他们之所以来这里，其原因与保守主义者们所声称的完全一致：美国人道德败坏，懦弱不堪，致使世风江河日下。指挥"三角洲部队"行动的人员，玩世不恭，唯利是图，只有特罗特曼上校是唯一的例外。兰博参与其间，所以这些人成了他同"老越南"之间的最后的维系。这些人物是道德沦丧、胆小怕事的典范代表,其种种不堪行径使我们在巴黎议和谈判桌上不得不接受失败的局面。在德语中,"traut"的意思是"亲近"或者"亲密",而"die Traut"用在口语中还有"勇敢"或者"胆大"的意义。这两方面的意思在老兵的俗套形象之中结合了起来:因为他们都希望在战场上存活下来因而都需要显示出勇气,所以他同这些战友之间的关系是亲密的。即便情况真的是这样,也不是反战激进派、心在流血的自由主义者、哭泣的母亲或者懒惰不堪的少数族裔等,导致了这两部电影中符号学的信码之中美国价值观念的腐败。兰博本人与这些边缘性的组织结盟,将他的愤怒指向军队—工业的综合体,因此也就引开了人们对纯粹异议的关注,进而重视起将我们带进越南的那种民族国家主义的断言上来。

越南人和苏联人毫不含糊都是敌人,即使苏联人对兰博的英雄气魄表示出敬慕之意,甚至胜过了他自己所在的"三角洲部队"。在一次"公平"的战斗中,像在越南战场上的游击战中一样,兰博可以打败人数超过他许多的对手。在这里,他重演了民族解放阵线的军事力量以少胜多、以弱胜强取得了击败美军的胜利的壮举。特罗特曼上校在他出发时对他说:"还是让技术承担大部分任务吧。"但是,兰博真正的敌人,也正是这种技术。"珂"的父亲"给情报局干活",所以被人杀死。"珂"本来可以取他而代之。但是,她是以一个勇士的身份继续做他的工作,而不再愿做一个间谍。《第一滴血:第二部》显示:假若让像兰博和"珂"这样的自由斗士来领导越南战争,说不定会有一个更好的结局,因为他们二人分别代表了他们各自的文化最优秀的品格。所以,影片之中含有的反文化论点,意在批判美国的种种新的技术。尽管兰博和"珂"二人追求的是"平静的"生活,但是一旦"平静的"生活受到威胁,他们就会奋起抗击,运用手中武器保护他们的权利。①《第一滴血：第二部》要说明的是，我们在越南的失败，其根源在于，领导者们远离战场，盲目依赖技术对战争的种种再现。这样一来，这部电影就把我们的注意力引开，使我们不再关注第二次世界大战之后一段时间内美国反对共产主义这一类政治问题，不再考虑我们自身对业已过时的力量平衡的外交政策的盲目崇信。但是，引开视线，就这样做本身是要从对战争以及美国当代社会的批判中盗取信码来说，它绝不是轻而易举就可以达到目的的。

兰博这两部影片以及其他很多受观众欢迎的作品，它们对再现的整体上的不信任，显示出很多后现代文学创作在元文学关注点方面的一种有趣的扭曲。兰博的异乎寻常的沉默寡言，他对行动而不是言辞的倾心，他在体力方面无可否认的与众不同，所有这些引人注目的特征都把他同他的战友们区别开来，而且后者也

---

①   马克·L. 莱斯特的《突击队》（1985），明显属于 Sylvester Stallone（史泰龙）的《兰博》的一种续集。它也求助于喜欢沉默寡言待在家里的男人，以便使约翰·马特里克斯（John Martix）上校的（Arnold Schwarzengger 的）暴力行为合法化。同史泰龙一样，Arnold Schwarzengger（史瓦辛格）身为社会名流，在 20 世纪 80 年代的电影中还扮演过很多角色，但他所坚持的是保守的政治立场。不过，他是借用反文化以及自由主义政治之中的术语来表现这种立场的。在《突击队》这部影片中，约翰处于一个边缘位置，他在军方首脑与一个拉美国家暴君之间来回活动。因为，那个暴君的手下绑架了他的女儿。约翰既拥护传统家庭的价值观念，也同少数族裔联手。辛迪（Cindy）（Rae Dawn Chong，瑞道春饰）爱上了一个亚洲—非洲裔美籍妇女。这个妇女就像 Rambo（兰博）的 Co（珂）一样，帮助约翰打败了比他要强大很多的敌人。在影片的最后一幕，约翰带着解救出来的女儿，向她身边走去。此时，他以前的指挥官克比（Kirby）将军姗姗来迟。尽管他在粉碎拉美的亡命之徒的暴动的过程中没有起到任何作用，但是，他还是苦口婆心劝说约翰回到以前的突击队的军营里去。约翰对他说："这已经是最后一次了。"克比还是苦苦挽留："下一次再说吧。"但是，约翰紧紧拥抱着他的女儿，同时朝正在等待他的女朋友（特写镜头）深情一瞥——这一瞥足以说明，这三位即将组成一个家庭——然后斩钉截铁地回答道："绝对不行。"如果回顾一下的话，我们就会发现，20 世纪 80 年代的电影电视是如何将受到威胁的核心家庭结盟同被压迫以及被边缘化的人民紧密结合起来的：在 20 世纪 80 年代晚期及 90 年代早期，以及 1992、1996 和 2000 年总统竞选活动等文化战争中，它一直是发挥着文化作用的、一种发展中的、对"家庭价值观念"的文化叙事。

只是因为计算机方面的知识而别具特色。修辞的欺骗性属于技术，而就这个方面来说，头两部兰博的影片，同反战激进派活动人士的观点是一致的：他（它）们都认为，我们在越战中的最骇人的不道德表现，就是我们的领袖人物们为长期欺骗公众而不断炮制的谎言。兰博同《迅捷骑士》（1969）中的出语简洁明快的人物相距并不遥远：他们显而易见也同样希望直接给人形成印象，而不是依赖言辞或者说文本。不过，行动与再现之间的这种明显的区别，将我们的视线转移，不再关注这两部电影中为建造主人公的性格所使用的种种复杂的手段。两部影片都充斥着资料收集的场景：那些摆满整个房间的计算机、电话，以及信息处理设备，与技术上达到尖端水平的武器具有同样的性质。这样的所在无一例外，都是兰博的怒火发泄的对象。他狂热地砸烂再现的这些设备，这同电影的制作者抑制他们自己再现性的借用时表现出的那种狂热也是同一的。有关"文学的自觉"的常规性的场景，被转化成一个启示录式的契机：技术人（technological man）的机器在这里遭到批判。不过，观众心里也清清楚楚，好几个镜头正在同时运转。结果才会有电影的诞生，比如说《第一滴血：第二部》；而且有可能满不在乎地赢得观众，毫不掩饰地拿容易激动的人及其波动不已的情绪做交易，并且因此求助于一种民间艺术的风格化。

约翰·海尔曼极有说服力地指出，1968 年到 1974 年之间人们对越战这一主题截然保持的沉默，部分上被"越南西部［化］或反西部［化］的，以拉尔夫·尼尔森的《蓝色的战士》（1970）和亚瑟·本恩的《小大人》（1971）为代表的"［影片］所打破。[①] 真正把这场战争带回家，尤其是依靠那些

<hr/>

① 约翰·海尔曼（John Hellmann），《美国的神话与越南战争的遗产》（American Myth and the Legacy of Vietnam, New York: Oxford University Press, 1986），第 94—95 页。

与"显现的命运"相关的意义不明的神话俗套，满足了那些年代里某些批评的需要，特别是当它不依赖于某种历史解释对战争的处理就显得有些困难的时候。本恩（Penn）的电影以及托马斯·博加的小说中的"反英雄"，找到了他唯一的社会性迷恋的对象——达科他·苏人（Dakota Sioux）。这似乎是对 1971年的城市性的、技术意义上的美国毫不含糊的控诉。正如海尔曼所指出的那样，"越南西部［化］是一个短命的流派"，但是有关"国家内部的战争"的叙事，继续存在，一直持续到20 世纪 80 年代。[①] 在 90 年代，它变形为高科技的动作影片，一种由西尔维斯特·史泰龙和阿诺德·史瓦辛格主导的新的电影形式。这样的作品的批评视角，似乎无一例外地是自由主义的、左派性质的，或者也可能是以少数族裔为指向的，至少在设计及意向层面上是这种情况。但是，它们一直对某些非意向性的意识形态的目的具有帮助作用，而这些目的又是对越战的总的挪用以及使其再发挥作用的［努力的］组成部分。总的来说，这种作品将越战情景置换到美国，也就无一例外地把一场帝国主义的侵略战争转变成了一种内战。就与西部扩张相关的"越南西部［化］"将开拓者们同欧洲帝国主义更为老套的方案紧密联系来说，像《小大人》这样的电影，可能很难符合这种结论。即便如此，这种记忆，在处理 19 世纪"显现的命运"的作品之中，也是十分模糊的；而且，很少会有作品求助于在该时期的纪录片中俯拾即是的那种帝国主义狂热。[②] 此外，任何"越南西部［化］的"，也当然不会对由旨在颂扬向西扩张并且同时因此使之理性化的、好几十年的好莱坞产品建立起来的西部的老套成

---

① 约翰·海尔曼（John Hellmann），《美国的神话与越南战争的遗产》，第 95 页。
② 见瑞金纳德·霍斯曼（Reginald Horsman）著，《种族与显现的命运：美国种族性的盎格鲁-撒克逊主义的起源》（*Race and Manifest Destiny: The Origins of American Racial Anglo-Saxonism*，Cambridge, Mass.: Harverd University Press, 1981）。

规，完全进行反讽。①

以大自然为背景考验人的冒险叙事，以各种不同的形式极为频繁地在过去三十年里不断涌现。沃尔特·黑尔的《南方舒服》（1981）运用这一母题，将越南战争同美国国内的种族以及社会等方面的问题联系起来，尽管并没有明显指向越战。②对"通道"的为时已晚的礼仪崇拜这种定式，在这部电影中以特别的反讽发挥作用，目的是要暗示：那些错过了参战机会的人，只要想将我们陷入另外某种帝国主义的泥潭，他们就仍然拥有任何可能的动机和能力。国民警卫队的士兵们周末在路易斯安那的沼泽地中进行演习，想不到却同行动诡秘的奎金人（Cajuns）不期而遇。奎金人在神秘莫测犹如迷宫的长沼里造下自己的房子以及小棚子。这些周末执行任务的士兵，本来身上不允许携带火药。但是，其中一位还是随身携带了几颗子弹。出于他们自身的恐惧，而不是对一位奎金人摆出的威胁姿态的害怕，这些士兵就把他打死，埋了他的尸体，烧掉棚子，暗自希望小河口能赶紧涨起水来将他们留下的脚印冲刷干净。可是，结果是，由于奎金人的社会比他们想象的要密切得多，所以，一个极为老式的复仇计划酝酿成型，以极其戏剧化的手段揭穿了：城市里长大的这些士兵，不论从自然角度还是男人应有的勇气方面来说，都是极不称职的。

这部电影老套的情节、频频提及的据詹姆斯·迪克伊的小说《拯救》（1970）改编而成的同名电影，还有其中关于奎金人、长沼和南方恐怖影片的每一句人们真正耳熟能详的俗套话语的使

---

① 见理查德·斯罗金（Richard Slotkin）著，《枪战能手的国家：20 世纪美国的边疆神话》（*Gunfighter Nation：The Myth of the Frontier in the Twentieth Century America*，New York：HarperPerennial，1993）。

② 沃尔特·黑尔（Walter Hill）导演，《南方舒服》（*Southern Comfort*，20th Century Fox Film Corporation，1981）。

用，使影片有关一场假想的内战的丰富联想成为可能。①　一般来说，奎金人总是来去无踪。透过浓雾，在沼泽这样的不毛之地上神秘莫测的去处，他们至多只能是模糊一片。更何况，影片镜头追随的是士兵们的视角。就像民族解放阵线的士兵们一样，这些边远地区的居民，看起来更像是会走动的影子或者说行尸走肉。一想到自己的家乡与这一地区这么接近，但竟然对它一无所知，士兵们就会感到特别不安。而且，他们不断发现，美国亚文化的种种神话背后，竟然隐藏着这样的真实，所以不断增强的认识愈发使他们忐忑不安起来。奎金人或者设伏击，或者放冷枪，将他们一个接一个吃掉，逼得还没有丢掉性命的士兵竟然自相残杀起来。这种场面，是越战期间的参战部队之间的内讧的重新上演——对后边这种情况，我们都是了然于心的。到最后，只有两个士兵死里逃生，夺路跳出沼泽，闯进了奎金人的一个居住区。这里，也同越战时的场面特别类似。在奎金人的居住区，正在进行节日庆祝会。乐声响起，非正式的庆祝活动开始时，人们手拿熟食，牵着牲畜，从周围的长沼向这里涌来。这两个士兵弄不清楚他们的敌人究竟是何许人也，所以免不得惊慌失措，不知所以。这是因为，村民们讲的方言，他们一个字也听不明白。

有关越战中巡逻的老套叙事，一般在村子里结束。到了那里，士兵们就开始行动，千方百计要跨越地区、语言以及政治制度的种种差异，以便弄清楚他们的真正敌人有可能是谁。②　在

------

① 约翰·保曼（John Boorman）导演，《拯救》（*Deliverance*，Warner Brothers，1972）；詹姆斯·迪克伊（James Dickey）著，《拯救》（*Deliverance*，Bostan，Masss. Houghton Mifflin Co.，1970）。

② 美国军队的巡逻队到达越南村子里的电影画面总是以那种清洗式的火战开始的，这样可以把不见踪影的敌人从隐蔽的藏身之处驱赶出来。比如，特德·保斯特（Ted Post）的《去告诉斯巴达人》（*Go Tell the Spartans*，Spartan Production，Inc.，1978）以及奥里弗·斯通（Oliver Stone）的《野战排》（*Platoon*，Orion Pictures Corporation，1986）就是这样处理的。

《南方舒服》中,发生在奎金人村子里高潮的一幕,演出的是越战之中的美军巡逻队某种噩梦的再现。因为,这两位幸存者非常清楚,他们擅自闯进的,是一种异质的文化。所以,既然他们已经逃过了死亡的劫难,就没有必要再为这样的危险担心了。但是,这两位幸存者面对林子中的纵横交错的道路以及异乡人种种可怖的伎俩,虽然显得比他们同伴要精明谨慎,但是他们此时不仅仅依然是满怀疑虑。最后,从一个小棚子的密室里冒出了"敌人",不宣而战向他们发起了攻击。两名士兵拼死自卫,场面十分热闹,这才侥幸保住了性命。这种攻击,迫使他们二人团结合作,成为互助互敬的同志。这样一来,在极为关键的时刻,正像越南战场上的参战士兵在激烈的战斗之中一定要具有特殊的博爱之情才能保证生命安全一样,同志之谊也超越了这两位士兵完全不同的背景及其价值观念。

就越战的意义而言,这部影片带来的信息显而易见,清晰而不模糊。民主的美国包括许多各不相同的亚文化。其中的任何一种都有它内在的传统与实践方式,而这些都应该看作是健康的多元主义的组成部分,必须以宽容的态度加以对待。如果引申开来,我们对这种多样性的尊重,也应该运用到我们的外交政策之中。我们这个国家毕竟属于一个由地球上众多其他民族组合而成的国家。这些国民卫队的士兵的种种失误,重复了政府在越南战争时期所犯的错误。

即便如此,《南方舒服》仍然反讽性地把矛头对准它自身的意向,或者说听任那样的意向被运用在最终"赢得"越战胜利的涉及面更广的修正性方案之中。奎金人毕竟是美国公民。这也就是周末值勤的这些士兵要学会尊重他们的异质文化的原因所在。就在这两位士兵奔向直升机降落的区域的时候(重复的是,晚间新闻有关越战的报道的、人人耳熟能详的场面),他们这才意识到,他们的亚文化不可避免的离析性质。"理解"一直主要是一个生存问题，而不属于文化认可的方式问题。这两名士兵，就像美国 1973 年的通俗文化一样，远远把奎金人丢在身后。这是在说，这样的异质的种族，他们所需要的只有他们自身的隐私。不过，这部影片在 1981 年发行。这样一部片子，它问世时，正值一些评论家争论不休，要美国承认越南政府，同时也就要承认正常的外交关系：只有如此，才会进行经济援助。但是，直到 1995 年，美国才开始执行这一外交政策。支持对越南提供经济援助的人士，经常有理有据地在悔罪的语境之中斥责美国在经济、环境以及政治上对它进行蹂躏，罪孽不可宽恕。另一方面，美国新闻记者们 1985 年在西贡陷落 10 周年之际重返越南，像斯坦利·卡诺那样，对报道越南人试图重建家园方面显而易见的"失败"感到特殊的兴趣。[①] 在长达 25 年的时间里，对越南置之不理，当然会有助于我们自行设计预言并且使之兑现：越南必然在经济上陷入困境。对于《湖中之火》中的弗朗西斯·菲茨杰拉德来说，理解越南历史以及文化需要我们认可：越南文化根本上与我们的文化不同。如果是在 1972 年，这种看法似乎会对越南最为有利，至少就这个世纪的反战运动来说有这样的可能性。[②] 不过，十几年以后，情况已经非常清楚：由于我们在越南问题上蓄意坚持不干涉主义的外交政策，只能完全站在菲茨杰拉德的立场、从《南方舒服》的角度来看，才能对它的正当性加

---

① 斯坦利·卡诺（Stanley Karnow），《越南历史》（*Vietnam：A History*，New York：Viking，1983），第 42 页："北越人尽管贫苦不堪，但似乎特别地快活——或许那是共产主义统治一个时代以后，接受惩罚的结果；也可能是因为，在美国军队占领时期（the American era），他们的南方同胞享受到的富裕，他们从来没有经历过。不过，在一种反讽性的旋动（twist）中，共产党人试图使之在南越销声匿迹的资本主义倾向，竟然以惊人的速度蔓延开来。共产党人无法轻而易举地阻止这种趋势。因为，经济危机迫使他们刺激生产、放宽限制……越来越多的私营企业……在河内出现。不过比起胡志明市来，他们要小心谨慎得多。"

② 弗朗西斯·菲茨杰拉德（Frances FitzGerald），《湖中之火》（*Fire in the Lake：The Vietnamese and the Americans in Vietnam*，New York：Random House，1972）。

以辩解。对另一种文化的绝对的他者性的要求，正如爱德华·赛义德所揭示的那样，属于东方主义的修辞；忽视或者说压抑，即使以对差异的假装容忍的面貌出现，也不会同军事干涉有什么两样，它们都属于帝国主义的政策，这是越南当代的经济上的种种灾难已经证明了的。

此外，从别的方面来看，《南方舒服》提起越战这一刺激性的话题，也只是为了再一次对它进行东方化。这部电影关注的是，我们可以称之为个体意识形态的价值观念的现象学的东西。因为，我们只能通过国民卫队的士兵的眼光这个媒介，才能看到奎金人。尽管这些士兵出身背景不同，所属阶层也不一致，但是，他们的根都是在城市地区；而且，他们同自己的对手具有同样的直接的俗套成规。于是，我们看到的只是文化的陈词滥调，比如说敌人最后就是以那种使到南方旅游的人坐卧不安的、两个邪恶的白人穷汉（craker）的形象出现的。就在奎金人在村子里的广场上及其房屋中，无忧无虑地欢歌笑语，或翩翩起舞，或痛饮大嚼时，那间密室充满了他们亚文化的暴力的无意识。在这一认可（recognition）的场景中，敌人提醒我们：这些奎金人用土造的照明设备，小偷小摸，以及枪杆子就是法律等手段来武装自己。满脸堆笑的妇女，本来可以伸出援助之手的男人，在真正拥有权威地位的人试图把这些暴力法则运用到外来者身上的时候，竟然一个个扭过身去。就像《拯救》之中先将虽然无能但最终毕竟是清白无辜的郊区居民杀死，然后对之进行鸡奸的白人穷汉，以及迈克尔·西米诺的《亲爱的猎人》里迫使抓来的俘虏玩轮盘赌游戏的越南北部的士兵那样，这些奎金人无视自然法则，心理扭曲，所以同他者不期而遇就要发泄。但在《南方舒服》中，他们似乎发挥着净化作用。这只是向我们显示他者性，目的是要提醒我们注意它的恐怖，因此也就听任我们再一次疏远它并且对它实施压抑。

再现的暴力,在美国意识形态的修辞的不可思议之中发挥作用。它以最精明的艺术家、最聪明的批评家都无法匹敌的那种对语言的隐含的和比喻的品格的敏感性,能够并且的确转变着任何东西,使它们统统为它自身服务。经历过越南战争的灾祸之后,美国的意识形态一直在尽力迎合让-弗·利奥塔对后现代下的定义"对不可表现者的再现"。①"不可表现者",对于美国社会来说,就是下边这个文字游戏含有的东西——已经做成,但不可出现的东西[被做成的、可以出现的东西],因为它已经超越了再现的成规性的边界;也正是由于这个原因,那种东西在再现的那种系统的形式要求之下是不合适的、不能表现的。"越南战争"可以看作不可再现者?在某种意义上,对于里根以及老布什政府时期的美国来说,这当然是一个范例。在那个时期,非常需要历史上、政治上以及文化上的理解。② 提起"越南"这个名字,就意味着无法适当发音,即使我们继续把它翻译成真正能够表现的术语、各种完全可以认可的神话以及话语。

1986 年 10 月 3 日清晨,广泛为人欢迎的电视剧系列《迈阿密罪恶》中的一个情节,青少年们乱哄哄挤在电视机前,嚷嚷着克罗克特的新近买来的法拉利车的事。③ 在一场惊心动魄但又

---

① 让-弗朗索瓦·利奥塔(Jean-François Lyotard)著,杰奥夫·本宁顿(Geoff Bennington)与布雷恩·马苏米(Brian Massumi)译,《后现代状况:知识报告》(*The Postmodern Condition:A Report on Knowledge*,Minneapolis:University of Minnesota Press,1984)。

② H. 布鲁斯·富兰克林(H. Bruce Franklin),《M. L. A.:或美国国内的神话制造》(*M. L. A. or Mythmaking in America*,Brooklyn,N. Y.:Lawrence Hill Books,1992),第 127—167 页,将 20 世纪的动作片,包括兰博的电影,都不加分析地放在一起,以显示里根及老布什两届政府在这方面的努力:利用战俘—美军在战争中失踪的人(POW-MIA)这一问题,对越南共和国继续施行政治以及经济上的制裁。

③ 《斯通的战争》(Stone's War),《迈阿米罪恶》(*Miami Vice*)1986 年 10 月 3日。《迈阿米罪恶》的播出一直从 1984 年持续到 1989 年,由 Universal TY 制作。

势在必行的手提式火箭筒演示之中，某个买卖武器的非洲裔美国走私犯把他的黑色代顿那（Daytona）一下子炸飞了。有传言说，晚间新闻里报道过的那种新车已经上路，就要运来了。可是，《洛杉矶时报》中发表的消息说，恩卓·法拉利用的却是一辆老车，因而有人威胁要将他告上法庭（原来，展示的只是一辆旧车，因为新的价格太贵）。十点的时候，序幕拉开，但失望的青少年们却看起了来自尼加拉瓜的纪录片，里边还夹杂着一个摄影记者拍摄的有关美国军队在尼加拉瓜村子里战斗的场面的文献电视片。在这个序幕的结尾，一个尼加拉瓜妇女怀里抱着一个死去的孩子，闯进了镜头。

从 1984 年到 1898 年，《迈阿密罪恶》由于以大众欢迎的概念——贪婪及玩世不恭是"好的"——而大获成功。但是，它超道德的姿态，忽然被显而易见的政治性的解说词取而代之。序曲过后，那辆法拉利忽然出现，克罗克特与图博（Tub）开始不顾一切在主要新闻网络中寻找美国军方支持反政府武装（Contras）的录像"证据"，但最终却一无所获。尽管如此，那辆法拉利的出现，使早已张着大嘴打呵欠的青少年们骤然之间来了精神。不过，这个长达一个小时的节目，其中的大部分写的都是伊拉·斯通（布博·巴拉班）、索尼·克罗克特（唐·约翰森）越战时期的老伙计。是他拍摄的录像带。斯通是在 1985 年 12 月 6 日播放的《迈阿密罪恶》中的"回到世界"这一部分首先出现的，那时他是一个东奔西走但一无是处的小人物，有时做摄影，也做过越战老兵。他揭穿了前一级准尉将以身体为容器带到美国来走私的海洛因进行回收然后卖掉赚钱的诡计。[①] G. 高登·里迪扮演斯通以及曾经在越战之中指挥克罗克特的前军官，现在是以"房地产上尉"的身份进行军事活动。"回到世界"以玩世不

---

① 《回到世界之中》（*Back in the World*）选段，《迈阿米罪恶》，1985 秋季。

恭的态度，熟练操纵着有关越南战争及其老兵的通俗的老套成规，仅仅是为了一个新的、有趣的故事。这一部分的情节，是从罗伯特·斯通的《狗士兵》（1974）之中借来的。甚至于伊拉·斯通这个人物的名字，也似乎是不经意间借用的这部小说的作者的名字。[①]

不过，在这一自 1986 年开始的部分中，里迪摇身一变，成为一个准军事组织的首领，又回来了。这一准军事组织由生活在迈阿密的财大气粗的尼加拉瓜人资助，他们派遣雇佣军支持反政府武装。里迪说得清楚：他们的目的就是要使反政府的军事力量的胜利成为可能，这样可以说服美国国会，让他们提供更广泛、更正式的军事援助。这一电视戏剧，围绕着文本性这一核心引起的种种问题。看到斯通的录像带的时候，克罗克特简直无法相信自己的眼睛。他还以为，斯通必定上演的事件，是另一个秘密计划的组成部分。等到他被里迪的一个亲信痛打一顿之后，这才大梦初醒。克罗克特不得不用这盘录像带去讨价还价，以便把被里迪绑架的斯通索要回来。一个为主要网络做新闻报道的非洲裔美国妇女——这是唯一一个情愿为名声不好的斯通争取机会的记者——被里迪手下的人杀死，录像带也被他清洗（这种磁盘性能良好，兼有这两种功能）。到最后，斯通被杀掉，里迪逃之夭夭，而克罗克特同他的合作伙伴瑞卡多·塔布斯（菲利浦·迈克尔·托马斯）在满载着雇佣军飞往尼加拉瓜的运输机到达之时，却姗姗来迟。在斯通弥留之际，克罗克特向他保证，他的录像带一定会在六点的新闻中播放出来。这样一来，克罗克特悠然回到他的小船上边，打开收音机（他迎合潮流，反文化，所以连一台电视机也没有）听起了新闻。新闻的确报道了斯通磁带

---

① 罗伯特·斯通（Robert Stone），《狗士兵》（*Dog Soldiers*, Boston, Mass. : Houghton Mifflin, 1974）。

中录的事件，并且指责那是弥天的大罪，但却说那是圣地尼斯特〔Sandinista，指 1979 年推翻 Samoza 总统的尼加拉瓜左翼革命组织〕而不是反政府武装干的。

　　文化批评者们，一定会将这个电视片看作是通俗电视节目的崭新阶段。在此以前，《迈阿密罪恶》一直把拉丁美洲人再现为，几乎全都是狡猾的，而又残忍的玻利维亚、哥伦比亚、委内瑞拉的毒品贩子，他们总是头戴羊毛帽子，驾驶着定做的奔驰跑车。从臭名昭著的种族中心主义和种族主义（瑞恰德·塔比，被描写成一个颓废的非洲—古巴裔美籍副官；他以前似乎被肆意再现——不是身为有色人种的性奴隶，就是一个彻头彻尾的色情犯罪分子），到政治性的自我意识的这种突然转向，是透过越南战争来实现的，它将我们对尼加拉瓜反政府武装的慷慨支持同我们在东南亚的战争行为紧密联系了起来。里迪，不仅是政治人物，而且还属于再生的艺术家，使这种联系得以形成。正如这一电视片中精心设计的、与（从晚间新闻一直到《迈阿密罪恶》本身）每一种大众媒体的政治性内容有关的自我意识一样，对圣地尼斯特参与的计划，及其对美国支持反政府武装持反对态度的种种同情，都是无可置疑的。[①] 这个计划，并没有真的把里迪的组织作为中央情报局的一个分支再现出来，这似乎完全可以理解，也极易接受。说到底，《迈阿密罪恶》毕竟在这样非常的政治性解说中只能走这么远的距离。如果对中央情报局直接指控，很可能会引发这样一种诽谤：电视网络从来都没有敢冒险过。

　　1986 年 10 月 3 日那个片段播出两天之后，10 月 5 日，美国的一架私人运输飞机，满载着武器弹药，在尼加拉瓜被击落下来。尤金·哈森福斯，一个曾参加过越战的美国老兵，死里逃生。他

---

　　① 由于利他主义的原因，Crockett（克罗克特）不可能对政治问题感兴趣。所以，当他指责 Stone（斯通）是不值得信任的骗子的时候，Stone 反唇相讥说："你开着跑车，身上穿着时髦的衣服，到处甩可口可乐瓶子，还以为自己也是好人？"

声称说，自己是一个雇佣兵，是在一个为中央情报局工作的组织里打前哨的。当时的副总统老乔治·布什，国防部长舒尔茨，以及其他很多政府官员，都坚决否认卷入这一事件。他们同时抱怨说，出现这样的事，是因为某些狂热的公民完全出于个人好恶，对反政府武装进行支持。如果返回来阅读，《迈阿密罪恶》支持的就是政府的声明。后来，在晚些时候，G.高登·里迪，变节者肮脏的阴谋的制造者，毫无疑问是这一流产行为的操纵者。或许这只是有关偏执狂的另一种寓言？也许这种对公众电视节目及外交政策的越界行为（crossing），仅仅是一个偶发事件或者说一种巧合——依旧讲述着意识形态的权利，以利用它自身的再现的机器造就的难以捉摸的种种人物形象？在随后的几个月里，伊朗反政府丑闻败露，奥里夫·诺斯在国会作证，人们这才明白过来，国家安全委员会在这场被称为"伊朗门"的事件之中陷得有多么深。托运哈森福斯的运输飞机，可以追溯到国家安全委员会非法将武器卖给伊朗，然后通过瑞士银行洗钱所筹集来的基金。

　　1968年在芝加哥的民主党全国年会上，反战的激进活动分子举行了一场富有象征意义的演出活动。他们声言说，他们的象征性活动，终究会比政府在越战中施行的政策所引发的种种局面要强大有力得多。1976年在华盛顿举行的反战示威中，嬉皮士们包围了五角大楼，唱起了吠陀赞美歌，为的是让这幢大楼"飘浮"起来。后来很多人声言，大楼"真的"离开了地面。在这样天真无邪的年代里，美国反文化的游戏性的、异质性的话语，同政府的专家们的意指性的声言战斗不休。这就是现代主义。而后现代主义是以这种发现开始的：再现的暴力，意义的脱节，意指的自由游戏，以及语言的异质性，它们都是手段：凭借着这样的手段，美国意识形态才保持了自身，经常用另一种声音讲话，但从来都没有真的这样出现过；只有它从它明显的形式（apparent way）走开去时，它才会是对自身比较忠实。

第十章

伊丽安·冈萨雷斯、古巴美国之间的缓和与家庭价值观念的修辞

意识形态是对个体同他们的真实生存状况之间的想象性关系的一种"再现"。

——路易·阿尔都塞，《意识形态与意识形态国家机器》（1970）

当"美国移民归化局"做出裁决说，胡安·米格尔·岗萨里斯可以代表他儿子的利益讲话的时候，便使归化局处于理性的选择的外部边界之内。

——美国第 11 次巡回上诉法庭（2000 年 6 月 1 日）①

当仰面朝天横躺在一只黑色的卡车内轮胎之上的伊丽安·冈萨雷斯，在佛罗里达的劳德戴尔边界贸易站（Fort Lauderdale）的海岸外被几位渔民救起的时候，他已经跨越过了好几个边界，而且马上还要以他只有六个年头的身体划出由美国在加勒比的新殖民主义所养育而成的更加荒诞不经的几个分界线。伊丽安在佛罗里达海岸外漂流——那是加勒比海与大西洋交汇的地方，距离轮船和飞机如同物质在星空之中的"黑洞"里无影无踪消逝的臭名

---

① 引自《洛杉矶时报》（*Los Angles Times*），2000 年 6 月 2 日，A24。

昭著的"百慕大三角洲"已不太遥远——徘徊于生死之间。这时候，那条只有17英尺宽的木船已经在海上倾覆，他的母亲伊丽莎白·布罗顿斯以及她的男朋友拉扎罗·拉菲尔·马尼罗二人都已葬身大海。小船上的人只有三人幸免于难，而有幸苟活下来的伊丽安距离他远在古巴的父亲越来越远。① 在这样一个生死攸关的时刻，伊丽安不得不跨越地域性的、地理上的、生存意义之中的以及血肉亲情上的等种种边界，而这些边界同时又是经济、民族、政治、文化、法律以及语言上的边界。甚至于伊丽安（Elián）这个名字，也已经跨过血肉亲情、性别划分以及习俗等边界，因为它原本是他父亲的名字"胡安"（Juan）与他母亲的名字伊丽莎白（Elizabeth）的混合物。② 在美国的大众媒体上，他的名字日复一日被误读成"艾莲"。这便进一步强化了，他不仅已经跨过而且还要威胁其存在的许多各不相同的边界。他的母亲与马尼罗［带着他］从古巴的加丁纳斯（Cardenas）逃出，显而易见是要到佛罗里达寻找谋生的机会。是"更加美好的生活"激发出一种力量，促使他们孤注一掷。而这种生活，正是美国媒体众口一词突出强调的东西。美国对古巴实施禁运，已有40多个年头；古巴流亡者们在美国、尤其是佛罗里达形成社团组织，也已超过了这个时间跨度。这种情况使古巴的文化与古巴裔美国人的文化大为不同。加丁纳斯和迈阿密两个地方的人，都可能把

---

　　① 加布里尔·加西亚·马尔克斯（Gabriel García Márquez）著，格兰马国际（Granma International）译，《干地上的失事船只》（Shipwreck on Dry Land），起初用西班牙语发表于 *Juventud Rebelde*，2（2000年3月21日）。他在这篇文章之中将马尼罗描写成"当地一位游手好闲之辈的头目，一个没有正常工作的玩弄女人的高手。他曾经学过柔道，但不是为了锻炼身体，而是为了打架，所以曾因在瓦那德罗（Varadero）的西波尼旅馆里武装抢劫而在监狱服刑两年"。

　　② 《干地上的失事船只》："对于古巴人来说，伊丽安这个名字，是他们毫不顾及有关圣徒的著作而随意炮制出来的很多名字中间的一个；比如说，像 Usnavi，Yusnier, Cheislisver, Anysleidis, Alquimia, Dylier, Anel 等等名字。"当然了，伊丽安的堂姊的名字马莉斯莱伊西斯，也是遵照古巴人的这种传统起的另一个混合性的名字。

西班牙语当作主要语言来使用。但是，因为在美国占主导地位的语言是英语（更何况，单一语言论者一直在不断鼓噪着，要求把英语当作"正式的"语言），而古巴人日常交流用的语言是西班牙语。所以，生活在美国境内的古巴裔美国人所说的西班牙语，同古巴人讲的西班牙语也明显有不少差别。

一旦置身于美国的地域性疆域之内，伊丽安便开始体现各州的权利与联邦政府的权利之间的由来已久的本位性的分歧。这样的分歧，从历史上讲关系到南方与北方地区性的冲突。而且，还会让文化史家们联想到 19 世纪奴隶制引发的各种斗争——这样的战斗，在古巴裔美国人同美国移民归化局以及美国司法部长珍妮特·雷诺相抗衡的过程之中、所使用的非常不同的符号语域之内，令人惊奇地重新演起了一场好戏。雷诺本人也成了各种反政府的狂热分子刻意攻击的目标。这些狂热分子，从新纳粹的残渣余孽和白种人至上论者，到自由主义者，再到宗教崇拜主义者以及分离主义者，真是纷纭复杂。这样，雷诺便有助于具体体现出，对冷战修辞的令人困惑的跨越——反共的陌生人恐惧症；以及不是坚持分离主义思想，就是对在全球范围内进行军事干预极力支持的强硬立场——使用的是我们目前的"热战"时期不断涌现的修辞：美国要想履行它的国际警察的角色职责，要么同一刻未停的"低调的"冲突一决雌雄，要么就必须通过磋商（总是既依赖媒体，也通过外交渠道）加以解决。像别的右翼移民组织一样——比如说，越南裔美国人。他们曾在 1999 年春天加利福尼亚的威斯敏斯特的一位音像店老板汤万坦，悬挂越南共和国的国旗以及胡志明的照片时，举行示威表示抗议——古巴裔美国人，也是竭尽全力马上将美国民族国家主义同对他们的事业的倾心混同了起来：要在军事、外交，以及/或政治上将卡斯特罗击败，进而将古巴恢复到和平繁荣的"民主制度"——或者至少是恢复到私有权以及放任主义的资本主义——因同美国有组织的犯罪活动有密切关系而著称于世的，福尔简西奥·巴提斯塔·瓦·扎尔迪瓦的统治时期（1933—1959）的那种情况。

在电视脱口秀，比如说像《戴维德·莱特曼》（哥伦比亚广播公司）和杰伊·雷诺的《今夜表演》（全国广播公司）等节目之中，珍妮特·雷诺被漫画化成一个身着女性服装的男人（患有异性装扮癖的人），一个男人似的女人（陈旧的"充当男性的女子"模式之中的女同性恋者），一个膀大腰圆的女子（非女性化的、畸形的、残疾的人）；而且，还把她描绘成性欲过分旺盛，或者是冷淡有加（因而也总是成为性方面的笑话或影射的对象）。这位美国司法部长，竟然被建构成了自由主义的大众媒体化的形象——鲁思·林姆波过去总爱贬低的那种，对克林顿政府的"女性化主义"。① 南佛罗里达的古巴裔美国籍活动分子，为向美国的司法部长的司法权威提出挑战，先后向佛罗里达州的法院和美国国会提出诉讼。他们的行为很快就将这样一个司法问题，同美国公共领域里方兴未艾的有关家庭价值观念的斗争混同了起来。② 政治观察家们联想到，在 1992 年和 1996 年两次总统竞选活动之中，宗教权利运动是如何诉诸家庭价值观念的，因而连忙督促共和党在这件事情上要站稳立场。很多人认为，正是因为他们的立场出了问题，所以致使共和党两次大选均告失败。的确，比尔·克林顿在 1992 年之所以能最终大获全胜，是因为他

---

① 媒体及反政府组织对希拉里·罗海姆·克林顿（Hillary Rodham Clinton）的刻画建构，由于将反女性主义、反政府以及比较保守的党派政治混为一谈，所以也一样有趣。展示像希拉里·克林顿和珍妮特·雷诺这样迥然不同的公众人物的时候所使用的修辞，它的弹性和令人费解的一贯性，应该使文化批评家们产生兴趣。她们二人都被刻画成"女同性恋者"、"缺乏性感"以及"性饥饿"，具有男人野心的女人，"泼妇"及"充当男性的女同性恋者"。不过，她们毕竟政治角色相互有别，个人的面貌不同，公共身份也是大相径庭。

② 从技术上讲，是美国商业部，跟美国国会，坚持对古巴禁运；是美国国务院继续禁止美国公民到古巴旅游，但也偶尔签证给为数不多的人（由商业部而不是国务院签证）。

鼓动唇舌使大多数选民相信，美国家庭的种族的以及结构上的多样性最为充分地体现了 20 世纪末的家庭价值观念。某些权威人士已经指出，克林顿同莫尼卡·莱温斯基之间的风流韵事，在"家庭价值观念"这一问题上大大损害了民众对民主党的信任，所以小爱尔·戈尔在 2000 年的总统竞选之中注定要一败涂地。

在美国民族国家主义同古巴裔美国人的民族国家主义相互混同的这种局面之中，各种矛盾以及分歧，都在从家庭价值观念的修辞角度设计出来的叙事之中暴露出来。不过，这样的观念，是被卡斯特罗、美国政府、运用各种手段在 2000 年的总统竞选之中极力捞取政治资本的各派政客，以及反卡斯特罗的古巴裔美国人基金会，巧妙地操纵着的。卡斯特罗利用的是，伊丽安的父亲胡安·米格尔·冈萨雷斯，伊丽安的继母耐尔西·加曼内特，他只有 6 个月大的同父异母弟弟，以及他的两个古巴籍的祖母拉奎尔·罗德瑞格斯和马莉亚拉·奎因塔那。而对这一系列剧中人物，美国政府也要充分加以利用。古巴裔美国人基金会要借助的，则是居住在迈阿密州的伊丽安的已经扩大了范围的家庭成员们，其中不仅包括他的伯祖母和伯祖父（拉扎路·冈萨雷斯），还有他各种类型的伯父叔父舅父姨父和堂表兄弟姐妹，最后还拉上了天主教会。① 不论是站在民主党的总统竞选最前线的人物、副总统爱尔·戈尔，还是共和党的总统候选人、得克萨斯州州长小乔治·W. 布什，都是大讲爱国主义，一再强调美国的民族国家主义思想，口口声声古巴破坏人权，并且一致认为监护权问题最好能交给一个"州立家庭法院"来裁决。那种口气，听起来

---

① 马尔克斯，《干地上的失事船只》，第 5 页，将古巴裔美国人基金会（Cuban American National Foundation）描绘成，"由乔吉·马斯［圣托斯］创建，并由他的继承人维持"，这些人似乎"准备不惜花费成百万美元以保证伊丽安不被遣返回国，交还给他的父亲"。

就好像是伊丽安已经加入了美国籍，成了美国公民。[①] 当然了，这种情况绝对算不上新鲜事。罗宾恩·维耶格曼、卡瑞·耐尔森、埃米·卡普兰以及劳伦·伯兰特在最近几年里撰写论著，探讨19世纪的美国文化之中家庭生活的浪漫故事与民族的浪漫故事是如何混同的。他们的著作，可以使我们明白，家庭与民族，拥有某些共同的意识形态方面的术语［条件］，能够把这个国家的公共的与私有的、外交政策与个人行为不可分离地联结在一起。

　　当伊丽安的父亲得知，伊丽安劫后余生，但滞留的那个外国不仅在法律上规定不能到古巴旅游，而且还严禁与古巴贸易。所以，他只好向已经定居于迈阿密多年的他的伯父拉扎路·冈萨雷斯求助，一方面希望他能照料伊丽安，另一方面则想让他帮助同美国政府协商把儿子送回古巴。但是，这一个代理人性质的家庭，在古巴裔美国人基金会的支持下，却反倒奔走呼号，不仅要求将他们对伊丽安的抚养权合法化，而且，更加严重的是，他们还迅速在伊丽安身上投入政治以及文化资本，并极力强调这方面的权利诉求。这家人同古巴裔美国人基金会一道，竭尽全力要把伊丽安转化为旅居美国的古巴流亡者社团组织的一个组成部分的各种政治利益的象征物。他们借助的当然也是家庭价值观念方面的修辞。伊丽安的堂姑马莉斯莱伊西斯，被推了出来，成为他的"代理"母亲。而有关法律文件也都证明，他的这位远房堂姑的确具有这种能力。更何况，伊丽安本人对她也是依恋有加。所以，她扮演的角色正好可以满足他的迫切的**需要**，在伊丽安的亲生母亲溺死海上之后行使这样的代理权。马莉斯莱伊西斯本人始终不渝扮演着这个角色。她一再强调，她给伊丽安做代理母亲不仅人选恰当，而且她自己也**需要**伊丽安，因为这样才能体现出她

---

① 《洛杉矶时报》，2000年6月2日，A24。

自己作为"母亲"的（可以肯定是全新的）身份。她曾经因为
"身心疲惫"到迈阿密一家医院接受检查。但是，这件事似乎是
强化了她做母亲的权利，而没有引起别人对此产生怀疑。[①] 从此
以后，这位 21 岁的马莉斯莱伊西斯，便总是在她的父亲拉扎路
的陪同下，四处宣扬，移民归化局对伊丽安的拘押违背了他本人
的意愿；假若有可能的话，他一定会"奔向"迈阿密的家
人。[②]

　　自从 1991 年发生了海湾战争以来，所有的政治派别都做了
调整，以顺应新闻媒体之中的占主导地位的修辞。这已经成为文
化再现的特色。随着 1989 年柏林墙的倒塌，以及东欧的苏维埃
帝国的四分五裂，很多人都以为，我们亲眼目睹到的是一种新的
"边界跨越"。因为，用不着太多花费，就能够使用音像和电脑
技术。这便使文化再现的游戏领域平等化了。在我们仍然属于现
代主义性质的想象之中，我们自我欺骗说，平民百姓对这样的技
术的运用可能会威胁到国家霸权，并且为更大的民主带来希望。
的确，在 20 世纪 80 年代的晚期，被捧上了天的激进的民主理
论，似乎在"人民的革命"之中已经可以实现了。这样的革命，
部分上是由电脑、信息通讯以及音像等方面的技术发起的。敏锐
的激进派们利用这些技术，来反叛苏维埃帝国、马科斯在菲律宾
的独裁统治。除此之外，在 20 世纪 80 年代晚期和 90 年代早期，
还出现了其他很多民众的革命。但是，平民百姓的革命以及激进
民主所带来的种种希望，现在需要靠这些情况来验证资格："国

---

　　① 以类似的方式，伊丽安的母亲决定，携带她六岁的儿子乘坐一只超载的木
船，踏上危险的行程。在媒体上，这竟然被描绘成她对她的儿子的"爱"，而不是在
大多数法律系统之中被描述的那种情况：这样一种不负责任的行为，让人对她的领
养权产生质疑。马尔克斯在他的《干地上的失事船只》之中对后一种看法有所讨论。
不过，他下的结论，仍然偏袒胡安·米格尔·冈萨雷斯的抚养权，因而在有关"家
庭"方面同样有感情用事的倾向。

　　② 《洛杉矶时报》，2000 年 6 月 2 日，A24。

家"和"人民"两方面，都以象征的方式、飞快的速度，被同样的并非高价的技术建构出来。不论是国家，还是人民，它们都具有那样的潜力，可以做一种意识形态的过分限定，这使过去的各种对立面变得可疑起来，因而也就意味着另一种边界已经被跨过。

显而易见，伊丽安的古巴裔美国亲戚们，是在古巴裔美国人基金会的训导之下，从家庭价值观念角度，就他们的象征性资本提出了自己的权利要求。而菲德尔·卡斯特罗和珍妮特·雷诺两人，则以同样的方式做出反应。卡斯特罗口口声声要保护核心家庭。他用这样一个最得心应手的手段，来批评古巴裔美国人的社团组织以及美国联邦政府内他的敌人们。他的这种诉求似乎特别荒唐。卡斯特罗在哈瓦那城外的一处"安全的"政府办公地点，同孩子的父亲胡安·米格尔·冈萨雷斯进行磋商。他这时似乎表现出，一种马克思主义的基本批判态度：将核心家庭定义为资产阶级的资本主义的活动中心。[①] 卡斯特罗批准胡安·米格尔·冈萨雷斯到美国访问，甚至于鼓励并且资助他的新婚妻子及其婴儿一道旅游。这样，跟美国政府完全一样，卡斯特罗接受了家庭价值观念的语言游戏。卡斯特罗对米格尔作为孩子的父亲体现出来的种种美德大加褒奖，不免让人感到荒唐。同样荒唐的是，珍妮特·雷诺也称赞胡安·米格尔是一位"尽职的父亲"。而她以及这位古巴的父亲在照相机面前摆好架势照出的照片，活像是某种意义上的后现代的"老两口"，因而火上浇油，再一次夸大了专业性的喜剧演员们身为政治解释者，在当代美国的公共领域里扮演的重大角色所发挥

---

① 弗雷德里克·恩格斯（Friedrich Engels），《家庭、私有财产和国家的起源》（*The Origin of the Family*, *Private Property and the State*, New York: Viking Penguin, 1985）是经典性的马克思主义批判。

的作用。[①] 有关被打乱以及被颠覆的诸多边界的这场小戏，它最后的结局是一个让人惊讶的戏剧场面：伊丽安在纽瓦伊种植园（New Wye Plantation）翠绿欲滴的草坪上，同一群孩子玩起了"七彩组合"的游戏。这家种植园，本来是美国内战之后由工人奴隶们建造成的。现在，经过重新加工装修，它已经成了马里兰州的东岸（Eastern Shore）的一个典雅、"启人心智的"会议中心。在它的四周，是依然如故坚持种族主义观念的、富人聚集的群落。

在所有这些叙事之中，"家庭"、国家或标志身份的社团组织之间的边界，被故意地但又是以种种连贯一致的方式打乱了。谁要想做一个有责任心的家庭成员，他就必须按照那个民族、那个国家或者社团组织的文化成规来办事。这里暗含的论点是，这样一个有责任心的家庭成员（父亲、母亲、兄弟姐妹、伯叔父、舅姨父、伯婶母、堂表兄弟姐妹）心里明白，人们一般都接受的下列术语的意义或定义：美国，古巴，或古巴裔美国人社团。显而易见，在就伊丽安·冈萨雷斯的文化的和政治的资本所展开的公开的斗争之中，所有这三种国家以及以各种不同的方式试图支持它们这些后现代勒普泰岛［英国小说家斯威夫特的小说《格列佛游记》之中描写的一个飞岛］中间的某一个的这些家庭的**虚构性**，应该已经变得清楚明了了。

为了神话伊丽安，古巴人和古巴裔美国人，都重新使各种不

---

① 戴维德·莱特曼（David Letterman）的讽刺小品《2000 年竞选运动》（*Campaign 2000*），再三讽刺 2000 年的总统竞选没有进行实质性的辩论。不过，尽管他假意贬低政治活动，但实际上却有意表达强烈的政治意见，一般说来是要表示对民主党的支持。特别值得注意的是，全副武装的移民归化局的执法人员凌晨时分发起突然袭击，在迈阿密拉扎路·冈萨雷斯家中找到伊丽安并在橱柜里发现那个"渔民"的照片；这张照片被拿去特殊使用，因而鼓噪一时。照片还配有画外音，"2000 年总统竞选"，由美国司法部长珍妮特·雷诺送交给您，"不要起来；我们要自己进去"。

同类型的民间传说和历史事件发挥了作用。古巴裔美国人充满玄
想地说，伊丽安属于"海豚背上的男孩"的另一次显现，是早
期基督教传说有关启示录之中讲的神的第二次降临的又一次出
现。当然，在这一次，基督的显灵的天主教标志，跟有关古巴的
解放、卡斯特罗统治的结束以及古巴裔美国流亡分子凯旋归来回
到故土等诸多离奇故事联系了起来。到了3月，"为保持对伊丽
安的监护权而战斗"的迈阿密的亲戚们声明说，"在他们住家的
一个卧室里悬挂着一面椭圆形的镜子，一个形象在里面出现，分
明是圣母玛利亚。这是在证明，他受到了神的祝福，所以应当留
在美国"。①

　　古巴人散布的流言蜚语，也一样荒诞不经。这些传言，都与
"拉斯·尼娜丝"的传说有关。讲的是，儿童们怎样遭到绑架，
又如何献祭给非洲裔古巴人的神羌勾的故事。11月22日，伊丽
安从迈阿密亲戚家被抢救或者说"绑架"了出来。这一近似的
情况，可以让人联想到，12月4日是膜拜天主教的圣巴巴拉或
与她地位对等的神、非洲裔古巴人的神羌勾的日子。所以，诸多
相似之处都强化了伊丽安同上述民间故事的联系。② 斯蒂文·帕
尔米耶将"拉斯·尼娜丝"的现代史，追溯到1904年11月和
12月古巴儿童惨遭谋杀这一轰动一时的事件。人们当时指责非
洲裔古巴人是杀人凶手，并且有谣传说，谋杀的目的在于肢解尸
体以便举行向"布如杰瑞耶"（巫术崇拜）献礼的仪式。帕尔米

----

　　① 见美国有线新闻网络新闻（CNN news），2000年3月28日。它的网址是，
http：//www.cnn.com/2000/US/03/28/virgin.mary/。正如美国有线新闻网络新闻那
位记者所指出的，"伊丽安事件牵涉到圣母玛利亚的图像，这种情况已经不是第一次
了。就在上一周末，有人还在声称，附近一家银行的窗户里出现了一个人影，明显
是圣母玛利亚显灵"。
　　② 欧内斯特·查瓦斯·阿尔瓦瑞斯（Ernesto Chávez Álvarez），*El Crimen la
NiñaCecilia：LaBrujeria en Cuba como Fenómeno Social*（1902—1925）（Habana：Editorial
de Ciencias Sociales，1991），第26—32页，将古巴因巫术崇拜引起的第一场审判
（其中包括拿活人做牺牲品以及非法仪式等）一直追溯到1622年。

耶认为，人们之所以将这种"残暴行径"归咎于非洲裔古巴人，并且对萨特里阿教〔古巴结合非洲部落和天主教宗教仪式的一种宗教〕和非洲裔古巴人的其他一些宗教进行妖魔化，原因实际上都在于20世纪的古巴民族国家主义者们为使古巴脱离非洲裔古巴人的文化遗产要采取行动。[1] 正如帕尔米耶所指出的那样，在"拉斯·尼娜丝"的传说之中，真正的敌人并不是非洲裔古巴人，而是西班牙的殖民主义以及美国的新殖民主义的商业利益。因为，其中的每一种利益，都已经在不同的时期"绑架"并奴役了古巴的未来。如果帕尔米耶所论不谬，那么，古巴人之所以散布谣言，将伊丽安同"拉斯·尼娜丝"的传说联系起来，虽然让人惊奇，但却是再也合适不过的事情了。毕竟，古巴裔美国人对他的"绑架"，在很多古巴人看来，似乎可以看作是美国新殖民主义干涉古巴的国家利益的另一个例证。[2] "拉斯·尼娜丝"这个民间故事，古巴裔美国人也用了。不过，他们是用它来暗示，一旦将伊丽安遣返祖国，那就等于是让菲德尔·卡斯特罗"绑架"他。这种不言而喻的暗示，是反共修辞在很多情况下都要使用的，所以，这里也透露出个中的奥妙。司法当局最后

① 菲尔南多·奥提茨（Fernando Ortiz），*Los Negros Brujos*（Habana：Editorial de Ciencias Sociales，1995），第108—201页（"Porvenir de la brujeria"："巫术崇拜的未来"），起初发表于1906年。这是一个很好的例子，可以说明20世纪的古巴的社会科学家和人种学者们，是如何看待非洲裔古巴人的宗教和文化实践活动，以与古巴共和国的发展相对立的。

② 斯蒂文·帕尔米耶（Stephen Palmié），《巫师与科学家：非洲裔古巴人的现代性与传统探讨》（*Wizards and Scientists*：*Exploration in Afro-Cuban Modernity and Tradition*，Durham，N. C.：Duke University Press，即出），手稿本，第9—22，55—59页。马尔克斯，《干地上的失事船只》，第5页，讨论了中央情报局在20世纪60年代时的宣传运动"彼得·潘行动"，行文之中指出，中央情报局为了使共产主义的古巴和苏联妖魔化，故意利用古巴人有关"拉斯·尼娜丝"的传说："1960年，在艾森豪威尔政府的统治下，中央情报局凭空捏造并大肆宣传，致使古巴谣言四起。人们四处议论说，革命政府将把儿童从他们的父母手里抢走，然后送到苏联进行早期的培养。甚至于传播出了更耸人听闻的谣言，说胃口大的小孩子，都要送到西伯利亚的屠宰场去，然后再做成罐头肉送回来……"

终于做出裁决，肯定要把伊丽安遣返回国，让他回到古巴的父亲的身边。在司法裁决公布不久，迈阿密就出现了一个流传很广的一张传单。传单上写的是，伊丽安一旦回国，就会被卡斯特罗当作献祭品用于某种仪式。[①]

不过，很难说是因为这样的虚构性，使绝大部分美国公民起而反对反卡斯特罗的古巴流亡分子的社团组织，因而不可思议地同卡斯特罗的社会主义国家、同雷诺的及克林顿的联邦政府结成了同盟。与此相反，正是"自然家庭"的这种显而易见的现实，以及对"血缘关系"和与出身近似的东西的强调，使美国政府的司法部长以及菲德尔·卡斯特罗——在世界文献的记录之中，是两个最不像样的英雄人物，更说不上是盟友了——得以击败伊丽安的那个扩大了范围的家庭的权利要求。与此同时，珍妮特·雷诺和菲德尔·卡斯特罗并不合格的权威，也在他们有关那个故事的版本之中发挥了作用。雷诺以韦科风格（Waco-style）在凌晨时分向迈阿密的家庭住处发起突袭。这种行为跟"家庭价值观念"原本毫无共同之处。因为，即使年幼的伊丽安被草率地扔进去的那辆"运动用品汽车"，看上去同邻里的合伙使用的汽车令人惊奇地类似，观众们也看得出来，移民归化局的执法官们之所以全身披挂，手提枪支，倒很像是受了科学幻想小说《黑衣人》之中的那些人物的启发。卡斯特罗自有其处理问题的办法。所以，他派遣胡安·米格尔，后者的新婚妻子耐尔西以及他们的婴儿赶往美国。但是，这几位打扮得"一模一样"，身上穿的都是面带悲伤的古巴农民穿的那种黑色制服。所以，卡斯特罗的举措所表现出来的是，他对已经被美国的禁运成功地打碎了的家庭价值观念的成规一无所知。

尽管出现这些颇可玩味的粗心大意，尽管媒体在趣味与形式上

---

① 这一奇闻是由马里兰大学帕克学院（College Park）的斯蒂文·帕尔米耶提供的，特此致谢。

闪失不断；但是，卡斯特罗和雷诺还是大获全胜，而伊丽安的从古巴流亡到美国的亲戚们以及古巴裔美国人基金会却因此功亏一篑。这是因为，他们把家庭纽带当作社会建构的结果，而不是直接的血统以及"自然"的结果加以强调。伯祖父拉扎路的"收养家庭"，对后现代的资本主义积极认可，对用户至上主义在存在论意义上百般倚赖，真可谓很有典型性。迈阿密的家人拍摄的伊丽安·冈萨雷斯的录像带，将舞台置放在相对而言家具布置还有些富裕迹象的伯祖父及伯祖母的卧室，小孩子满身点缀着闪闪发光的金色饰物，摆出训斥他父亲的架势，说他打算留下来做一个自由的美国公民，永远也不会再回古巴。伊丽安依赖的，就是这样一个本来就是消费资本主义产物的"家庭"。① 正如我在上文之中已经指出的，卡斯特罗及美国政府，也早已卷入同迈阿密的亲戚以及古巴裔美国人基金会的竞争之中，伊丽安已经被商品化。卡斯特罗邀胡安·米格尔·冈萨雷斯到哈瓦那城外的一处为国家所有的大厦，二人推心置腹讨论起全球政治以及父母职责来，他们那种亲密的劲头就好像是地位平等、彼此熟悉的老朋友。克林顿政府速战速决，很快就把解救出来的伊丽安安置到纽瓦伊种植园。他随即在那里同小孩子们交上了朋友，并且跟他们玩起了七彩组合的游戏。

尽管迈阿密的亲戚们以及古巴裔美国人基金会到处宣扬，胡安·米格尔做父亲不称职，因而有损于自然家庭享有的种种权

---

① 早在这一公众戏剧一开始，迈阿密的亲戚们就在"家庭"与消费资本主义之间建立了这种联系。他们采用的手法是，带着伊丽安到一长串公园去玩耍，并且一家人不断举行娱乐活动。巴扎奇若在《超空间之中的伊丽安·冈萨雷斯》第 2 页指出，伊丽安一开始进入媒体，就被描述成超真实的。马尔克斯在《干地上的失事船只》第 4 页声称，迈阿密的亲戚们要为伊丽安的"精神健康"负责，因为他们采用"诸多文化错位的办法"，包括使他忽如其来沉醉在古巴人几乎闻所未闻的消费资本主义之中："在迈阿密的那个家庭堡垒里，12 月 6 日过他的 6 岁生日的时候，伊丽安的那些一味谋求私利的客人们，不停为他拍照。这时候，他戴着拳击头盔，腰间携带致人死命的武器［玩具］，身上裹着美国国旗。而就在前不久，密歇根州跟他同岁的一个孩子，刚刚被他的同学用一把连发左轮手枪射死。"

利；但是，对血缘关系的强调使另一方占了上风，古巴政府和美国政府赢得了舆论支持。① 伊丽安的那两位祖母——拉奎尔·罗德瑞格斯和马莉亚拉·奎因塔那，赶到纽约和华盛顿特区，鼓足勇气同记者们见面。这也是古巴政府和美国政府订立同盟，以保护做父亲的对他的孩子的监护权方面的努力的一个组成部分。两位祖母跟伊丽安会面只有短短的90分钟，然后出来声明，他已经"彻底变样了"，接着就反复强调一定要把他从迈阿密那一帮"诱拐贩子"那里解救出来。② 但是，从来没有人考证过伊丽安的母亲怀上他和生产他的时候的真正情况，因而也就没有人对这两位祖母的权威性产生疑问。实际上，不论是伊丽安的母亲怀上他，还是生产他，都是胡安·米格尔和伊丽莎白·布罗顿斯离婚之后的事情。③ 伊丽安的私生子身份，极有可能在美国公众舆论方面产生负面作用，进而影响到胡安·米格尔的监护权。假若真的是这样的话，那么，这一技术细节便可能突出这样一个事实：公众舆论，是以对胡安·米格尔对他的儿子伊丽安的自然［亲子］监护权的似是而非的理解为基础的。唯一自然的权利，可能只是伊丽安身为"自然生子"［亲生子］的权利，也就是说私生子受法律保护的权利。实际上，这位父亲同他的儿子的关系，就像迈阿密那个扩大了范围的家庭的声明之中所声称的那样，是在社会意义和法律意义上建构出来的。

---

① 马尔克斯在《干地上的失事船只》第1页，把胡安·米格尔·冈萨雷斯描绘成"一个沉默寡言的人，他人很好，在瓦那德罗的乔索尼公园（Josone Park）做出纳"。

② 同上书，第4页。

③ 马尔克斯，《干地上的失事船只》，第1页："离婚以后，［胡安·米格尔］热情不减当年，对伊丽莎白始终不渝，所以同她保持着异乎常理的关系。他们依然如故，继续居住同一幢屋檐之下，在同一张床上分享着共同的梦想：希望像［别的］恋人那样，生育出一个孩子，而这是他们在做夫妻的时候所没有能够办到的……几次流产之后，经过特殊的药物治疗，他们翘首以待了很久的孩子终于呱呱坠地。所以，他们为他起了在结婚的时候就想好了的一个名字：伊丽安。"

　　来自古巴的这个核心家庭活像是有闲阶级的观光客一般，暂时留住在纽瓦伊种植园。他们耐心等待着巡回上诉法庭就伊丽安申请在美国政治避难这一案所要做出的最后的裁决。不过，尽管他们免不了忐忑不安，但这一出宣扬得沸沸扬扬的心理剧，它的最后结局早已在古巴和美国出现的公众的争论之中见出分晓了。实际上，古巴政府与美国政府的联手合作，有助于缓和因对古巴禁运而产生的紧张局势，并且加速了美国公众对取消对古巴的禁运并及早使两国政治关系（以及外国人的旅游）正常化的要求。① 是对迈阿密的亲戚们的行之有效的妖魔化，是将所有的古巴裔美国人同古巴裔美国人基金会以及它所组织的聚集在迈阿密的伯祖父拉扎路的住家外面的大群民众的混同，造成了这一令人称奇的结果。在伊丽安回到古巴同他的家人团聚几个月之后，佛罗里达国际大学对"迈阿密达得县的 1975 位古巴裔美国籍人"进行了一个民意测验，结果"发现，在这些接受了民意测验的人中间，有28％的人认为，伊丽安一案伤害了古巴裔美国籍人社团组织的利益"。② 同一民意测验指出，"古巴裔美国籍人赞同跟古巴进行对话，即使他们坚决反对解除对古巴的禁运，而且是至死不渝"。③

　　宏观政治的缓和局面的种种迹象，开始在公众层面上出现。这可能是令人鼓舞的事情。但是，这些具有正面价值的迹象，同时也伴随着诸多负面的结果，其中包括被有些人所称之为的

---

　　① 从某种意义上说，巴扎奇若完全是一位愤世嫉俗的后现代批评家。因为，他在《超空间之中的伊丽安·冈萨雷斯》结论之中也这样承认了："安息吧（Rest in peace），伊丽安·冈萨雷斯。因为，禁运即将取消，你很快就会再一次跟迪斯尼乐园团聚。"

　　② 《伊丽安获救一年之后，佛罗里达感受到这一案件的种种影响》（Year after Elian's Rescue, Florida Feels Effects of Case），见《洛杉矶时报》，2000 年 12 月 25 日，A12。

　　③ 同上。

"迈阿密达得县的古巴裔美国籍人同白种及黑人之间的民族和种族性分歧",以及他们与感觉自己"被极力支持伊丽安的亲戚们、同时跟联邦当局相抗衡的、古巴裔美国籍人当选的官员们剥夺了公民权利"的非古巴裔美国籍人的种种分歧。① 出于同样的原因,某些民意调查人统计指出,多达"5%到10%的古巴裔美国籍人,在总统选举的投票里,由于对克林顿政府处理这一案件失当表示不满,所以要对爱尔·戈尔加以惩罚"。② 如果这些民意测验没有问题,那么,伊丽安·冈萨雷斯一案就极有可能已经决定了2000年美国总统大选的结果。

再说古巴。对迈阿密亲戚们的行为,古巴裔美国人基金会的阴谋诡计,以及美国政府和司法系统的种种拖延行动,古巴人表示强烈的愤慨,同时他们也一再强调自然家庭应享有的各种权利。甚至于连哥伦比亚的作家加布里尔·加西亚·马尔克斯也写出了《干地上的失事船只》,主要阐述古巴公众舆论对这一危机事件的看法,以矫正美国媒体规模巨大的攻势存在的偏激。他在行文当中,禁不住怒从心起,所以对孩子的亲生母亲伊丽莎白·布罗顿斯以及她的男朋友马尼罗加以妖魔化,借以重申胡安·米格尔·冈萨雷斯应享有的家庭权利。③ 古巴人,上至卡斯特罗,下到普通平民,都卷入了这场国际性的言语和图像大战。他们似

---

① 《伊丽安获救一年之后,佛罗里达感受到这一案件的种种影响》(Year after Elian's Rescue, Florida Feels Effects of Case),见《洛杉矶时报》,2000年12月25日,A12。

② 《伊丽安获救一年之后,佛罗里达感受到这一案件的种种影响》,见《洛杉矶时报》,2000年12月25日,A12。

③ 令人感兴趣的是,马尔克斯强调指出,为了预防晕船,在那次穿越佛罗里达海峡、注定要遭受灭顶之灾的海上旅行之中,一些旅客服用了"药品",其中也包括伊丽莎白和马尼罗。由于服用药物,遇到危机事件,他们便无法应付。常见的美国反药品[毒品]修辞的光晕,在这里清晰可见。马尔克斯是把矛头直接对准这位"不负责任的"母亲:"对船上的大多数顾客有一个不利的因素。这就是,'格拉维诺尔'(Gravinol)尽管的确可以预防晕船,但也会使人昏昏欲睡,同时减慢反应。"见《干地上的失事船只》第3页。

乎已经意识到了，媒体这次制造的眩晕，对古巴同美国之间下一阶段的"热战"有至关重要的作用。

　　不论卷入这一事件的各方拥有什么样的权利，我都不愿随意下断言，而是只希望指出，在对"伊丽安·冈萨雷斯事件"的叙事化的过程之中，家庭、社团、国家以及自然权利的混淆，是每一个牵涉到的群体精心设计的结果，其中也包括新闻媒体。[①]我这样写出"为电视而制作电影"这一标题，并没有带讽刺的意味。这是因为，已经有好几家电视和电影制作公司，同胡安·米格尔和伊丽安接触，就是希望就他们相对短暂的公开的"生活故事"制作出这样一部影片。我对有关家庭、社团、国家以及/或政府决定伊丽安·冈萨雷斯身份和出身时所具有的相关权利，不甚了。但是，我非常清楚，伊丽安·冈萨雷斯最近的生活事件所牵涉到的，对几种边界的令人无法相信的跨越，一定是下属因素导致的结果：后现代的诸多流动性（它们并不完全是技术魔法造成的结果），诸多成规性的边界不仅对于个人（对于个人来说，这样的边界总是虚构性质的）而且是在公共想象之中的越来越强的不稳定性，以安全和法律性的名义对这样的不稳

---

　　① 早在 2000 年 1 月 26 日，特瑞·杰克逊（Terry Jackson）就在《迈阿密使者》（*Miami Herald*）上报道说："哥伦比亚广播公司……已经同一家生产公司签订协议，要把伊丽安的传奇故事写成一个有两部分组成，分四个小时播出的微型连续剧。"当然了，大众媒体还采取了其他别的方式，坚持要塑造伊丽安这个人物。为同巴比亚·泽里泽（Barbie Zelizer）《掩饰起身体：肯尼迪谋杀案、媒体于集体记忆的塑造》（*Covering the Body: The Kennedy Assassination, the Media and the Shaping of Collective Memory*, Chicago, Ill.: University of Chicago Press, 1992）之中所说的"周年纪念新闻"协调一致，美国网络新闻的所有的站点，全都报道了伊丽安在古巴举行 7 岁生日庆祝活动的盛况：中间是一个庞大的生日蛋糕（上边装饰的图案是三个手拉手的孩子，二男一女，都穿着古巴人的白色衬衣，手拿红色大手帕），四周围着一大堆儿童。菲德尔·卡斯特罗摆出高高在上的长辈的架势，主持了这次庆祝活动。全国广播公司报道说，伊丽安在古巴被当成了"一个民族英雄"，而南佛罗里达的政治批评家们则在接受采访时，不得不回答这样一个问题："伊丽安·冈萨雷斯真的使副总统戈尔丢掉了总统的宝座了吗？"见《国家广播公司晚间新闻》（*NBC Evening News*），2000 年 12 月 6 日。

定性采取的压制手段；最后还有，对肯定是属于越来越复杂、越来越含糊不清以及数目越来越多的对边界造成威胁的事件本来是应该公开予以否定的，但现在国家［民族］权威人物们看来，几乎已经是不可避免的逆转。

对于这些问题，并不存在任何魔幻性的或者说简单的解决办法。但是，当然也有可借助的手段。这种手段可能是，将类似的事件提交给国际性的法庭，像海牙的国际法庭；或者是送交政治性组织，比如说联合国。但是，这两个机构，都经常因为缺乏效率或软弱无力，而遭到各种不同形式的批评。批评者一般都坚持强调某种类型的国家［民族］权威（比如，说起来令人感到悲哀，美国作为国际事务之中的新的帝国主义力量）。毫无疑问，我们已经进入了一个跨国性的和后国家［民族］的时期；所以，全球资本主义及其种种相关的技术，已经在使国家［民族］之间的地理政治的边界，以及语言、法律、文化、种族、亲情、阶级、教育以及其他许多力量同样强大的边界的去稳定化过程之中，发挥着重大的作用。这样的去稳定化，过去已经而且将来也要在一段时间里，继续以民族、种族或文化的身份、宗教信仰、历史从属关系甚至于已经导致过人类以及生态破坏的古老陈旧的各种家长制权利及封建式的忠诚等等的名义，做出反应。我们一定不要愚不可及，自以为任何一种抽象的和不真实的东西，比如说历史、市场、技术甚或是理性等等，能够克服并公开放弃这些差异。现在，比任何时候都要紧的是，迫切需要某种跨国性的政治和法律组织，以解决伊丽安·冈萨雷斯一类事件已经使之戏剧化了的类似的难题。[①]

---

① 的确，由伊丽安问题的争执，引起的美国法律的异常现象，应该能促使美国移民归化局对其目前施行的政策，按照先例定位进行裁决，并加以修改。例如，美国第 11 次巡回上诉法庭，就在亚特兰大坚决支持"迈阿密的一位地方法院的法官 3 月做出的裁决"；并且认为，"既然每一个任何一个联邦法律可以就究竟这个年幼的孩子是否可以违背他的父母的意愿寻求避难这样一个问题做出裁决，那么，美国移民归化应该设立一种政策。"（见《洛杉矶时报》，2000 年 6 月 2 日，A24）。

　　除了急切需要建立相应的机构以解决这样的跨国事件之外，我们还迫切需要对这类事件做出文化解释，因为它们出现的频率似乎越来越大，而且在政治上不断产生爆炸性影响。要想成功地处理伊丽安·冈萨雷斯这一类事件不可思议的各种混合因素以及诸多移位问题，或者越南战争的文化影响，仅仅具有一般性的常识或游刃有余的分析技巧是远远不够的。新的美国研究领域的学者—批评家不得不专注于，政治、法律、大众媒体、通俗民间故事、文学修辞、历史以及经济学等等的种种奇妙的交叉混合，以便使类似的事件得到充分的理解。这样的学者也应该留心成规性的解释，并且关注令人头晕目眩的、不断竞争的大众媒体在对陈旧观念进行转换或者"变形"的时候所采用的精明的手段。例如，伊丽安·冈萨雷斯事件之中的家庭价值观念，就不是单单用来重新强调中美洲地区的假定性的正常价值观念，比如说"家庭与居处"、成规性的性别等级制度、资本主义的个体性以及爱国主义等。① "家庭价值观念"，被菲德尔·卡斯特罗、珍妮特·雷诺以及古巴裔美国移民们拿来，支持他们自己的、相互之间大相径庭的议事日程。文化叙事正经历着不断的变化，尤其是那些已经赢得某种成功，也就是说，赢得了流通（或"播放时间"）的叙事。为了理解大众媒体讲述的各种故事，新的学者—批评家就必须尊重这些故事的复杂性，而且还要有能力**快速地**工作，以求同我们时代的加速的步伐保持一致。

---

　　① 维多利亚·E. 约翰逊（Victoria E Johnson），《废墟之间的生殖力"中心地带"、母性与俄克拉荷马城的爆炸案》（Fertility Among the Ruins: The "eartland", Maternity, and the Oklahoma City Bombing），载《媒体与文化研究杂志》（*Journal of Media and Cultural Studies*, 13：1；1999），第 73 页，在探讨新闻对俄克拉荷马城的爆炸案的报道涵盖面时得出了这样一种结论。此外，他还认为，这样的报道典型地说明了，大众媒体（因而还包括美国的意识形态），是怎样应对危机事件的。我认为，伊丽安·冈萨雷斯一案，表现出了一种更加复杂、灵活多变的意识形态在发挥作用。